# Haciendo las cosas preciosas simples

## Volumen 1

## Guía de estudio del Libro de Mormón, Parte 1

(1.ª edición)

## De 1 Nefi a Mosíah

**Randal S. Chase**

**Traducción española de**
**Susana Passeron**

Guía de estudio del Libro de Mormón, Parte 1.
Haciendo las cosas preciosas simples, Volumen 1:
De 1 Nefi a Mosíah
(1.ª edición)



Envie sus preguntas a:
*Plain and Precious Publishing*
3378 E. Sweetwater Springs Drive
Washington, UT 84780

Envíe su correo electrónico a: info@makingpreciousthingsplain.com

Para obtener más copias visite: www.makingpreciousthingsplain.com

Para ver una lista de todos los productos de *Plain and Precious Publishing*
visite: www.makingpreciousthingsplain.com
o llame al número: 435–251–8520.

Impreso en Los Estados Unidos de América

ISBN: 978-1-937901-41-7

# Haciendo las cosas preciosas simples

## Volumen 1

### Guía de estudio del Libro de Mormón, Parte 1 (1.ª edición)

## De 1 Nefi a Mosíah

# Índice



** El capítulo que habla de la interpretación de Isaías no está asociado con ninguna lección particular de la doctrina del evangelio pero ayudará a los estudiantes y a los maestros a entender los capítulos 9 y 18; y otras escrituras del Libro de Mormón en las cuales se citan los escritos de Isaías.

# Reconocimiento

Este libro está dedicado a los miembros de la Iglesia de todos los lugares; quienes tienen hambre y sed de entendimiento de las escrituras. Ha sido mi privilegio enseñarle literalmente a miles de tales almas en las clases del evangelio, así como en el instituto del Sistema Educativo de la Iglesia y en las clases de educación para adultos por un lapso de muchos años. Ellos me han inspirado con su dedicación y minucioso estudio de las lecturas y al mismo tiempo, gozando del banquete de la palabra de Dios. En el proceso, he aprendido mucho de ellos.

Reconozco la ayuda y el ánimo de mi dulce esposa Deborah, quien me ha apoyado en todos mis esfuerzos por enseñar y escribir acerca del evangelio de Jesucristo. Reconozco el ánimo que me han dado muchos de mis amigos y estudiantes para escribir estas guías de estudio; así como la paciente y meticulosa colaboración de mi editor e hijo Michael Chase, quien ha sido de gran ayuda en este trabajo, y también a otros estudiantes sabios de la Iglesia; quienes me han dado sólidos consejos acerca de la forma y esencia de esta obra, y quienes me han ofrecido inestimables percepciones en muchos temas.

Reconozco a otros cultos y sabios alumnos y maestros del evangelio quienes han escrito guías de estudio similares en el pasado; las cuales he citado varias veces en este volumen, tales como las siguientes:

*The Book of Mormon Student Manual* ("Manual del estudiante del Libro de Mormón") es una invaluable herramienta para todos los estudiantes del Libro de Mormón. Mucho de la cultura y otras ideas presentadas aquí fueron primeramente obtenidas de este manual.

Kent P. Jackson editó *Studies in Scripture, Vol. 7: 1 Nephi to Alma 29* ("Estudios de las escrituras, Volumen 7: de 1 Nefi a Alma 29") y *Studies in Scripture, Vol. 8: Alma 30 to Moroni* ("Estudios de las escrituras, Volumen 8: de Alma 30 a Moroni"). Estos volúmenes, los cuales contienen capítulos de una amplia variedad de alumnos sabios del evangelio; ellos fueron una constante inspiración para la preparación de mis lecciones sobre el Libro de Mormón. Amo sus discusiones profundas de los eventos y las doctrinas del Libro de Mormón. Fueron lo suficientemente sabios para depender de estos; pero están escritos de una manera refrescante y accesible en la cual los estudiantes del evangelio de todos los niveles puedan entender lo presentado.

Joseph Fielding McConkie y Robert L. Millet escribieron los abarcadores *Doctrinal Commentary on the Book of Mormon* ("Comentarios doctrinales del Libro de Mormón"), los cuales proveen un análisis verso-por-verso del libro de Mormón con muchas percepciones valorables sobre el significado de las palabras y conceptos que el lector ocasional del Libro de Mormón podría ni siquiera notar. Éstas han sido de gran interés y ayuda para mí a lo largo de los años.

Daniel H. Ludlow escribió *A Companion to Your Study of the Book of Mormon* ("Un compañero para su estudio del Libro de Mormón") como parte de una serie de tales suplementos de lectura para nuestro estudio de todas las escrituras. Estos quizás se acercan al espíritu del que trata este libro—hacer las verdades preciosas del evangelio simples para aquellos que sólo necesitan un poco de ayuda con sus estudios de la doctrina del evangelio. He tenido a algunas personas de la familia del hermano Ludlow en mis clases, y aprecio una copia firmada de su libro *Selected Writings* ("Escritos Selectos") que él me dio hace unos años.

Y sobre todo, debo mencionar, que los nombrados volúmenes ya no se imprimen. Espero que la porción de estos, los cuales he citado en este volumen, continuarán propagando las percepciones de sus autores en los años venideros.

Con agradecimiento reconozco la ayuda de un artista Santo de los Últimos Días , Joseph Brickey; por su extraordinaria ayuda a este proyecto. Sus dotados retratos están indisolublemente adheridos a la espiritualidad de estas series de libros. También quiero a agradecer a Del Parson, Walter Rane, Liz Swindle, y a Robert Barrett sus contribuciones y apoyo.

# Prefacio

Por muchos años, los maestros del evangelio de La Iglesia de Jesucristo de los Santos de los Últimos Días han sido entrenados con un manual titulado *Teaching, No Greater Call* ("La enseñanza: El llamamiento más importante"). Creo con todo mi corazón en todos los principios expuestos en este título. Me he regocijado por más de 35 años por tener la oportunidad de enseñar el evangelio de Jesucristo con su guía. No hay un llamamiento más importante que aquel de alimentar a los hijos de Dios con la escrituras.

En un mensaje dirigido a los educadores de tiempo completo en el sistema educativo de la Iglesia, dado el 14 de octubre de 1977, el élder Boyd K. Packer dijo: "Y aquí lo tiene—su misión, su acta constitutiva, su objetivo.... Usted va a enseñar las escrituras.... Si sus estudiantes están familiarizados con las revelaciones, no hay duda alguna—sea personal, social, político, o laboral—que queden sin respuesta. Aquí está contenida la plenitud del evangelio eterno. Aquí encontramos principios de verdad que resolverán cada confusión, cada problema y cada dilema que enfrente la familia humana o cualquier individuo de ésta."[1]

Nefi dijo: "Mi alma se deleita en la claridad para con mi pueblo, a fin de que aprenda" (2 Nefi 25:4) ... "porque así es como el Señor Dios obra entre los hijos de los hombres. Porque el Señor Dios ilumina el entendimiento; pues él habla a los hombres de acuerdo con el idioma de ellos, para que entiendan" (2 Nefi 31:3). Comparto esta afirmación. Siento que las tareas más importantes de los maestros son (1) motivar a los estudiantes a leer las escrituras—en casa y en clase—y (2) ayudar a los estudiantes *a entender* lo que están leyendo y analizando exhaustivamente. He tratado de ser lo suficientemente culto y exacto, pero también trato de resumir y explicar las cosas en un lenguaje que sea sencillo para lectores de distintos niveles. Espero que usted encuentre útil esta estrategia.

De estos muchos años de enseñanza de las clases del evangelio, me doy cuenta de que hay límites en la profundidad de entendimiento que puede ser lograda en una clase de 45 minutos de la escuela dominical. Aún en un curso de 90 minutos del sistema educativo de la Iglesia o de educación para adultos, uno puede solamente empezar a explorar la profundidad y extensión de estos libros sagrados. Si los estudiantes desean verdaderamente participar en el banquete de la escrituras, ellos deben abocarse a un programa de estudio personal diario de las escrituras y no depender exclusivamente de lo que oye en las clases semanales del evangelio o de lo que lee en los libros. Tal instrucción y guías de estudio, como éstas, pueden ser útiles, pero éstas no deben ser un sustituto de la lectura de escrituras.

En 2 Nefi 25, Nefi aconseja que debemos estar familiarizados con las palabras de Dios y tener el "espíritu de profecía" (versículo 4), el cual es el testimonio mencionado en el Apocalipsis 19:10 y en Alma 17:1–4, para entender las escrituras. También debemos buscar el Espíritu. Un maestro no puede enseñar y un estudiante no puede aprender las cosas sagradas sin el Espíritu. El Señor dijo: "Y si no recibís el Espíritu, no enseñaréis" (D. y C. 42:14). Esto no es tanto un mandamiento; más bien es una advertencia—sin el Espíritu, no tendrá lugar ninguna enseñanza o aprendizaje. Esto es explicado en otra revelación: "El que recibe la palabra por el Espíritu de verdad, la recibe como la predica el Espíritu de verdad.... De manera que, el que la predica y el que la recibe se comprenden el uno al otro, y ambos son edificados y se regocijan juntamente" (D. y C. 50:21–22). En otras palabras, no hay transferencia de entendimiento de una persona a otra sin la ayuda del Espíritu.

Invito a cada lector a buscar el Espíritu, a leer las escrituras, y a ejercitar la fe *antes de* usar ésta o cualquier otra guía.

Nefi también aconseja en 2 Nefi 25:1, 6 que entenderemos las escrituras mejor si sabemos las circunstancias bajo las cuales fueron escritas—los contextos lingüísticos, culturales, históricos, y geográficos. Para facilitar esto, he incluido explicaciones de las fechas, palabras, figuras del discurso, características geográficas, y normas culturales allí donde fue pertinente. Para obtener esta información, me he basado principalmente en personas con amplio conocimiento del evangelio; en particular, en aquellos a quienes he listado en la sección de reconocimientos de este libro.

## Cómo usar este libro

Para facilitar el aprendizaje, los estudiantes y los maestros pueden usar esta guía de estudio en una variedad de maneras. He sugerido dos opciones en los siguientes párrafos, sin ningún orden particular de preferencia. Escoja el método que funcione mejor para usted; pero, sea cual fuese el método que usted escoja, complete con la lectura de la escritura asignada para cada lección de la semana *antes de* que usted vaya a clase.

- **Opción 1.** Con oración, lea las escrituras asociadas con la lección del evangelio actual *primero*; y después lea el capítulo en este libro que corresponda a aquellas escrituras.
- **Opción 2.** Cuidadosamente y con oración, lea las escrituras asociadas con la lección del evangelio actual; usando esta guía como una referencia para ayudarle a entender el contexto y las consecuencias de las escrituras *mientras que usted está leyéndolas*. Para hacer esto, mantenga este libro abierto y úselo como una guía y comentario junto con sus escrituras.

Esta guía de estudio hace comentarios de la mayoría; pero no de todas las escrituras que se encuentran en cada uno de los capítulos de escritura listados. En lugar de hacer un análisis estilo verso-por-verso, he proveído un resumen de reafirmación de eventos, dividido en bloques de escritura con explicaciones adjuntas y con citas. Un ejemplo de cómo están organizados estos bloques de escritura y comentarios se muestra en los siguientes párrafos:

- **1 Nefi 3:22–27 Segundo intento de obtener las planchas:** Cuando los hermanos trataron de nuevo de obtener las planchas; comprándoselas a Labán con objetos de valor que habían dejado atrás, Labán intentó matarlos y tomar sus riquezas. Ellos se escaparon de sus intrigas y volvieron a su escondite en el desierto.

  En cuanto al carácter de Labán, el doctor Hugh Nibley dijo: "Unos cuantos hábiles y reveladores toques resucitan al pretencioso Labán con perfección fotográfica. Aprendemos de paso que él mandó una guarnición de cincuenta, que se reunió vestido con una armadura ceremonial completa con 'los ancianos de los judíos' para tener consultas secretas por la noche sobre quien tenía control de un tesoro; que era de la vieja aristocracia siendo un pariente distante de Lehi; que él probablemente sostuvo su trabajo por motivo de su ancestros, . . . que su casa era el almacenamiento de anales antiguos, que él era un hombre grande, de mal carácter, astuto, peligroso, y al hacer tratos, era cruel, avaro, sin escrúpulos, débil, y entregado a la bebida."[2]

- **Nota para los maestros:** Los maestros deben leer sus manuales de lecciones primero y tomar notas de los principales puntos doctrinales que están listados allí. Después de hacer esto, los maestros pueden adoptar cualquiera de los métodos sugeridos en los párrafos anteriores como una manera de realzar su propio entendimiento de los eventos y de las escrituras que se están discutiendo en una lección particular. Sin embargo, los maestros deben recordar que esta guía de estudio no intenta convertirse en un sustituto de los manuales de lecciones oficiales de la Iglesia. Sus lecciones deben seguir precisamente la organización encontrada en su manual de lecciones y deben centrase en las escrituras asignadas para cada lección.

## Notas

1. "Teach the Scriptures" ("Enseñe las escrituras"), en *Charge to Religious Educators* ("Deberes para educadores religiosos"), 3.ª edición, 1994, pág. 89.

2. *Lehi in the Desert, The World of the Jaredites, There Were Jaredites* ("Lehi en el desierto, el mundo de los jareditas, hubo jareditas"), editado por John W. Welch, Darrell L. Matthews, y Stephen R. Callister, 1988, pág. 97.

Capítulo 1

# Introducción al Libro de Mormón: la clave de nuestra religión

---

El propósito de este capítulo es darles a los estudiantes una introducción al estudio del Libro de Mormón. Exploramos (1) su lugar en la Restauración, (2) su propósito como es descrito en su páginas introductorias—como un testigo de Jesucristo, (3) el testimonio de sus testigos, (4) su importancia para nuestra salvación personal, (5) que comprueba, (6) su verdad y exactitud como un libro antiguo de escritura, (7) su contribuciones doctrinales, y (8) sus significado para nosotros en nuestros días.

El presidente Ezra Taft Benson dijo: "Un poderoso . . . testimonio de la importancia del Libro de Mormón se encuentra al darse cuenta del momento en que el Señor permitió que se publicara, dentro del cuadro cronológico de la Restauración [que iba avanzando]. Lo único que le precedió fue la Primera Visión. . . . Piensen en eso y en lo que implica. La aparición del Libro de Mormón precedió a la restauración del sacerdocio. Se publicó pocos días antes de que se organizara la Iglesia. A los santos se les dio el Libro de Mormón para que lo leyesen antes de dárseles las grandes revelaciones que explicaban grandes doctrinas como los tres grados de gloria, el matrimonio celestial o la obra vicaria. Apareció antes de que se organizaran los quórumes del sacerdocio y la Iglesia. ¿No nos dice esto algo sobre cómo considera el Señor esta obra sagrada?"[1]

Cuando consideramos esta cronología, podemos ver inmediatamente que el Libro de Mormón jugó un papel central en la Restauración. La Primera Visión es el único evento en la Restauración que le precedió. El trabajo de traducción del Libro de Mormón en 1829 fue un prerrequisito para la restauración del sacerdocio más tarde en ese mismo año, para la organización de la Iglesia en 1830, para la organización de los quórumes del sacerdocio en 1832, para las estacas en 1834, para los sumos consejos en 1834, de los Apóstoles en 1835, para las investiduras del templo en 1836, y para la obra por los muertos en 1840. Algunos de los propósitos más importantes del Libro de Mormón se pueden encontrar en las páginas introductorias del libro mismo.

## LAS PÁGINAS INTRODUCTORIAS DEL LIBRO DE MORMÓN

### "Otro testamento de Jesucristo"

El élder Boyd K. Packer anunció en la conferencia general de octubre de 1982 lo siguiente: ". . . debo deciros que, de acuerdo con una reciente decisión de las Autoridades Generales, el Libro de Mormón de ahora en adelante se publicará con el título 'El Libro de Mormón' y el subtítulo 'Otro testamento de Jesucristo.'"[2] Ésta no fue una idea nueva. La página titular del libro ha declarado desde el principio que testificar de Cristo es uno de sus propósitos primordiales. Pero la importancia de resaltar ese propósito se ha vuelto clara en un mundo que duda cada vez más de la divinidad de Jesucristo.

Una encuesta realizada por la revista *Redbook*[3] reveló la siguiente información acerca de aquellos quienes estaban a punto de graduarse y de ir a un pastorado de tiempo completo de una iglesia o ministerio en Los Estados Unidos de América:

- — Un 56% rechazó el nacimiento virgen de Jesucristo de madre vírgen.
- — Un 71% rechazó el concepto de cualquier vida después de la muerte.
- — Un 54% rechazó la resurrección corporal de Jesucristo.
- — Un 98% rechazó la idea de que Jesucristo retornaría alguna vez a la tierra.

### La página titular

THE

BOOK OF MORMON:

AN ACCOUNT WRITTEN BY THE HAND OF MORMON, UPON PLATES TAKEN FROM THE PLATES OF NEPHI.

Wherefore it is an abridgment of the Record of the People of Nephi; and also of the Lamanites; written to the Lamanites, which are a remnant of the House of Israel; and also to Jew and Gentile; written by way of commandment, and also by the spirit of Prophesy and of Revelation. Written, and sealed up, and hid up unto the LORD, that they might not be destroyed; to come forth by the gift and power of GOD unto the interpretation thereof; sealed by the hand of Moroni, and hid up unto the LORD, to come forth in due time by the way of Gentile; the interpretation thereof by the gift of GOD; an abridgment taken from the Book of Ether.

Also, which is a Record of the People of Jared, which were scattered at the time the LORD confounded the language of the people when they were building a tower to get to Heaven: which is to shew unto the remnant of the House of Israel how great things the LORD hath done for their fathers; and that they may know the covenants of the LORD, that they are not cast off forever; and also to the convincing of the Jew and Gentile that JESUS is the CHRIST, the ETERNAL GOD, manifesting Himself unto all nations. And now if there be fault, it be the mistake of men; wherefore condemn not the things of GOD, that ye may be found spotless at the judgment seat of CHRIST.

BY JOSEPH SMITH, JUNIOR,
AUTHOR AND PROPRIETOR.

PALMYRA:
PRINTED BY E. B. GRANDIN, FOR THE AUTHOR.
1830.

El profeta José Smith declaró: "La portada del Libro de Mormón es una traducción literal, tomada de la última hoja, del lado izquierdo de la colección o libro de planchas."[4] Concluimos que la página titular fue escrita por Moroni ya que fue "la última hoja" o página, del grabado, y el Libro de Mormón fue "sellado por la mano de Moroni."

La página titular declara que el libro fue escrito "para convencer al judío y al gentil de que Jesús es el Cristo." Como mencionamos antes, el Libro de Mormón confirma como otro testigo en nuestro tiempo que Jesús de Nazaret era divino y de que Él fue resucitado y vendrá de Nuevo. Si el registro del Libro de Mormón es correcto en testificar que el Señor resucitado visitó el continente americano después de Su muerte y resurrección, entonces Jesús de Nazaret es verdaderamente el Salvador viviente y resucitado del mundo. El Presidente Ezra Taft Benson dijo: "¿Cual es el propósito principal del Libro de Mormón? El traer a los hombres a Cristo, para que se reconcilien con Él, y se unan a Su Iglesia—en ese orden."[5]

## La introducción

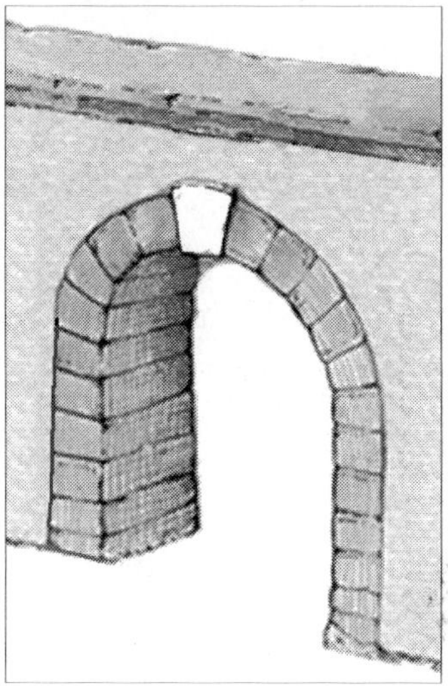

- **La clave de nuestra religión.** El profeta José Smith dijo: "Declaré a los hermanos que el Libro de Mormón era el más correcto de todos los libros sobre la tierra, y la clave de nuestra religión."[6] El élder Bruce R. McConkie dijo: "La expresión del profeta . . . significa precisamente lo que dice. La piedra clave es la piedra central en la parte superior del arco. Si esa piedra se remueve, entonces el arco se desmorona; lo cual, en efecto, significa que el mormonismo . . . —el cual de hecho es el evangelio de Cristo, restaurado de nuevo en este día—se mantiene de pie o se cae con la verdad o la falsedad del Libro de Mormón."[7] El presidente Ezra Taft Benson dijo: "Hay tres formas en que el Libro de Mormón es la clave de nuestra religión. Es la clave en el testimonio de Jesucristo. Es la clave de nuestra doctrina. Es la clave del testimonio."[8]

## Sin la piedra clave, la Iglesia colapsaría

- **Una invitación a leer el libro.** "Invitamos a toda persona, dondequiera que se encuentre, a leer el Libro de Mormón, a meditar en su corazón el mensaje que contiene y luego a preguntar a Dios, el Padre Eterno, en el nombre de Cristo, si el libro es verdadero. Quienes así lo hagan y pidan con fe lograrán un testimonio de la veracidad y la divinidad del libro por el poder del Espíritu Santo."[9]

  El presidente Ezra Taft Benson dijo: "Invitamos a todos los hombres, dondequiera que estén, a que lean el Libro de Mormón, otro testamento de Jesucristo. La Biblia está sobre el púlpito de cientos de diferentes sectas religiosas. El Libro de Mormón, el registro de José, verifica y aclara lo que dice la Biblia. Quita tropezaderos y reestablece muchas cosas claras y preciosas. Testificamos que cuando se usan juntos, la Biblia y el Libro de Mormón confunden las falsas doctrinas, ponen fin a las contenciones, y establecen la paz (véase 2 Nefi 3:12). No necesitamos comprobar que el Libro de Mormón es verdadero. El libro es en sí su propia prueba. ¡Todo lo que necesitamos hacer es leerlo y declararlo! El Libro de Mormón no está en tela de juicio; la gente del mundo, incluso los miembros de la Iglesia, están en tela de juicio en cuanto a lo que vayan a hacer con el segundo testigo de Cristo."[10]

## Los testimonios de testigos

El élder Bruce R. McConkie dijo: "Cada vez que el Señor ha establecido una dispensación al revelar Su evangelio y al conferir el sacerdocio y las llaves a los hombres, Él ha actuado de acuerdo con la ley de testigos la cual Él mismo ordenó. Esta ley es: 'Por boca de dos o de tres testigos se establecerá toda palabra' (2 Corintios 13:1; Deuteronomio 17:6; 19:15; Mateo 18:15–16; Juan 8:12–29). Un hombre nunca se encuentra solo en el establecimiento de una nueva dispensación de verdad revelada o en llevar la carga de tal mensaje y advertencia al mundo. En cada dispensación, desde Adán hasta el presente, dos o más testigos siempre han juntado sus testimonios, dejando así a sus oyentes sin excusa en el día del juicio si el testimonio es rechazado."[11]

Al mantener este antiguo principio, el profeta José Smith no estaba solo en testificar del origen divino del Libro de Mormón. Hubo al menos catorce testigos de la existencia de las planchas de las cuales fue traducido.

- **José Smith.** El 22 de septiembre de 1827, él sacó las planchas del Cerro Cumorah mientras que su esposa Ema lo esperaba en un carruaje. Siendo el traductor, él compartió un testimonio consistente de la fuente y naturaleza de las planchas.
- **Emma Smith.** En enero de 1828 ella se volvió la primera escriba de José. Más tarde, Emma compartió su testimonio: "Las planchas permanecían a menudo en la mesa sin ningún intento por cubrirlas, envueltas en un pequeño paño de lino, el cual yo le había dado a él para doblarlas. Una vez palpé las planchas, estando éstas en la mesa; seguí su contorno y forma. Parecían ser flexibles como un papel grueso y hacían un crujido como un sonido metálico cuando los bordes eran movidos por el dedo pulgar."[12]
- **Los tres testigos.** El 11 de junio de 1829, a Oliver Cowdery, a David Whitmer, y a Martin Harris se les fueron mostradas las planchas en una arboleda cerca de la granja de Whitmer. Moroni apareció en su gloria sosteniendo las planchas en sus manos. José Smith dejó escrito: "Fue dando vuelta hoja por hoja, de manera que pudiéramos verlas y distinguir los grabados claramente.... Oímos una voz proveniente de la luz que estaba por encima de nosotros, que nos dijo: 'Estas planchas han sido reveladas mediante el poder de Dios, y han sido traducidas por el poder de Dios. La traducción de ellas que vosotros habéis visto es correcta, y os mando dar fe de lo que ahora veis y oís.'"[13]
- **Los ocho testigos.** Al poco tiempo, ocho testigos adicionales—hombres fieles quienes apoyaron al profeta durante el proceso de traducción—fueron también escogidos para ver las planchas. Estos ocho fueron el padre de José Smith, los hermanos de José, Hyrum y Samuel; cuatro de los hermanos Whitmer—Christian, Jacob, Peter hijo, y John; y un cuñado de los Whitmers, Hiram Page. A José le fue permitido mostrarles las planchas cerca de la residencia de los Smith en Manchester cuando él estaba haciendo arreglos para imprimir el libro.

  Lucy Mack Smith dijo: "Al día siguiente [después de lo que presenciaron los tres] volvimos contentos y felices. En unos pocos días, fuimos seguidos por José, Oliver, y los

Whitmers, quienes vinieron a visitarnos y a hacer algunos arreglos para imprimir el libro. Poco tiempo después de que ellos vinieran, todos los varones de la compañía, incluyendo a mi esposo, a Samuel y a Hyrum, se retiraron a un lugar donde la familia estaba en hábito de ofrecer... sus devociones secretas a Dios.... Aquí estaban, esos ocho testigos, cuyos nombres están escritos en el Libro de Mormón; las miraron y las palparon."[14]

- **Mary Whitmer.** Durante el mes de junio en 1829, mientras que José y Oliver estaban ocupados terminado la traducción en la granja de Whitmer en Fayette, Mary Whitmer trabajaba fielmente para cuidar de cada una de sus necesidades, sin quejarse, y a pesar de la mucha persecución de sus vecinos y amigos. Como una recompensa por su lealtad, el Ángel Moroni se le apareció en plena luz del día y le mostró las planchas.[15]

- **Algunos otros.** No sabemos con seguridad cuántos otros tuvieron la oportunidad de levantar las planchas mientras que éstas estaban siendo movidas de lugar para mantenerlas escondidas de los enemigos de José Smith. Pero sí sabemos que los padres de José Smith, Lucy y José padre, las palparon a través de la funda de una almohada durante este tiempo; como también lo hizo un hombre llamado Joshua McCune.[16]

## LA IMPORTANCIA DEL LIBRO DE MORMÓN

En la época que fue organizada la Iglesia, el Señor declaró que nuestra exaltación depende de nuestro recibimiento del Libro de Mormón con fe (D. y C. 20:14–15). Él luego declaró que la Iglesia estaba bajo condenación por tomar el libro con ligereza (D. y C. 84:54–58).

En nuestro tiempo, el Presidente Ezra Taft Benson preguntó: "¿Es razón para que hoy nos parezca el Libro de Mormón menos importante el hecho de que lo hayamos tenido por más de un siglo y medio? ¿Recordamos el *nuevo convenio*, a saber, el Libro de Mormón?"[17]

Él también preguntó: "¿Habrá consecuencias eternas que dependan de nuestra reacción a este libro? Sí, ya sea para nuestra bendición o para nuestra condenación. Todo Santo de los Últimos Días debería hacer del estudio de este libro, el propósito de su vida. De otro modo está poniendo en peligro su alma, descuidando aquello que puede darle unidad espiritual e intelectual a toda su vida. Existe una gran diferencia entre un converso edificado en la roca de Cristo a través del Libro de Mormón, que permanece aferrado a esa barra de hierro que le sirve de constante guía, y otro que no lo está."[18]

El presidente Joseph Fielding Smith dijo: "Me parece que ningún miembro de esta Iglesia se sentirá satisfecho hasta que él o ella haya leído el Libro de Mormón una y otra vez y haya meditado profundamente en él a fin de poder dar testimonio de que es en verdad un registro que contiene la inspiración del Todopoderoso y que su historia es verdadera.... Ningún miembro de la Iglesia puede contar con la aprobación de Dios para estar en Su presencia si no ha leído seria y detenidamente el Libro de Mormón."[19]

## LO QUE EL LIBRO DE MORMÓN COMPRUEBA

### El Libro de Mormón es la palabra de Dios

El profeta José Smith dijo: "Si quitamos el Libro de Mormón y las revelaciones, ¿dónde queda nuestra religión? No tenemos ninguna."[20] En otras palabras, sin profetas modernos y sin la dirección divina que ellos proveen de nuestro Padre Celestial, nosotros no somos diferentes de cualquier otra iglesia en la tierra—o sea, hacer lo mejor que podamos para vivir de las palabras del Maestro dadas hace dos mil años.

Leer y seguir Sus enseñanzas en la Biblia no es una cosa mala, pero no es suficiente. Dios no ha perdido Su capacidad de hablarles a sus hijos, ni ha perdido Su deseo de hacerlo; y sus hijos no han perdido su necesidad de guía oportuna de profetas vivientes. De verdad, probablemente nunca antes ha habido un tiempo cuando Su palabra revelada fuera más necesaria que ahora. Y ¿Cómo nosotros podemos saber si los profetas modernos son verdaderos o no? Por sus frutos (véase Mateo 7:15–20). Sencillamente, el Libro de Mormón es una prueba tangible de que José Smith y aquellos quienes lo han seguido son profetas de Dios.

Jesucristo mismo nos testifica que el Libro de Mormón es verdadero (D. y C. 17:6), que contiene la verdad y Sus palabras (D. y C. 19: 26); que fue traducido por poder de lo alto (D. y C. 20:8); que contiene la plenitud del evangelio de Jesucristo (D. y C. 20:9; 42:12); que fue dado por inspiración y confirmado por la ministración de ángeles (D. y C. 20:10); que da evidencia de que las escrituras sagradas son verdaderas (D. y C. 20:11); y que aquellos que lo reciben con fe recibirán vida eterna (D. y C. 20:14).[21]

El élder Bruce R. McConkie dijo: "Este es el testimonio de Dios sobre el Libro de Mormón. En él, Dios mismo pone por testigo su divinidad: O el libro es verdadero o Dios cesa de ser Dios. No hay ni podría haber ningún lenguaje con palabras más fuertes y solemnes conocido entre los hombres o entre los dioses."[22]

De acuerdo con D. y C. 20: 1–12, el Libro de Mormón establece muchas verdades:

- La autenticidad de la Biblia.
- Jesús de Nazaret es el Cristo resucitado y divino.
- José Smith es un profeta de Dios.
- La restauración de la Iglesia de Jesucristo.
- Doctrinas y ordenanzas (como el bautismo y el sacramento).
- La fuente divina de nuevas enseñanzas recibidas por el profeta José Smith; como las ordenanzas del Templo.

### La iglesia de Jesucristo ha sido restaurada

En 3 Nefi 21:1–11, el Salvador dice que el Libro de Mormón será una de las señales más grandes de la restauración de Su Iglesia en los últimos días. Ayudará a los gentiles a saber concernientes al resto de la casa de Jacob. Será tomado de los gentiles al resto de la semilla de los nefitas, y ayudará a los gentiles a arrepentirse y a ser bautizados.

La gran mayoría de los conversos de la Iglesia obtienen sus testimonios después de leer el Libro de Mormón. Es la herramienta misionera más poderosa que poseemos. Al reconocer la voz divina de Dios y de Sus profetas dentro de sus páginas, los buscadores honestos de verdad alcanzan la misma conclusión razonable: Ya que el Libro de Mormón es de Dios, también lo es la obra por la cual fue sacado a la luz; y lo es la Iglesia por medio de la cual fue enviado al mundo. No es de sorprender que aquellos que responden más rápido a su mensaje son el "resto" del pueblo del Libro de Mormón; cuya historia religiosa abarca—a los nativos de norte y Sudamérica.

### José Smith es un profeta de Dios

DAGUERROTIPO DE PINTURA POR MAUDSLEY, NAUVOO, 1842

El élder Bruce R. McConkie dijo: "Este libro . . . es un testigo de la misión divina del profeta José Smith y de la divinidad de la Iglesia organizada bajo su medio. Establece y da prueba al mundo que José Smith es un profeta, porque él recibió el libro de un personaje resucitado y lo tradujo por el don y el poder de Dios. Como el Libro de Mormón vino por revelación; la cual incluyó la ministración de ángeles; entonces, obviamente José Smith también recibió otras revelaciones y fue ministrado por otros seres celestiales."[23]

Algunos de los primeros críticos de José Smith rechazaron el libro sin nunca investigar honestamente su contenido. En 1831, Alexander Campbell, un conocido ministro de su tiempo y fundador de los Campbellitas, dijo: "Es sin exageración, el libro más inferior del idioma inglés . . . No tiene ni una oración correcta."[24] En 1834, Isaac Hale, el padre de la esposa del profeta (Emma) dijo: "El Libro entero de Mormón . . . es una tonta fabricación de falsedad y maldad, dado a la especulación y con un diseño que engaña a los creyentes y a los incautos."[25] Y un editorial anónimo en 1833 atrevidamente predijo: "Como una curiosidad, hemos cuidadosamente examinado la Biblia dorada. Pronunciamos que ni siquiera es una maliciosa fábula diseñada . . . Cada página revela la impresión de su autoría humana. Aunque está libre de obscenidades vulgares, es una colección absurda de aburridas, estúpidas y tontas historias improbables . . . Con sus autores, el Libro de Mormón no puede sobrevivir después de esta generación."[26]

Los profetas de Dios de cada época han sido rechazados por sus contemporáneos. A veces, por ignorancia y por miedo. Como modernos fariseos, los ministros cristianos de la época de José Smith insistieron que él no podría ser un profeta; porque éste contradecía lo que ellos estaban enseñando como verdad. Siendo ellos hombres que nunca habían visto a Dios o hablado cara a cara con Él, éstos concluyeron que Dios nunca más habló con los hombres; y si Él lo hizo, seguramente no escogería a un niño ignorante para recibir Sus mensajes; más le hablaría a uno de ellos primero. Sólo se necesitó que un simple niño granjero, quien tenía la fe de un niño inocente; fuera a una remota arboleda para destrozar tal pesimismo y arrogancia.

## LA VERDAD Y EXACTITUD DEL LIBRO DE MORMÓN

El Libro de Mormón es prueba tangible del llamamiento divino del profeta José Smith y es escritura—la palabra de Dios para con Sus profetas en los continentes americanos. Al pasar los años desde su publicación en 1830, la evidencia de su veracidad ha tomado forma y continuará haciéndolo. Una por una, sus declaraciones están siendo verificadas por evidencias arqueológicas y científicas. El profeta José Smith dijo en 1842: "No podemos sino pensar que el Señor ha tenido participación en realizar Su extraño acto, y probar que el Libro de Mormón es verdadero ante los ojos de toda la gente . . . Será como siempre ha sido. El mundo probará que José Smith es un profeta verdadero por medio de la evidencia circunstancial y experimentos; como se hizo con Moisés y Elías."[27]

## EVIDENCIAS DE LA AUTENTICIDAD DEL LIBRO DE MORMÓN

- **La velocidad de la traducción.** El Libro de Mormón fue traducido en menos de sesenta días. El élder Mark E. Petersen afirma que José tradujo el libro entero "en más o menos cuarenta y cinco días hábiles."[28] El boletín de noticias de febrero de 1986 de la Fundación Para Estudios Antiguos y Estudios de Mormonismo "FARMS" (de sus siglas en inglés) comentó lo siguiente: "Entre los hechos maravillosos concernientes al Libro de Mormón, está el asombroso corto tiempo que le tomó a José el traducirlo. Los estudios recientes acerca del histórico escrito, demuestran que es poco probable que no el tiempo transcurrido para la traducción no haya sido más de 65 o 75 días."

- **El proceso de traducción.** El libro fue dictado sin estudios investigativos o sin leer el texto de nuevo. Emma Hale Smith dijo: "Mi creencia es que el Libro de Mormón es de divina autenticidad—no tengo la más mínima duda de éste. Estoy satisfecha con la noción de que ningún hombre podría haber dictado los escritos del manuscrito al menos que él estuviera inspirado: porque aunque [yo estaba actuando] como su escriba, tu padre me dictaba hora tras hora; y cuando retornábamos después de comer, o después de interrupciones, él empezaba inmediatamente desde donde se había quedado; sin ver el manuscrito o tener alguna porción de éste leída a él. Tendría que haber sido improbable que un hombre instruido pudiera hacer esto; y para uno . . . sin instrucción como él lo era, era simplemente imposible."[29]

DAGUERROTIPO DE PINTURA POR MAUDSLEY, NAUVOO, 1842

- **Consistencia interna.** Un ejemplo de esto se encuentra en Alma 36:22, el cual cita 1 Nefi 1:8 textualmente, a pesar de que el libro de Alma fue traducido *antes que* el libro 1 Nefi. El orden de traducción fue:

El libro de Lehi: Las 116 páginas perdidas por Martin Harris constituían este libro.

Las planchas grandes de Nefi: Estas comenzaron desde Mosíah. Trabajando "con poco cese", José y Oliver habían alcanzado 3 Nefi 11 para el 15 de mayo, y ellos aparentemente completaron los planchas de Mormón para el 31 de mayo. Esto parece ser una posibilidad; ya que la página titular al final de las planchas fue traducida antes del 11 de junio. La fecha en la cual él completó el texto de la página titular apareció en la solicitud de derechos de autor para el Libro de Mormón.

Las planchas pequeñas de Nefi: "La obra continuó después de mudarse a la granja de los Whitmer en Fayette, Nueva York. Parece que las planchas pequeñas de Nefi fueron traducidas en ese momento. Para mediados de junio, José y Oliver habían terminado 1 Nefi y habían alcanzado 2 Nefi 27, el cual posiblemente inició la manifestación de los tres testigos."[30]

- **Análisis de la palabra escrita.** El análisis concluyó que hubieron 24 autores diferentes y 100 cambios de voces. Cada autor tiene una letra que es distinta de las otras y es consistente con cada caso de esa voz. El análisis de la palabra escrita demuestra que el Libro de Mormón *no* fue escrito por José Smith o por sus contemporáneos. La posibilidad es menos de 1 en 100 billones de que José Smith haya escrito el Libro de Mormón.[31]

- **Patrones lingüísticos.** El Libro de Mormón contiene nombres y lenguaje orientales auténticos. Los escritores del libro dicen que fue escrito en "egipcio reformado" (Mormón 9:32–33). Nombres tanto hebreos como egipcios conforman la mayoría de los nombres en el libro, y ocurren aproximadamente con igual frecuencia. También se encuentran elementos hititas, árabes, y jónicos con nombres como Amón, Helamán, Korihor, y Nefi y muchos otros, los cuales tienen equivalencia en el Viejo Mundo. El nombre de Lehi fue un lugar en Palestina. Lemuel es encontrado en un texto edomita y Lamán, fue el nombre de un lugar. Lamán también se encuentra en Mesoamérica como el nombre de un lugar; y también es un nombre. Alma es un nombre popular entre los árabes así como lo es entre nefitas.

  Por alguna razón, los judíos al principio del sexto siglo A.C., no tenían nada que ver con nombres asociados al falso dios Baal, aunque los nombres baal fueron comunes previamente en el Antiguo Testamento. El Libro de Mormón, viene de ese período de tiempo, no tiene nombres baal. Con sólo dos excepciones, los nombres jareditas en el Libro de Mormón terminan en consonantes y la mayoría de los nombres nefitas, en vocal. La palabra *deseret*, la cual significa abeja obrera (Éter 2:3), está en el relato de los jareditas, pero también disfrutó de una posición de prominencia ritual entre los fundadores de la civilización egipcia clásica, quienes la asociaron muy cercanamente con el símbolo de la abeja. La práctica del uso de los lenguajes más antiguos del Cercano Este y de aquellas palabras que terminan en "m" (lo que se llama mimación) se encuentra sólo en los sustantivos comunes jareditas como *curelom*, *cumom*, y el adjetivo *shelem*.[32]

- **Patrones lingüísticos egipcios.** El libro contiene colofones. Comienza con un colofón egipcio que se reconoce inmediatamente (véase 1 Nefi 1:1–3) el cual precisamente constituye la forma en la que los escritores educados en el lenguaje egipcio comenzaban un texto. Un colofón egipcio apropiadamente formateado comienza con el nombre del autor ("Yo, Nefi"), da una lista de sus padres y de sus virtudes ("nací de buenos padres"), y concluye con una reiteración de que fue escrito con la propia mano del autor ("escribo de mi propia mano, con arreglo a mis conocimientos").

- **Patrones lingüísticos semíticos.** Aunque el lenguaje usado en la escritura del Libro de Mormón era egipcio reformado, la base de la cultura de la sociedad de Nefi era semita. El libro también demuestra formas de escritura semíticas reconocibles. Nótese cuántos de los versículos en el relato de Nefi comienzan con "y" (por ejemplo, 1 Nefi 1:6–16). Ésta es una característica de los lenguajes semíticos. El Antiguo Testamento muestra las mismas características. En Génesis 1, por ejemplo, sólo dos de los 31 versículos, no comienzan con "y".

- **Patrones lingüísticos hebreos.** Hay muchos ejemplos de quiasmos. El quiasmo es una forma especial de paralelismo—un paralelismo invertido—que crea una imagen reflexiva; y es sobre una serie de ideas acerca de varias líneas de poesía hebrea. La primera serie de palabras o pensamientos es seguida por una segunda presentación de aquellas palabras o pensamientos en orden reverso. Los poetas hebreos usaron el quiasmo en grandes extensiones, a veces creando quiasmos de muchas líneas o sobre un capítulo o libro entero. Un ejemplo de quiasmo se encuentra en 2 Nefi 29:13 y fue escrito por el profeta Nefi:

| | |
|---|---|
| Los judíos | Y los nefitas y los judíos |
| tendrán las palabras | tendrán las palabras |
| de los nefitas, | de las tribus perdidas de Israel; |
| y los nefitas | y éstas |
| tendrán las palabras | poseerán las palabras |
| de los judíos; | de los nefitas y los judíos. |

Otros ejemplos de quiasmos en el Libro de Mormón incluyen a Mosíah 3:18–19, Mosíah 5:10–12, y el libro entero de Mosíah, para mencionar sólo unos pocos. Todos fueron recopilados por Mormón.

El Libro de Mormón contiene quiasmos grandes y extremadamente complejos, de muchos elementos y capas, una característica que apunta a los orígenes antiguos del libro. José Smith no pudo haber sabido acerca de los quiasmos; ya que estos no fueron redescubiertos hasta mediados del siglo diecinueve. No fue hasta 1854, 24 años después de la primera publicación del Libro de Mormón, con la publicación de John Forbes *The Symmetrical Structures of Scripture* ("La estructura simétrica de las escrituras"), que la complicada y sofisticada naturaleza de los quiasmos bíblicos fue apreciada en su totalidad. Los estudiantes del Libro de Mormón, han demostrado cómo el grabado de Nefi es un trabajo complejo que contiene numerosos paralelismos y quiasmos.[33]

- **Exactitud geográfica.** Hubo muchas cosas acerca de Arabia que *nadie sabía* en la época de José Smith:

  — Distancias de viaje de un punto a otro.
  — Localizaciones de "fronteras" (cadenas de montañas).
  — Características de lugares descritos en el Libro de Mormón, como por ejemplo: ríos, árboles, la caza, y la fertilidad del suelo.
  — Nombres de lugares nombrados en el Libro de Mormón como por ejemplo: Shazer, Nahom, y la tierra de Abundancia. Más de 81 de tales pruebas se encuentran en 1 Nefi.[34]

- **Consistencia doctrinal.** El Libro de Mormón está en completa armonía con todas las demás escrituras. Ofrece explicaciones cultas de conceptos profundos e importantes que van más allá de la habilidad de José Smith en el momento que fue traducido.

- **Falta de evidencia para desaprobarlo.** "Nadie en la tierra, a pesar de cuán educado sea, ha sido capaz de producir tal extraordinariamente consistente, y complejo libro de tan gran influencia. . . . Los individuos que consideren seriamente el Libro de Mormón deben enfrentar el extraordinario relato de sus orígenes. Nadie todavía ha encontrado un verdadero, o dígase, argumento sensato; que podría exponerlo como un trabajo de ficción del hombre. Simplemente no hay otra explicación—el Libro de Mormón vino de Dios."[35]

  El doctor Hugh Nibley propuso un examen para cualquier persona que adujera que el Libro de Mormón es una narrativa ficticia, creada por un activo imaginativo joven José Smith. Al enfocarse en el relato del viaje de Lehi; desde Jerusalén, a través del desierto de Arabia, y hasta las orillas de un océano; como está escrito en 1 Nefi, Nibley sugiere que el escéptico:

> Se sienta a escribir una historia de vida, digamos, en el Tíbet; a mediados del siglo once D.C. Déjelo construir su historia completamente basado enteramente en lo que él sabe hoy acerca del Tíbet en el siglo once—eso representará con justicia lo que se sabía acerca de la antigua Arabia en 1830. Esto es, que hubo tal lugar y que era muy misterioso y romántico. . .
>
> Pero habrá otros obstáculos; ya que en su crónica del antiguo Tíbet debemos insistir que usted escrupulosamente observe un número de fastidiosas condiciones:
>
> (1) Usted nunca debe hacer ninguna afirmación absurda, imposible, o contradictoria;
>
> (2) Cuando usted termine, no debe hacer cambios en el texto—la primera edición debe permanecer en pie por siempre;
>
> (3) Usted debe afirmarse que su "narrativa fluida" no es ficción sino la verdad, incluso historia sagrada;

(4) Usted debe invitar a los más capaces orientalistas a examinar el texto con cuidado; y esforzarse diligentemente para asegurarse que su libro llegue a las manos de los más ansiosos, y los más competentes para exponer cada defecto de éste.

El "autor" del Libro de Mormón observa todas estas aterrorizantes reglas muy escrupulosamente.[36]

## CONTRIBUCIONES DOCTRINALES DEL LIBRO DE MORMÓN

El élder Bruce R. McConkie dijo:

> Haceos una lista de 100 a 200 temas de doctrina, esforzándoos por cubrir todo el campo del conocimiento del evangelio. El número de temas que escojáis dependerá de vuestras preferencias personales y de la amplitud de cada tema. En seguida, escribid cada tema en un papel en blanco y divididlo en dos columnas; en la parte superior de una, escribid "Libro de Mormón" y en la de la otra, "Biblia." Luego comenzad con el primer versículo y frase del Libro de Mormón, y siguiendo versículo bajo el encabezamiento correspondiente. Buscad la misma doctrina en el Antiguo y en el Nuevo Testamento y ponedla en columnas paralelas.
>
> Reflexionad en las verdades que aprendáis, y no tardaréis en ver que Lehi y Jacob superaron a Pablo en su enseñanza de la Expiación; que los sermones de Alma sobre la fe y el nacer de nuevo aventajan a cualquiera de la Biblia; que Nefi hace una mejor exposición del esparcimiento y de la congregación de Israel que Isaías, Jeremías, y Ezequiel juntos; que las palabras de Mormón sobre la fe, la esperanza, y la caridad tienen claridad, extensión y un poder de expresión que ni aun Pablo logró; y así, sucesivamente.[37]

- Muchas verdades espirituales son explicadas con más amplitud en el Libro de Mormón:[38]

| Concepto doctrinal | Referencias en el Libro de Mormón |
|---|---|
| Jesús es el Hijo de Dios | 1 Nefi 11:14–22 |
| Jesús es el Cristo | Jacob 4:4–5 |
| Cristo es el Mesías | Mosíah 13–15 |
| La caída de Adán y Eva | 2 Nefi 2:22–25 |
| El plan de salvación | 2 Nefi 9:6, 13; 11:5; Alma 12:25; 24:14; 42:5, 8, 15 |
| La Expiación | 2 Nefi 2:6–13; 9:6–16; Alma 34:13–16; 42:13–26 |
| La Resurrección es literal | Alma 11:45; 40:23 |
| El mundo de los espíritus | Alma 40:6–15 |
| La necesidad y naturaleza de las ordenanzas | 2 Nefi 31:5; Moroni 8:11 |
| Doctrina de justificación (gracia & obras) | 2 Nefi 25:23 |
| La congregación literal del pueblo de Israel | 1 Nefi 15:12–20; 22:12; 2 Nefi 6:8–18; 9:2; 10:3–22; 25:10–15; 3 Nefi 21:22; Éter 13:10–11 |
| Revelación para todos los hijos de Dios | 2 Nefi 28:26, 28–30 |

## EL LIBRO DE MORMÓN FUE ESCRITO PARA NUESTROS DÍAS

Todos los escritores principales del Libro de Mormón entendieron plenamente que sus escritos eran sobre todo para la gente de las generaciones futuras, más que para la gente de su propio día:

| | |
|---|---|
| — 2 Nefi 25:21 | El Señor le prometió a Nefi que sus escritos le serían dados a su posteridad. |
| — Jacob 1:3 | A Jacob se le fue mandado preservar las planchas para la posteridad. |
| — Enós 1:15–16 | El Señor prometió dar los escritos de Enós a los futuros lamanitas. |
| — Jarom 1:2 | Los escritos de Jarom fueron escritos para el beneficio de los lamanitas. |
| — Mormón 7:1 | Las palabras de Mormón fueron escritas para un futuro resto de los israelitas. |
| — Moroni 1:4 | Los escritos de Moroni serán de valor para los lamanitas en el futuro. |

### Las condiciones que los profetas observaron en nuestros días

Moroni habló "como si hablara de entre los muertos," sabiendo que "tendréis mis palabras" (Mormón 9:30). El Señor le había mostrado nuestra generación a él, al declarar: "Conozco vuestras obras" (Mormón 8:34–35). Él dijo que el nuestro, sería un día cuando "se dirá que ya no existen los milagros" (Mormón 8:26), cuando "se negará el poder de Dios" (Mormón 8:28), cuando "se oirá de guerras, rumores de guerras y terremotos en diversos lugares" (Mormón 8:30), cuando "habrá grandes contaminaciones sobre la superficie de la tierra" (Mormón 8:31), y cuando habrán "asesinatos, . . . robos, . . . mentiras, . . . engaños, . . . fornicaciones, y toda clase de abominaciones" (Mormón 8:31).

Él previó que nuestro días habrían muchos quienes dirían: "Haz esto, o haz aquello, y no importa" (Mormón 8:31), y aún algunas iglesias dirán: "Por vuestro dinero seréis perdonados de vuestros pecados" (Mormón 8:32). Moroni dice: "Andáis según el orgullo de vuestros corazones" (Mormón 8:36).

"Y vuestras iglesias . . . se han contaminado a causa del orgullo de vuestros corazones. Porque he aquí, amáis el dinero . . . más de lo que amáis a los pobres y los necesitados, los enfermos y los afligidos" (Mormón 8:36–37).

El nuestro, será un día cuando la gente se sentirá avergonzada de tomar sobre ella el nombre de Cristo (Mormón 8:38), cuando la gente se adornará con aquello que no tiene vida (Mormón 8:39), y cuando "las combinaciones secretas" (terroristas, pornografía, cultos, y conspiraciones) serán arregladas para "obtener lucro" (Mormón 8:40).

### Las enseñanzas específicas para nuestros días

Los eventos del Libro de Mormón no son previstos simplemente como una historia. Fueron escritos para incluir principios que nos ayudarían a resolver los problemas de estos últimos días (véase Jacob 1:2). El presidente Ezra Taft Benson dijo: "El Libro de Mormón fue escrito para nosotros, los que vivimos en la actualidad; Dios es su autor; es el registro de un pueblo caído, compilado por hombres inspirados para nuestra bendición actual. Ese pueblo del cual habla el libro, jamás lo poseyó; estaba destinado para nosotros y no para ellos. Mormón, el antiguo profeta cuyo nombre lleva el libro, sintetizó siglos enteros de historia. Dios, quien conoce el fin desde el principio, le dio las indicaciones relativas a lo que debía incluir en la condensación y de acuerdo a las necesidades que nosotros tendríamos en estos tiempos."[39]

Cada vez que nosotros leemos una historia o incidente, debemos preguntarnos a nosotros mismos lo siguiente:

— ¿Por qué Mormón seleccionó esta historia particular o evento para incluirlos en los registros?
— ¿Qué principio es enseñado aquí para ayudarnos a entender y a resolver nuestros problemas?

Daniel H. Ludlow dijo: "Los profetas del Libro de Mormón nos han dado principios sólidos y consejos excelentes, los cuales podemos usar para resolver nuestros problemas hoy en día. Depende de nosotros aprender estos principios y aplicarlos en nuestras vidas."[40] Él luego dio una lista de algunos ejemplos:[41]

| **Advertencia específica o principio** | **Referencias del Libro de Mormón** |
|---|---|
| Métodos de gobierno | Mosíah 2; 29; Alma 1–2; 4; 8; 14; 27; 30; 46; 60–61 |
| Causas y efectos de la guerra | Mosíah 10 |
| Supervivencia nacional en tiempos de guerra | Alma 2; 43–49; Mormón 1–6; 8 |
| Los peligros de la combinaciones secretas (terroristas quienes asesinan por poder/ganancias) | Éter 8:20–26 |
| Superchería sacerdotal y los anticristos | Jacob 7; Alma 1; 30 |
| La realidad de Satanás | 1 Nefi 12:17; 14:3 |
| Usos sabios y apropiados de las riquezas | Jacob 2:12–14, 17–19; 4 Nefi 1:1–18, 23 |
| Principios de una obra misionera efectiva | Alma 17 |
| Verdades claras y preciosas del evangelio | (Consulte la sección de "Contribuciones Doctrinales del Libro de Mormón" ante en este capítulo.) |
| Preparación para la Segunda Venida | Helamán 14–16; 3 Nefi 1–30 |
| Numerosas advertencias contra el orgullo y todos sus pecados de acompañamiento: indiferencia, dilación, tradiciones falsas, hipocresía, adulterio, y asesinato. | Mosíah 11–13; 15–17; Alma 5; Helamán 7–8; 13; Moroni 8:27–29 |

## Nos acerca más a Dios que cualquier otro libro

El profeta José Smith dijo: "Declaré a los hermanos que el Libro de Mormón era el más correcto de todos los libros sobre la tierra, y la clave de nuestra religión; y que un hombre se acercaría más a Dios al seguir sus preceptos que los de cualquier otro libro."[42]

El presidente Ezra Taft Benson dijo: "Deberíamos . . . conocer el Libro de Mormón mejor que cualquier otro libro. No solamente deberíamos conocer la historia y los relatos inspiradores que contiene, sino también comprender sus enseñanzas. . . . He observado en la Iglesia la diferencia de discernimiento, entendimiento, convicción y espíritu que hay entre los que conocen y aman el Libro de Mormón y los que no. Ese libro es un gran cernedor."[43] Éste luego agregó: "El momento en que empecéis [un estudio serio del Libro de Mormón,] encontraréis mayor poder para resistir la tentación; encontraréis el poder para evitar el engaño; encontraréis el poder para manteneros en el camino angosto y estrecho. . . . Cuando empecéis a tener hambre y sed de estas palabras, encontraréis vida en mayor abundancia."[44]

El presidente Marion G. Romney dijo: "Estoy seguro de que si los padres leen el Libro de Mormón en forma regular y con oración, solos y con sus hijos, el gran espíritu de este libro penetrará en sus hogares y morará con ellos; el espíritu de reverencia aumentará y el respeto y la consideración mutuos serán aún mayores, desvaneciéndose el ánimo de contención; los padres aconsejarán a sus hijos con más amor y sabiduría, y los hijos serán más sumisos al consejo de sus padres; la justicia aumentará; la fe, la esperanza y la caridad, que constituyen el amor puro de Cristo, engalanarán vuestro hogar y vuestra vida, llevándoos paz, gozo, y felicidad."[45]

Y finalmente, el presidente Gordon B. Hinckley prometió: "Sin reservas, les prometo que si leen el Libro de Mormón y oran acerca de él, a pesar de las muchas veces que lo hayan leído antes, entrará a su corazón una porción mayor del Espíritu del Señor; se fortalecerá más en ustedes la resolución de obedecer los mandamientos de Dios y recibirán un testimonio más firme de la realidad viviente del Hijo de Dios."[46]

**Notas** (Todas las referencias son de las versiones en idioma inglés de los textos que se citan.)

1. En Reporte de La Conferencia, octubre de 1986, pág. 3; o revista *Ensign,* noviembre de 1986, pág. 4. Véase también revista *Liahona*, enero de 1987, pág. 4.

2. En Reporte de La Conferencia, octubre de 1982, pág. 75; o revista *Ensign,* noviembre de 1982, pág. 53. Véase también revista *Liahona*, enero de 1983, pág. 101.

3. Articulo de la revista *Redbook*, citado por Ron Bernier, Una nota del pastor Ron y del equipo de Into the Light Ministries," http://www.intothelight. org/info. asp (tenido acceso el 12 de julio de 2007).

4. *Historia de la Iglesia*, 1:71. Véase también *Enseñanzas del Profeta José Smith*," escogidas y arregladas por Joseph Fielding Smith, 1976, pág. 7.

5. En Reporte de La Conferencia, Octubre de 1984, pág. 5; o *Ensign,* noviembre de 1984, pág. 6. Véase también revista *Liahona*, enero de 1985, pág. 5.

6. *Historia de la Iglesia*, 4:461. Véase también *Enseñanzas del Profeta José Smith*, escogidas y arregladas por Joseph Fielding Smith, 1976, pág. 194.

7. En Reporte de La Conferencia, Abril de 1961, pág. 39; o revista *Improvement Era*, junio de 1961, pág. 403.

8. En Reporte de La Conferencia, Octubre de 1986, pág. 4; o *Ensign,* noviembre de 1986, pág. 5. Véase también revista *Liahona*, enero de 1987, pág. 4.

9. *Introducción al Libro de Mormón*, el párrafo 8.

10. En Reporte de La Conferencia, octubre de 1984, pág. 7; o revista *Ensign,* noviembre de 1984, pág. 8. Véase también revista *Liahona*, enero de 1985, pág. 6.

11. *Doctrina Mormona*, 2.ª edición, 1966, pág. 436.

12. En José Smith III, "Último Testimonio de la Hermana Emma," *Heraldo de los Santos*, 1 de octubre de 1879, pág. 290.

13. *Historia de la Iglesia*, 1:54–55.

14. *Historia de José Smith por su madre, Lucy Mack Smith*, editado por Preston Nibley, 1958, pág. 154.

15. B. H. Roberts, *Una historia exhaustiva de La Iglesia de Jesucristo de los Santos de los Últimos Días*, 7 volúmenes, 1930, 1:125–127.

16. Brenton G. Yorgason, *Evidencias pocas conocidas del Libro de Mormón*, 2003, pág. 19.

17. En Reporte de La Conferencia, octubre de 1986, pág. 4; o *Ensign,* noviembre de 1986, pág. 4. Véase también revista *Liahona*, enero de 1987, pág. 3.

18. En Reporte de La Conferencia, abril de 1975, pág. 97; o revista *Ensign*, mayo de 1975, pág. 65. Véase también revista *Liahona*, agosto de 1975, pág. 45.

19. En Reporte de La Conferencia, octubre de 1961, pág. 18; o revista *Improvement Era*, diciembre de 1961, págs. 925–926.

20. *Historia de la Iglesia*, 2:52. Véase también *Teachings of the Prophet Joseph Smith*, escogidas y arregladas por Joseph Fielding Smith, 1976, pág. 71.

21. En Reporte de La Conferencia, octubre de 1986, pág. 3; o revista *Ensign,* noviembre de 1986, pág. 4. Véase también revista *Liahona*, enero de 1987, pág. 3.

22. En Reporte de La Conferencia, abril de 1982, pág. 50; o revista *Ensign,* mayo de 1982, pág. 33. Véase también revista *Liahona*, julio de 1982, pág. 67.

23. En Reporte de La Conferencia, abril de 1961, págs. 39–40; o revista *Improvement Era*, junio de 1961, pág. 405.

24. Alexander Campbell, *El Milenario Harbinger 2*, 7 de febrero de 1831, pág. 95.

25. Declaración jurada ante Charles Dimon, Justicia de Paz, Condado de Susquehanna, Pennsylvania, y otros dos testigos, 20 de marzo de 1834. Citado en E. D. Howe, *Mormonismo Revelado*, Painesville, Ohio: 1834, pág. 266.

26. *Periódico de Jamestown 3*, no. 246, 13 de febrero de 1833.

27. *Enseñanzas del Profeta José Smith*, escogidas y arregladas por Joseph Fielding Smith, 1976, pág. 267.

28. *¡Esas planchas doradas!*, 1979, pág. 61.

29. Citado en Daniel H. Ludlow, *Un compañero para su estudio del Libro de Mormón*, 1976, pág. 25.

30. Fundación Para Estudios Antiguos y Estudios de Mormonismo (FARMS), siglas en inglés, boletín de noticias, febrero de 1986.

31. *Estudios de Brigham Young Universidad,* primavera de 1980, págs. 225–251.

32. Franklin S. Harris Jr., *El Libro de Mormón: Mensaje y Evidencias,* 2.ª edición, 1961, pág. 116.

33. George Potter y Richard Wellington, *Lehi en el desierto: 81 nuevas, evidencias documentadas de que el Libro de Mormón es una historia verdadera*, 2003, págs. 163–165.

34. George Potter y Richard Wellington, *Lehi en el desierto: 81 nuevas, evidencias documentadas de que el Libro de Mormón es una historia verdadera*, 2003, págs. 163–165.

35. Brent L. Top, "Un libro extraordinario que cambia vidas," *Meridian*, 2004, http://www.ldsmag.com/gospeldoctrine/bom/040102remarkable.html (tenido acceso el 12 de julio de 2007).

36. Hugh W. Nibley, *Lehi en el desierto, el mundo de los jareditas, hubo jareditas*, editado por John W. Welch, Darrell L. Matthews, y Stephen R. Callister, 1988, pág. 119.

37. En Reporte de La Conferencia, octubre de 1983, pág. 106; o revista *Ensign,* noviembre de 1983, pág. 73. Véase también revista *Liahona*, enero de 1984, págs. 132–133.

38. Joseph Fielding McConkie y Robert L. Millet, *Comentarios doctrinales del Libro de Mormón*, 4 volúmenes, 1987–1992, 1:8–16.

39. En Reporte de La Conferencia, abril de 1975, pág. 94; o revista *Ensign,* mayo de 1975, pág. 63. Véase también revista *Liahona*, agosto de 1975, pág. 41.

40. Daniel H. Ludlow, "El Libro de Mormón fue escrito para nuestros días," revista *Instructor*, julio de 1966, pág. 266.

41. Daniel H. Ludlow, "El Libro de Mormón fue escrito para nuestros días," pág. 266.

42. *Historia de la Iglesia*, 4:461. Véase también *Enseñanzas del Profeta José Smith*, escogidas y arregladas por Joseph Fielding Smith, 1976, pág. 194.

43. "Jesucristo—Regalos y expectativas," en revista *Ensign*, diciembre de 1988, pág. 4.

44. En Reporte de La Conferencia, octubre de 1986, pág. 6; o revista *Ensign*, noviembre de 1986, pág. 7. Véase también revista *Liahona*, enero de 1987, pág. 6.

45. En Reporte de La Conferencia, abril de 1980, pág. 90; o revista *Ensign,* mayo de 1980, pág. 67. Véase también revista *Liahona*, julio de 1980, pág. 109.

46. "El poder del Libro de Mormón," en revista *Ensign*, junio de 1988, pág. 6.

Capítulo 2

# Revelación, obediencia, y las planchas de bronce

(1 Nefi 1–7)

---

En la primera parte de este capítulo empezamos nuestro estudio en sí del Libro de Mormón. Tenemos una introducción de (1) las circunstancias que existieron en Jerusalén en el año 600 A.C., (2) el lenguaje y el aprendizaje de Nefi, y (3) la naturaleza de las planchas en las cuales Nefi grabó sus anotaciones.

*Jerusalén en el año 600 A.C.*

Observamos la obediencia y desobediencia de los varios miembros de la familia de Lehi y su respuesta al llamamiento profético de éste; y las repetidas peticiones de volver brevemente a Jerusalén. Esto incluye obtener las planchas de bronce y persuadir a la familia de Ismael a unírseles en la travesía.

## NOTAS DE ENCABEZADO, PREFACIOS, Y RESÚMENES

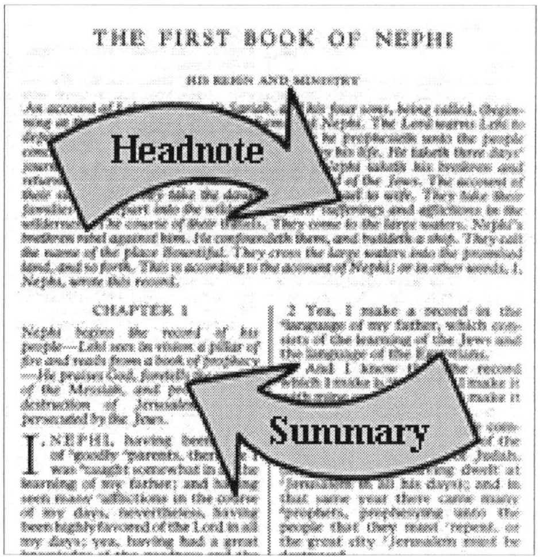


Al comenzar nuestro estudio del Libro de Mormón, podemos apoyarnos en muchas ayudas significativas que las nuevas versiones de las escrituras de los Santos de los Últimos Días proveen. Algunas de estas ayudas conformaron parte de las anotaciones originales; y algunas han sido añadidas en los años recientes.

*Las notas de encabezado* aparecen en el comienzo de algunos libros (como 1 Nefi). Éstas fueron parte del texto original de las planchas traducidas por José Smith.

*Los resúmenes* aparecen en el encabezado de cada capítulo y no fueron parte del texto original—estos fueron añadidos más tarde para conveniencia del lector.

## LAS CIRCUNSTANCIAS DEL PRIMER LIBRO DE NEFI

(1 Nefi 1; 6)

Nefi no escribió este grabado mientras viajaba por el territorio remoto de Arabia, después de que la colonia de Lehi se fue de Jerusalén. Él lo escribió treinta años más tarde, después de haber llegado a la tierra prometida en el continente americano (véase 2 Nefi 5:28–31).

- **1 Nefi 1:1 Nefi comienza su grabado hablando acerca de sus "buenos padres."** Para ese momento, los padres de Nefi estaban muertos; pero él todavía tenía memorias agradables de ellos.

- **Nefi también habla de sus muchas aflicciones hasta ese punto de su vida:**
  - — Fue casi asesinado en cinco ocasiones; cuatro veces por sus propios hermanos y una vez, por Labán.
  - — Vivió ocho años en el desierto caliente e infértil.
  - — Nefi mismo y otros construyen un barco a mano y después navegaron a la tierra prometida en medio de la persecución y el menosprecio.

### El idioma y la ciencia de Nefi

- **1 Nefi 1:2 Nefi escribió en el "lenguaje de [su] padre,"** el cual consiste de la ciencia de los judíos y el idioma de los egipcios.

- **La ciencia de los judíos.** En este contexto, se refiere *los judíos* como a aquellos que residían en el reino de Judá y no necesariamente son aquellos que pertenecían a la tribu de Judá. La historia israelita, las escrituras, la cultura, y las costumbres estaban centradas en el aprendizaje literario de los judíos. Nefi habría estado completamente familiarizado con las imágenes culturales y con el lenguaje simbólico de los profetas hebreos (como Isaías). Algunas figuras del discurso las cuales serían para nosotros muy confusas, eran comunes y de fácil entender para él. Imagínense algunos miles de años en el futuro, a partir de ahora; haciendo un esfuerzo por entender lo que intentamos decir con frases como: "¡Estoy hecho polvo!"—una simple afirmación para nosotros (lo que significa que estamos cansados); pero que es completamente extraña para alguien que no está familiarizado con nuestro lenguaje y cultura.

SÍMBOLO HEBREO DE CHAI, QUE SIGNIFICA "VIDA."

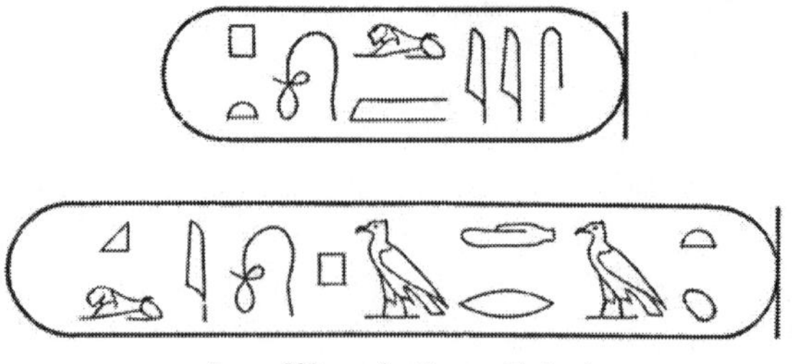

*Jeroglíficos Antiguos Egipcios*

*Escritos Del Libro De Mormón, Transcripto Anthonic*

- **El idioma de los egipcios.** Moroni describe este lenguaje más bién como un tipo de egipcio reformado (Mormón 9:32–33)—un lenguaje alterado por los nefitas, de acuerdo a su manera de hablar. Este egipcio reformado era un tipo de lenguaje abreviado. Moroni explica que si las planchas hubieran sido más grandes, éstas hubieran sido escritas en hebreo y no habría imperfecciones en ellas (versículo 33). Esto sugiere que el egipcio reformado no era tan preciso y exacto como el hebreo; pero fue necesario usarlo por el espacio limitado.

  Aún el lenguaje hebreo es muy compacto cuando se compara con el inglés y con muchos otros lenguajes occidentales. Una oración típica en inglés de quince palabras por lo regular se traducirá en sólo siete o diez palabras hebreas.

### Evidencia del Medio Oriente orígenes

- **1 Nefi 1:1–3 El libro comienza con un colofón egipcio fácilmente reconocible**, el cual es precisamente la manera en la cual los escritores instruidos en el lenguaje egipcio habrían comenzado un texto.

- **Colofones.** Un colofón egipcio apropiadamente formateado comienza con el nombre del autor ("Yo, Nefi"), da una lista de sus padres y de sus virtudes ("nací de buenos padres"), y concluye con una garantía de que fue escrito con la propia mano del autor ("escribo de mi propia mano, con arreglo a mis conocimientos").

- **Influencia semítica.** Aunque el lenguaje usado en la escritura era egipcio, la base de la cultura de la sociedad de Nefi era semita. Nótese cuántos de los versículos en el relato de Nefi comienzan con "y" (por ejemplo, 1 Nefi 1:6–16). Ésta es una característica de los lenguajes semíticos. El Antiguo Testamento muestra las mismas características. En Génesis 1, por ejemplo, sólo dos de los 31 versículos no comienzan con "y".

### Múltiples fuentes y planchas

- **1 Nefi: 1:16–17 Nefi cita dos fuentes de 1 Nefi:** (1) un resumen de los escritos de su padre y (2) un relato de su propia vida y enseñanzas. El último capítulo del resumen de los escritos de Lehi es 1 Nefi 9. 1 Nefi 10 es el comienzo del propio escrito de Nefi.

- **1 Nefi 9:2–6 Nefi identifica dos juegos de planchas.** Nefi hizo un segundo juego de grabados ("las planchas menores") sin saber por qué (versículo 5). Cuando Mormón las encontró más tarde, las llamó "preciosas" y las incluyó entre los escritos sagrados que estaba compilando y preservando (Palabras de Mormón 1:5–7). Más de un milenio después, el Señor le informó a José Smith sobre su existencia—después de que Martin Harris hubiera perdido las 116 páginas que contenían la traducción del libro de Lehi (véase D. y C. 10:38–45). Todo esto ilustra la omnisciencia del Señor y comprueba que la obra del Señor no puede ser frustrada por hombres malévolos (notas de encabezado de D. y C. 3; véase también D. y C. 3:1–3). Él había preparado una solución para este problema muchos cientos de años antes de Cristo y 2400 años antes de la época de José Smith.

- **1 Nefi 6:1–6 Nefi declara su intención para la escritura este segundo juego de planchas.** Él deseaba persuadir a los hombres a venir a Dios y ser salvados (versículo 4). Nefi también deseó demostrar la misericordia de Dios en salvar a los fieles del mal (véase 1 Nefi 1:20). Él pondrá en las planchas sólo aquellas cosas que son complacientes para Dios y no aquellas que complacen al mundo, y él manda a su posteridad a hacer lo mismo (versículos 5–6). Esto explica por qué en estas planchas hay sólo una cantidad limitada de historia, cultura, geografía, y descripciones de guerras. Éstas son primordialmente un escrito religioso. Todo lo demás está en las planchas mayores.

## La destrucción venidera de Jerusalén

- **1 Nefi 1:4 "Muchos profetas" llegaron entre el pueblo** (véase también Jeremías 35:15). Además de Lehi, sabemos del Antiguo Testamento que entre estos profetas estaban incluidos Jeremías, Ezequiel, Nahúm, Habacuc, Sofonías, y posiblemente otros. Ellos llamaron a la gente al arrepentimiento por su gran iniquidad, la cual había continuado por varias generaciones:

*Imagen del dios pagano Baal*

> [El rey Manasés] adoptó cada culto pagano prevaleciente de las naciones paganas de los alrededores. Éstas incluyeron la adoración de los dioses de la fertilidad, Baal y Astoret en los bosques, la adoración del sol, la luna, y las estrellas en santuarios especiales, y la reintroducción del quemado y el sacrificio de niños en el valle de Hinom, el cual está en la frontera sur de Jerusalén (véase 2 Crónicas 33:3, 6). Manasés no sólo hizo sacrificios humanos, incluyendo a su propio hijo (véase 2 Reyes 21:6), sino que también aparentemente tomó violentas y vindicativas represalias contra cualquiera que se cruzara en su camino o poseyera algo que él deseara. La escritura dice: "Además de esto, Manasés derramó mucha sangre inocente en gran manera, hasta llenar Jerusalén de un extremo a otro" (2 Reyes 21:16). Él también profanó el templo al erigir en éste "una imagen tallada de Asera, que él había hecho [éstas eran usualmente obscenas]" (2 Reyes 21:7). Él también "edificó . . . altares a todas las huestes de los cielos [el sol, la luna, y las estrellas] en los dos atrios de la casa de Jehová" (2 Crónicas 33:5). . . . Sería uno de los nietos de Manasés, Sedequías, quien vería a sus hijos ser asesinados delante de su faz y luego tienen sus ojos cegados. Y habría otros descendientes de Manasés quienes serían llevados junto con los príncipes de Judá para ser esclavos y campesinos para el rey de Babilonia.[1]

## Condiciones políticas

Egipto fue vencido por los babilonios, y Jerusalén estaba ahora bajo su control. Los líderes de Jerusalén conspiraron tontamente para favorecer a Egipto en contra de Babilonia. Jeremías les dio advertencias acerca de esto y les dijo que los llevaría a su destrucción. Ellos no creyeron que nadie se podría apoderar de Jerusalén, la "gran ciudad" (1 Nefi 2:13), y ellos intrigaron para matar a cualquier profeta, incluyendo a Jeremías y a Lehi, que predicaban lo contrario.

- **1 Nefi 1:5–15 Bajo estas condiciones, Lehi recibe una visión celestial.** El Señor respondió a su oración ferviente y sincera (versículo 5) al demostrar gran señales de Su poder (versículo 6). Lehi vio y escuchó muchas cosas que no son enumeradas por Nefi (versículo 6). Sin embargo, sí sabemos que Lehi tuvo una visión del cielo que incluía a Dios el Padre, a Jesucristo, a los doce apóstoles, y a innumerables ángeles (versículos 8–10). Él también vio los juicios futuros que vendrían sobre Jerusalén (versículos 11–13). El impacto de la experiencia fue tremendo para Lehi, causándole alabar a Dios y regocijarse en su corazón (versículos 14–15).

- **1 Nefi 1:18–20 Lehi predica y profetiza en respuesta a su visión**, pero es rechazado por los judíos, como lo fueron Jeremías y todos los demás profetas en esos tiempos.

### CONTRASTES EN OBEDIENCIA
(1 Nefi 2)

El primer libro de Nefi es un estudio de contrastes. Los participantes importantes de este drama humano experimentaron los mismos desafíos y pruebas; y éstos fueron testigos de los mismos milagros y demostraciones del poder de Dios. Sin embargo, sus respuestas variaron ampliamente. Algunos fueron estrictamente obedientes, mientras que algunos fueron obedientes la mayoría del tiempo; pero no siempre, y otros fueron rebeldes.

- **1 Nefi 2:1–4 Lehi es inmediatamente obediente al mandamiento del Señor se fueran de Jerusalén.** También, él fue humilde, como se demuestra en el hecho de que él y su familia vivieron "en una tienda" por ocho años, aunque estaban acostumbrados a vivir en condiciones adineradas.

*El profeta Lehi*

- **1 Nefi 2:5–8 Nefi describe sus viajes**, proveyendo más evidencia del Medio Oriente orígenes del Libro de Mormón. Las descripciones de Nefi de las características de la tierra a través de la cual ellos viajaron, revela un íntimo conocimiento de la geografía de la región (la cual José Smith con certeza no conocía).

George Potter y Richard Wellington identifican un número de descripciones precisas encontradas en el Libro de Mormón:

— La distancia desde Jerusalén al Mar Rojo (Golfo de Áqaba) es de aproximadamente 180 millas a través del campo caliente e infértil, el cual estaba infestado de muchos saqueadores. Les debió haber tomado de nueve a quince días llegar allí.

— Ellos fueron en un viaje de tres días más allá del mar (véase 1 Nefi 2:6). Esto lo hace un viaje de doce a dieciocho días desde Jerusalén al valle de Lemuel, donde ellos eventualmente se quedaron.

— Nefi describe dos cadenas de montañas (llamadas "fronteras" en esa cultura) cerca de las orillas del Mar Rojo. Una de estas cadenas de montañas estaba más cerca de la orilla del mar que la otra. Esto es precisamente lo que uno encuentra en esa región de Arabia—un hecho desconocido por cualquier persona occidental en 1829, cuando fue traducido el Libro de Mormón.

— Ellos viajaron por las montañas que estaban más cerca del Mar Rojo, y por el valle donde se detuvieron—el valle de Lemuel—estaba localizado en esa cadena de montañas. Es interesante notar que todavía existe un valle que coincide con la descripción que da Nefi y está precisamente a esa distancia desde Jerusalén, en la cadena montañosa más cercana al Mar Rojo.

— Nefi describe "un río de agua" que fluía en medio del valle. En el Medio Oriente, ésta es una auténtica manera árabe de describir lo que nosotros llamaríamos un "riachuelo."

— "Un altar de piedras" es otro ejemplo de una frase árabe. Nosotros diríamos, "un altar de piedra." Ellos dicen, "un altar de piedras."[2]

- **1 Nefi 2:9–15 Lamán y Lemuel consideran a su padre como un "soñador."** Ellos compartían el punto de vista de los ciudadanos inicuos de Jerusalén de que la "gran ciudad" no podría ser destruida. El poder espiritual de Lehi es evidente en esta interacción con sus hijos (versículos 14–15).

- **1 Nefi 2:16–18 Nefi y Sam apoyan a su padre**, no como sus hermanos; quienes se quejan a pesar de que Nefi se enfrentó a un número significativo de pruebas de fe durante este período.

- **1 Nefi 2:19–24 El Señor describe los principios de gobierno** bajo los cuales Su gente vivirá en la tierra prometida. Éstos son parte de las promesas dadas a Nefi.

## SE OBTIENEN LAS PLANCHAS DE BRONCE
(1 Nefi 3–5)

### De vuelta a Jerusalén

La familia de Lehi tenía que escapar de Jerusalén para salvar sus propias vidas. Ellos escaparon de sus enemigos y de la destrucción venidera de la ciudad de mano de los babilonios. Sin embargo, aún después de su apresurado salida, el Señor les mandó a regresar a la ciudad para obtener las planchas de bronce (1 Nefi 3:1–16) y después de nuevo, para buscar a la familia de Ismael (1 Nefi 7:2). Hacer esto requirió una gran fe; no sólo para superar sus miedos, sino también para confiar en la palabra del Señor cuando parecía tan contraria a la prisa con la cual habían escapado de la ciudad. El texto del Libro de Mormón demuestra que habían viajado un total de once días hasta ese momento, y por lo tanto, el doctor D. Kelly Ogden calcula que la distancia desde su campamento hasta Jerusalén fue de 260 a 290 millas; las cuales sumadas a las de los de ida y vuelta a Jerusalén totalizan al menos quinientas millas en tres semanas.[3] Esto haría de cada viaje de ida y vuelta casi el equivalente a caminar desde St. George, Utah hasta Salt Lake City, Utah, y luego de vuelta a St. George.

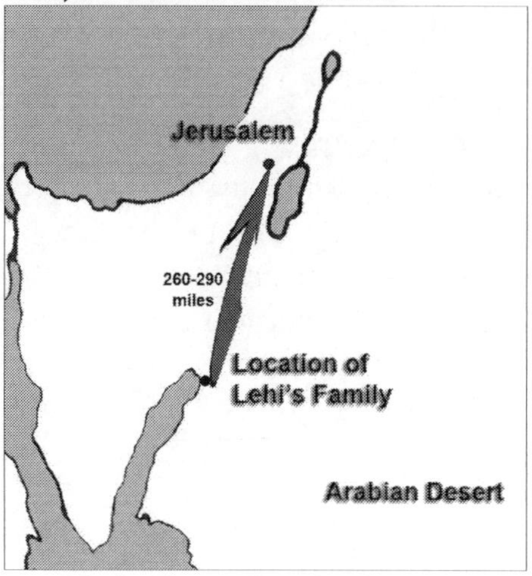

*Más de 500 millas de ida y vuelta*

- **1 Nefi 3:1–6 El Señor le manda a Lehi a enviar a sus hijos de vuelta a Jerusalén por las planchas de bronce.** Debió haber sido más fácil si el Señor les hubiera dicho simplemente que obtuvieran las planchas antes de que se fueran. Pero Él tenía propósitos más grandes en mente: (1) probar su fe y obediencia y (2) proteger sus vidas, las cuales hubieran estado en riesgo si ellos todavía hubieran residido en la ciudad en el momento en el cual ellos obtuvieron las planchas de bronce.

- **1 Nefi 3:7–8 Nefi demuestra su fe absoluta en el Señor al responder al mandamiento.** Esta declaración inspiradora se ha vuelto una de las más conocidas escrituras en la Iglesia, ofreciendo fe y ánimo a todos nosotros cuando nos enfrentamos a circunstancias difíciles mientras que servimos al Señor. El Señor nunca nos pedirá hacer algo que va más allá de nuestra habilidad, y Él nos ayudará en el cumplimiento de nuestros deberes.

### Los tres intentos para obtener las planchas

- **1 Nefi 3:9–21 El primer intento para obtener las planchas.** Lamán, siendo el primogénito, debe haber tomado el liderazgo en todas las cosas. Cuando la suerte cayó sobre él para obtener las planchas, el Señor le estaba dando la oportunidad de cumplir con sus responsabilidades. Sin embargo, falló en hacerlo (versículos 9–14). Cuando sus hermanos querían abandonar la tarea y regresar a la seguridad de sus familias, Nefi los exhortó a que fueran fieles y les explicó por qué las planchas serían tan importantes para ellos en el futuro (versículos 15–21).

- **1 Nefi 3:22–27 El segundo intento para obtener las planchas.** Cuando los hermanos trataron de obtener nuevamente las planchas al comprárselas a Labán con los objetos de valor que habían dejado, Labán intentó matarlos y tomar sus riquezas. Ellos se escaparon de sus intrigas y volvieron a su escondite en el desierto.

  En cuanto al carácter de Labán, el doctor Hugh Nibley dijo: "Unos cuantos hábiles y reveladores toques resucitan al pretencioso Labán con perfección fotográfica. Aprendemos de paso que él mandó una guarnición de cincuenta, que se reunió vestido con una armadura ceremonial completa con 'los ancianos de los judíos' para tener consultas secretas por la noche sobre quien tenía control de un tesoro; que era de la vieja aristocracia siendo un pariente distante de Lehi; que él probablemente sostuvo su trabajo por motivo de su ancestros, . . . que su casa era el almacenamiento de anales antiguos, que él era un hombre grande, de mal carácter, astuto, peligroso, y al hacer tratos, era cruel, avaro, sin escrúpulos, débil, y entregado a la bebida."[4]

- **1 Nefi 3:28–31 Lamán y Lemuel están enojados y comienzan a pegarle a su hermanos menores con una vara.** Un ángel se apareció para proteger a Nefi y a Sam de sus hermanos mayores. El ángel prometió éxito en obtener las planchas si ellos intentaban de nuevo. Después que el ángel se fue, Lamán y Lemuel continuaron quejándose y no creyeron en sus promesas.

- **1 Nefi 4:1–8 El tercer intento para obtener las planchas.** La respuesta de Nefi fue inmediata obediencia, aunque él no sabía precisamente cómo proceder. Esto nos enseña mucho acerca de cómo debemos responder a los llamados del Señor—proceder con fe y confiar en que los medios y el propósito, se nos será mostrado más tarde.

  El élder Boyd K. Packer dijo:

  > Se me había llamado como Ayudante a el Consejo de los Doce, y teníamos que mudarnos a Salt Lake City y encontrar una casa adecuada y permanente. El presidente Henry D. Moyle asignó a alguien para ayudarnos. Fue localizada una casa. Era ideal y apropiada para nuestras necesidades. El élder Harold B. Lee vino y la miró muy cuidadosamente y después me aconsejó: "Definitivamente, proceda."
  >
  > Pero no había manera de que nosotros pudiéramos proceder. Yo había completado sólo el curso de trabajo para un grado de doctor y estaba escribiendo la tesis. Con el apoyo de mi esposa y de nuestros ocho niños, todos los recursos que pudimos reunir a través de los años se habían gastado en educación. Pidiendo un préstamo sobre nuestro seguro, reuniendo cada recurso, pudimos a duras penas entrar en la casa y sin suficiente dinero ni aún para hacer el primer pago mensual. El hermano Lee insistió: "Prosiga. Yo sé que es lo correcto."
  >
  > Yo estaba en una profunda confusión porque se me había aconsejado hacer algo que nunca había hecho antes—firmar un contrato sin tener los recursos para cumplir con los pagos. Cuando el hermano Lee se dio cuenta de mis sentimientos, me envió a ver al presidente David O. McKay; quien me escuchó con mucho cuidado mientras yo le explicaba las circunstancias. Él dijo: "Haga esto. Es lo correcto." Pero él no proporcionó

los recursos para hacer esto posible. Cuando yo me reporté al hermano Lee, él dijo: "Eso confirma lo que le dije."

Todavía no estaba tranquilo, y luego la lección llegó. El élder Lee dijo: "¿Usted sabe lo que está mal para usted? Usted siempre quiere ver el final desde el principio." Yo le contesté suavemente y le dije que yo quería ver por lo menos unos cuantos pasos en el futuro. Él contestó, citando el sexto versículo del capítulo número doce de Éter: "Por tanto, no contendáis porque no veis, porque no recibís ningún testimonio sino hasta después de la prueba de vuestra fe." Y después, él añadió: "Hijo mío, usted debe aprender a caminar a la orilla de la luz, y quizás, unos cuantos pasos en la oscuridad, y usted se dará cuenta de que la luz aparecerá y se moverá delante de usted." Y así ha sucedido—pero sólo cuando caminamos hacia la orilla de la luz.

Y también lo es con este obra. Podemos construir esos miles de templos y podemos trabajar para la redención de nuestros muertos en miles, millares, y millones. Todavía no nos hemos movido a la orilla de la luz como individuos o como Iglesia. No hemos usado todos los recursos que están disponibles para nosotros. Tengo la certeza de que al movernos a la orilla de la luz, como la nube que guió a los israelitas, o como la estrella que guió a los Reyes Magos, la luz se moverá delante de nosotros y nosotros podremos hacer este trabajo.[5]

## La matanza de Labán

- **1 Nefi 4:9–18 El Señor entrega a Labán en las manos de Nefi y manda a Nefi a matarlo.** A pesar de que estaba muy dudoso, Nefi obedeció el mandato. A veces, el Señor nos pide hacer cosas que parecen ser inconsistentes con Sus promesas y mandamientos. El Señor le pidió a Abraham que matara su único hijo legítimo cuando a él se le había prometido una posteridad por medio de ese hijo tan numerosas como las arenas del mar. Ésta fue la clase de fe que Nefi demostró cuando el Señor le dijo que matara a Labán. Concerniente a tales "pruebas abrahámicas," el profeta José Smith dijo: "Todo cuanto Dios requiere es justo, no importa lo que sea, aunque no podamos ver la razón por ello sino hasta mucho después de que se hayan verificado los hechos."[6]

- **1 Nefi 4:19–37 Zoram (el sirviente de Labán) confía en el juramento de Nefi.** Él entregó las planchas de bronce en las manos de Nefi, pensando que Nefi era su amo Labán; y cuando se dio cuenta de que Nefi no era su amo, él se llenó de miedo y pudo haber escapado para advertirle lo demás. No obstante, el juramento de Nefi calmó sus miedos (versículos 32–37).

  En la concerniente a tales juramentos en la cultura árabe, el doctor Hugh Nibley dijo: "Las reacciones de ambas partes cobran sentido cuando uno se da cuenta de que el juramento es una cosa muy sagrada e inviolable entre le gente del desierto y sus descendientes: 'Muy difícilmente, un árabe rompería este juramento, aún si su vida está en peligro,' ya que 'no hay nada más fuerte, y nada más sagrado que el juramento . . .' . . . Pero no cada juramento basta. . . . El único juramento más terrible que 'por mi vida' o (menos común) 'por mi cabeza' es el *wa hayat Allah*, 'por la vida de Dios' . . . Entonces, vemos que la única manera por la cual Nefi posiblemente pudo haber pacificado al inquieto Zoram en un instante, era hacer el juramento que ningún hombre soñaría romper."[7]

- **1 Nefi 5:1–9 Lehi y Saríah son grandemente aliviados cuando sus hijos vuelven con las planchas.** Así como ocurre con otros innumerables miles de padres que han mandado a sus hijos e hijas al campo misional, estos amorosos padres habían enviado a sus hijos a circunstancias desconocidas, confiando en que el Señor los protegería. Cuando volvieron a salvo y exitosos, sus padres se regocijaron por éstas dos bendiciones.

*Saríah temió que sus hijos estuvieran muertos*

## La naturaleza y contenidos de las planchas de bronce

- **1 Nefi 5:10–16 Estas planchas eran un volumen de escritura sagrada**, que contenían escritos de los asuntos de Dios con los hombres desde el principio hasta ese día:
  - — Una historia de los judíos (1 Nefi 3:3; Omni 1:14–18).
  - — La ley de Moisés.
  - — Un escrito de muchas de las profecías desde el principio hasta Jeremías, e incluyendo parte de aquellas expresadas por Jeremías.
  - — Los cinco libros de Moisés.
  - — Una genealogía de los antepasados de los nefitas (1 Nefi 3:3, 20; 4:15–16; 5:11–14).

*Lehi estudió cuidadosamente las planchas de bronce*

- **1 Nefi 13:23 Las planchas de bronce contienen más del Antiguo Testamento de lo que tenemos hoy.** Además de los profetas del Antiguo Testamento de la Biblia, estas también contienen:

  — Las profecías de Zenoc, Neum, Zenós, y otros.
  — El registro de José, el hijo de Jacob.
  — Profecías concernientes los nefitas (1 Nefi 19:10, 21; 2 Nefi 4:2, 15; 3 Nefi 10:17).

- **1 Nefi 5:17–19 El Señor traerá las planchas de bronce en los últimos días** (véase también Alma 37:3–5). Lehi profetizó lo concerniente al futuro de las planchas de bronce. Éstas nunca perecerían, ni jamás el tiempo las empañaría; e irán a todas las naciones, tribus, lenguas, y pueblos que son de la simiente de Lehi. De esto sabemos que vendrá el día en el cual las planchas de bronce estarán disponibles para los lamanitas y para nosotros. El élder Bruce R. McConkie dijo: "El Señor ha prometido hacerlas aparecer en algún momento futuro, sin haber sido empañadas por el tiempo y con su fulgor original, y los relatos de escritura en ellas registrados irán 'a toda nación, tribu, lengua, y pueblo' (Alma 37:3–5; 1 Nefi 5:18–19)."[8] Sin duda alguna, éste será el día cuando la porción sellada del Libro de Mormón también sea revelado. Pero ninguna de estas escrituras adicionales saldrá a la luz hasta que hayamos completa y apropiadamente disfrutado del banquete de lo que ya tenemos en el Libro de Mormón.

- **1 Nefi 5:20–22 Las planchas de bronce eran extremadamente importantes para los nefitas** en la preservación de los mandamientos del Señor para Sus hijos. Por medio de éstas, ellos también fueron capaces de preservar su lenguaje, así como la mayoría de su civilización, y también, un sentido de la historia—un conocimiento de los pueblos de donde ellos vinieron (1 Nefi 3:19; 1 Nefi 22:30). En contraste, los mulekitas, quienes fueron sacados de Jerusalén alrededor de once años después la salida de Lehi, no tenían archivos equivalentes a las planchas de bronce; y, pronto cayeron en la apostasía y en la incredulidad y perdieron su lenguaje, civilización, y religión. Las planchas de bronce fueron cuidadosamente preservadas por los nefitas al ser pasadas de profeta en profeta y de generación en generación (Mosíah 1:16; 28:20; 3 Nefi 1:2).

## BUSCANDO A LA FAMILIA DE ISMAEL
(1 Nefi 7)

- **1 Nefi 7:1–7 El Libro de Mormón no dice por qué fue escogida la familia de Ismael.** Sólo dice que su familia incluía al menos cinco mujeres solteras, y que hubo una necesidad de criar familias en la tierra prometida. Las dos hijas de Ismael quienes se casaron con Lamán y Lemuel eran espíritus similares al de sus esposos y se unieron a su rebelión y a su deseo de volver a Jerusalén (versículos 6–7).

- **1 Nefi 7:8–15 Nefi regaña sus hermanos mayores por no cumplir con su responsabilidad**, requiriendo que ellos ser corregido por su hermano menor. Más de una vez durante sus vidas, ellos se quejaron de su hermano menor por decirles lo que tenían que hacer, y la posteridad de Lamán y Lemuel continuó con esta falsa tradición al sugerir que Nefi había usurpado sus derechos y autoridad (2 Nefi 4:12–14; Mosíah 10:11–17). Fue una queja falsa, ya que ellos continuamente se negaron a ejercer su derecho natural de guiar en rectitud. Nefi les recordó que habían visto un ángel cuyas palabras fueron cumplidas al obtener las planchas y que Dios fue capaz de cumplir todas Sus promesas. Él profetizó que Jerusalén sería verdaderamente destruida.

- **1 Nefi 7:16–19 Lamán y Lemuel están enojados con las profecías de Nefi y tratan de matarlo.** Lo amarraron con cuerdas con la intención de dejarlo en el desierto para ser devorado por bestias salvajes, pero Nefi fue milagrosamente salvado de sus ataduras y llamó Lamán y Lemuel al arrepentimiento. Sin ser impresionados con este milagro, ellos intentaron de nuevo ponerle las manos encima, pero desistieron por las súplicas de la esposa de Ismael y las de una de sus hijas, y uno de sus hijos.

- **1 Nefi 7:20–22 Lamán y Lemuel sienten pena por lo que han hecho y buscan el perdón de Nefi.** A pesar del hecho de que ellos habían tratado de matarlo, Nefi "sinceramente" (completamente e inmediatamente) los perdonó, y también les aconsejó buscar el perdón del Señor, lo cual hicieron. Después de esta reconciliación, ellos continuaron su viaje y volvieron a la emplazamiento de Lehi y de su familia en el desierto.

**Notas** (Todas las referencias son de las versiones en idioma inglés de los textos que se citan.)


1. W. Cleon Skousen, *La cuarta mil años*, 1966, págs. 634–635.
2. *Lehi en el desierto: 81 nuevas, evidencias documentadas de que el Libro de Mormón es una historia verdadera*, 2003, págs. 163–165.
3. "Respondiendo al llamado del Señor," en *Estudios de las escrituras, Volumen 7: de 1 Nefi a Alma 29*, editado por Kent P. Jackson, 1987, pág. 26.
4. *Lehi en el desierto, el mundo de los jareditas, hubo jareditas*, editado por John W. Welch, Darrell L. Matthews, y Stephen R. Callister, 1988, pág. 97.
5. *El Santo Templo*, 1980, págs. 184–185.
6. *Historia de la Iglesia*, 5:135. Véase también *Enseñanzas del Profeta José Smith*. escogidas y arregladas por Joseph Fielding Smith, 1976, pág. 256.
7. *Un acercamiento al Libro de Mormón*, 3.ª edición, 1988, págs. 128–129.
8. *Doctrina Mormona*, 2.ª edición, 1966, pág. 103.

Capítulo 3

# El significado del árbol de la vida

(1Nefi 8–12, 15)

---

En este capítulo estudiamos las visiones de Lehi y de Nefi del árbol de la vida. Nefi indicó que su padre escribió muchas profecías y tuvo muchas visiones; de las cuales Nefi no dio un relato completo (1 Nefi 1:16). Pero él describió la visión del árbol de la vida en gran detalle. A diferencia de sus hermanos, quienes consideraron a su padre como "un hombre "visionario" (1 Nefi 2:11), Nefi creyó en la visión de su padre. Sin embargo, no estaba satisfecho con simplemente escuchar acerca de estas cosas. Él intentó fervientemente ver la misma visión por sí mismo; y entender lo que significaba. Esto demuestra la gran fe de Nefi, que era muy joven en ese momento, probablemente un adolescente. Gran parte de lo que sabemos acerca de esta visión y de sus elementos simbólicos, viene de la visión que le fue dada a Nefi; y sobre la cual escribió en las planchas menores de Nefi años más tarde.

## ELEMENTOS SYMBÓLICOS DE LA VISIÓN

(1 Nefi 8, 11–12)

### El árbol de la vida: un antiguo y penetrante símbolo

AMONG BEDOUINS, PALMS ARE "TREES OF LIFE"

Lehi no fue ni el primero ni el único profeta en hablar del árbol de la vida. Es un antiguo y penetrante símbolo usado a través de la Biblia; y en muchas otras culturas y religiones. Era un árbol verdadero en el jardín del Edén y representaba la vida eterna (Génesis 2:9). El árbol con el fruto prohibido representaba la muerte—lo opuesto a la vida (2 Nefi 2:15)—y Dios invitó a todos Sus hijos a tomar del fruto del árbol de la vida (Alma 5:34). Éste todavía está localizado dentro del paraíso (Apocalipsis 2:7). y estará presente la tierra en la tierra celestial (Apocalipsis 22:1–6,14).

En la mayoría de las culturas antiguas, el árbol de la vida era representado como una palmera. Los frutos blancos que estos árboles producen son muy dulces y pueden mantener la vida en el ambiente severo del desierto porque no se pudren bajo el sol caliente. Por esta razón, los árabes llaman a las palmeras "árboles de vida."

El árbol de la vida representa a Cristo, su sacrificio expiatorio y el amor de Dios en mandarlo a Él para salvarnos. También representa la vida eterna que disfrutaremos si probamos estos frutos. El élder Jeffrey R. Holland dijo: "Las imágenes de Cristo y el árbol [están] inextricablemente ligadas . . . ya en el comienzo del Libro de Mormón . . . Cristo es descrito como la fuente y gozo de vida eterna; la evidencia viviente del amor divino y el medio por el cual Dios cumplirá Su convenio con la casa de Israel. Ésta es verdaderamente la familia entera del hombre, volviéndolos a todos a sus promesas eternas."[1] y El élder Boyd K. Packer dijo: "Lehi tuvo una visión del árbol de la vida. Su hijo Nefi oró para saber su significado. Como respuesta, se le dio una maravillosa visión de Cristo . . . Esa visión es el mensaje central del Libro de Mormón. El Libro de Mormón es verdaderamente otro testamento de Jesucristo."[2]

**Elementos simbólicos obtenidos de la vida en el desierto**

| Elemento | Posible Origen |
|---|---|
| Desierto obscuro y lúgubre. | Perderse en el desierto durante la noche era mortal (1 Nefi 8:7). |
| Campo grande y espacioso | Maidan (palabra árabe para "mundo") que significa "campo grande y espacioso" (1 Nefi 8:9, 20). |
| El árbol de la vida | Las palmeras del desierto representan 'árboles de vida" (1 Nefi 8:10; 11:25; 15:21–22) |
| El fruto del árbol | El fruto de las palmeras era blanco y dulce (1 Nefi 8:11–12). |
| El río de aguas sucias | Posiblemente una violenta inundación súbita en un valle (1 Nefi 8:13; 12:16). |
| Vapor de tinieblas | Nos hace pensar en una gruesa niebla en la noche (1 Nefi 8:23). |
| La barra de hierro | Guía a la gente a través de los vapores de tinieblas (1 Nefi 8:19). |
| Edificio grande y espacioso | Inspirado por peñascos elevados (1 Nefi 8:26). |

Nefi sintió la necesidad de entender los símbolos de la visión de su padre. Él oró por una interpretación de esos símbolos y la recibió por una revelación propia directa. Las imágenes e interpretaciones incluyen:

| Imagen | Interpretación |
|---|---|
| Desierto obscuro y lúgubre | El mundo (8:7, 20) |
| Campo grande y espacioso | El mundo (8:9, 20) |
| El árbol de la vida | El amor de Dios (11:21–22) |
| El fruto del árbol | Vida eterna en el Reino de Dios |
| El río de aguas sucias | El infierno y sus profundidades (12:16; 15:26–36) |
| Vapor de tinieblas | Tentaciones del diablo (12:17) |
| La barra de hierro | La palabra de Dios (11:25; 15:23–25) |
| Edificio grande y espacioso | El orgullo, la sabiduría, y las vanas imaginaciones del mundo (11:35–36, 12:18). |

Un largo y angosto cañón (izquierda) con imponentes paredes y un muy angosto, pero de sendero recto. Estas sólidas paredes pudieron haber provisto parte de la inspiración para "unos grandes y espaciosos edificios" desde los cuales los orgullosos miraron hacia abajo a aquellos en el sendero y se rieron de ellos.

Un "río de agua" (palabra árabe para "pequeño riachuelo"); que fluye continuamente, con un recto (y angosto) sendero junto a éste (abajo). Este riachuelo es el único en todo el norte de Arabia que parece fluir continuamente, como lo describe Lehi.

Una fértil desembocadura en la base del cañón (izquierda), a la orilla del mar, con muchos "árboles de vida" (un hombre que los árabes le dan a las palmeras que producen frutos blancos) frutos, y semillas. Este conjunto de características debió haber sido un salvador de vida para Lehi y para su familia y tuvo que haber provisto protección de los enemigos. Localizado precisamente a la distancia desde Jerusalén que describe Nefi. Este lugar provee características que podrían haber inspirado la visión de Lehi del "árbol de la vida."

*(Fotos: cortesía de George Potter y Richard Wellington, Lehi en el desierto: 81 New, Documented Evidences that the Book of Mormon Is a True History (nuevas, evidencias documentadas de que el Libro de Mormón es una historia verdadera) (Springville, Utah: Cedar Fort, 2003, pág. 163–65. Usado con permiso.)*

Con este conocimiento, Nefi procedió a ofrecer ejemplos de cómo estos símbolos podrían ser usados para representar eventos o principios del evangelio:

| Símbolo | Evento o principio |
|---|---|
| El árbol (el amor de Dios) | La venida del Hijo de Dios (11:13–22). |
| El río de aguas sucias (el infierno) | Iniquidad y guerra. |
| La barra de hierro (La palabra de Dios) | El ministerio del Hijo de Dios (11:24-25). |
| El vapor de tinieblas (las tentaciones) | La apostasía, la iniquidad, la guerra, la grande y abominable iglesia, las cosas simples y preciosas removidas de las escrituras (12:19–23; 13:1–9, 20–29). |
| El grande y espacioso edificio (el orgullo) | La persecución de los seguidores de Cristo (11: 26–36) inspirado por los mofadores adinerados de Jerusalén. |

### La preocupación de Lehi por su familia

- **1 Nefi 8 Después de que Lehi prueba el fruto del árbol de la vida, su primer pensamiento es sobre su familia** (v. 12) en la visión del árbol de la vida hay cuatro clases de personas:

  — Aquellos que van derecho a las cosas del mundo y nunca se acercan al sendero (vv. 31–33).
  — Aquellos que comienzan en el sendero pero se pierden (vv. 21–23).
  — Aquellos que obtienen salvación, pero se avergüenzan y se perdien (vv. 24–28).
  — Aquellos que han obtenido salvación y permanecen fieles (v. 30).

Cualquier padre justo se puede identificar con la ansiedad de Lehi por el bienestar de su familia. Dios mismo está enfocado en salvar a todos Sus hijos. Lehi se regocijó de que Nefi y Sam también llegaran al árbol, pero se lamentó de ver que Lamán y Lemuel no lo hicieran (vv. 2–4). Temiendo por sus vidas eternas, él les suplicó a Lamán y a Lemuel que se arrepintieran antes de que fuera demasiado tarde (vv. 36–38).

### POR QUÉ EL SEÑOR ENSEÑA CON SÍMBOLOS

Nos preguntaríamos por qué el Señor usa símbolos. ¿No entenderíamos más fácilmente, si los principios conectados a estos símbolos fueran simple, y sencillamente declarados? La respuesta es no, por una variedad de razones:

— Los símbolos protegen la inocencia al enmascarar el significado para aquellos que no están espiritualmente maduros y tengan que ser responsables de las consecuencias de los principios que les están siendo enseñados.

— Los símbolos son extraídos de objetos que son conocidos y encontrados frecuentemente; y también de las actividades de la vida, proveen un frecuente recordatorio de los principios subyacentes.

— Los símbolos son una ayuda para la memoria por su asociación con otras cosas que así son recordadas inmediatamente.

— Los símbolos que son bien escogidos (por ejemplo, aquellos asociados con las ordenanzas) adquieren una dimensión de santidad que de otra manera estaría ausente.

El manual del instituto del Sistema Educativo de la Iglesia para el Nuevo Testamento, adjunta a esta lista lo siguiente:[3]

— Las imágenes simbólicas y las historias expresan la verdad y la realidad con mayor impacto de lo que lo hacen las palabras y los conceptos abstractos.

— Las imágenes e historias simbólicas expresan diferentes niveles de verdad espiritual a diferentes niveles de madurez espiritual.

— Las imágenes simbólicas tienen un atractivo universal—no se limitan a una persona, o a un grupo de personas en su significado o aplicación.

— Las imágenes e historias simbólicas nos impresionan con su gran simpleza y belleza.

— Las imágenes e historias simbólicas nos estimulan a buscar y desentrañar sus significados.

Considere las ordenanzas como una ilustración de cómo el Señor usa los símbolos: (1) cada ordenanza conlleva una acción que nosotros debemos realizar físicamente, (2) las piezas simbólicas que nosotros usamos al realizar acciones simbólicas, y (3) convenios específicos que estamos haciendo con el Señor al usar esas piezas para realizar la ordenanza. El sacramento, por ejemplo, requiere de nosotros comer y beber (las acciones) pan y agua (las piezas simbólicas) mientras hacemos convenios específicos contenidos en la oración ofrecida por el sacerdote. Se puede hacer un análisis similar con la ordenanza del bautismo y del templo.

El élder Bruce R. McConkie dijo:

> "El Señor usa similitudes para cristalizar en nuestras mentes las verdades eternas que debemos aceptar y creer para ser salvos; para dramatizar su verdadero mensaje y significado con un impacto, que nunca será olvidado; para centrar nuestra atención en estas verdades salvadoras, una y otra vez. Los principios abstractos pueden ser fácilmente olvidados o su significado profundo puede ser pasado por alto; pero los actos visuales y las experiencias reales, son registrados en la mente en tal manera, que nunca se pierden . . . ."
>
> "Él usa ordenanzas, ritos, actos, y actuaciones; Él usa similitudes, parecidos, y semejanzas, para que lo que se esté haciendo en ese momento, le recuerde a todos los que estén al tanto de ello, una realidad más grande e importante. Él usa similitudes, parábolas; y alegorías. Si dos cosas tienen el mismo semblante o forma, si son parecidas, o si se corresponden en cualidades, podría servirle Sus propósitos en compararlas . . . ."

"Si tuviéramos suficiente percepción, veríamos en cada ordenanza del evangelio; en cada rito que es parte de una religión revelada; en cada acto mandado de Dios; en todas las cosas que la Deidad la da a Su gente, algo que tipifica el eterno ministerio del Cristo eterno."[4]

Mientras que todas las ordenanzas usan el simbolismo para lograr sus propósitos, debemos recordar que no hay gracia salvadora en simplemente realizar ordenanzas simbólicas sin pensar en las piezas y convenios asociadas con éstas. Se nos manda buscar y entender el simbolismo de lo que hacemos. Al hacerlo, nos beneficiamos al entender y al conducir nuestras vidas acorde con los principios salvadores en los cuales se basan estos símbolos.

El élder John A. Widtsoe dijo: "Si entendemos los grandiosos símbolos que pasan delante de nosotros . . . todo debe ser preparado para entonar nuestros corazones, mentes, y almas con el trabajo. Todo lo que concierne a nosotros, debe contribuir a la paz mental; que nos hace capaces de estudiar y entender los misterios, por decirlo así, que nos son revelados . . . vivimos en un mundo de símbolos. [pero debemos aprender a ver] más allá del símbolo; o sea, las realidades grandiosas en las cuales se basan los símbolos. . . una revelación dada a través de un [símbolo], podrá mejor entendida; y para aquellos que buscan más vigorosamente y con corazones puros, la revelación será más grande."[5]

## INTERPRETACIÓN DE NEFI DEL SUEÑO
(1 Nefi 10–11, 15)

### Nefi comienza su propio escrito

Hasta este punto, Nefi ha estado resumiendo el escrito de su padre, Lehi. El capítulo 10 marca el comienzo de su propio escrito. Al comenzar su escrito, él escribió unas cuantas profecías y una alegoría dada por su padre:

— 1 Nefi 10:1–3 Una profecía de la destrucción de Jerusalén.
— 1 Nefi10:4–11 Una profecía del Mesías.
— 1 Nefi 10:12–14 La alegoría del olivo.

*Nefi buscó su propio testimonio*

### El deseo de Nefi de saber por sí mismo

- **1 Nefi 10:15–2 Nefi creyó las palabras de su padre pero quería ver y saber por sí mismo.** El ejemplo de Nefi nos enseña que es apropiado buscar nuestro propio testimonio de las cosas que recibimos de los apóstoles y profetas.

  El Presidente Brigham Young dijo:

  "Me temo . . . que esta gente tenga tanta confianza en sus líderes que no vayan a investigar por sí mismos de Dios, cuando son guiados por Él. Que se establezcan en un estado de ciega seguridad en sí mismos, confiando su destino eterno en las manos de sus líderes con una temeridad que en si misma frustraría los propósitos de Dios en su salvación, y que debilitaría influencia que podrían ellos tener sobre sus líderes si supieran más por sí mismos, por las revelaciones de Jesús, que se guiaba por el camino correcto. Que cada hombre y mujer sepan por si mismos, por la inspiración del Espíritu de Dios, si sus líderes están caminando o no por el camino que dicta el Señor. Esta ha sido mi exhortación continuamente . . . que todas las personas sean fervientes en oración, hasta que ellos sepan las cosas de Dios por ellos mismos y obtengan la certeza de que ellos están caminando en el sendero que lleva a la vida terna."[6]

## Requisitos para la revelación

Habiendo recibido las palabras de su padre concerniente al árbol de la vida, Nefi buscó diligentemente su propia revelación en lo relativo a su significado. Esta era la respuesta típica de Nefi—buscar mayor entendimiento por medio de la contemplación y la oración.

- **1 Nefi 11:1 Inquiriendo:** Nefi habló del efecto del estudio y de la meditación. Él quería saber las cosas que su padre había visto. Y para ganar este conocimiento, pasaba tiempo inquiriendo y comunicándose con el Señor. Al hacer esto, fue "arrebatado en el Espíritu del Señor" a una montaña alta, en donde a él se le fue mostrada una bella visión.

  José Smith y Sidney Rigdon también estaban meditando en las escrituras cuando ellos recibieron su maravillosa visión de los reinos de gloria (D&C 76:19). El Presidente Joseph F. Smith estaba examinando cuidadosamente las escrituras cuando recibió su visión del mundo de los espíritus (D&C 138:1–2, 11). Y Moroni dice que inquirir es uno de los pasos necesarios para adquirir un testimonio (Moroni 10:3–5).

  Al considerar nuestro deseo de determinar la voluntad de Dios en nuestras vidas, necesitamos pasar más tiempo inquiriendo de lo que usualmente lo hacemos—nuestro mundo moderno está tan lleno de una casi continua estimulación—las señales y sonidos de la radio, la televisión, los teléfonos celulares y iPods—que dejan muy poco espacio para la meditación pacífica. Si deseamos recibir una revelación por medio del Espíritu, debemos desconectarnos de los afanes y ajetreos del mundo y pasar más tiempo a solas; inquiriendo sobre las cosas que deseamos saber y con oración, buscar el Espíritu. Sólo después de esto podemos esperar recibir una revelación.

- **1 Nefi 11:4 La fe:** El ángel primero le preguntó a Nefi si él le creía a su padre. Sin fe, no podemos recibir entendimiento (1Nefi 15:6–11) Nefi le creyó a su padre y también sabía que el Señor podía y respondería su oración (1 Nefi 11:1).

- **1 Nefi 11:7 Acción:** La responsabilidad de testificar acompaña a cualquier visión de Dios. La pregunta del Señor al otorgarnos una revelación es: ¿Que hará usted con ella si le muestro estas cosas? Esta es la prueba de "la intención real" (Moroni 10:4). En este caso, Nefi demostró su deseo de actuar sobre su conocimiento al hacer exactamente lo que a él le fue enseñado. (1 Nefi 14:29–30).

## Cristo y El Árbol De La Vida

- **1 Nefi 11:8–13 A Nefi se le muestra por primera vez el árbol de la vida que sus padres había visto.** Cuando él pregunto qué significaba el árbol, inmediatamente se le mostró la virgen María en Nazaret; estableciendo así una conexión entre el árbol de la vida y el Señor Jesucristo.

- **1 Nefi 11:14–17 Nefi todavía no entiende la conexión entre el árbol de la vida, y el nacimiento del Señor Jescristo.** El ángel lo ayudó al preguntar si él entendió la "Condescendencia de Dios" (v. 16). Él sabía que Dios ama a Sus hijos, pero él no dijo entender todas la cosas: incluyendo el significado de esa visión.

- 1 **Nefi 11:18–21 El ángel de nuevo le muestra la virgen y su hijo recién nacido.** Como parte de esta visión, aprendemos que Cristo es literalmente el hijo físico de Dios Padre (v. 21). De nuevo el ángel preguntó: "¿Comprendes el significado del árbol"

W.A. BOUGUEREAU, 1893

- **1 Nefi 11:22–23 Nefi ahora entiende la conexión** y declara que el árbol representa el amor de Dios (como es representado por el ministerio y el humilde nacimiento del Salvador) y que el amor de Dios es el "lo más deseable que todas las cosas" (v. 22).

  El élder Bruce R. McConkie dijo: "La condescendencia de Dios (significando el Padre) consiste en el hecho de que aunque Él es un personaje exaltado, perfecto, y glorificado, se volvió el Padre personal y literal de un hijo mortal nacido de una mujer mortal. Y la condescendencia de Dios (significando el Hijo) consiste en el hecho de que aunque Él mismo es el Señor omnipotente; él mismo quien creó la tierra y todas las cosas que están en ella, y habiendo nacido de una mujer mortal, se sometió a todas las pruebas de la mortalidad sufriendo 'tentaciones, y dolor en el cuerpo, hambre, sed y fatiga, aún más de lo que el hombre puede sufrir sin morir' (Mosíah 3:5–8), para finalmente ser matado de la manera más ignominiosa."[7]

- **1 Nefi 11:24–33 A Nefi se le muestra el ministerio terrestre, los milagros, y la crucifixión de Cristo.** Esto hizo de él un apóstol—un testigo especial de Jesucristo quien sabe por sí mismo lo concerniente a estas cosas porque él las ha visto en la visión.

- **1 Nefi 11:34–36 Después de la muerte del Salvador, el mundo de los inicuos centraráá su atención en la destrucción de Sus apóstoles.** Nefi le echó la culpa de esta iniquidad al "orgullo del mundo" incorporado en el grande y espacioso edificio, el cual eventualmente llevará a la destrucción a todos aquellos que pelean en contra del Señor y de Su Iglesia (v. 36).

## Lamán Y Lemuel No Podían Entender El Sueño

- **1 Nefi 15:1–11 Lamán y Lemuel no le piden entendimiento a Dios porque ellos no creen que Él les responderá.** Esto ilustra claramente la necesidad de tener fe cuando pedimos revelación del Señor. La respuesta de Nefi a las enseñanzas de su padre, siempre fue un deseo de saber por sí mismo. La respuesta de Lamán y Lemuel en cuanto a preguntarle al Señor fue: "No, porque el Señor no nos da a conocer tales cosas a nosotros" (v. 9). No hicieron ningún intento por obtenerla por ellos mismos.

- **1 Nefi 15:21–36 Nefi le explica a sus hermanos los símbolos de la visión del árbol de la vida.** Nefi relacionó las imágenes con las vidas de sus hermanos al hablar de lo que le pasa a aquellos que fallan en sostener la barra de hierro (versos 23–25). Él también describió las aguas sucias y el gran golfo que separaba a los inicuos de los justos (versos 26–30). Él les advirtió que a menos que se arrepientieran, se encontrarían sin salvación en el último día versos 26–36).

  El Presidente Spencer W. Kimball dijo: "Cada alma debe someterse a juicio y pagar de una manera u otra hasta el último centavo. El escaparse de las consecuencias de los actos del libre albedrío es un imposible. Nadie, por más inteligente que sea, se libra de 'la recompensa debida a nuestros actos'; estos son rincones oscuros y profundos, cuartos encerrados, espacios aislados, pero ningún acto, sea bueno o malo, ningún pensamiento, feo o bello, se escapa nunca de ser visto o escuchado. Cada acto dejará su impresión en el individuo y será grabado, para ser medido y pagado. Por ende, uno sólo se engaña a sí mismo al pensar que uno 'zafa' del castigo a un acto inpropio."[8]

- 1 **Nefi 16:1–8 Lamán y Lemuel son conmovidos por las palabras de Nefi y se arrepienten, pero probablemente no durará.** Aunque habían visto un ángel durante un tiempo de rebelión anterior, ellos no fueron lo suficientemente humillados por nada de esto; como para hacerlos arrepentirse permanentemente. Eventualmente, en cada caso, ellos volvían a quejarse y a dudar. Ese instante de arrepentimiento, como todos los demás, sería corto.

**Notas** (Todas las referencias son de las versiones en idioma inglés de los textos que se citan.)

1. *Cristo y el nuevo convenio: el mensaje mesiánico del Libro de Mormón*, 1997, págs. 160, 162.
2. En Reporte de La Conferencia, abril de 1986, 76; o revista *Ensign*, mayo de 1986, págs. 60, 61.
3. *La vida y enseñanzas de Jesús y sus apóstoles*, 2.ª edición. Manual del estudiante del Nuevo Testamento [Sistema Educativo de la Iglesia], 1979, pág. 445.
4. *El Mesías Prometido: la Primera Venida de Cristo*, 1978, págs. 377–78.
5. "Adoración en el Templo," revista *Histórica y Genealógica de Utah*, Abril de 1921, págs. 60, 62–63.
6. En *Diarios de Discursos*, 9:150.

7. *Doctrina mormona*, 2.ª edición, 1966, pág. 155.

8. *Las Enseñanzas del Spencer W. Kimball*, editado por Edward L. Kimball, 1982, pág. 155.

Capítulo 4

# Las visiones proféticas de Nefi

(1 Nefi 12-14)

---

El élder Ezra Taft Benson definió la profecía como una "historia en reverso —una revelación divina de eventos futuros."[1] En esta parte del Libro de Mormón, a Nefi se le muestra el futuro de su simiente, de los lamanitas, y de Israel. Él profetiza con exactitud la venida de los peregrinos y de Cristóbal Colón a las Américas; así como la formación de Los Estados Unidos de América, el cual él dice será liberado y protegido de otras naciones por el poder de Dios. Él predice la relación de estos "gentiles" con los lamanitas y habla de la Biblia, así como del Libro de Mormón.

"LEHI CON LAS PLANCHAS" © JOSEPH BRICKEY, SADO CON PERMISO.

*profecía, historia en reversa*

La maravillosa exactitud de estas profecías puede ser enteramente apreciada sólo a posteriori, mirando atrás en la historia de estos pueblos y notando cuán sus profecías fueron cumplidas. Notando esto, tenemos una plena confianza en que sus profecías aún no cumplidas, también se cumplirán con exactitud.

Al continuar las visiones de Nefi, él es capacitado para profetizar lo que concirne (1) al destino de sus descendientes (2) cómo los gentiles heredarán esta tierra en los últimos días (3) la Biblia que saldrá a luz entre los gentiles (4) la gran y abominable iglesia que luchará en contra de la iglesia del Cordero de Dios y (5) la posible destrucción del mal.

## EL FUTURO DE LOS DESCENDIENTES DE NEFI

(1 Nefi 12)

- 1 Nefi 12:1–23 Nefi ve en una asombrosa y exacta visión el futuro de sus descendientes. Nefi vio a su posteridad en la tierra prometida y el conflicto entre los lamanitas y los nefitas hasta el tiempo de la aparición del Salvador entre ellos (versículos 1–3). Él vio una gran destrucción en el tiempo de la crucifixión de Cristo (versículos 4–5). El vio a Cristo y a los doce nefitas evangelizando a la gente (versículos 6–10).

El Profeta José Smith dijo: "[el Libro de Mormón] nos dice que nuestro Salvador apareció en este continente después de su resurrección; aquí Él estableció el evangelio en toda su plenitud, riqueza, poder y bendición; y tenían apóstoles, profetas, pastores, maestros, y evangelistas. Tenía el mismo orden, el mismo sacerdocio, las mismas ordenanzas, dones, poderes, y bendiciones tal como las disfrutaron en el continente oriental."[2]

Nefi vio que los doce nefitas serían juzgados por los doce apóstoles originales quienes fueron llamados a Palestina (v. 9). Él vio que como resultado de las labores de los doce nefitas, "sus vestidos quedaron blancos" (v. 10). Joseph Fielding McConkie y Robert L. Millet explican: "Tener los vestidos blanqueados en la sangre del Cordero, es haber sido liberado de pecado y de sus efectos; por medio del arrepentimiento sincero y el sometimiento a la voluntad del Maestro. Es haber sido limpiado y santificado, es haber sido hecho puro y sagrado—apto para morar en presencia de Dios y de los ángeles. Tal estado deviene de adherir a las ordenanzas del evangelio y de rendir el corazón a Dios . . . estas son las personas cuyos vestidos están libres de la sangre (pecados—2 Nefi 9:44) del mundo; por la sangre de Él, quien venció al mundo ... 'y han lavado sus ropas y las han blanqueado en la sangre del Cordero' (Apocalipsis 7:14)."[3]

Nefi tuvo una visión, en la que por doscientos años sus descendientes "se tratarían con rectitud los unos con los otros" y allí no había "ricos ni pobres, esclavos ni libres" (4 Nefi 1:2–3), y muchos "morirían en rectitud" (1 Nefi 12:12). Luego Nefi vio que después de tres generaciones, la iniquidad y la guerra retornarían ( versículos 11–15) resultando en su completa destrucción.

Imagínese ser el fiel Nefi y que le sea mostrada una visión en donde usted ve que su propia posteridad se alejará del Señor y será destruida, mientras que la posteridad de Lamán y Lemuel permanecerá, y se volverá una gente ociosa, inicua, y repugnante

*Nefi previó la destrucción de su posteridad*

(versículos 19–23). Un hombre débil se hubiera dado por vencido y hundido en la desesperación. Nefi no lo hizo. El oró continuamente por la posteridad de sus hermanos, y aprovechó la oportunidad de enseñarle a su posteridad (y a nosotros) las lecciones de esta triste visión.

## LOS GENTILES EN AMÉRICA

Después se le muestra a Nefi el futuro de la tierra escogida de América. Él ve que los gentiles habitarán en la tierra (versículos 1–3). Profetiza acerca de Cristóbal Colón (versículos 10–12) y los peregrinos, que vinienen"de la cautividad" (v. 13). Él prevé el establecimiento de América (versículos 14–16) y que esta nueva nación será "liberada" de sus enemigos por el "poder de Dios" (versículos 17–19).

- **1 Nefi 13:1–3 Los gentiles habitarán en la tierra de América.** Para entender plenamente esta escritura, debemos definir lo que Nefi quiso decir con el término "gentiles".

  El élder Bruce R. McConkie dijo:

> En los días de Abrán el término [gentil] se usaba para referirse a aquellas naciones y pueblos que no habían descendido de él. Además, se añade la promesa que todos los gentiles que reciban el evangelio serían adoptados en el linaje de Abrán y considerados de su simiente (Abraham 2: 9–11) El profeta enseñó que aquellos adoptados, se volvieron literalmente de la sangre de Abrán.[4] En los días del antiguo Israel, aquellos que no pertenecían al linaje de Jacob, eran considerados como gentiles; aunque los árabes y otras razas de origen semita, que rastrearon su linaje hasta Abrán, no serían gentiles de acuerdo al uso estricto abrámico de la palabra. Después que el reino de Israel fue destruido, y las diez tribus fueron llevadas al cautiverio en Asiria, aquellos del reino de Judá se llamaron a sí mismos judíos, y designaron a los demás como gentiles.
>
> Este es el concepto que probablemente se le enseñó a Lehi, a Mulek, y a los otros judíos quienes vinieron al hemisferio occidental para encontrar a las grandes civilizaciones nefitas y lamanitas. No es de sorprender, entonces, que el Libro de Mormón hable repetidamente de judíos y de gentiles; a pesar de que esta frase marcó una división entre todos los hombres; definiendo los Estados Unidos de América y describiéndola como una nación gentil (1 Ne. 13; 3 Ne. 21); y también está la promesa de que el Libro de Mormón sería dado a luz "por los gentiles" (portada o página titular del Libro de Mormón; D&C 20:9).
>
> De hecho, por supuesto, la casa de Israel se esparció por todas las naciones, y José Smith (a través de quién fue revelado el Libro de Mormón) era de la tribu de Efraín. Al mismo tiempo, el profeta era de los gentiles, lo que significa que él era un ciudadano de una nación gentil y también que él no era judío. Los miembros de la Iglesia en general, son de Israel y de los gentiles. Verdaderamente, el evangelio ha salido a la luz en los últimos días; en los tiempos de los gentiles y en gran medida, no llegará a los judíos hasta que la plenitud de los gentiles venga (D&C 45:28-30). Teniendo en cuenta el principio de que los gentiles son adoptados en el linaje de Israel al aceptar el evangelio, y que aquellos que no creen las verdades de la salvación (sin importar su linaje) pierden cualquier estatus preferencial que

ellos pudieran haber tenido; entonces, no es inapropiado referirse en nuestros días a los miembros de la Iglesia como israelitas y referirse a los no creyentes, como gentiles.[5]

## Cristóbal Colón

- **1 Nefi 13:10-12 Un gentil guiado por el Santo Espíritu viene a América.** Hoy en día se ha vuelto muy popular denigrar a Cristóbal Colón y definirlo como un intruso brutal, lleno de enfermedades, en la cultura Americana Nativa; en lugar de un inspirado explorador. Sean cual fuesen sus defectos, no hay duda, de acuerdo con el relato de Nefi, de que él fue un instrumento en las manos de Dios y para el cumplimiento de la profecía. El Élder Mark E. Petersen dijo: 'El Espíritu de Dios bajó y causó que el hombre (Colón) navegara a través de 'las muchas aguas, sí, hasta donde estaban los descendientes de mis hermanos que se encontraban en la tierra prometida.'

SEBASTIANO, DEL PIOMBO, 1485-1547.

*Cristóbal Colón*

Colon creía que podía llegar a 'Las Indias' navegando hacia el oeste. A pesar que había algunas personas que todavía pensaban que el mundo era plano, Colón no pensaba eso, y él estaba ansioso de hacer su viaje. Sin embargo, lo que impulsó el descubrimiento que iba a ser llevado a cabo, fue más que un afán de aventura; él lo llamó 'su empresa.' Vaya a cualquier biblioteca pública y lea cualquier biografía detallada del descubridor, y verá que se vuelve inmediatamente claro cómo él mismo se sentía un hombre inspirado, enviado del paraíso para hacer el viaje. Por ejemplo, la obra Columbus, Don Quixote of the Seas, 1930] (Colón, el don Quijote de los mares), escrito en alemán por Jacob Wassermann, y traducido al inglés por Eric Sutton, cuenta muy bien la historia:

> 'Desde que tuve mi primer trabajo de joven, yo era un marinero, y he continuado hasta este día . . . donde quiera que hubiera estado un barco en esta tierra, yo he estado también. He hablado y lidiado con hombres instruidos, sacerdotes, hombres laicos, latinos, griegos, judíos y moros, y con muchos hombres de otra fe. El Señor estaba bien dispuesto para con mis deseos, y Él me otorgó valentía, entendimiento, y conocimiento marítimo. Él me dio en abundancia, de astrología tanto como fue necesitado, y también de geometría y astronomía. Además, Él medio gozo y astucia en el dibujo de mapas, ciudades, montañas, ríos, islas y puertos, cada uno en su lugar. He visto y verdaderamente estudiado todos los libros-cosmografía, historias, crónicas, y filosofía, y otras artes para las cuales nuestro Señor desató mi mente, me envió al mar, y me dio fuego para la proeza. Aquellos que oyeron acerca de mi empresa la llamaron tonta, se burlaron de mí, y se rieron. Sin embargo ¿Quién puede dudar que el Espíritu Santo me inspiró? (p. 19-20).'[6]

## Los peregrinos y las colonias americanas

- **1 Nefi 13:13 Otros vendrán buscando libertad de la opresión.**

El élder Spencer W. Kimball dijo:

Tengo una firme convicción de que el Señor guió a los peregrinos y a los puritanos a través del océano. Quizás permitió las persecuciones que los traerían aquí; para que cuando ellos vinieran a las orillas de América con su sangre justa y con su altos ideales y estándares, ellos formarían las bases de una nación la cual haría posible la restauración del evangelio.

LINTON, J.D., 1890, EN "PEREGRINOS EN PROGRESO"

Estoy seguro de que ya que aquí no había libertad religiosa y política, el Señor permitió que estos pocos hombres pobremente armados y enfermos en el valle Forge y en cualquier otra parte, vencieran a un gran ejército con sus soldados entrenados y con sus muchos mercenarios. Eran unos cuantos en contra de muchos, pero los pocos tuvieron a su lado el Señor Dios de los cielos, quien les dio la victoria. Y allí vino con ellos la libertad política y religiosa; todo esto en preparación para el día en que un jovencito saldría a la luz y buscaría hacer contacto con el Señor y abrir las puertas de los cielos de nuevo. Después de esa gran manifestación dada a José Smith, vino la apertura de la colina de Cumorah y la voz de los muertos del polvo.[7]

- **1 Nefi 13:15-20 Los gentiles en América serán bendecidos y protegidos.** Lógicamente, no hay razón por la cual las colonias americanas pudieron haber sido capaces de vencer el poder de la milicia de los británicos. Sin embargo, porque Dios tenía un propósito en esto, pudieron prevalecer.

  El presidente Joseph F. Smith dijo:

  > Esta gran nación americana que el Todopoderoso formó por el poder de su omnipotente mano; para hacer posible que el reino de Dios fuera establecido en la tierra en los últimos días. Si el Señor no hubiera preparado el camino; para sentar las bases de esta gloriosa nación, hubiera sido imposible (bajo las estrictas leyes e intolerancia de los gobiernos monárquicos del mundo) haber preparado el fundamento para la venida de su gran reino. El Señor ha hecho esto. Su mano ha estado sobre esta nación; y es Su propósito y diseño engrandecerla, hacerla gloriosa sobre todas la demás, y darle dominio, y poder en la tierra con el fin de que aquellos que están en cautividad y servidumbre pudieran ser traídos para el disfrute de la libertad completa de conciencia, la cual es posible para los hombres inteligentes ejercitarla en la tierra.[8]

## LA BIBLIA
(1 Nefi 13)

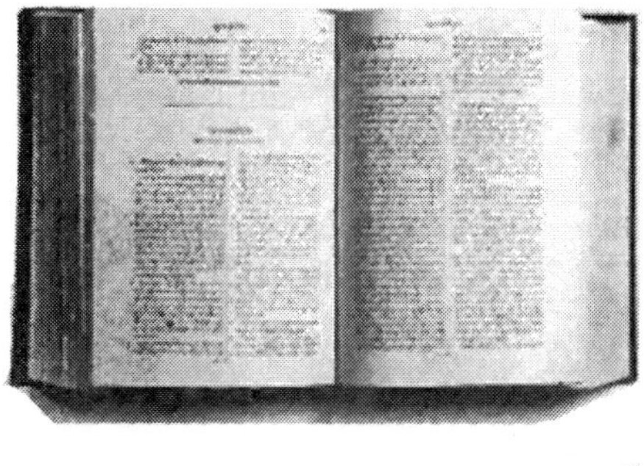

SOCIEDAD PHILADELPHIA AMERICAN BAPTIST, 1913

- **1 Nefi 13:20-25 Una historia de los judíos (La Biblia) estará entre los gentiles.** A Nefi se le dijo que la Biblia contiene las palabras de Dios, aunque "no tantas" como las planchas de bronce que él poseía (v. 23). Daniel H. Ludlow dijo: "Nefi, quien estaba familiarizado con los escritos contenidos en las panchas de bronce de Labán, le fue permitido ver el contenido del Antiguo Testamento de los últimos días y él concluyó que no contenía tantas promesas y convenios como las planchas de bronce. Entonces, no debe sorprendernos oír de profetas; cuyos escritos se apreciaron en las planchas de bronce, (como Zenós, Zenoc, Neum y Ezías- véase 1 Nefi 19:10 and Helamán 8:19-20) los cuales no son encontrados en nuestro Antiguo Testamento."[9]

La Biblia es un gran milagro forjado por la mano de Dios. Ha sobrevivido a miles de años de oscuridad y confusión y todavía provee muchas verdades sagradas; a pesar de las muchas manos y múltiples traducciones por las cuales ha pasado. Valoramos y veneramos la Biblia en nuestra Iglesia y testificamos al mundo que lo que dice es verdadero. El Élder Bruce R. McConkie dijo: "Ha hecho más, con números más grandes de gentes, para preservar la cultura cristiana, sostener la ética del evangelio, y enseñar la verdadera doctrina que cualquier otro libro que se ha escrito en muchas ocasiones. Han nacido y han muerto naciones, continentes han sido conquistados, y hemisferios se han fundado por la influencia de la Biblia. Non hay ninguna manera de exagerar el valor y bendición de la Biblia para la humanidad."[10]

- **1 Nefi 13:26-29 Muchas verdades simples y preciosas han sido removidas de la Biblia.** Parte de esto ha ocurrido por errores sin ninguna intención en la transcripción de personas fieles y bienintencionadas. Pero parte de ella fue aparentemente cambiada por entusiastas religiosos quienes han alterado parte de ésta para satisfacer sus propias filosofías religiosas.

  El profeta José Smith dijo: "De lo que podemos obtener de las escrituras concerniente a las enseñanzas del paraíso, somos inducidos a pensar que mucha de la instrucción que ha sido dada al hombre desde el principio no la poseemos ahora."[11]

  "Parecía que muchos puntos importantes que hablaban de la salvación de los hombres, habían sido quitados de la Biblia o perdidos antes de que fuese compilada"[12] (Enseñanzas del profeta Smith). Por ende, yo creo en la Biblia tal y como estaba presentada cuando vino de la pluma de los escritores originales. Los traductores ignorantes, los transcriptores negligentes, y los sacerdotes intrigantas y corruptos han cometido muchos errores."[13]

  Los registros de Eusebio, historiador del siglo IV, mencionan las palabras de un escritor aún más temprano sobre la alteración de las Escrituras:

  > Con este propósito, ellos intrépidamente pusieron sus manos en las sagradas escrituras diciendo que ellos la habían corregido. Y no digo esto en contra de ellos sin tener un fundamento, quien quiera aprender que lo haga; ya que si cualquier persona recoge y compara sus copias la una con la otra, encontraría una gran variación entre ellas. Ya que las copias de Asclepiodoto resultarán diferentes de aquellas de Teódoto. Usted podría encontrar muchas otras copias, alteradas por el entusiasmo de sus discípulos en insertar cada uno sus propias correcciones, como las llaman, o sus corrupciones. Otra vez, las copias de Hermófilo no están de acuerdo con éstas, porque aquellas de Apolonio no son consistentes con ellas mismas. Porque uno podría comparar aquellas; las cuales fueron

> preparadas antes por ellos, con aquellas que ellos después pervirtieron para sus propios objetivos, y usted las encontrará ampliamente diferentes. Qué muestra de audacia indica esta aberración, y es poco probable que ellos hayan sido ignorantes. Porque no creen que las sagradas escrituras son dictadas por el Espíritu Santo, y ellos son entonces infieles, o se consideran a sí mismos más sabios que el Espíritu Santo, pero ¿Qué otra alternativa hay, sino denunciarlos como demoniacos?[14]

El doctor Hugh Nibley escribió:

POR PIERRE ANTOINE LABOUCHERE, 1503

*Traduciendo la Biblia*

> En nuestros días, los expertos han alcanzado el resistido consenso de que el mensaje cristiano no ha bajado a nosotros en su forma original. "La generación del presente", escribe con una gran autoridad sobre documentos del Nuevo Testamento, "Se basa en el comienzo de un nuevo ciclo, en la búsqueda del Nuevo Testamento original griego." Y se mantiene perpleja, sin saber sobre cual versíon basarse: "Cualquier esfuerzo considerable de mejorar el texto crítico básico debe 'marcar el tiempo' hasta que la complejidad de los estudios textuales revele un nuevo patrón de integración . . . sólo sabemos que la teoría tradicional del texto del [Nuevo Testamento] es defectuosa pero todavía no se pueden corregir sus fallas claramente: (K.W. Clark) . . . [Hoy en día los] expertos piensan que tienen una buena noción de la clase de gente que es responsable. Fueron personas que habían recibido el evangelio de los apóstoles, pero inmediatamente después de la muerte de los apóstoles, procedieron a hacer alteraciones básicas, intencionadamente, sin darle importancia alguna a las enseñanzas más importantes No eran comunidades antiguas judeo-cristianas; sino varias iglesias locales compuestas de gentiles, a cuyas manos llegó el escrito en un tiempo anterior (en los años 70 y 80 D.C.) y por quienes las alteraciones—especialmente textos borrados—fueron hechas."[15]

Robert E. Parsons hace la siguiente observación: "Esto parece ser consistente con lo que sabemos acerca de la Biblia, ya que si comparamos nuestra Biblia moderna con los primeros manuscritos (el Vaticano, el Sinaítico, y el Alejandrino) y con la versión anterior (siendo la más importante la Latín vulgata) vemos que estas son muy similares. De esto concluimos que los convenios que se perdieron y las verdades simples y preciosas que fueron removidas, fueron perdidas y removidas antes de la escritura de nuestros manuscritos y de las versiones más viejas . . . [lo que significa que] lo que Nefi vio; lo que la grande y abominable Iglesia le hace a la Biblia empezó muy temprano —antes del siglo IV."[16]

Concerniente al Antiguo Testamento, Kent P. Jackson escribió: "Los estudiantes sabios han examinado los textos bíblicos encontrados entre los papiros del Mar Muerto y han notado con considerable interés, el hecho de que los textos del Antiguo Testamento han cambiado muy poco desde el año 100 A. C. Esto significa que la remoción de las verdades simples y preciosas del Antiguo Testamento tuvo lugar antes de ese tiempo;

ya que libros enteros como los de Zenos, y Zenoc se perdieron completamente de la Biblia, mientras que el de Isaías, en las planchas de bronce, muestra sólo una deferencia mínima con los textos actuales de Isaías. Parece más probable que la pérdida de algunas cosas preciosas del Antiguo Testamento, se debió más a elementos borrados del texto; incluyendo libros enteros o secciones de libros, que a la corrupción misma del texto existente."[17]

El élder Bruce R. McConkie hizo un comentario de las dificultades que emergen cuando los hombres intentan traducir y transmitir la palabra de Dios sin guía profética:

> Siempre y cuando hombres inspirados guarden el orden sagrado, y siempre y cuando los profetas y los apóstoles estén presentes para identificar y perfeccionar las escrituras por revelación; siempre y cuando las traducciones de las escrituras (como en el caso del Libro de Mormón) son realizadas por el don y el poder de Dios—todo estará bien con la palabra escrita. Pero, cuando el sol del evangelio se retira, y la oscuridad de la apostasía cubre las mentes de los hombres, la palabra de las escrituras está en peligro. Desde Adán hasta Malaquías, la antigua palabra bíblica estuvo en manos proféticas. En los siguientes tres a cuatro siglos, algunos hombres no inspirados mantuvieron los archivos, añadiendo y borrando como se les es antojó y para sus propios propósitos. Durante esos días de oscuridad, los escritos pseudo—epigráficos y apócrifos—mezclando las verdades de los cielos con las herejías de abajo—se elevaron en gran número. Y no hubo voces proféticas para condenarlas o para canonizarlas.
>
> La historia se repitió en los tiempos del Nuevo Testamento. La palabra inspirada fluyó de plumas guiadas por el espíritu; los hombres inspirados mantuvieron la historia, y los verdaderos creyentes se regocijaron en las verdades que entonces, eran de ellos. Es cierto, hubieron apóstatas y traidores aún mientas vivían los apóstoles, pero al menos hubo una guía divina que identificó a la palabra verdadera y evitó que los fieles siguieran cada soplo de doctrina falso y malévolo. Pero después de la muerte de ellos, que tenían las llaves por las cuales podía ser obtenida la mente y deseo del Señor; después que los santos apóstoles mezclaron su sangre con la de los profetas quienes vivieron antes de ellos; después que la época de inspiración cesó—ya todo no estaba bien con la palabra escrita. Los lobos esparcieron el rebaño y deshicieron la carne de los Santos; los falsos maestros llevaron a la Iglesia a la oscuridad de la apostasía; los padres post—apostólicos escribieron sus propios puntos de vista—y no hubo manera de distinguir con certeza divina la luz de arriba [de] la oscuridad que pronto cubrió la tierra.[18]

Joseph Fielding McConkie y Robert L. Millet dijeron: "El ángel lo hizo claro para Nefi (y para nosotros) que las corrupciones de la Biblia no eran simplemente el resultado de accidentes sutiles de manos y de ojos, sino un programa premeditado con fines malévolos en mente; aquellos involucrados en esta abominable empresa fueron parte de la madre de la fornicaciones y por ende, representó y cumplió los propósitos de él quien es Perdición. Aún en la época de Jesús la profanación de las escrituras estaba en camino!' "¡Ay de vosotros, intérpretes de la ley!, El clamó el Señor, porqué habéis quitado la llave de la ciencia; vosotros mismos no entrasteis, y a los que entraban se lo impedisteis."[19]

"El diablo le declara la guerra a las escrituras" escribió Élder Bruce R. McConkie. "Él las odia, deprava su sencillo significado, y cuando puede las destruye. El persuade a aquellos que le hacen caso a sus seducciones para borrar y desechar, cambiar y corromper , alterar y enmendar, quitando la clave que ayudará a hacer a los hombres 'sabios en la salvación' (2 Timoteo 3:15–17)."[20]

- **1 Nefi 13:30–37 Los gentiles no permanecerán en la oscuridad;** pero serán sacados a la luz por el grabado de los asuntos del Señor con la gente de Nefi (el Libro de Mormón). En un mundo que está más y más inclinado a descreer en Cristo o en la Biblia, el Libro de Mormón ha salido a la luz para clarificar las muchas confusiones que han salido por medio de divisiones sectarias; y para testificar que Jesús de Nazaret fue y es verdaderamente el Cristo.

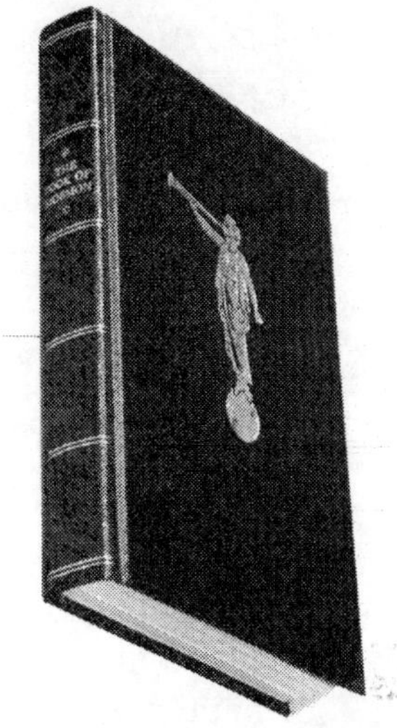

Joseph Fielding McConkie y Robert L. Millet dijeron: que la historia erudita de la Biblia en los dos o más siglos pasados, con seguridad da evidencia de la sabiduría de Dios en sacar a la luz el Libro de Mormón en defensa del testimonio de Cristo y el mensaje de la Biblia. También es de alguna significancia considerable, que la profecía afirma explícitamente que usaremos el Libro de Mormón para comprobar que la Biblia es correcta, en lugar de que la Biblia corrobore que el Libro de Mormón es correcto. Este principio fue reiterado en la revelación que llevó a José Smith a organizar la Iglesia... (D&C 20:11–12).

Entonces El Señor declaró que el Libro de Mormón ha sido dado como una prueba tangible de que la Biblia es verdadera, de que José Smith es un profeta, y de que Dios y el Evangelio son siempre el mismo... es sólo cuando la Biblia y el Libro de Mormón son usados como uno, que nosotros obtenemos el poder para frustrar a las falsas doctrinas, finalizar las contiendas, y establecer la paz pura del evangelio. En el sentido histórico, la Biblia ha sido un libro de guerra y derramamiento de sangre ya que los hombres y las naciones han discutido por su significado e innumerables mártires han perecido por ello, y Europa fue virtualmente desgarrada. El Libro de Mormón, manteniéndose como un testigo independiente de la Biblia, con su pureza de traducción y claridad de lenguaje, es el precursor de la paz.[21]

- **1 Nefi 13:38–42 Los gentiles le traerán la Biblia y los "otros libros" a los lamanitas.** Nefi, por supuesto, estaba particularmente preocupado por la redención de los lamanitas ("La simiente de mis hermanos"); él observó que los gentiles traerían la Biblia y otras escrituras a los lamanitas y en ese proceso, se restauraría al conocimiento de Dios y de su herencia.

Joseph Fielding Smith dijo: "Esto últimos grabados; los cuales iban a salir a luz para testificar del 'Libro del Cordero de Dios' el cual es la Biblia, son el Libro de Mormón, la Doctrina y los Convenios, y las revelaciones del Señor a José Smith."[22] Joseph Fielding

McConkie y Robert L.?Millet dijeron: "Estos 'otros libros' proveen una fuente independiente de verdad: ellos no sólo son testigos que corroboran la Biblia; sino también fuentes trascendentales, documentos originales de los cielos, colecciones críticas y tesoros de verdad; los cuales restauran muchos de aquellos simples, y preciosos asuntos que habían sido quitados o mantenidos ausentes por la grande y abominable iglesia."[23]

POR JOSEPH ARMITAGE, 1890

*José le predicó a los indígenas en 1841*

- **1 Nefi 14:2 Los gentiles serán contados entre la simiente de Israel.** Joseph Fielding y McConkie y Robert L. Millet explicaron:

> "La mayo deoría de aquellos designados como gentiles en el Libro de Mormón, son verdaderamente, miembros de la casa de Israel por descendencia lineal. Muchos de ellos, sin embargo, no han entrado en el convenio, porque no han tomado sobre ellos el nombre del Mediador de ese convenio, y entraron en el convenio del evangelio por medio de un bautismo autorizado en Su nombre. 'Porque he aquí, os digo' Nefi luego testificó, 'que cuantos los gentiles se arrepienten son el pueblo del convenio del Señor; y cuantos los judíos [o de hecho cualquiera de la casa de Israel ,] no se arrepienten serán echados; porque el Señor no hace convenios con nadie sino con aquellos que se arrepienten y creen en su Hijo, que es el Santo de Israel' (2 Nefi 30:2). Por medio de las buenas nuevas de la Restauración—y específicamente, por medio del mensaje dirigido a Israel contenido en el Libro de Mormón, los descendientes de Jacob descubren quienes son y conocen, de nuevo, la voz de su Pastor."[24]

## LA GRANDE Y ABOMINABLE IGLESIA
(1 Nefi 13–14)

- **1 Nefi 13:4–9 Una grande y abominable iglesia será establecida entre los gentiles.** Ésta no fue una "iglesia" específica' como se define ese término hoy en día; sino una filosofía o sistema de creencias que está en oposición a la Iglesia del Cordero de Dios en los últimos días. Ciertamente, las filosofías secularistas altivas y orgullosas de nuestros días, caben en esta categoría. Entonces, también lo son todos los sistemas políticos que son corruptos, o que buscan negar el albedrío, desafiar la rectitud, o tomar ventaja del débil. Los terroristas modernos se situan en todos los aspectos dentro de esta definición de la grande y abominable iglesia, pero no están solos en su maladad.

"LA ESCUELA DE ATENAS" POR RAFAEL

*La filosofía griega corrompió la doctrina de la iglesia*

El élder Bruce R. McConkie dijo: "Los nombres de la iglesia del diablo y de la grande y abominable iglesia son usados para identificar a todas las iglesias u organizaciones de cualquier nombre o naturaleza—sea política, filosófica, educativa, canónica, social, fraternal, cívica, o religiosa—las cuales están diseñadas para llevar a los hombres por un camino que los aleja de Dios y de sus leyes, y por lo tanto, de la salvación en el reino de Dios. La salvación en Cristo, es revelada por Él de época en época, y está disponible sólo para aquellos quienes guardan Sus mandamientos y obedecen Sus ordenanzas. Estos mandamientos son enseñados por Su iglesia, y estas ordenanzas son también administradas por Su Iglesia. No hay salvación fuera de esta Iglesia verdadera, La Iglesia de Cristo . . . Cualquier iglesia u organización de cualquier tipo; sea cual sea, que satisface los anhelos religiosos innatos de los hombres y evitan que vengan a las verdades salvadoras de Cristo y de Su evangelio, no son por ende, de Dios."[25]

LOS OBISPOS MUESTRAN EL SÍMBOLO NICENO, 325 D. C.

*El símbolo remplazó la revelación*

Él élder Bruce R. McConkie también dijo: "La Iglesia del Diablo es el mundo; es toda la carnalidad y la maldad de cual los hombres caídos son herederos; es una práctica muy profana e inicua. Es cada religión falsa, cada supuesto sistema de salvación; el cual no salva realmente ni exalta al hombre en el grado más alto, el mundo celestial. Es cada iglesia excepto la verdadera Iglesia. Así sea que esté desfilando bajo una pancarta cristiana o pagana."[26] Y el profeta José Smith dijo: "En relación al reino de Dios, El diablo siempre organiza su reino en el mismo momento en oposición a Dios."[27] Más aun, el Élder Bruce R. McConkie enseñó: "Y desde que el reino de Dios o Iglesia verdadera ha estado en la tierra de época en época, también lo ha estado el reino del diablo o la iglesia del diablo."[28]

- **1 Nefi 14:9–10 La grande y abominable iglesia le hará la guerra a los santos.** Nótese que la gente del mundo está dividida en sólo dos "Iglesias" (v.10). El Élder Bruce R. McConkie dijo: "La iglesia del diablo . . . es 'las combinaciones secretas' las sociedades bajo juramento y la gran fuerza mundial del comunismo sin Dios."[29]

El Presidente Ezra Taft Benson dijo: "En 1845, el Quórum de los Doce envió una carta a los jefes de estado de todo el mundo. Cito de uno de los párrafos: "como este trabajo avanza hacia el futuro, se vuelve cada vez más un objeto de interés y entusiasmo religioso y político, ningún rey, gobernante, o sujeto, ninguna comunidad o individuo, se mantendrá neutral. Todos serán influenciados a distancia por un espíritu o por otro, y tomarán bandos a favor o en contra del reino de Dios."[30]

El Presidente Benson también habló de la grande y abominable iglesia en la Conferencia General:

WWW.MORMONWIKI.COM, 2009

*Las iglesias mundanas y la gente se opondrán a nosotros*

> Ese día ha llegado. La oposición ha sido, y será la suerte de los santos del reino en cualquier época. El dedo del desprecio ha estado apuntado hacia nosotros en el pasado, y debemos esperarlo en el futuro. También esperamos ver hombres en altas posiciones defender a la Iglesia. También habrán faraones: quienes no conocen a José o a sus hermanos. La semilla plantada y regada en 1830 ha madurado hasta ser un árbol completamente crecido para que todos lo vean. Algunos buscarán el refugio de su sobra en el calor del día, pero ninguno será neutral en la valoración de su fruto.
>
> La Iglesia continuará su oposición al error, a la falsedad, y la inmoralidad. La misión de la Iglesia es llevar el mensaje de salvación y hacer, sin ningún error, claro el camino a la exaltación. Nuestra misión es preparar a la gente para la venida del Señor. Mientras que el mundo se aleja de Dios y de los estándares de virtud y de honor, debemos esperar oposición a la obra de la Iglesia. Debemos esperar ver el tiempo, como lo dice el Libro de Mormón, en que las "multitudes . . . entre todas las naciones de los gentiles [se reunirán], para combatir contra el Cordero de Dios" (1 Nefi 14:13). El poder de Dios y la justicia de los santos serán los medios mediante los cuales la Iglesia será salvada (1 Ne. 14:14–15).[31]

En un mundo saturado de terror y conflicto, podemos ver cada vez más claro como el mundo está dividido en una contenciosa batalla entre las fuerzas de Satanás y la causa de Cristo. Hombres sin Dios quieren reinar con sangre y horror. Hombres ambiciosos se dedican a guerras de palabras sin fin y el orgulloso y el altivo se ríen despectivamente de cualquiera que busque defender la verdad, el albedrío, la familia, o la fe en el Dios viviente. Es de esta manera que la grande y abominable iglesia le declara la guerra a los santos—una continuación de la guerra en los cielos—las abominables fuerzas de Satanás quieren imponer su voluntad por cualquier, y todos los medios.

El élder Thomas S. Monson dijo: "Hoy en día estamos acampados en contra de la más grandiosa variedad de pecados, vicios, y maldad como jamás se habían juntado ante nuestro ojos. Tal formidables enemigos pudieran causar que los corazones inferiores se encojan o eviten la pelea. Pero el plan de lucha a través del cual peleamos para salvar a las almas de los hombres no es nuestro. Fue provisto a nuestro líder [el profeta] por la inspiración y revelación del Señor . . . Al nosotros luchar en contra de quien frustre los propósitos de Dios y profane y destruya a la humanidad [si] cada uno de nosotros se mantendrá en pie en su lugar designado . . . la batalla por las almas de los hombres será verdaderamente ganada."[32]

- **1 Nefi 14:11–12 La Iglesia tendrá una influencia mundial en los últimos días.** La "ramera . . . se asentaba sobre muchas aguas" (v. 11) significa que la influencia de la iglesia del Diablo será mundial—en todas las naciones y pueblos. En comparación, Nefi vio que los números de la Iglesia "eran pocos" (v. 12). Esto no significa que la Iglesia será pequeña. Nefi observa que la Iglesia estará también en "toda la superficie de la tierra" (v. 12).

  En un de las primeras conferencias sobre el sacerdocio de que hubo en Kirtland, Ohio, el profeta José Smith dijo: "Hermanos, he sido muy edificado e instruido con sus testimonios aquí esta noche, pero quiero decirles a ustedes ante el Señor, que lo que ustedes saben concerniente al destino de esta iglesia y el reino no es más que lo que sabe un bebé en el regazo de su madre. No lo comprenden . . . lo que ustedes ven esta noche es sólo un manojo de sacerdocio, pero esta Iglesia llenará Norte y Sudamérica—llenará el mundo."[33]

  Desde Nauvoo, Illinois más tarde , él profetizó en una carta dirigida a John Wentworth que "ninguna mano que no sea sagrada puede detener la obra en su progreso; puede que se propaguen persecuciones, grupos de gente mala se pudieran combinar, ejércitos se pudieran armar, calumnias pudieran difamar, pero la verdad de Dios seguirá adelante con valentía; independiente y noblemente, hasta que haya penetrado cada continente, visitado cada clima, cubierto cada país, y sonado en cada oído, hasta que los propósitos de Dios sean cumplidos, y el gran Jehová dirá, la obra está terminada."[34]

  El élder Bruce R. McConkie dijo: "Esto atañe a un día todavía futuro. Los santos del Altísimo no están todavía como pueblo, y como congragaciones organizadas, establecidos en toda la faz de la tierra. Cuando venga el día que ellos sí lo estén, todavía no se compararán en poder con la fuerzas del mal."[35] McConkie and Millet dijeron: "Cuando se hace una comparación con los dominios de la madre de la rameras, seguramente la población de la Iglesia del Cordero parecerá pequeña en ese día futuro. Y todavía uno necesita sólo reflexionar por un momento en el presente índice del crecimiento de la Iglesia para considerar que para ese momento en la historia de la tierra, los santos pudieran contarse en los diez y cientos de millones, tan abundante número, aunque parezca grande desde nuestra perspectiva, todavía será 'poco' en comparación con los billones de discípulos malévolos."[36]

- **1 Nefi 14:13 Grandes multitudes combaten "contra el Cordero de Dios."** Hoy en día estamos disfrutando de un interludio de paz en la cual la Iglesia es generalmente respetada, aunque no completamente entendida. Pero las persecuciones del pasado regresarán ya que el fin se acerca. El Élder Bruce R. McConkie dijo: "Nuestras persecuciones y dificultades recién han comenzado. Nosotros vimos a grupos de gente mala atacando, y a asesinos y martirio cuando la base de la obra empezó en los Estados Unidos de América. Estas mismas cosas, todavía con más intensidad, deben aún caer sobre los fieles en todas las naciones."[37]

En 1979, el Élder El élder McConkie pronunció la siguiente profecía:

> Que se recuerde que las tribulaciones se avecinan. Habrá guerras en una nación y reino; una después de la otra, hasta que la guerra sea esparcida a todas la naciones; y doscientos millones de hombres de guerra lleven sus armamentos al Armagedón. La paz ha sido tomada de la tierra. Los ángeles de destrucción han comenzado su trabajo, y sus espadas no serán sacadas hasta que el Príncipe de la Paz venga a destruir a los inicuos y nos introduzca en el gran Milenio.
>
> Habrá terremotos, inundaciones y hambrunas. Las olas del mar se saldrán de sus límites, las nubes suprimirán su lluvia, y las cosechas de la tierra se marzo deitarán y morirán, habrán plagas, pestilencia, enfermedad y muerte. Una inundación cubrirá la tierra y una enfermedad desoladora cubrirá la tierra. Las moscas inundarán a los habitantes de la tierra, y los gusanos vendrán sobre ellos (D&C 29:14–20) y "la carne se les caerá de los huesos, y los ojos de las cuencas" (D&C 29:19).
>
> Las pandillas de ladrones de Gadiantón [lo que hoy llamaríamos 'terroristas'] infestarán cada nación, la inmoralidad, el asesinato, y el crimen aumentarán; parecerá como si cada hombre estuviese en contra de su hermano. No necesitamos insistir más en estas cosas. Se nos manda buscar las escrituras en donde se cuenta esto con fuerza, fervor, y éstas seguramente pasarán . . . no sabemos cuándo las calamidades y los problemas de los últimos días caerán sobre cualquiera de nosotros como individuos, o sobre los grupos de santos. El Señor no nos dice; a propósito, el día y la hora de Su venida y las tribulaciones que la precederán . . .
> Él simplemente nos dice que velemos y estemos listos. Podemos descansar tranquilos si hemos hecho todo lo que podemos para prepararnos para lo que venga, entonces Él nos ayudará con lo que necesitemos . . .
>
> No decimos que todos los santos serán salvados el día de desolación venidero. Pero sí decimos que no hay promesa de seguridad, excepto para aquellos que aman al Señor; que hacen todo lo que Él mande, pudiera ser, por ejemplo, que nada, excepto el poder de la fe y de la autoridad del sacerdocio puedan salvar a un individuo y a las congregaciones del holocausto atómico que con seguridad vendrá. Y entonces, nosotros elevamos la voz de advertencia y decimos: Busque escondite, prepárese, observe, y esté listo. No hay seguridad en ningún curso; excepto en el curso de la obediencia y la conformidad con la justicia.[38]

*Los terroristas son gadiantones modernos*

- **1 Nefi 14:14–17 El poder del Cordero descenderá sobre los santos, y los inicuos serán destruidos.** A medida que pase el tiempo, el abismo entre los inicuos y los justos se volverá más aparente. Una generación de iniquidad engendrará a otra de aún más iniquidad, mientras que las generaciones de los justos se volverán cada vez más listas para la venida del Señor. Este reunión de trigo y cisaña tiene muchos propósitos, pero uno de ellos será la protección de los santos cuando la ira desmedida se derrame sobre los malvados.

El Presidente Joseph Fielding Smith dijo: "Satanás tiene el control ahora. No importa en dónde mire usted, él está en control, aún en nuestra propia tierra. Él está guiando a los gobiernos tanto como el Señor se lo permite. Ese es el porqué de tanto conflicto, agitación y confusión en toda la tierra. Una mente maestra está gobernado las naciones; no es el presidente de Los Estados Unidos de América; no es Hitler; no es Mussolini; no es el rey o gobierno de Inglaterra o de cualquier otra tierra; es Satanás mismo."[39]

"Él más tarde propuso que " ahora hay más pecado y mal en el mundo que todo el que haya habido desde el día de Noé, cuando el Señor se sintió dispuesto a destruir el mundo con un diluvio para que pudiera enviar a sus hijos espirituales a tierra en un ambiente mejor y más justo."[40]

Y el presidente Spencer W. Kimball observó: "Nuestro mundo ahora es el mismo; como lo fue en los días del profeta nefita quien dijo: '. . . si no fuera por las oraciones de los justos . . . . ahora mismo seríais visitados por una destrucción completa' (Alma 10:22). Por supuesto, hay muchos rectos y fieles que viven todos los mandamientos; y cuyas vidas y oraciones evitan que el mundo sea destruido. Estamos viviendo en los últimos días, y estos son precarios y atemorizantes. Las sombras se están profundizando, y la noche se mueve con lentitud para envolvernos."[41]

Sin embrago, al final, los inicuos serán destruidos. Hoy pudiera ser el gran día del poder de Satanás, pero su causa está condenada a fallar porque Dios va a vencer. La tierra será barrida de toda maldad, el profeta José Smith dijo: "Estoy preparado para decir con la autoridad de Jesucristo, que no pasarán muchos años antes de que Los Estados Unidos de Norte América presenciarán tal escena de derramamiento de sangre como no hubo nada similar en la historia de nuestra nación, la pestilencia, granizo, hambruna, y terremotos; barrerán a los malvados de esta generación de la faz de la tierra, para abrir y preparar el regreso del norte del país de la tribus perdidas de Israel."[42]

El élder Bruce R. McConkie dijo: "Dios en Su misericordia derramará plagas destructivas sobre los inicuos y sobre los incrédulos en los últimos días. Estas enfermedades y calamidades arrasarán grandes huestes de hombres de la faz de la tierra, en preparación para la limpieza final del Milenio la cual preparará a nuestro planeta como morada para los justos."[43]

Él élder James E. Talmage dijo: "No entiendo que cuando el Señor afirma que aquellas iglesias serán derrocadas—Quiero decir la iglesia del diablo, usando Su expresión . . . como Él dice—No entiendo que todos los miembros de aquellas iglesias serán destruidos, físicamente, o en cualquier otra manera. Él está hablando allí de la Iglesia colectivamente, y Él no está complacido con ella, pero individualmente, Él pudiera estar muy complacido con muchos de Sus hijos e hijas quienes han nacido bajo un ambiente que los han llevado hacia esas iglesias la cuales no son de Dios . . . Pero el Señor no está complacido con aquellas iglesias que han sido construidas por los hombres y después etiquetadas con Su nombre. Él no está complacido con aquellas doctrinas que están siendo enseñadas como si fueran Sus doctrinas; cuando éstas son sólo el derrame de los cerebros de los hombres, no son dirigidas por inspiración y están totalmente faltas de revelación."[44]

Los justos serán bendecidos con el Espíritu y establecerán, como la gente de Sión, el reino de Dios para que nuestro Señor lo herede en Su venida.

El profeta José Smith dijo: "Dios juntará todas las cosas que están en el paraíso, y todas las cosas que están en la tierra cuando los santos de Dios sean reunidos en uno de cada nación, tribu, pueblos, y lenguas, cuando los judíos sean reunidos, los inicuos también serán reunidos para ser destruidos, como la han dicho los profetas; el Espíritu de Dios también morará con Su gente, y será retirado del resto de las naciones y todas la cosas en el cielo o en la tierra serán una en Cristo. El sacerdocio celestial se unirá al terrestre, para llevar a cabo esos grandes propósitos; y mientras tanto estamos unidos en una causa común, llevar hacia adelante el reino de Dios, el sacerdocio celestial no estará ocioso, el Espíritu de Dios caerá desde arriba, y morará en medio de nosotros."[45]

## LAS VISIONES DE JUAN EL AMADO
(1 Nefi 14)

- **1 Nefi 14:18–27 A Nefi se le muestran eventos que iban a ser escritos por el apóstol Juan** (en el libro del Apocalipsis)

El élder Bruce R. McConkie dijo:

> "Unas visones similares les fueron dadas a Juan como están escritas en los capítulos 17 y 18 del Apocalipsis. Él vio esta malvada iglesia como una ramera reinando sobre la gente, multitudes, naciones y lenguas, siendo llenas de blasfemias, abominaciones, suciedad, y fornicación; y tienen un nombre: "MISTERIO, BABILONIA LA GRANDE, LA MADRE DE LAS RAMERAS Y DE LAS ABOMINACIONES DE LA TIERRA;" borracha con la sangre de los santos; disfrutando de la riqueza y de las delicadeces de la tierra; haciendo mercancía de todos los objetos costosos y de los 'esclavos y almas de los hombres.' Y entonces Juan, como lo hizo Nefi, vio la Caída y destrucción completa de esta gran iglesia cuyo fundamento es El diablo.
>
> En este mundo carnal y de sensualidad, la grande y abominable iglesia continuará su curso destructivo. Pero habrá un posible día futuro cuando el mal tendrá fin y "la grande y abominable iglesia, que es la ramera de toda la tierra, será derribada por fuego devorador" (D&C 29:21; Ezequiel. 38; 39; 1 Ne. 22:23; Rev.18). Antes de ese día, sin embargo, las desolaciones arrasarán la tierra y las varias ramas de esa grande y abominable iglesia "tendrán guerra entre ellas mismas, y la espada de sus propias manos caerá sobre su propia cabeza, y estarán borrachas con su propia sangre."[46]

A Nefi le mandaron que no escribiera estas cosas, sino que se las dejara a Juan para describir la visión (v.25). Sin embargo, el Señor dice: "el resto tú lo verás" (v. 24), de lo cual podemos suponer que la visión de Nefi abarcó todo lo que hizo la de Juan, aún hasta el fin del mundo. Nefi dijo: "y no he escrito más que una pequeña parte de lo que vi" (v. 28), lo cual nos recuerda las palabras del profeta José Smith: "yo podría explicar cien veces más de lo que hecho algunas veces las glorias de los reinos manifestadas a mí en . . . una visión, hasta donde se me permitió a mí, y hasta donde la gente estaba preparada para recebirlas."[47] y finamente Nefi dijo: "vi las cosas que mi padre vio" (v. 29), lo cual nos dice que la visión de Lehi fue mucho más de lo que se relata en 1 Nefi. Como videntes, a ambos profetas les fueron dadas visiones del futuro de su posteridad y del mundo entero.

**Notas** (Todas las referencias son de las versiones en idioma inglés de los textos que se citan.)


1. En Reporte de La Conferencia, octubre de 1973, 89; o *Ensign*, enero de 1974, pág. 69.
2. *Historia de la Iglesia*, 4:538.
3. *Comentario doctrinal del Libro de Mormón*, 4 volúmenes, 1987–92, 1:87.
4. *Enseñanzas del profeta José Smith*, escogidas y arregladas por Joseph Fielding Smith, 1976, págs. 149–150.
5. *Doctrina mormona*, 2.ª edición, 1966, pág. 311.
6. El Gran Prólogo, 1975, págs. 25-26.
7. *Doctrina del Evangelio*, 5.ª edición, 1939, pág. 409.
8. En Reporte de La Conferencia, octubre de 1950, pág. 64.
9. *Un compañero para su estudio del Libro de Mormón*, 1976, pág. 109.
10. *Un Nuevo Testigo para los Artículos de Fe*, 1985, pág. 393.
11. *Enseñanzas del profeta José Smith*, pág. 61.
12. *Enseñanzas del profeta José Smith*, pág. 10.
13. *Enseñanzas del profeta José Smith*, pág. 327.
14. Historia Eclesiástica, traducido por C. F. Cruse, vv. 28, 16–19, 1995, págs. 215–16.
15. *Desde Cumorah*, 1988, págs. 25, 27.
16. Citado en Kent P. Jackson, editado por, *Estudios de las escrituras, Volumen 7: De 1 Nefi a Alma 29*, 1987, 53.
17. "Comunicación personal," en Kent P. Jackson, editado por, *Estudios de las escrituras, Volumen 7: De 1 Nefi a Alma 29*, 1987, 53.
18. *Un Nuevo Testigo para los Artículos de Fe*, págs. 403–4.
19. *Comentario doctrinal del Libro de Mormón*, 1:98–99.
20. *Comentario doctrinal del Nuevo Testamento*, 4 volúmenes, 1965–73, 1:624–25.

21. *Comentario doctrinal del Libro de Mormón*, 1:207–8.

22. *El hombre, su origen y destino*, 1954, 411–12.

23. *Comentario doctrinal del Libro de Mormón*, 1:104.

24. *Comentario doctrinal del Libro de Mormón*, 1:106–7.

25. *Doctrina mormona*, págs. 137–38.

26. *Comentario doctrinal del Nuevo Testamento*, 3:551.

27. *Enseñanzas del profeta José Smith*, pág. 365.

28. *Un Nuevo Testigo para los Artículos de Fe*, pág. 340.

29. *Comentario doctrinal del Nuevo Testamento*, 3:551.

30. *Mensajes de la Primera Presidencia de la Iglesia De Jesucristo de los Santos de los Últimos Días*, 1965–75, 1:257, escogidas y arregladas por James R. Clark, citado en Ezra Taft Benson, *Venir a Cristo*, 1983, pág. 84.

31. En Reporte de La Conferencia, Abril de 1980, 46–47; o *Ensign*, mayo de 1980, págs. 33–34.

32. "La correlación trae bendiciones" revista *Relief Society*, abril de 1967, pág. 247.

33. Citado por Wilford Woodruff, en Reporte de La Conferencia, abril de 1898, pág. 57.

34. La Carta de Wentworth, 1 Marzo de 1842, citado en James R. Clark, comp., *Mensajes de la Primera Presidencia de la Iglesia De Jesucristo de los Santos de los Últimos Días*, 1:141.

35. *El Mesías Milenario: La Segunda Venida del Hijo del Hombre*, 1982, pág. 55.

36. *Comentario doctrinal del Libro de Mormón*, 1:112.

37. *El Mesías Milenario: La Segunda Venida del Hijo del Hombre*, pág. 55.

38. En Reporte de La Conferencia, Abril de 1979, 131–33; o *Ensign*, mayo de 1979, pág. 93.

39. *Doctrinas de Salvación*, comp. Bruce R. McConkie, 1954–56, 3:315.

40. Discurso de la Universidad Ricks College, Servicios de Bachillerato, 7 Mayo de 1971, citado de la publicación *Church News*, 15 mayo de 1971, pág. 3.

41. En Reporte de La Conferencia, abril de 1971, pág. 7.

42. Carta a N. E. Seaton, 4 Enero de 1833, en *Historia de la Iglesia*, 1:315.

43. *Comentario doctrinal del Nuevo Testamento*, 3:539.

44. En Reporte de La Conferencia, octubre de 1928, pág. 120.

45. *Historia de la Iglesia*, 4:610.

46. *Doctrina mormona*, págs. 138–39.

47. *Enseñanzas del profeta José Smith*, pág. 305.

Capítulo 5

# El viaje al Nuevo Mundo

(1 Nefi 16–22)

---

En este capítulo se describen (1) los viajes de la familia de Lehi a través de la Península Arábica (2) La muerte de Ismael en Nahom, (3) Su llegada a la tierra de Abundancia, (4) La construcción de un barco, (5) El travesía de océanos hacia las Américas y (6) Sus experiencias iniciales en la tierra prometida. Durante la cruzada de ese difícil viaje a través del desierto y de los océanos, el verdadero carácter de Lehi y de la familia de Ismael sale a la luz. En cierto punto, cuando se rompe el arco de Nefi, vemos a cada miembro de la compañía—incluso a Lehi y a su esposa—salirse de sus casillas bajo la presión del miedo. Pero en medio de todo, Nefi permanece sólido en su fe como una roca y confía en el Señor, y en su deseo de hacer todo lo que pueda para resolver problemas, demostrándonos por qué él fue tan altamente favorecido por Dios.

## EL VIAJE A TRAVÉS DEL DESIERTO

(1 Nefi16)

### Viajando con la Liahona

La familia había estado en el Valle de Lemuel por lo menos por algún tiempo; porque Nefi ya era lo suficientemente mayor para casarse, lo que significa, que probablemente habían pasado cuatro o cinco años desde que llegaron. En total, desde Jerusalén hasta la Tierra de la Abundancia, le tomó a la compañía de Lehi ocho años viajar una distancia que podría ser recorrida en tres meses de viaje continuo con camellos. Por ende, ellos viajaron otros tres años después de irse del Valle de Lemuel.

"CARABANA EN EL DESIERTO" © JOSEPH BRICKEY. USADO CON PERMISO

- **La Liahona.** En hebreo, La palabra Liahona significa "Dios da luz". Era un aparato físico que ayudaba a la llegada de la revelación y también señalaba la dirección del viaje para la familia de Lehi (1 Nefi 16:9–10). Consistía de una bola redonda en donde había dos flechas o punteros además de la escritura que aparecían en la bola para instruir y exhortar a la familia de Lehi (1 Nefi 16: 26–29).

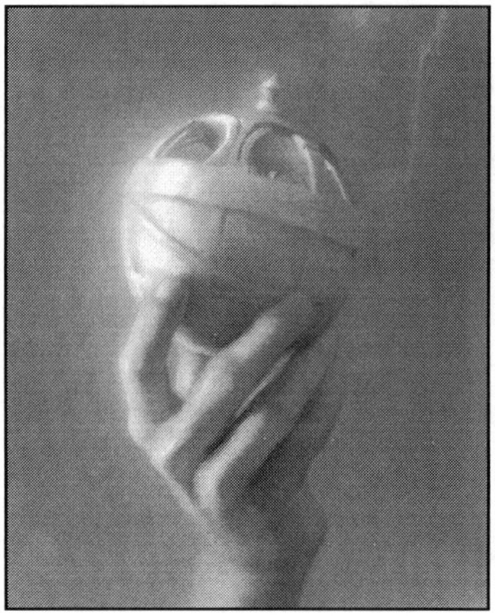



*La Liahona*

El doctor Hugh Nibley dijo:

> El proverbio árabe "¡sepa por usted mismo!" es absir wasma qidhikal lo que quiere decir literalmente: " ¡Examine la marca en su flecha adivinadora!" . . . con certeza, los hombres de tiempos remotos han buscado guía, al consultar los señalamientos y las inscripciones de flechas sin cabeza y sin cola . . . el número natural y original de las flechas usadas en la adivinación parecen haber sido dos. . . .
>
> El . . . arreglo era que dos flechas señalaban la conveniencia o no de un viaje [y la mayoría] de la consultas a las flechas provenían de los que enfrentaban problemas en el viaje . . . sería un lector verdaderamente obtuso si necesitara [yo] que le explicaran el parecido entre la adivinación antigua con flechas, y la Liahona: dos "pernos o punteros" los cuales proporcionaban instrucciones escritas; dando una guía súper humana para los viajeros en el desierto. ¿Qué más se podía querer?
>
> Pero, ¿Cuál es la relación entre estos? En este asunto, el Libro de Mormón es maravillosamente específico. Nefi y Alma hacen un esfuerzo en insistir en que la Liahona no funcionaba (por ejemplo, no era una cosa mágica, funcionaba sólo por el poder de Dios y sólo para algunas personas que tenían fe en ese poder).
>
> Además, mientras que ambos hombres se maravillaban con el extraordinario diseño de la bola de bronce en la cual los punteros estaban montados, ellos se referían a la operación de aquellos punteros como "una cosa muy pequeña" tan familiar para la gente de Lehi, que estos muy pocas veces le dieron un segundo vistazo. Ellos era tan despectivos de los "pequeños medios" por los cuales "esos milagros habían sucedido" para su guía y preservación que ellos constantemente "olvidaron ejercitar su fe" para que la brújula trabajara. Esto sugiere que además de su diseño, no había nada particularmente extraño o mágico acerca del aparato, al cual Alma describe como una cosa "temporal" . . . ¿Fue la Liahona, entonces, sólo vieja magia? No, es aquí precisamente en donde Nefi y Alma ponen más énfasis—a diferencia de las cosas mágicas, estos punteros trabajaban sólo por el poder de Dios; y entonces, también, sólo para aquellos que estaban asignados para usarlos . . . las palabras de Alma son claras en cuanto a que hasta ese día, la Liahona no había sido usada por siglos, habiendo funcionado sólo para un verdadero hombre de Dios y para un viaje especial.[1]

La Liahona funcionaba sólo de acuerdo a la fe. Era un tipo de símbolo de la palabra de Dios o del evangelio (Alma 37: 38–47). Era apreciada en gran manera por los escritores del Libro de Mormón y fue pasada a través de las generaciones de nefitas junto con las planchas. También fue parte de los objetos mostrados a los tres testigos (D&C 17:1).

Un tapiz interesante está guindado hoy en día en el museo de antropología en la Cuidad de México. Muestra la llegada de una gente antigua a las Américas. Muestra un grupo de gente saliendo del océano . . . el hombre guiando a la compañía lleva un objeto redondo ante su rostro. El tapiz histórico luego muestra cómo esta gente emigró a varias localidades . . . siempre llevaron el objeto redondo frente a ellos . . . la escena en el tapiz muestra paralelismos con la historia de la Liahona, la cual Lehi usó como un "director" o "brújula" en todos sus viajes ( Alma 37:38). El nombre Quiche del objeto mostrado en el tapiz es Giron—Gagal lo que significa "Brújula" o "director". Los enemigos del Quiche creían que quien tuviera este objeto no podía ser vencido en batalla porque tenía las bendiciones de los dioses[2].[3]

## Shazer

- **Shazer.** En un viaje de cuatro días hacia el sur o sureste del Valle de Lemuel, todavía dentro de las fronteras (montañas) más cerca del Mar Rojo, el grupo de Lehi llegó a un lugar con muchos árboles y buena caza. Lo llamaron Shazer (1 Nefi 16: 11–14). Y de seguro, desde esta distancia y en dirección desde el golfo de Áqaba, hoy en día se encuentra precisamente ese lugar. Se llama el Wadi Agharr y se caracteriza por tener miles de árboles, y algunos de los mejores lugares para la caza que se encuentran en toda Arabia. Está en las montañas cercanas, las cuales se caracterizan por tener camellos salvajes, venados, gacelas, ovejas, mulas, y bueyes.[4]

El doctor Hugh Nibley dijo: "La primera parada importante después de la salida de Lehi de donde había dejado su campamento base era un lugar que llamaron Shazer. El nombre es intrigante. La combinación shajer es muy común en los nombres de lugares de Palestina, tiene un significado colectivo: 'árboles' ; y muchos árabes (especialmente en Egipto) lo pronuncian shazher. Éste aparece en la frase *Thoghret-as-Sajur (el paso de los árboles)* que es el antiguo *Shaghur* escrito *Segor* en el siglo VI. . . .

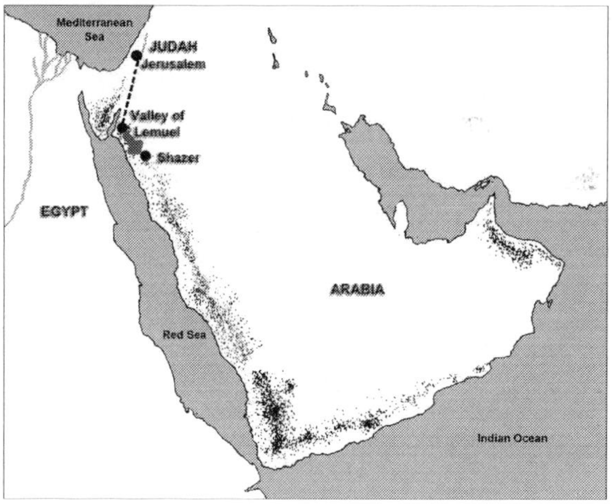

*La familia de Lehi se movió a Shazer*

La gente de Lehi, no pudo haber elegido un lugar mejor y más apropiado para descansar que Shazer."[5]

Esto, por supuesto, es algo que José Smith no pudo haber sabido y no lo sabía cuándo fue traducido el Libro de Mormón. Hay por lo menos 81 de tales evidencias en esta parte del Libro de Mormón que demuestran que la narrativa es auténtica, y hay otros cientos de éstos en el Libro de Mormón.

Tales evidencias no "prueban" con certeza que el Libro de Mormón es verdadero, pero si los opositores desean decir que es falso, estos deben explicar el lenguaje y los nombres de los lugares que José Smith usó en su traducción del libro. No es de sorprender, que tales opositores esten completamente en silencio en cuanto a este tema. Ellos no tienen una respuesta verosímil.

### Los "parajes más fértiles"

- **"Los parajes más fértiles."** Desde Shazer, ellos viajaron en la misma dirección a través de "los parajes más fértiles del desierto" dentro de "las fronteras" (montañas) cerca del Mar Rojo (1 de Nefi 16: 14–16). Ellos no estaban perdidos y sin rumbo a través del desierto. Se estaban quedando cerca de las montañas, en donde podían obtener agua y comida. Al hacer esto, estaban siguiendo la tierra del incienso desde el actual Dedán, hasta Medina. Esta región entera se llamó Muhajirun por el Profeta Mahoma, lo cual significa "las piezas (o parajes) fértiles de la tierra."[6]

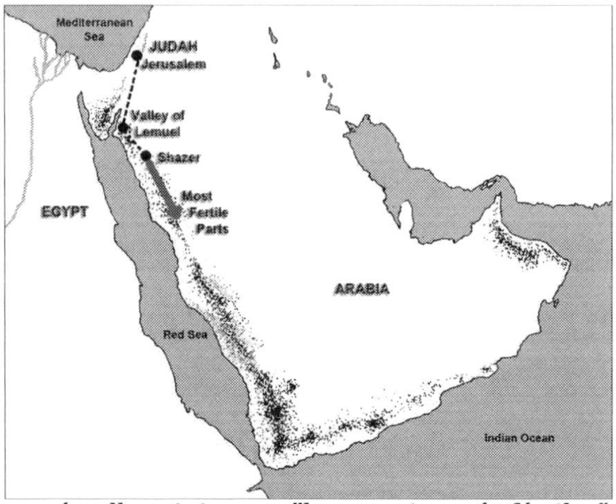

*Después, ellos viajaron a "los parajes más fértiles"*

### El incidente del arco roto

- **1 Nefi 16:17–21 En algún lugar del camino, se rompe el arco de acero de Nefi.** Para este momento, habían salido de las fronteras (las montañas) cerca del mar (las cuales no son mencionadas de nuevo) y se fueron al sur y al sudoeste. En esta parte difícil del desierto, los oasis están a varios días o semanas de distancia. Las montañas del camino se llaman hoy Asir, lo que significa "difícil".

  El terreno es en su mayoría de gravilla y arena, lo cual hacía el avance lento y difícil.[7] Fue en estas circunstancias que se rompió el arco de Nefi. Temiendo por sus vidas todos excepto Nefi, murmuraron; incluyendo Lehi. Esta demostración del lado humano y de debilidad de Lehi debe reiterarnos el hecho de que aún los profetas que han tenido visiones abiertas pueden experimentar la depresión y la duda.

- **1 Nefi 16: 22–25 Nefi hace un arco nuevo y le pregunta a Lehi dónde debe cazar.** Este acto de respeto tenía el efecto de renovar la fe en su padre cuando éste ejercitó su derecho patriarcal de recibir revelación para su familia. También demostró el carácter de Nefi. En lugar de murmurar, Nefi hizo todo lo que pudo para resolver el problema al hacer un arco nuevo. Entonces, él humildemente buscó la dirección de su profeta y padre.

El élder Marion D. Hanks dijo:

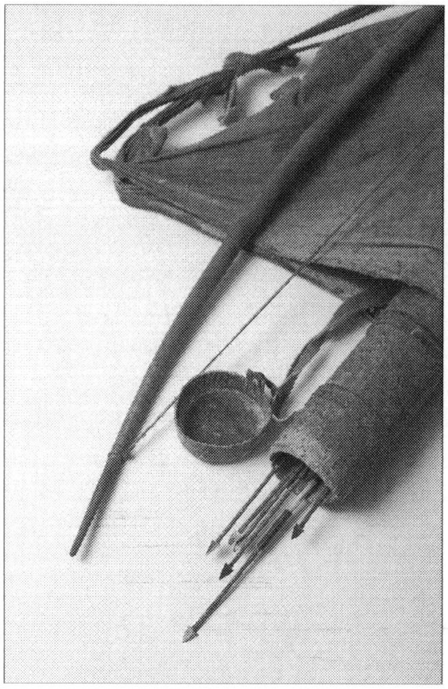

*Nefi reemplazó su fino arco de acero por uno de madera*

> ¿Qué hacer? Nefi dice que él hizo un arco y una flecha de alguna madera disponible. Consiguió un cabestrillo y piedras y . . . le dijo a [su] padre "¿A dónde debo ir para obtener alimento?" ¿Es una cosa simple, verdad? Esto es lo que Goethe quiso decir cuando él dijo: "Si usted trata a un individuo como él es, él se quedará como es; pero si usted lo trata como si él fuera lo que pudiera y debiera ser, él se converitirá en lo que debe ser.". . . . Nefi fue con su padre y dijo: "Padre, el Señor lo ha bendecido a usteditado por Usted es Su siervo. Necesito saber dónde ir para conseguir comida. Padre, usted pregúntele, ¿Lo hará?" Él pudo haberse arrodillado. Él pudo haber tomado control de la situación. Cuento ésta, como una de las lecciones de la vida realmente significativas en el libro, y repito, que las páginas están llenas de ellas. Él era un hijo quien tenía la fuerza suficiente, la humildad y la hombría para ir con su superior vacilante y decir: "Usted pregúntele a Dios, ¿Lo hará?" ; porque de alguna manera él sabía que así es como los hombres se hacen fuertes, esa sabia confianza en los hombres los forma. Lehi le preguntó a Dios, y Dios le habló, y el liderazgo de Lehi fue restuarado.[8]

- **1 Nefi 16:30–32 como resultado de esta petición,** Lehi se arrepiente y recibe revelación acerca de dónde Nefi podría encontrar comida para la familia. Nefi obedeció las instrucciones de su padre y trajo a casa la carne que tanto se necesitaba.

### Ismael muere en Nahom

La familia continuó su viaje hacia el sur-sudeste a través de lo que hoy se llama "el cuarto vacío" un sólo y olvidado desierto en donde es fácil perder el sentido de dirección y morir bajo el sol quemante. Sin duda alguna, la Liahona fue una de las cosas que previno que esto le pasara a Lehi y a su familia. El hermano menor de Nefi, Jacob—nacido en el desierto y siendo muy joven durante esta parte del viaje—comentó de la dificultad del viaje: "el tiempo se nos ha pasado, y nuestras vidas también han pasado como si fuera un sueño, pues somos un pueblo solitario y solemne, errante, desterrados de Jerusalén, nacido en la tribulación, en un desierto, y aborrecido por nuestros hermanos, cosa que ha provocado guerras y reyertas; de manera que nos hemos lamentado en el curso de nuestras vidas." (Jacob 7:26).

- **1 Nefi 16:33–36 Nahom.** "Después de aproximadamente mil cuatrocientos millas de viaje hacia el sur-sudeste, la familia llegó a un lugar al cual Nefi nos informa que fue llamado 'Nahom' ( 1 Nefi 16:34)."[9] La palabra en árabe significa "suspirar o gemir" y después de lo que pasó allí al grupo de Lehi, es un nombre apropiado.

El doctor Hugh Nibley dijo:

"Cuando Ismael muere en el viaje, él fue 'enterrado en el lugar llamado Nahom" (1 Nefi 16:34). Nótese que éste, no es 'un lugar al cual llamamos Nahom' sino que el lugar se llamaba un cementerio del desierto. Señala Jaussen[10] informes que aunque los beduinos a veces entierran a sus muertos en donde mueren, algunos se llevan los restos a largas distancias para enterrarlos. La raíz árabe NHM (siglas en inglés) tiene el significado básico de 'suspirar o gemir' y ocurre casi siempre en la tercera forma 'suspirar o gemir con otra persona.'

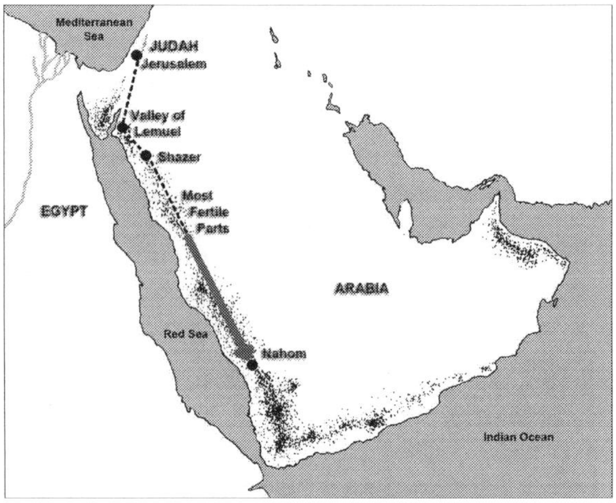


*Ismael murió y fue enterrado en Nahom*

La palabra hebrea Nahum 'confort' está relacionada, pero ésa no es la forma dada en el Libro de Mormón. En ese lugar, se nos dice que 'las hijas de Ismael se lamentaron sobremanera' y se recuerda que en el desierto los ritos de luto de los árabes son monopolio de las mujeres."[11]

En la época de José Smith, ningún lugar en Arabia era conocido por el mundo occidental. Pero hoy en día, tenemos evidencia de un lugar con este nombre en el área donde Nefi y su familia pudieran haber estado antes de que se dirigieran al este hacia Abundancia.

- **1 Nefi 16: 37–39 En ese momento de gran lamento Lamán, Lemuel, y sus esposas (las hijas de Ismael) se rebelaron.** Olvidando (o mintiendo acerca de) su experiencia anterior con ángeles, ellos trataron matar a Nefi; nuevamente y también a su padre, Lehi. Esta vez, en lugar de un ángel, la voz del Señor los llamó al arrepentimiento.

## LOS EVENTOS EN LA TIERRA DE ABUNDANCIA

(1 NefI 17–18)

- **1 Nefi 17:1-4 desde Nahom, ellos viajaron "hacia casi el este de allí en adelante" hasta Abundancia.** El profeta José Smith dijo que el grupo de Lehi "viajó en una dirección casi sur-sudeste hasta que llegaron al grado diecinueve, latitud norte.

Después, casi al este hacia el Mar de Arabia."[12] Cuando ellos llegaron allí, habían estado viajando por ocho años.

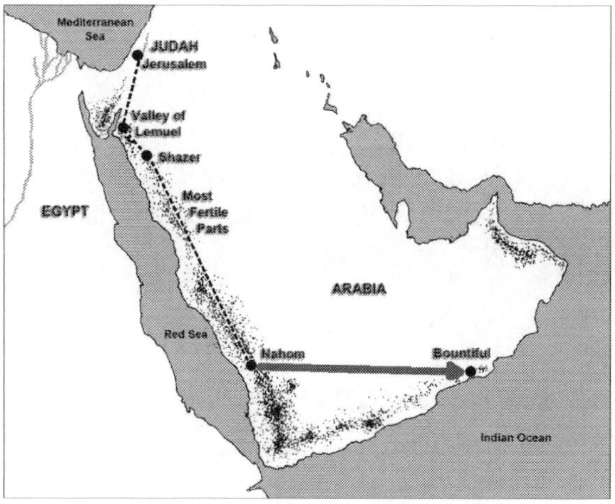


*Abundancia estaba en la costa del Océano Índico*

- **1 Nefi 17:5–6 Nefi describe el lugar que llaman Abundancia.** En la manera en la cual Nefi describió esa tierra: debe haber contenido agua, fruta, árboles grandes para construir un barco, pasto, abejas silvestres, flores, o retoños, una montaña, una orilla, un peñasco que tenía vista a las profundidades del mar, y minerales. Tan increíble como parezca, la costa sur de la Península Arábiga desde Perim hasta el sur tiene sólo un lugar en su largo entero de 1,400 millas que concuerda con esa descripción. Es un diminuto segmento de tierra, curvado alrededor de una pequeña bahía, de aproximadamente 28 millas de largo y sólo 7 millas de ancho, con las montañas Qara en la parte de atrás.

Durante tres meses en el año, las nubes de los monzones se juntan en las colinas que están frente al mar y las cubren con neblina de verano, neblina, y lluvia. Este lugar está en Salalah, en el estado de Dhofar, sultanato de Oman. La costa en ambas direcciones se estira en una inquebrantable desnudez o vacío. Repetimos, éste es el único lugar en la orilla del mar de la península arábica que recibe una lluvia significativa; y donde crecen árboles grandes—y es conocida por haber estado de esa manera por más de dos mil años.[13]

FOTO © SCOT PROCTOR. 'LA ABUNDANCIA DE NEFI EN OMÁN (WADI SAYQ)' USADO CON PERMISO

*El Wadi Sayq en la costa de Omán, un possible sitio de la Abundancia de Nefi.*

- **Irreántum:** Las "muchas aguas" del océano. Así como lo era 'Nahom', ésta era una palabra no conocida en las culturas occidentales en la época de José Smith. Sin embargo, parece ser auténtica; testificando aún más de la exactitud y verdad del Libro de Mormón.

El doctor Hugh Nibley dijo:

> Un número sorprendentemente grande de estudios han aparecido . . . sobre el tema de los nombres egipcios para el Mar Rojo, la razón de esto es que los egipcios tenían muchos nombres y siempre estaban creando otros más . .. los egipcios eran aficionados a "nuevos nombres", que evolucionaban, para "diferentes lugares" . . . la razón de esta . . . práctica es desconocida, pero es enteramente similar al comportamiento de Lehi: "Y vimos el mar, al que dimos el nombre de Irreántum,

lo cual, interpretado, significa muchas aguas" (1 Nefi 17:5). . . . Irreántum . . . no es un nombre semítico, y Lehi aún [se tomó] la molestia de traducirlo . . Uno de los nombres egipcios más comunes para el Mar Rojo era Iaru, el cual no es egipcio y cuyo significado es desconocido . . . "muchas aguas" es una típica designación egipcia . .. [con] dos formas características egipcias 'iny-t' y ''anjt', ambas describen grandes cuerpos de agua"[14] si uno quisiera especular, sería fácil rastrear Irreántum hasta algunas derivaciones que contienen elementos egipcios como: wr (grande) y n.t ( nout "agua quieta") o identificar la sílaba final—um con el común (por ejemplo hebreo) yem, yam, yum que significa "mar" y el resto de la palabra con el copto ir-n-ahte "grande o muchos."[15]

- **Nefi 17:7–16 A Nefi se le ordenó a construir un barco grande.** Y él hace esto, a pesar de tener grandes obstáculos: (1) No sabía absolutamente nada sobre la construcción de barcos y (2) no tenía herramientas para lograr la tarea. Sin embargo, él no se quejó, mas, mostró su fe característica al preguntar dónde encontrar mineral para poder hacer las herramientas necesarias.

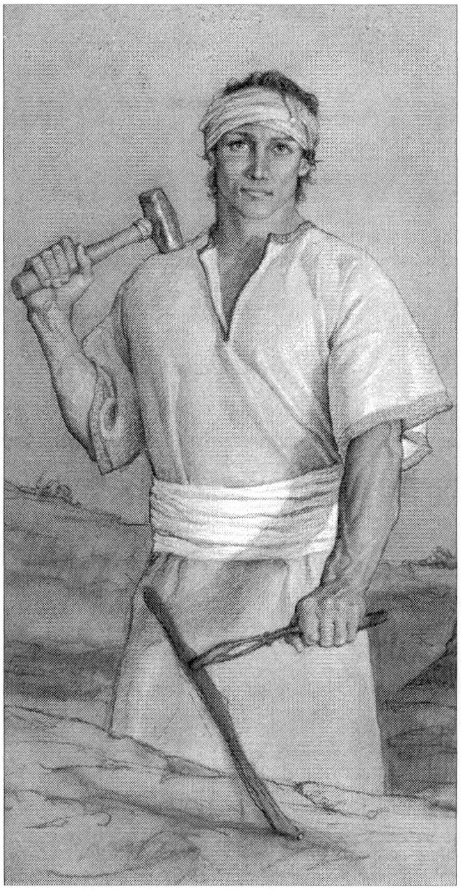

*Nefi hizo sus propias herramientas*



- **1 Nefi 17:17–22 Los hermanos de Nefi se niegan a ayudar, se burlan de él, y se regocijan en su lamento.** Es importante hacer notar cómo los inicuos se regocijan cuando los justos sufren. Esto es el resultado natural de a quien ellos siguen, Lucifer, a quien Enoc vio "tenía en su mano una cadena grande que cubrió de obscuridad toda la faz de la tierra; y miró hacia arriba, y se rió, y sus ángeles se alegraron" (Moisés 7:26).

- **1 Nefi 17:23–43 Nefi cree que nada es muy difícil para el Señor.** Él le cuenta la historia de los israelitas a sus hermanos y les recuerda de cómo el Señor hizo grandes milagros por los israelitas cuando estos deambulaban por desierto de Sinaí. Seguramente, Nefi piensa que el Señor puede y hará lo mismo por su familia.

- **1 Nefi 17:44–52 Nefi impuso a sus hermanos un severo castigo.**

  El élder Neal A. Maxwell dijo:

  > Nuestra capacidad de sentir controla nuestro comportamiento de muchas maneras. Al quedarnos inertes cuando nuestros sentimientos nos instan a hacer el bien, entorpecemos esa capacidad de sentir. Fue la extrema sensibilidad de Jesús a las necesidades de aquellos cerca de Él, que le hizo posible responder con la acción. En el otro lado del espectro espiritual están los individuos como los hermanos equivocados de Nefi; Nefi notó su

creciente insensibilidad a las cosas espirituales: "[Dios] os ha hablado con una voz apacible y delicada, pero habíais dejado de sentir, de modo que no pudisteis sentir sus palabras", 1 Nefi 17:45].

Cuando nos volvemos muy incrustados en el error, nuestra antena espiritual se marzo deita y resbalamos mas allá del alcance mortal. Esto puede pasarle a civilizaciones enteras. Es su lamento a su hijo Moroni, Mormón nota el deterioro de la sociedad nefita. Estos síntomas incluyen una iniquidad tan profunda que la gente de Mormón fue descrita por él de la siguiente manera: "han perdido toda sensibilidad" [Moroni 9:10]

El Apóstol Pablo lamentó la lascivia destructiva de los miembros de la Iglesia en el libro de los Efesios; porque habían desarrollado tal insensibilidad en la saciedad que ellos "han [habían] perdido toda sensibilidad" [Efesios 4:19]; siendo impermeables a la incitación de la voz apacible y delicada de Dios, también significa que nosotros tenemos oídos pero no podemos oír, no sólo las incitaciones de Dios, sino también las suplicas de los hombres.[16]

- **1 Nefi 17:53–55 Cuando Lamán y Lemuel intentan arrojar a Nefi al mar desde un peñasco, a éste se le ordena "estremecerlos."** Cuando él hizo esto, estaban tan impresionados que ellos empezaron a adorarlo. Esto demostró su naturaleza superficial e infantil, al adorar al hombre en lugar de a Dios; que es la fuente del poder. Nefi les prohibió hacer esto y les dijo que adoraran a Dios.

- **1 Nefi 18:1–4 Sus hermanos al fin ayudaron; y terminaron el barco** de acuerdo a las instrucciones del Señor. Era de excelente calidad.

"CONSTRUYENDO EL BARCO" © JOSEPH BRICKEY. USADO CON PERMISO

## NAVEGANDO HACIA AMÉRICA
(1 Nefi 18)

- **1 Nefi 18:5–8** Ellos se hicieron a la marzo de Ya que ellos aparentemente estaban zarpando desde el lado este de la Península de Arabia, no sería razonable suponer que ellos viajaron hacia el sur y alrededor de África. Presumimos entonces que viajaron hacia el este a través del Océano Índico y a través del Océano Pacífico hacia el oeste del continente americano.

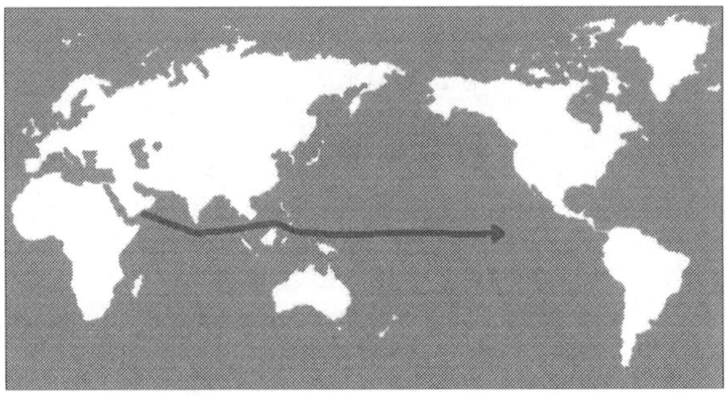

*La familia de Lehi zarpó hacia el este hacia América*

- **1 Nefi 18:9–20** Lamán y Lemuel y sus esposas se dedican a mucha "grosería desmedida" (canto y baile impropio) Cuando Nefi los regañó, lo amarraron con cuerdas y continuaron "proferían . . . amenazas" en contra de cualquiera que hablara a su favor. Ni siquiera las lágrimas de su madre y de sus hermanos menores podían ablandar sus corazones. La Liahona cesó de funcionar y llegó una gran tormenta, arrastrándolos de vuelta por cuatro días. Finalmente, temiendo ser destruidos, Lamán y Lemuel soltaron a Nefi de su atadura.

- **1 Nefi 18:21–25** Ellos llegaron a América aproximadamente 590 años A. C. Cuando ellos llegaron a la tierra prometida, ya habían pasado por lo menos diez años desde que se fueron de Jerusalén y tres años desde que llagaron a la tierra de Abundancia. No sabemos precisamente cuánto tiempo ellos navegaron; pero pudo haber sido un año o más.

"FOILAGE," © JOSEPH BRICKEY. USADO CON PERMISO

Ellos encontraron que este continente, es verdaderamente, una tierra bendecida, con abundancia de plantas y de animales, terreno rico y fértil, y con metales preciosos.

"La pregunta que se suele hacer frecuentemente es si había gente en la tierra prometida cuando llegó Lehi. De la evidencia arqueológica e histórica, la respuesta es sí . . . se ha determinado que en la región de Mesoamérica en el año 600 A.C había seis lenguajes principales hablados. Ni el hebreo ni el egipcio están en esa lista."[17] Por lo menos sabemos que había descendientes de los jareditas en la tierra, porque compartían un período de tiempo común con los nefitas, desde el año 600 A.C. hasta el año 300 A.C. momento en el cual fueron destruidos. Y por supuesto, los mulekitas fueron descubiertos en Zarahemla en el año 170 A.C. Ellos habían estado morando en este continente desde poco tiempo después de su cautiverio en Babilonia en el año 580 A.C.

El hecho de que el Libro de Mormón se centre en eventos entre los nefitas y los lamanitas no justifica la conclusión de que estubieran solos. El Antiguo Testamento se centra en eventos que involucraban a una familia—los hijos de Israel—y sus vecinos inmediatos del Medio Oriente, pero eso no quiere decir que no hubo gente también en África, en el lejano este, en Europa y en otros lugares. En ambos casos, y en ambos continentes, también existieron otros pueblos. Mormón describe el área habitada por la mayoría de los lamanitas en el año 77 A.C. como el "desierto hacia el oeste, en la tierra de Nefi . . . al oeste de la tierra de Zarahemla, en las fronteras a orillas del mar . . . el sitio de la primera herencia de sus padres" (Alma 22: 28) Esto parece sugerir una llegada a la costa occidental.

En cuanto a cuál parte de América—Norteamérica, América central (Mesoamérica) o Sudamérica—la única afirmación oficial que se ha hecho por las autoridades de la Iglesia es que no sabemos dónde. Entre los académicos y los miembros, hay propuestas para cada una de estas tres teorías, y cada una de éstas tiene una cita o dos de un apóstol o profeta para apoyar sus afirmaciones. ¿Qué hacemos con tales afirmaciones contradictorias por autoridades generales y académicossobre este tema? La única conclusión lógica es, que lo que nos están diciendo con estas afirmaciones es su opinión (a la cual tienen derecho); pero sus afirmaciones sobre este tema no son doctrina. Si la respuesta a esta pregunta es revelada en el futuro, la oiremos de las cabezas de la Iglesia de una manera oficial. Pero esto no ha pasado todavía .

Hoy sabemos bastante sobre Arabia y tenemos buenas nociones acerca de dónde Lehi y su familia estaban antes de zarpar hacia América. En los párrafos anteriores he compartido con ustedes algo de esa información . Pero todavía no se sabe con precisión a dónde llegaron y vivieron los lehitas en América,. Hay muchos estudios de investigación fascinantes en este área. Disfruto leerlos; y tengo mis propias opiniones, como la tienen mucho otros. Pero yo creo que los maestros de la doctrina del evangelio debemos ser lo suficientemente sabios para admitir, si nos preguntan, que no sabemos; dónde desembarcaron específicamente. Es, después de todo, una clase de doctrina del evangelio.

## LAS PROFECÍAS DE NEFI EN EL NUEVO MUNDO

(1 Nefi 19, 22)

### Profecías de la venida de Cristo

- **1 Nefi 19:1–6 Nefi hace unas planchas grandes de los minerales de los que ahora disponía..** Ellos acababan de llegar a las Américas y la fecha era aproximadamente en el año 590 A.C. Entonces, habían pasado diez años desde que se fueron de Jerusalén. El Señor le mandó a Nefi a hacer planchas y a grabar su historia y él obedeció. Estas primeras planchas fueron las planchas mayores de Nefi, las cuales eran una historia secular de su gente y de su gobierno. Nefi también menciona aquí un segundo juego de planchas (las planchas menores de Nefi) y sus razones para hacerlas. Pero debemos recordar que él no recibió un mandamiento de hacer esas planchas hasta 20 años más tarde, en el año 570 A.C. (2 Nefi 5:28–33). En 1 Nefi 19, estamos leyendo lo que escribió en las planchas menores de Nefi; y estamos dando un vistazo al pasado al tiempo cuando él empezó las planchas mayores. Discutiremos más lo concerniente al comienzo de él con las planchas menores cuando lleguemos a 2 Nefi 5. Pero cronológicamente, fue en ese momento (el año 590 A.C.) cuando él empezó sus planchas mayores.

- **1 Nefi 19:7–10 Nefi cita las profecías de Zenoc, Neum y Zenós;** que vivieron en los tiempos del Antiguo Testamento; pero no se encuentran en éste. Sidney B. Sperry dijo: "Las planchas de bronce pudieron haber sido la escritura oficial de las diez tribus. Es probable que algunos profetas escribieran en esas planchas; cuyos escritos no pudieron haber sido grabados en los escritos guardados en Judá. ¿Estuvieron Zenós, Zenoc, Neum y Ezías, (1 Nefi19:10; Helamán 8:20) entre ellos? Ellos eran todos profetas hebreos conocidos por los nefitas, pero sus nombres no aparecen en nuestro Antiguo Testamento actual."[18]

Zenós y Zenoc "testificaron sobre todo respecto a nosotros, que son el remanente de su semilla"." (3 Nefi 10:15–16) sugiriendo que ambos profetas eran descendientes de José. "Ezías . . . profetizó la venida del Mesías (Helamán 8:1) Neum habló proféticamente sobre la crucifixión del Hijo del Hombre (1 Nefi 19:10) y Zenoc compartió repetidos testimonios del Salvador" de Su misión, y de Su Sacrifico expiatorio (1 Nefi 19:10; Alma 33:15–17; Helamán 8:18–20; 3 Nefi 10:16).[19]

El élder Bruce R. McConkie dijo: "No pienso que exagero el asunto cuando digo que además de Isaías . . . no hubo un profeta más grande en todo Israel que Zenós. Y nuestro conocimiento de sus inspirados escritos está limitado a las citas y a los resúmenes parafraseados que se encuentran en el Libro de Mormón."[20] El élder McConkie también dijo: " . . . lo que nos interesa más que los libros incluidos en las planchas, es el tono, el tenor, y la estrategia de acercamiento al evangelio y a la salvación que ellos plantearon. Ellos están orientados en el Evangelio y hablan de Cristo y de los varios conceptos cristianos, los cuales el mundo falsamente supone, haberse originado con Jesús y con los primeros apóstoles."[21]

Volviendo al tema, Robert L. Millet dijo de él : "Mientras que los profecías bíblicas de Cristo están ausentes o como mucho veladas, los profetas de las planchas de bronce son directos al testificar de la venida de Jesucristo y son muy específicos en cuanto a su ministerio.."[22] Por ejemplo, Nefi cita de las planchas de bronce acerca del tiempo preciso de la venida de Cristo (v. 8) y acerca de los tres días de oscuridad y de destrucción en el continente americano en el momento de Su crucifixión (versos 7, 9–10).

- **"Las islas del mar."** En ese momento de la historia, ellos pudieron haber estado en una isla en lugar de en un gran continente. La geografía pudo haber cambiado mucho entre entonces y ahora (v. 10; 1 Nefi 22:4). Por ejemplo, fijése en el mapa a la derecha que muestra cómo algunos científicos creen que se veía el continente de Sudamérica en el momento en que llegaron los nefitas.[23] Sin embargo, esto no es de ninguna manera cierto, ya que "las islas del mar" era una figura del discurso del Antiguo Testamento que significa "en lugares lejos."

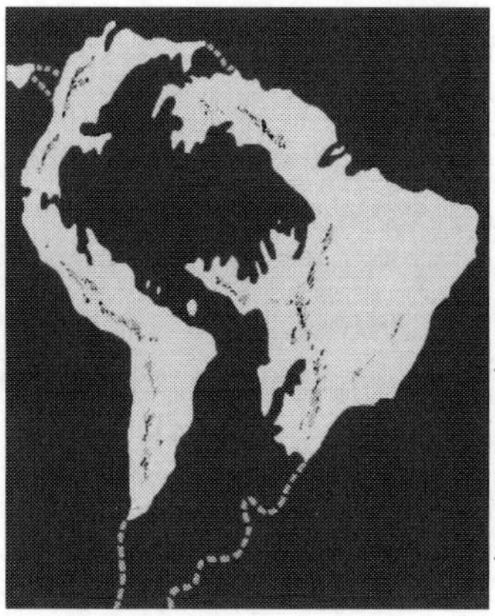
VENICE PRIDDIS, EL LIBRO Y EL MAPA, 1975

- **1 Nefi 19:13–20 Nefi explica la razón del venidero cautiverio y persecución de los judíos.** Su absoluta negativa a escuchar las palabras de los profetas, sus graves pecados, y su eventual rechazo del Mesías, los condena a años de burlas, cautiverio, y tristeza.

  El élder Bruce R. McConkie dijo: "Nuestros ancestros israelitas fueron dispersados porque ellos rechazaron el evangelio, profanaron el sacerdocio, abandonaron la Iglesia, y se fueron del reino. Fueron dispersados porque se alejaron del Señor, idolatrando a dioses falsos, y caminaron por todos los caminos de las naciones odiadas. Fueron dispersados porque ellos . . . rechazaron el Señor Jehová; quien es el Señor Jesús, de quien todos sus profetas testificaron. Israel fue dispersada por la apostasía."[24] Esta profecía se cumplió no sólo por el cautiverio en Babilonia, sino también por los años posteriores de guerra y subyugación por los griegos, por los romanos, culminando en una segunda y completa destrucción de Jerusalén por los romanos en el año 70 A. C.

- **1 Nefi 19:21–24 El método de Nefi de enseñarle a Isaías las palabras a su gente fue para "aplicar todas las Escrituras a [si mismo]a ellos."** Las investigaciones modernas confirman que este método de enseñanza es el más efectivo para ayudar a la gente a entender y recordar lo que se les enseñó. Como maestros del evangelio y como estudiantes, nosotros siempre debemos preguntar: "¿Qué significa esta escritura para mí?" "¿Cómo se aplica en mi vida?", si deseamos obtener el máximo valor de eso. El leer acerca de las experiencias de otros sin pensar cómo se aplica a nosotros mismos tiene un valor limitado.

## Profecías del futuro de Israel

En 1 Nefi 20–21 (Isaías 48–49), Nefi cita a Isaías sobre el re-unión de Israel. Estos son los primeros dos de los 16 capítulos de Isaías que Nefi incluye en las planchas menores. Tomando en cuenta el espacio limitado de las planchas, es significativo que él escogió incluir esos escritos. Él ama las palabras del hombre a quien el llama "el profeta" (1 Nefi 19:24), así como nosotros amamos las palabras de José Smith, "mi alma se deleita en sus palabras" dice él (2 Nefi 11:2), las cuales son "claras para todos aquellos que están llenos del espíritu de profecía" (2 Nefi 25:4). Discutiremos estos dos capítulos de 1 Nefi más exaustivamente en los próximos capítulos.

- **1 Nefi 22:1–4 Nefi explica las profecías de Isaías de la dispersión de Israel.** Somos grandemente bendecidos de tener a Nefi como nuestro interprete de las palabras de Isaías. Juntos, con las explicaciones contenidas en Doctrina y Convenios, tenemos más conocimiento concerniente a los escritos de Isaías que en cualquier otra gente. Nefi continúa ofreciendo comentarios sobre Isaías en 1 y 2 Nefi.

GUSTAVE DORÉ, 1896

*Nefi amaba las palabras de Isaías*

- **1 Nefi 22:7 Cuando Nefi dice Gentiles él se refiere a todos los no-judíos**; o sea, cualquier persona que no era un ciudadano del reino de Judá con su capital en Jerusalén. Cristóbal Colon y otros que descubrieron y colonizaron América, eran gentiles para Nefi. Usted y yo somos gentiles para Nefi. El profeta José Smith era un gentil para Nefi; aunque él (y nosotros) somos miembros de la iglesia de Cristo de los Últimos Días. Para Nefi, ésta es una designación cultural en lugar de una designación racial (1 Nefi 13:4; 15:13). Esto es confirmado en la revelación de los últimos días, donde somos llamados "hijos de Jacob" pero somos "identificados conmo los gentiles" (D&C 109:58, 60). Nefi previó que los gentiles llevarían el Evangelio a todos los de la casa de Israel, incluyendo a los lamanitas y a los judíos.

- **1 Nefi 22:15, 23–24 Nefi cita a Zenós sobre el milenio.** El lenguaje de Nefi es muy similar a lo que Malaquías escribió muchos años más tarde (Malaquías 4:1–2). Estos dos profetas (Nefi y Malaquías) vivieron en tiempos diferentes en contenientes diferentes. Es probable, entonces, que Nefi y Malaquías estuvieran citando a Zenós (Véase también 2 Nefi 26:4, 8–9).

### Profecías de los eventos en los últimos días

- **1 Nefi 22:5–6 los gentiles servirán como padres nutridores de los lamanitas.** Es probable que estos "gentiles" sean los miembros no judíos de la iglesia de hoy; quienes amarán y se acercarán a sus hermanos los lamanitas hasta "que venga el día de los lamanitas."[25]

- **1 Nefi 22:7 una nación gentil poderosa será formada por Dios en América.** Los Estados Unidos de América no era una gran potencia mundial cuando José Smith tradujo el Libro de Mormón, pero esta profecía se ha cumplido ante los ojos del mundo.

- **1 Nefi 22:8–11** la obra maravillosa del Señor en los últimos días será de gran ayuda para los lamanitas y para los gentiles. Verdaderamente la restauración intenta bendecir a la familia humana, mientras que en la época de Nefi, la obra se enfocaba primordialmente en los hijos de Israel.

- **1 Nefi 22:10–12 Dios va a "hacer desnudar su brazo a los ojos de todas las naciones."**." Esta frase es prestada de Isaías (52:10) significa que Dios le mostrará Su poder a los hombres. Esta muestra de poder se refiere primordialmente a Su milagrosa re-unión de los hijos de Israel fuera de la naciones y el re-establecimiento de Su iglesia y reino.

- **1 Nefi 22:12 La casa de Israel comenzará a retornar a su tierra.** En la época en que José Smith tradujo el Libro de Mormón, esta profecía hubiera parecido fantástica e improbable. La re-unión de Israel empezó inmediatamente con la obra misional con lo gentiles y con los descendientes perdidos de José a través del mundo. Pero la re-unión de los judíos esperaría otros 119 años, hasta que la Gran Bretaña y Los Estados Unidos de América ayudaron a establecer la nueva nación de Israel, en la cual literalmente millones de judíos se han juntado desde entonces. Hemos visto esta cumplirse profecía ante nuestros ojos.

- **1 Nefi 22:13 Las naciones de la grande y abominable iglesia batallarán entre ellas mismas.** El élder Bruce R. McConkie dijo: "Que se recuerde que las tribulaciones se avecinan. Habrán guerras en una nación y reino; una después de la otra, hasta que la guerra sea esparcida a todas la naciones; y doscientos millones de hombres de la guerra llevan sus armamentos al Armagedón. La paz ha sido quitada de la tierra. Los ángeles de destrucción han comenzado su trabajo, y sus espadas no serán sacadas hasta que el Príncipe de la paz venga a destruir a los inicuos e intruduzca el gran Milenio . . . Las pandillas de ladrones Gadiantones ['terroristas'] infestarán cada nación, la inmoralidad, el asesinato, y el crimen aumentarán; parecerá como si cada hombre estuviera en contra de su hermano."[26]

- **1 Nefi 22:13–23 La destrucción de la iglesia del diablo.** Podemos tomar gran coraje de estas profecías al ver las fuerzas del mal reuniéndose al rededor de nosotros para destruir todo lo que es bueno y para reinar con sangre y horror en la tierra. Está claro en estas profecías y en muchas otras que Dios vencerá a estos malévolos enemigos. Satanás será atado por la justicia de la gente (versos 15, 26); nos podemos imaginar que Satanás será atado al ser encerrado en alguna parte en donde él no pueda escapar y molestarnos. De hecho, él será atado por la justicia de la gente, que no prestará en absoluto alguna atención a sus tentaciones. El máximo triunfo de la obra de Dios está asegurado (v. 27). Cuando leo esta escritura y otras parecidas, me recuerda a una reunión de sumos sacerdotes a la que asistí recientemente en la cual mis hermanos estaban hablando ominosamente del surgimiento de terroristas radicales y sus planes para destruirnos. Yo dije: "Hermanos esos hombres están condenados. No importa cuán poderosos ellos pudieran pensar que son, Dios es más poderoso aún; y las profecías son claras. La obra de Dios triunfará y tales fuerzas del mal serán completamente destruidas."

  El presidente Wilford Woodruff dijo: "Diré a los santos de los últimos días, como un El élder en Israel y como un Apóstol del Señor Jesucristo, estamos acercándonos a algunos de los más tremendos juicios que Dios ha esparcido sobre el mundo. Observen las señales de los tiempos, la señal de la venida del Hijo del Hombre . . . Cristo no vendrá hasta que estas cosas pasen . Jerusalén tiene que ser reconstruida. El Templo tiene que ser construido. Judá tiene que ser recogireunida así como la casa de Israel. Y los gentiles saldrán adelante para batallar en contra de Judá y Jerusalén ... estas cosas han sido reveladas por los profetas. Ellas tendrán su cumplimiento ... todo lo que los santos de los últimos días tienen que hacer es estar silenciosos, cuidadosos, y sabios ante el Señor, observar las señales de los tiempos, y ser correctos y fieles; y cuando usted salga adelante, usted entenderá muchas cosas que hoy no entiende."[27]

## Las conclusiones de Nefi

- **1 Nefi 22:31 Nefi dice, "Y así es. Amén."** Daniel H. Ludlow dijo: "El doctor Hugh Nibley ha indicado que Nefi frecuentemente concluía las secciones de sus escritos con tal frase ... Nefi pudo haber obtenido esta idea de los egipcios: 'los escritos literarios egipcios, habitualmenre concluían con la formula iw-f-pw, "Y Así es" y " entonces así es." Nefi termina las secciones principales de su libro con la frase "Y así es. Amén." (9:6; 14:30; 22:31)."[28]

**Notas** (Todas las referencias son de las versiones en idioma inglés de los textos que se citan.)

1. *Desde Cumorah*, 1988, págs. 257–60.
2. *El Título de los Señores de Totonicapán*, 170.
3. Jerry L. Ainsworth, *Las vidas y viajes de Mormón y Moroni*, 2000, pág. 86.
4. George Potter y Richard Wellington, *Lehi en el desierto: 81 Nuevas Eevidencias Documentadas de que el Libro de Mormón es una historia verdadera*, 2003, págs. 73–78.
5. *Lehi en el desierto, el mundo de los jareditas, ellos eran jareditas*, editado por John W. Welch, Darrell L. Matthews, y Stephen R Callister, 1988, págs. 78–79.
6. *Lehi en el desierto: 81 Nuevas Eevidencias Documentadas de que el Libro de Mormón es una historia verdadera*, págs. 80–81.
7. *Lehi en el desierto: 81 Nuevas Eevidencias Documentadas de que el Libro de Mormón es una historia verdadera*, pág. 97.
8. "Pasos para aprender," en discursos del año de la Universidad Brigham Young, 1960, pág. 7.
9. "Lehi en el desierto": 81 nuevas evidencias documentadas de que el Libro de Mormón es una historia verdadera, pág. 110.
10. Reverendo Peré Antonin Jaussen. *bíblica X*, 607.
11. *Lehi en el desierto, el mundo de los jareditas, ellos eran jareditas*,
12. José Smith Jr., citado en Franklin D. Richards y James A. Little, *Compendio del las doctrinas del evagelio*, 1925, pág. 272.

13. Lynn M. y Hope A. Hilton, "En busca de el camino de Lehi, parte 1: "La preparación" en *Ensign*, septiembre de 1976, págs. 50–51. Véase también *Lehi en el desierto*, págs. 121–37.

14. *Desde Cumorah*, pág. 171.

15. *Lehi en el desierto, el mundo de los jareditas, ellos eran jareditas*, pág. 78.

16. *Un tiempo para escoger*, 1972, págs. 59–60.

17. Joseph L. Allen, *Sitios sagrados: Buscando las tierras del libro de Mormón*, 2003, pág. 23.

18. *Respuestas a las preguntas del Libro de Mormón*, 1967, pág. 43–44.

19. Robert L. Millet, ""Nefi en el destino de Israel," en *Estudios de las escrituras, Volumen 7: De 1 Nefi a Alma 29*, editado por Kent P. Jackson, 1987, pág. 75.

20. "La Restauración Doctrinaria," en *La traducción de José Smith: La restauración de cosas sencillas y preciosas*, editado por Monte S. Nyman y Robert L. Millet, 1985, pág. 17.

21. "La restauración doctrinal," en *La traducción de José Smith: La restauración de cosas sencillas y preciosas*, editado por Monte S. Nyman y Robert L. Millet, 1985, pág. 17.

22. http://search. ldslibrary. com/article/view/913054, "Nefi en el destino de Israel," pág. 76.

23. Venice Priddis, *El libro y el mapa: nuevas percepciones sobre la geografía de Libro de Mormón*, 1983, págs. 9–20.

24. *Un Nuevo Testigo para los Artículos de Fe*, 1985, pág. 515.

25. En Reporte de La Conferencia, octubre de 1959, págs. 57–62.

26. *Ensign*, mayo de1979, pág. 93.

27. *La estrella milenaria* (24 noviembre de 1890), pág. 740.

28. *Un compañero para su estudio del Libro de Mormón*, 1976, pág. 123.

Capítulo 6

# Las bendiciones finales de Lehi y sus enseñanzas

(2 Nefi 1–2)

Al comenzar esta porción del Libro de Mormón, encontramos al envejecido Lehi; listo para partir de este mundo y ansioso de bendecir a su descendencia. Él da bendiciones patriarcales proféticas para enseñarlas; de las cuales aprendemos mucho. También aprendemos acerca del plan de salvación.

Como parte de este proceso, Lehi le recuerda a sus hijos cómo Dios los protegió al sacarlos de Jerusalén antes de su destrucción y guiándolos a la tierra prometida (2 Nefi 1:1–4). También les recuerda cómo la tierra prometida fue obtenida por convenio (2 Nefi 1:5–9) y las consecuencias si los habitantes de la tierra rechazan el Salvador (2 Nefi 1:10–12). Teniendo esto en mente, Nefi llama a sus hijos al arrepentimiento (2 Nefi 1:13–27). Él específicamente les enseña que por medio de el sacrificio expiatorio de Jesucristo, podemos ser "para siempre envueltos entre los brazos del amor del Salvador" (v. 15). Un gran número de otras importantes discusiones doctrinales se encuentran en los consejos de Lehi para su descendencia.

## AMÉRICA: UNA TIERRA BENDECIDA DE PROMESA

(2 Nefi 1)

- **2 Nefi 1:4 Jerusalén es destruida.** Mucho antes de que los lehitas vinieran a su tierra prometida, el Señor le dijo a Lehi que Él destruiría a Jerusalén; y estaba sacando a su familia para protegerlos (1 Nefi 1; 2:1–2). Ahora en la tierra prometida, Lehi recibió otra visión en la cual se le fue mostrado que Jerusalén verdaderamente había sido destruida. Daniel H. Ludlow dijo: "La destrucción de Jerusalén a la que se refiere en 2 Nefi 1:4, está escrita en la Biblia en 2 Reyes 25 . . . La mayoría de los eruditos de la Biblia, datan la destrucción de Jerusalén a mano de los babilonios aproximadamente entre los años 586 y 590 A. C. Entonces, en las notas al pie cronológicas en esta sección del Libro de Mormón, el hermano Talmage sugiere que los eventos que siguen a la visón

FRANCESCO HAYES, 1867

*Lehi vio la destrucción de Jerusalén en una visión*

de Lehi de la destrucción de Jerusalén, sucedieron aproximadamente después del año 588 A.C."[1]

- **2 Nefi 1:5 América es una tierra prometida para siempre para los descendientes de Lehi.** Al final de su existencia temporal en la tierra, ésta será heredada por los justos, y ciertas porciones de ella han sido designadas como tierra de herencia para algunas personas en particular. América es la herencia y lugar de re-unión para los descendientes de José y por ende, para la descendencia de Lehi.

  El élder Orson Pratt dijo:

  > Diferentes porciones de la tierra han sido señaladas por el Todopoderoso, de época en época, para Sus hijos, como su herencia eterna. Por ejemplo, Abrán y a su posteridad, que fue justa, les fue prometida Palestina. A Moab y Amón—los hijos del justo Lot—se les prometió una porción no lejos de las fronteras de las Doce Tribus. A los mansos ente los Jareditas, junto con el resto de la tribu de José se les prometió el gran continente occidental. Los justos de todas las naciones que serán reunidos en esta tierra, recibirán su herencia en común en esta dispensación junto con los mansos que viajaron anteriormente a la tierra. En la resurrección, los mansos de todas las edades y naciones serán restaurados a esa porción de la tierra previamente prometida para ellos. Y entonces, todas las diferentes porciones de la tierra han estado y estarán disponibles para los correspondientes herederos mientras que aquellos que no pueden probar su herencia legalmente, o quienes no puedan probar que recibieron alguna porción de la tierra por promesa, serán echados fuera a algún otro reino o mundo.[2]

- **2 Nefi 1:6 América es reservada para aquellos traídos aquí por el Señor.** Millones de individuos han venido a América desde casi cada lugar de la tierra. Esta afirmación en 2 Nefi no se refiere en realidad a individuos sino más bien a grupos. Sólo esos grupos que Dios a escogido como la gente de un convenio serán guiados aquí; y sólo los justos entre ellos eventualmente heredarán la tierra como una casa permanente.

- **2 Nefi 1:7 América será una tierra de libertad, si** ... el Señor promete que aquí no habrá cautividad, pero luego dice, "será por causa de la iniquidad" entonces la promesa está condicionada a la justicia. Joseph Fielding McConkie y Robert L. Millet dijeron: "La profecía es de dos tipos: condicional e incondicional. Las profecías incondicionales son divinas son una proclamación de aquello lo cual será sin importar lo que hagan los hombres y las naciones. La primer y segunda venida de Cristo, la resurrección, y el día del juicio, son ejemplos clásicos de profecías incondicionales. Las profecías condicionales son aseguramientos proféticos o advertencias de que será o no será, dependiendo de la obediencia o desobediencia de aquellos a quien se les da la profecía. La promesa de libertad para los habitantes del continente americano fue obviamente condicional."[3] Sin embargo, "para los justos será bendita para siempre" (v. 7).

- **2 Nefi 1:8 América es escondida al conocimiento de otras naciones.** Como mencionamos anteriormente en el capítulo 5 (1 Nefi 18:21–25), los continentes americanos no estaban vacíos cuando Lehi y Nefi vinieron aquí. Los jareditas los habían precedido por lo menos 1400 años, los mulekitas vinieron poco tiempo después de la familia de Lehi, y hubieron también muchos otros pueblos en la tierra. William E. Berrett dijo: Se debe recordar a aquellos que creen en el Libro de Mormón, que en la gran masa de descubrimientos arqueológicos en América, no todos se relacionan a la historia de las civilizaciones nefitas o jareditas . . . el Libro de Mormón no es una historia del continente americano entero, o una historia completa de cualquier pate de éste."[4,5]

Joseph L. Allen dijo: "Sería un error suponer que la única gente que vivió en las américas o quienes vivieron a Mesoamérica fueron todos descendientes de Lehi . . . la mayoría de los eventos en el Libro de Mormón sucedieron en la tierra de Nefi y en la tierra Zarahemla . . . [las cuales] pudieran ser determinadas por los detalles encontrados en el Libro de Mormón y en el . . . mapa, [es un área de] aproximadamente 300 millas de norte a sur y 300 millas de este a oeste. Sabemos esas dimensiones por los viajes de Limhi, Ammón, y Alma (Mosíah 7–8, 18, 23–24) . . . [también] la mayoría de los eventos descritos en el Libro de Mormón sucedieron del el año 600 A. C. al año 250 D. C."[6]

Hay muchas ruinas de pueblos en las afueras de esta pequeña área y ambas estaban antes y después de este lapso de tiempo limitado. Ninguna de éstas son discutidas en el Libro de Mormón.

El archivo arqueológico sugiere que algunas de estas otras personas vinieron a este continente a través del Estrecho de Bering, a través del Océano Pacífico desde el sur de Asia, y a través de Océano Atlántico desde Europa, el Mediterráneo, y aún África. Entonces¿Qué quiere decir el Señor cuando Él dice que la tierra será "escondida" de otras naciones? Bueno, para aquellos individuos que vinieron a la tierra mientras que exploraban su mundo no era un secreto, pero para las naciones de las cuales ellos partieron y nunca volvieron, se mantuvo en secreto. En lo que concierne a ellos; aquellos que zarparon hacia el horizonte, se cayeron de la orilla de un mundo plano y se mataron. Hay poca o ninguna evidencia de que las naciones mayores del mundo tenían alguna idea de que estos contenientes existían hasta los tiempos de los vikingos y Cristóbal Colon. El Señor tenía un propósito en todo esto. Si otra naciones hubieran sabido de estos vastos y ricos continentes, "muchas naciones sobrellenarían la tierra, de modo que no habría lugar para una herencia" (v. 8)—para los pueblos del convenio como Lehi y sus descendientes.

- **2 Nefi 1:9–12 Hay consecuencias para los descendientes de Lehi si rechazan al Señor y sus convenios.** Cuando el tiempo venga; cuando los descendientes de Lehi rechacen sus convenios y se vuelvan en contra del Dios, que los trajo aquí, Él traerá a otras naciones sobre ellos, y serán perseguidos, matados, esparcidos, y desheredados de sus tierras. Esto ciertamente le pasó a las tribus nativo-americanas cuando las naciones de Europa vinieron aquí para colonizar.

## LAS BENDICIONES FINALES DE LEHI PARA SU POSTERIDAD
(2 Nefi 1)

- **2 Nefi 1:13–15 el testimonio y testigo seguro de Lehi.** Con gran energía de alma, Lehi compartió un testimonio solemne con su familia y los animó a que buscaran la exaltación. Él dijo: "El Señor ha redimido a mi alma del infierno" (v. 15), una confirmación sólida de que él había hecho todo lo que podía por su familia y por la gente de Jerusalén, y que él esperaba plenamente heredar la vida eterna. Él también dijo: "he visto su Gloria" (v. 15) haciéndolo un testigo especial de Jesucristo; y quien había visto por sí mismo al personaje glorioso del Señor.

- **2 Nefi 1:14 ¿Citó José Smith a Shakespeare?** Con su testimonio, Lehi usó un bello y poético lenguaje, incluyendo una referencia a la muerte "la fría y silenciosa tumba, de donde ningún viajero puede volver" (v. 14).

  Daniel H. Ludlow dijo:

  > Los críticos anti-mormones claman que José Smith recibió [esta] idea de Shakespeare... la cita de Shakespeare, la cual los críticos dicen es muy similar a la afirmación de Lehi, dice lo siguiente: "Pero hay espanto?¡allá del otro lado de la tumba!?La muerte, aquel país que todavía?está por descubrirse,?país de cuya lóbrega frontera?ningún viajero regresó" (Hamlet, Acto 3ro, escena 1.) Tales críticos pasan por alto otras posibilidades para la explicación de la similitud entre esta afirmación de José Smith, y la de Shakespeare. En primer lugar, la idea de referirse a la muerte de tal manera no es única para ninguno de estos hombres. En el libro de Job en el Antiguo Testamento encontramos tales afirmaciones como "antes que me vaya, para no volver, a la tierra de tinieblas y de sombra de muerte" (Job 10:21) y "Mas los años contados vendrán, y yo me iré por el camino de donde no volveré" (Job 16:22). También, el poeta romano Cátulo (quien vivió en siglo I A. C.) Incluyó un pensamiento similar en su "Elegía de un gorrión": "Ahora, habiendo pasado la sombría frontera de la cual él nunca puede regresar"[7]

Después de algunas palabras finales de exhortación para "sed hombres" y para los fieles (versos 16–23), Lehi procedió a dar bendiciones patriarcales individuales para su descendencia. El siguiente es un resumen de lo que él le dijo a cada uno de ellos. Las enseñanzas doctrinales específicas contenidas en esas bendiciones, se explican por separado después de este resumen.

- **Lamán y Lemuel** (2 Nefi 1: 24–29). Los hijos mayores de Lehi habían sido inconsistentes en su fe y eran por lo regular rebeldes. Él les aconsejó que escucharan a Nefi y lo siguieran porque Dios estaría con él. Sabemos por los eventos que siguen, que ellos no hicieron esto. Pero sin duda alguna, Lehi esperaba que estos dos hijos preciosos (el mayor) adhirieran a su consejo en las cercanías de la muerte.

- **Zoram** (2 Nefi 1:30–32). Un miembro adoptado de la familia, Zoram, había sido un verdadero amigo. Nótese cómo Lehi lo bendijo con la misma herencia que a su fiel hijo Nefi.

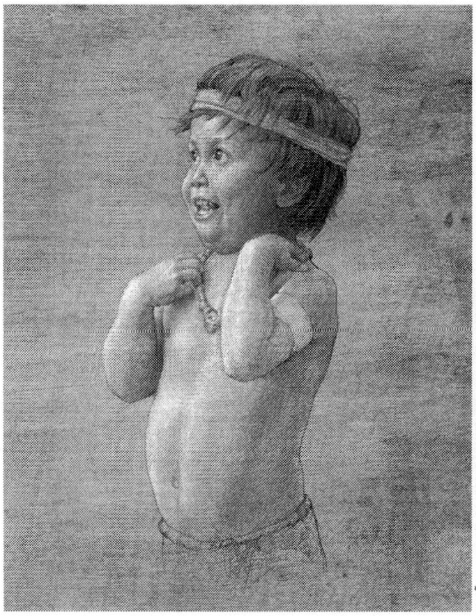


- **Jacob** (2 Nefi 2:1–30). Lehi reconoció los sufrimientos de su "primer hijo nacido en el desierto" pero también recordó sus grandes bendiciones. Una de las más interesantes de éstas; es que él había visto una visión del Salvador en su juventud (2 Nefi 2:1–4); aunque no sabemos precisamente cuándo ocurrió esto. Luego, Nefi verifica el testimonio de Jacob: "[Isaías] verdaderamente vio a mi Redentor, tal como yo lo he visto. Y mi hermano Jacob también lo ha visto como lo he visto yo" (2 Nefi 11:2–3).

- **José** (2 Nefi 3:1–25). Lehi bendijo a su "último hijo . . . del desierto" para que su simiente no fuera completamente destruida (2 Nefi 3:3). El significado preciso de esta bendición no fue explicado; pero parecería indicar que la genealogía de aquellos quienes quedaron después que los "nefitas" fueron destruidos, tenía por lo menos alguna conexión con el hijo fiel de Lehi José.

- **Los hijos de Lamán y Lemuel** ( 2 Nefi 4:3–9). Lehi reconoció que ellos no habían sido criados en la rectitud, pero dijo que serían bendecidos o condenados; de acuerdo a sus propias decisiones (2 Nefi 4: 3–4). Especialmente en este punto de inicio en la historia, no podían echarles la culpa de su ignorancia o rebelión a sus padres. La verdad estaba inmediatamente disponible para ellos.

- **Los hijos de Ismael y sus familias** (2 Nefi 4:10). A causa de que Ismael había muerto en Nahom, en Arabia, antes de que vinieran al Nuevo Mundo, Lehi era la persona apropiada para bendecir la posteridad de Ismael. Las palabras precisas de su bendición para los hijos de Ismael no son preservadas aquí, pero ya que ellos se habían aliado a Lamán y Lemuel, podemos imaginarnos que sus bendiciones eran similares a aquellas pronunciadas para los hijos rebeldes de Lehi (2 Nefi 4:10).

- **Sam** (2 Nefi 4:11). Nótese que a este fiel hijo se le prometió las mismas bendiciones que a Nefi y que su simiente se mezclaría con la simiente de su hermano.

## LAS ENSEÑANZAS DE LEHI DEL PLAN DE SALVACIÓN
(2 Nefi 2)

Como parte de estas bendiciones finales para su posteridad, Lehi enseñó con gran claridad algunas doctrinas importantes. En la bendición a Jacob ( 2 Nefi 2) él explicó el Plan de Salvación, el sacrificio expiatorio de Jesucristo, el libre albedrío, la caída de Adán y Eva, y la necesidad de oposición en todas las cosas. Éstas son discutidas en los siguientes párrafos. En la bendición a José (2 Nefi 3) él enseñó lo referente a José en Egipto, Moisés, el profeta José Smith en los últimos días, y el Libro de Mormón. Estos principios se discutirán en el capítulo 7.

- **2 Nefi 2:1–2 Las aflicciones traen felicidad.** La familia de Lehi experimentó muchas aflicciones en sus viajes a través del desierto de Arabia y a través del océano hacia el Nuevo Mundo. Lehi le prometió a su hijo Jacob "[El Señor] consagrará tus aflicciones para tu provecho" (v. 2). Este lenguaje es similar a la promesa dada al profeta José Smith en la cárcel Liberty. "todas estas cosas te servirán de experiencia, y serán para tu bien" (D&C 122:7).

  El Presidente Spencer W. Kimball dijo: "Siendo humanos, expulsaríamos de nuestras vidas el dolor físico y la angustia mental y nos aseguraríamos un continuo bienestar y confort, pero si cerramos las puertas del lamento y la aflicción, estaríamos excluyendo a nuestros más grandiosos amigos y benefactores. El sufrimiento puede hacer a la gente santa a ellos aprender paciencia, sufrimiento intenso, y auto-control. Los sufrimientos de nuestro Salvador fueron parte de Su educación. 'Y aunque era Hijo, por lo que padeció aprendió la obediencia; y habiendo sido perfeccionado, vino a ser el autor de la eterna salvación para todos los que le obedecen' (Hebreos 5: 8–9)."[8]

- **2 Nefi 2:3–4 tú estás redimido.** Jacob fue una persona muy especial, que había visto al Salvador mientras era todavía joven (v. 4); y aparentemente se le habían mostrado muchas cosas concerniente al ministerio terrenal del Señor (v. 3). Como resultado de su rectitud y de su visión del Salvador, su salvación estaba asegurada. Nótese que la expresión "la plenitud de los tiempos" (v. 3) en esta instancia se refiere a los días del ministerio mortal de Cristo y no a los últimos días. Antes del nacimiento del Salvador, el día de Su primera venida era considerado ser "el cumplimiento del . . . tiempo" (Gálatas 4:4–5), pero los últimos días se volvieron "la dispensación del cumplimiento de los tiempos" (Efesios 1:10).

- **2 Nefi 2:3–4 la salvación es gratuita.** Desde el principio mismo, el plan de salvación de Dios anticipó la necesidad de un salvador expiatorio, cuya redención ofrecida estaría disponible libremente para cualquiera de los hijos de Dios.

El élder Bruce R. McConkie dijo: "La salvación general o incondicional; aquella que viene por sólo por la gracia sin obediencia a las leyes del evangelio, consiste en el sólo hecho de ser resucitados. En ese sentido, la salvación es sinónimo de inmortalidad; es la inseparable conexión del cuerpo y el espíritu para que el personaje resucitado viva para siempre . . . la salvación condicional o individual, aquella que viene por la gracia ligada a la obediencia al evangelio, consiste en recibir una herencia en el reino celestial de Dios. Esta clase de salvación sique la fe, el arrepentimiento, el bautismo, el recibimiento del Espíritu Santo, y justicia continua hasta el fin de la prueba terrenal ."[9]

## Lehi se opone a las enseñanzas mundanas

Hay muchas falsas enseñanzas en el mundo; las cuales sugieren que no hay bien ni mal y que "todo vale"—una filosofía satánica que suena liberadora, pero es de hecho diseñada para llevar a la condenación. Estos son los principios familiares de los humanistas seculares y de los ateos de cada época. Ellos estaban entre Lehi y su gente, y hoy están entre nosotros:

— No existe el bien o el mal.
— No existe la ley.
— No hay un Cristo.
— No hay existencia después de esta vida.
— No hay un Dios.
— La vida no tiene propósito.
— Nuestras acciones están determinadas por la genética y por el medioambiente.

Bertrand Russell, un conocido filósofo y lógico de nuestro tiemp, promovió este punto de vista, el cual emergió del pensamiento científico del siglo dieciocho. Él dijo: "Del trabajo de los grandes hombres del siglo diecisiete, fue desarrollada una nueva perspectiva del mundo. . . yo pienso que hubieron 3 ingredientes en la perspectiva científica del siglo dieciocho que fueron especialmente importantes: (1) las afirmaciones de los hechos deben estar basadas en la observación, y no en autoridad sin prueba. (2) el mundo inanimado es un sistema auto-actuador, y auto-perpetuador; en el cual todos los cambios siguen las leyes naturales. (3) la tierra no es el centro del universo, y probablemente el hombre no es su propósito (si lo hay); además. 'propósito' es un concepto que es científicamente inútil."[10]

Las enseñanzas de Lehi en 2 Nefi 2 refutan las falsas ideas. Lehi enseña que:

— "Los hombres son suficientemente instruidos para discernir el bien del mal" (v. 5)
— "La ley es dada a los hombres" (v. 5).
— "La redención viene del Santo Mesías y por medio de él" (v. 6).
— "todos los hombres [vendrán] . . . comparecen ante su presencia [de Dios] para que él los juzgue" (v. 10).
— "Hay un Dios" (v. 14)
— "Y existen los hombres para que tengan gozo" (v. 25).
— Somos libres "para actuar por sí [nosotros] mismos, y no para que se actúe sobre nosotros" (versos 26–27).

## La necesidad de la expiación

- **2 Nefi 2:5–7 No somos salvados por la ley, sino por medio del sacrificio expiatorio de Cristo.** Lehi creó esta doctrina sencilla, que Moisés también había enseñado a los hijos de Israel desde el principio. Pero en su condición de apóstatas, los judíos de la época de Lehi habían perdido la pista o el rumbo del hecho de que no son las ordenanzas o los símbolos lo que nos salvan. Debemos entender las grandes verdades en las cuales estos símbolos se basan y entonces conformar nuestras vidas con esto. Cada ordenanza, básicamente, está conectada al Señor Jesucristo y a su sacrificio expiatorio.

  El profeta José Smith dijo: "El hombre no fue capaz por sí mismo de erigir un sistema, o plan con poder suficiente para liberarlo de una destrucción que le esperaba . . . [esto] se hace evidente en el hecho que Dios . . . preparó un sacrificio con el regalo de Su propio Hijo quien será mandado en el debido tiempo, para preparar una vía, o abrir la puerta por la cual el hombre entraría a la presencia del Señor, ya que él[el hombre] había sido echado fuera por la desobediencia."[11]

- **2 Nefi 2:8–10 por el sacrifico expiatorio, podemos arrepentirnos y ser perdonados por nuestros pecados.** Ninguna cantidad de lamentación por el pecado puede pagar el precio. Ninguna cantidad de determinación de no repetir un error puede evadir las demandas de la justicia. Ninguna cantidad de cualquier otro bien que hagamos puede abarcar nuestro peso de pecados. En verdad, un sólo pecado no arrepentido es suficiente para estar fuera del reino celestial y de nuestro Padre sin pecado y perfecto, que no puede mirar el pecado con el más mínimo grado de tolerancia (Alma 45:16; D&C 1:31). Todos pecamos y estaríamos absolutamente sin esperanza, si no fuera por el sacrificio expiatorio que Cristo forjó para todos nosotros.

  Existen dos herejías en el cristianismo moderno y tocan este tema importante. Una, es la idea de la "salvación por gracia." Reconociendo que nadie es perfecto, y por ende que nadie puede calificar para la salvación por la virtud de sus propias acciones (no importa cuán buenas o cuántas sean), algunos han supuesto falsamente que lo que nosotros hacemos es irrelevante, y que somos salvos por la gracia—punto final. La otra herejía es que somos salvos por obediencia; que de alguna manera nuestro comportamiento nos calificará por sí mismo para la salvación; y nosotros entonces necesitamos sólo asegurar que nuestras buenas obras pesen más que nuestras debilidades. El hombre rico que vino a Jesús esperando ser premiado por sus buenas obras creía esto, y él fue decepcionado al darse cuenta de que Jesús esperaba algo más (Lucas 18:18–27).

Herejías similares existen en la Iglesia. Algunos libros recientes publicados por miembros de la Iglesia han tomado esta idea un paso más allá y han enseñado que aún Dios es un subordinado de la ley, haciendo de la ley la máxima fuente de exaltación y divinidad. ¿Vive Dios en la ley? Sí, por cierto. Él no actúa con hipocresía, y Él hace lo que nos manda. Pero Él no es subordinado de la ley, para la adoración de Sus hijos, ni para la voluntad de todas las inteligencias colectivas a través del universo. "Tal doctrina hace de Dios un ingeniero divino, un maestro científico, quien habiendo descubierto la ley eterna, ahora conforma cada una de sus acciones para hacerlo. De hecho, la ley es la sirviente de Dios; no su maestro o consocio. Dios es el otorgador de la ley, el autor y hacedor de ella. Tal es el testimonio de todas las escrituras—como lo fue la doctrina del profeta José Smith."[12]

LaMar E. Garrard dijo:

> [Algunos] dicen que hay un Dios; pero que también hay una eterna (auto-existente) ley moral en el universo, que existe independientemente de Dios . . . algunos sugieren que también Dios se volvió Dios al obedecer tal ley, lo cual implica que la ley es en última instancia, el poder soberano en el universo. En tal universo, sería más razonable para la gente adorar la ley (la cual incidentemente no tiene un cuerpo, partes, ni pasiones) ya que es más poderosa que Dios y Él está sujeto a ésta. [Un apóstol] Anthon H. Lund, explicó que Dios es el autor de la ley y que es a Él a quien debemos orar. Él no es impotente, y las leyes están subordinadas Él (reporte de La Conferencia, Abril 1916, 12). . . .
>
> La afirmación de Lehi [v. 13] indica claramente que las leyes morales en el universo no existen independientemente de Dios: si no hay ley, no hay Dios. Si no hay Dios, no hay ley; porque Dios es siempre el autor de la ley. El además enseñó que las leyes de Dios son "dada a los hombres" y . . . que no sólo es Dios el autor de la ley, sino que Él nos juzgará en cuanto a cómo obedecimos a Su ley y entonces nos recompensará, o nos castigará [v. 10].[13]

Lehi enseñó que "por la ley ninguna carne está justificada" (v. 5), y que sin la intervención del Salvador no habría una resurrección o el perdón de los pecados. "la redención viene del Santo Mesías y por medio de él, porque él está lleno de gracia y de verdad" (v. 6). Su ofrecimiento satisfizo las demandas de justicia porque "todos los de corazón quebrantado y de espíritu contrito por nadie más pueden satisfacer las demandas de la ley" (v. 7).

Nuestro papel en este proceso es humillarnos y volvernos a Él y hacer lo que Él requiera de nosotros con lo mejor de nuestra voluntad. Y entonces "por la gracia nos salvamos, después de hacer cuanto podamos" (2 Nefi 25: 23). Somos salvados sólo por medio de "los méritos, y misericordia, y gracia del Santo Mesías" ( 2 Nefi 2:8) y no por nuestra propia justicia u obediencia. Estos son sólo piezas de nuestra reconciliación, de nuestra dependencia de la misericordia y gracia de Jesucristo. No hay mejor explicación del sacrificio expiatorio en ninguna parte de las escrituras que en el libro de Mormón, el cual incluye estas sabias palabras de Lehi.

## El libre albedrío y la caída

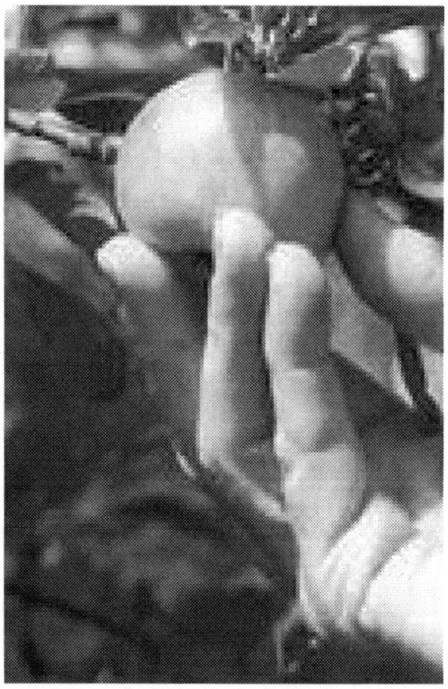

- **2 Nefi 2:11–13 para que hubiera libre albedrío, tenía que haber elecciones.** Las elecciones son posibles sólo promedio de la oposición. Y, por supuesto, las elecciones tienen consecuencias. Lehi enseñó estos principios en el contexto de la caída de Adán y Eva, la cual era apropiada ya que la caída fue un acto de libre albedrío de su parte, con elecciones claras y con consecuencias.

  Daniel H. Ludlow dijo:

  > Nótese los puntos principales en el argumento de Lehi de por qué debe haber una oposición antes de que un hombre puede ser verdaderamente libre y antes de que él pueda experimentar un verdadero gozo: (1) cada ley tiene un castigo y una bendición adherida a ella. (2) la desobediencia de una ley requiere un castigo; el cual resulta en la miseria (3) la obediencia a una ley provee una bendición la cual resulta en felicidad (gozo). (4) sin ley no puede haber castigo o bendición, ni miseria o felicidad—sólo inocencia. (5) entonces la felicidad (o gozo) puede existir sólo donde hay la posibilidad de lo opuesto (infelicidad o miseria). (6) para ejercitar el libre albedrío, una persona debe tener la posibilidad (y la libertad) de escoger; en un mundo sin ley—y por ende sin elección—no podría haber liberad de escoger y entonces, no hay verdadero ejercicio del libre albedrío (2 Nefi 2:15–16; véase también Alma 12:31–32 y Alma 42:17–25).[14]

El élder John A. Widtsoe dijo: "El hombre está en la tierra bajo un plan provisto por Dios, el Padre de los espíritus de los hombres. Este plan es para el bien y beneficio del hombre. El propósito máximo del plan, es capacitar a cada persona para desarrollar cada uno de sus poderes, y entonces progresar eternamente. En cada parte del plan, está incrustado el derecho de cada hombre de actuar por sí mismo; de escoger entre los opuestos; los cuales se presentan ante él. Si él escoge hacer aquello que es para su beneficio y lo capacita para progresar, él escoge el bien. Si él escoge aquello que retrasa su progreso, escoge el mal."[15]

Encuentro interesante que Dios no le haya dicho simplemente a Adán: "Mi plan no puede funcionar a menos que usted se vuelva mortal, entonces por favor tome del fruto del árbol del conocimiento del bien y del mal y prosigamos." Eso es precisamente lo que Él quería que Adán y Eva hicieran, pero Él no los forzó a hacerlo o a no hacerlo. Les dio una elección con consecuencias claramente explicadas y la elección era de ellos—"podrás escoger según tu voluntad"—entonces más tarde, no podía haber quejas acerca de las consecuencias. Sin embargo, nuestro sabio Padre también puso el árbol en medio del jardín, en donde ellos pasarían cada día, no en algún lugar en las afueras. Él quería que ellos consideraran esta alternativa y no que simplemente la ignoraran.

Lehi explicó que Dios creó todas la cosas—con albedrío para actuar (como nosotros) y otras cosas que son meramente "sobre las cuales se actúa" (2 Nefi 2:14), como las rocas y los elementos de la tierra. Cuando Dios nos bendijo con el libre albedrío nos proveyó con elecciones, Él claramente quería que nosotros actuáramos y que no sólo se actuara sobre nosotros. Esto fue verdad aún en la vida premortal.

El presidente José Smith dijo: "Dios le dio a Sus hijos su libre albedrío aún en el mundo de los espíritus, por el cual los espíritus individuales tuvieron el privilegio, así como los hombres lo tienen aquí, de escoger el bien y de rechazar el mal, o probar el mal para sufrir las consecuencias de sus pecados. Por eso, algunos aún allí fueron más fieles que otros en guardar los mandamientos del Señor . . . los espíritus de los hombres [en la existencia premortal] no fueron iguales. Ellos pudieron haber tenido un inicio igual, y sabemos que ellos fueron todos inocentes en el principio, pero el derecho al libre albedrío; el cual le fue dado a ellos capacitó a algunos para superar a otros y por lo tanto, por medio de los eones de la existencia inmortal, de volverse más inteligentes, más fieles; porque eran libres de actuar por ellos mismos; para pensar por ellos mismos, para recibir la verdad o rebelarse en contra de ésta."[16]

- **2 Nefi 2:17–18 el papel de Satanás en la caída.**

Satanás se volvió la fuente de toda maldad y miseria para la humanidad (2 Nefi 2:17–18) cuando él propuso un plan que removía de nosotros las elecciones y el libre albedrío ypara dejarnos actuar sobre nosotros por su control y voluntad. Hay un cierto atractivo en tal plan—no hay responsabilidad por ninguna cosa y no hay necesidad de trabajar para vivir o para nuestra salvación. Todo hubiera sido garantizado. Vemos esta doctrina satánica celebrada entre nosotros todavía hoy, en un mundo donde la gente siempre está buscando algo o alguien para echarle la culpa de sus problemas. Algunas veces ellos buscan echarle la culpa a Dios: "Si hay un Dios, ¿Por qué dejó que esto pasara?" como si todo lo que los demás escogen y hacen depende de Dios, y sólo Él es el responsable por las circunstancias de nuestras vidas. Tal predestinación sin consecuencias estaba en el corazón de Satanás y en su plan de revisionista. Nuestro sabio Padre no trabaja de esta manera.

Para explicar las consecuencias de sus elecciones (buenas o malas) Lehi hizo una lista de las condiciones de la vida de Adán y Eva antes y después de la caída.

- **2 Nefi 2:15–16, 19, 22–23 Condiciones antes de la caída:**

  — Ellos podían actuar por ellos mismos, pero "no conocían el pecado" (v. 23).
  — No tenían que trabajar la tierra para obtener alimentos (v. 19; Moisés 2:29).
  — No podían tener hijos (v. 23).
  — Eran inocentes—no conocían ni la miseria ni el gozo (v. 23)
  — No podían hacer ni el bien ni el mal—eran incapaces de pecar (v. 23)
  — Se hubieran quedado "en el mismo estado . . . para siempre, sin tener fin" (v. 22).

- **2 Nefi 2:19–23 Condiciones después de la caída:**

  — Entraron en un estado de prueba en donde ellos podrían escoger el bien o el mal ( v. 21).
  — Se les mandó a arrepentirse de sus pecados (v. 21).
  — Tenían que trabajar para obtener comida (v. 19).
  — Podían tener hijos (v. 20).
  — Se volvieron caídos y sujetos a la muerte física (v. 22; Moisés 6:48).
  — Podían hacer el bien y también podían cometer pecados (v. 23).
  — Experimentaron la miseria y el gozo ( v. 23).

- **2 Nefi 2:15 Adán y Eva fueron nuestros "primeros padres"** Hay mucha especulación entre los miembros de la Iglesia acerca de cómo surgieron Adán y Eva. La presentación en nuestros templos es simplemente figurativa y en ninguna parte de las escrituras Dios lo explica. Adán es simplemente declarado ser "el padre de todos" (D&C 138:38). Fue el primer hombre verdadero y fue hecho a la imagen de Dios.

  La primera presidencia de la Iglesia proveyó una explicación oficial en una afirmación titulada "el origen del hombre" "[Adán] tomó sobre sí un cuerpo apropiado, el de un hombre, y entonces se volvió "un alma viviente"... todos los que han habitado la tierra desde Adán han tomado cuerpos y se han vuelto almas de manera similar... el hombre empezó la vida como un ser humano, a semejanza de nuestro Padre Celestial. Es verdad que el cuerpo comienza su carrera como un diminuto embrión; el cual se vuelve un infante, cuyo desrollo aceleró en cierto momento por el espíritu del cual él es tabernáculo. Sin embargo no hay nada en esto, que indique que el hombre original, el primero de nuestra raza, empezó la vida como nada menos que un hombre, o menos que la semilla humana o embrión que se vuelve un hombre."[17]

  Además, sabemos que Adán y Eva fueron los padres de todas las razas de la humanidad. Las escrituras nos dicen que Dios "ha hecho todo el linaje de los hombres de una sola sangre, para que habitasen sobre toda la faz de la tierra; y les ha prefijado el orden de los tiempos y los límites de la habitación de ellos" (Hechos 17:26).

THEBIBLEREVIVAL.COM, #46

- **2 Nefi 2:19–21 Adán y Eva fueron echados fuera del Jardín del Edén.** Me gusta mucho el resumen dado por Joseph Fielding McConkie concerniente a la experiencia de Adán y Eva en el Edén: "Los eventos asociados con el jardín del Edén lo hacen el arquetipo de nuestros templos, Allí Adán recibieron el sacerdocio, aquí Adán y Eva caminaron y hablaron con Dios. Allí nuestros primeros padres fueron casados eternamente por Dios mismo; allí ellos aprendieron acerca del árbol del bien y del mal y sobre el árbol de la vida; allí a ellos se les enseñó la ley del sacrificio y fueron vestidos con vestidos de piel; y de allí ellos se aventuraron hacia el solitario y tenebroso mundo para que ellos y su posteridad probaran ser dignos de regresar de nuevo a esa presencia diniva."[18]

- **2 Nefi 2:21 Sus días fueron prolongados para darles tiempo para arrepentirse.** Cuando Lehi dijo que sus días fueron "prolongados" y "su tiempo fue prolongado" él no estaba exagerando. De la historia de las escrituras y también de Conferencias sobre la Fe tenemos evidencias de vidas muy largas. A Adán se le había dicho que "en el día" que él probara de la fruta moriría, y así fue. Para Dios, un día es mil años de nuestro tiempo. Y Adán vivió hasta los 930 años (Moisés 6:12). El siguiente cuadro muestra las edades de los patriarcas, basadas en la información en "conferencias sobre la fe:"[19]

| Patriarca | Año nacido | Edad cuando Adán murió | Años vividos | Año muerto |
|---|---|---|---|---|
| ADÁN | 0 | 930 | 930 años | 930 |
| ABEL | | | | |
| SET | 130 | 800 | 912 años | 1042 |
| ENÓS | 235 | 695 | 905 años | 1140 |
| CAINÁN | 325 | 605 | 910 años | 1235 |
| MAHALALEEL | 395 | 535 | 895 años | 1290 |
| JARED | 460 | 470 | 962 años | 1422 |
| ENOC | 622 | 308 | 430 años * | 1052 (trasladado) |
| MATUSALÉN | 687 | 243 | 969 años | 1656 (año del diluvio) |
| LAMEC | 874 | 56 | 777 años | 1651 |
| NOÉ | 1056 | | | |

- **Cosas interesantes que los hechos del cuadro de arriba nos dicen:**

1. Todos los patriarcas desde Adán hasta Lamec (el padre de Noé) conocían a Adán personalmente.
2. Enoc tenía 430 años cuando la ciudad de Sión fue trasladada de acuerdo con D&C 107:49, lo cual significa que en su caso, el relato bíblico (en el cual dice que él tenía 365 años) es incorrecto. Era la ciudad de Sión, la que tenía 365 años de edad cuando fue trasladada, de acuerdo a Moisés 7:68.
3. Todos los patriarcas, desde Enoc hasta Lamec (el padre de Noé) estaban en la tierra cuando la ciudad de Enoc fue trasladada. Se quedaron en la tierra para continuar predicando el arrepentimiento; y en el caso de Matusalén, hasta el diluvio mismo.
4. Noé nació sólo 4 años después de que Enoc y su ciudad fuesen tomadas y sólo 14 años después de la muerte de Set, y sólo 126 años después de la muerte de Adán. Cuando nació Noé, todos los patriarcas excepto Adán y Set, estaban en la tierra.
5. Matusalén murió (o fue posiblemente trasladado) en el año el cual vino el diluvio. Hay alguna indicación (Moisés 7:27) de que después que Sión fue tomada, cualquier persona recta que escuchara las palabras de los patriarcas y se arrepintiera también era trasladada o

"tomada por los poderes del cielo hacia Sión." Con la muerte de Matusalén, Noé y su familia eran verdaderamente la única gente justa que quedaba en la tierra.

- **La cronología de los patriarcas después de Noé**

| Patriarca | Año nacido | Edad cuando Noé murió | Años vividos | Año muerto |
|---|---|---|---|---|
| NOÉ | 1056 | Muerto | 950 años | 2006 |
| SHEM | 1558 | 450 | 600 años | 2158 |
| ARPHAXAD | 1658 | 350 | 433 años | 2091 |
| SALAH | 1693 | 315 | 433 años | 2126 |
| EBER | 1723 | 285 | 464 años | 2187 |
| PELEG | 1757 | Muerto | 239 años | 1996 |
| REU | 1787 | 221 | 239 años | 2026 |
| SERUG | 1819 | 189 | 230 años | 2049 |
| NACOR | 1849 | Muerto | 148 años | 1997 |
| TARÉ | 1878 | 130 | 205 años | 2083 |
| ABRÁN* | 2008 | —— | 175 años | 2183 |

- **Cosas interesantes que los hechos del cuadro de arriba nos dicen:**

1. Abrán es el primero de todos los patriarcas; cuyo nacimiento no podemos fijar con exactitud. La mayoría de las fuentes están de acuerdo con el año 2008, cuando su padre tenía 130 años de edad.
2. Abrán nació a sólo dos años después de la muerte de Noé.
3. Shem todavía estaba vivo (450 años de edad) cuando nació Abrán. De acuerdo a la tradición, el sacerdocio era conferido por el patriarca viviente más viejo y justo. Entonces, Abrán tendría que haber recibido su ordenación de Shem. Ya que (1)- la escritura cuenta que Abrán recibió su sacerdocio de un hombre llamado "Melquisedec" (Alma 13:15) quien lo recibió de "sus padres", y (2)-ya que no hay una persona llamada Melquisedec en la genealogía grabada en el Génesis, Moisés, o Abrán, debemos concluir que Melquisedec era Shem. Abrán de hecho viajó a la ciudad de Salem (actualmente Jeru-Salem) para recibir su ordenación de Shem y pagar su diezmo.
4. Todos los patriarcas, desde Noé hasta Abrán estaban vivos al momento del nacimiento de Abrán; con la excepción de Noé (muertos ya por dos años), Peleg (muerto ya por 12 años) y el abuelo de Abrán Nacor (muerto ya por 11 años). Siete de los once desde Noé hasta Abrán estaban probablemente familiarizados con Noé y con Abrán.
5. Abrán nació sólo 352 años después del diluvio, y no más de 251 años después de que el único, y gran continente de la tierra fue dividido en muchos otros.

- **2 Nefi 2:24-25 Dios planeó y preparó las condiciones para nuestra prueba mortal desde el principio; incluyendo la caída de Adán y Eva.** Él sabía que, si daba la elección, ellos escogerían caer. Pero no debemos malinterpretar la previsión de Dios con la predestinación. Usaré una explicación simple, yo sé que mi hija mayor odia las alverjas. Si yo pongo un plato de alverjas en frente de ella, ella hará lo que sea que tenga que hacer para evitarlas. Sin embargo, que yo sepa esto acerca de ella, no la hace hacerlo. Yo simplemente sé lo que ella escogerá, porque la he conocido y observado por un largo tiempo. Entonces, también nuestro Padre que todo lo sabe, sabe exactamente lo que nosotros haremos individualmente y colectivamente. Pero Su conocimiento de esto, no significa que Él esté haciéndonos hacerlo. Dios ha planeado todo desde el principio; pero lo ha hecho sin violar nuestro libre albedrío.

- **2 Nefi 2:26–30 El sacrifico expiatorio nos hace libres.** El sacrificio expiatorio de Jesucristo hizo a Adán y a Eva (y a nosotros) libres de escoger, de aprender; al experimentar el bien y mal, y aún todavía ser capaces de obtener exaltación. Podemos hacer nuestras elecciones libremente y aprender de nuestros errores, y aún, podemos ser liberados de las consecuencias de esos errores por el sacrificio expiatorio, condicionado a nuestra sincero arrepentimiento.

  El élder Joseph B. Wirthlin dijo: "El Señor le ha dado el don del libre albedrío (Moisés 7:32) y lo instruyó suficientemente como para conocer el bien y el mal (2 Nefi 2:5). Usted es libre para escoger (2 Nefi 2:27) y le está permitido actuar (2 Nefi 10:23; Helamán 14:30), pero usted no es libre para escoger las consecuencias. Con absoluta certeza, las elecciones del bien y de la justicia llevan a la felicidad y a la paz, mientras que las elecciones del pecado y del mal posiblemente lleven a la infelicidad, el lamento, y la miseria."[20]

  En nuestro mundo moderno parece que todos tienen a alguien o algo a quien echarle la culpa de cada fracaso y pecado: "Mis padres me hicieron hacerlo." "El diablo me hizo hacerlo." "No puedo evitarlo." "Nací así." Estos son todos ecos de la guerra en el cielo, en donde el plan de Satanás era "actuar sobre" nosotros y quitarnos nuestro libre albedrío. Aquí, Lehi sencillamente nos dice que nosotros fuimos creados "para actuar por sí [nosotros] mismos, y no para que se actúe sobre nosotros" (2 Nefi 2:26). En cuanto a las rocas, los árboles, las aves y las lagartijas se actúa sobres ellas en un grado u otro. Habiendo sido "suficientemente instruidos" (2 Nefi 2:5) la humanidad es libre de escoger, y siendo libres para escoger, somos también responsables de nuestras elecciones y seremos juzgados por éstas. Estas poderosas enseñanzas de Lehi están en marcado contraste con os sofismas satánicos de hoy.

  Daniel H. Ludlow dijo: "Como lo indica Lehi, es sólo por medio del sacrificio expiatorio de Jesucristo que los hombres son hechos libres. Porque el sacrificio expiatorio redime a los hombres de la caída de Adán, ellos 'se vuelven libres para siempre, sabiendo el bien del mal; para actuar por ellos mismos y no que se actue sobre ellos, a menos que sea por el castigo de la ley' (2 Nefi 2:26). Aunque el Salvador nos liberó de los efectos de la caída y por ende, nos dio la libertad para escoger el bien o el mal, permanecemos libres sólo al guardar los mandamientos y 'escoger la libertad y la vida eterna'; si nosotros escogemos 'cautiverio y muerte'. Entonces nos volvemos 'miserables como el diablo' (2 Nefi 2:27)."[21]

Con estas palabras, Lehi concluyó su bendición final para con su joven hijo Jacob. En el proceso, él enseñó con gran claridad las doctrinas importantes sobre el plan de salvación, el sacrifico expiatorio de Jesucristo, el libre albedrío, la caída de Adán y Eva, y la necesidad de una oposición a todas las cosas. Él luego pronunció una bendición sobre su hijo más joven, José (2 Nefi 3), en la cual él le enseñó lo concerniente a José en Egipto, Moisés, el profeta José Smith en los últimos días, y el Libro de Mormón. Éstas serán discutidas en el capítulo 7.

**Notas** (Todas las referencias son de las versiones en idioma inglés de los textos que se citan.)

1. *Un compañero para su estudio del Libro de Mormón*, 1976, pág. 124.
2. En *Revista de Discursos*, 1:332–33.
3. *Comentario doctrinal del Libro de Mormón*, 4 volúmenes, 1987–92, 1:184–85.
4. *La Iglesia Restaurada.*
5. Jerry L. Ainsworth, *Las vidas y viajes de Mormón y Moroni*, 2000, pág. 42 .
6. *Sitios sagrados: Buscando lasTierras del libro de Mormón*, 2003, págs. 12–13.
7. *Un compañero para su estudio del Libro de Mormón*, 1976, págs. 124–25.
8. *Comentario doctrinal del Libro de Mormón*, 1:191.
9. *Doctrina mormona*, 2.ª edición, 1966, págs. 669–70.
10. *El impacto de la ciencia en la sociedad*, 1953, pág. 6.
11. *Enseñanzas del Profeta José Smith*, escogidas y arregladas por Joseph Fielding Smith, 1976, pág. 58.
12. *Comentario doctrinal del Libro de Mormón*, 1:193.
13. "La creación, la caída y la expiación," en Kent P. Jackson, editado por, *Estudios de las escrituras, Volumen 7: De 1 Nefi a Alma 29*, 1987, págs. 93–94.
14. *Un compañero para su estudio del Libro de Mormón* págs. 125–26.
15. *Evidencias y Reconciliaciones*, organizado por G. Homer Durham, 1960, págs. 205–6.
16. *Doctrinas de Salvación*, compilado por Bruce R. McConkie, 1954–56, 1:58–59.
17. En James R. Clark, compilado por, *Mensajes de la Primera Presidencia de la Iglesia de Jesucristo de los Santos de los Últimos Días*, 6 volúmenes, 1965–75, 4:205.
18. *Simbolismo del Evangelio*, 1994, pág. 258.
19. *Conferencias sobre la Fe*, 1985, 2:37–52.
20. En Reporte de La Conferencia, Octubre de 1989, 94; o *Ensign*, noviembre de 1989, pág. 75.

21. *Un compañero para su estudio del Libro de Mormón*, 1976, pág. 128.

Capítulo 7

# José y la restauración: Los nefitas departen

(2 Nefi 3–5)

---

José, el hijo de Jacob, quien fue vendido por sus hermanos a Egipto, es uno de los personajes más heroicos de todo el Antiguo Testamento. Su paciencia y fe bajo las más difíciles circunstancias nos inspira a confiar en el Señor y a saber que cada prueba eventualmente obrará para nuestra bendición y beneficio si las "sobrellevas [nosotros] bien" (D&C 121:8).

*José se volvió un gobernante de Egipto*

Además, la historia de la vida de José y de su relación con sus hermanos es altamente simbólica del papel que sus descendientes jugarían en relación con los descendientes de todas las otras tribus de Israel. Así como José fue "consagrado de entre sus hermanos" (Génesis 49:26; Deuteronomio 33:16), entonces también lo serían las tribus de Efraín y Manasés; separadas y establecidas en su propia tierra en "el término de los collados eternos" (Génesis 49:26)—los continentes Americanos. Y así como José reunió al resto de la familia de Jacob (de Israel) y la llevó con él a Egipto para salvarlos (Génesis 45), entonces también los descendientes de José, por medio de Efraín, reunirán a todo Israel en los últimos días para salvarlos físicamente (de la venidera destrucción) y espiritualmente (TJS Génesis 48:8–11).

En este capítulo leemos la bendición patriarcal de Lehi sobre su propio hijo, José. Como parte de esta bendición, él le recuerda a su hijo de la grandeza de su ancestro José; quien fue vendido a Egipto. También comparte algunas de las profecías que José, el hijo de Jacob, habló concerniente a otro José—el gran profeta de los últimos días de la restauración. Al hacer esto, Lehi conecta a su hijo al pasado y al futuro, inspirándolo a ser un ejemplo de justicia al compartir este grande y significativo nombre.

Nosotros también leemos lo concerniente a los eventos que ocurrierieron después de la muerte del padre Lehi. La hostilidad creciente entre Nefi y sus hermanos mayores Lamán y Lemuel eventualmente lleva a la separación de su familia en dos grupos distintos—los nefitas y los lamanitas. Esta división hostil dominará la narrativa del Libro de Mormón de aquí en adelante, hasta su trágica conclusión.

## JOSÉ Y LA RESTAURACIÓN
(2 Nefi 3)

La bendición de Lehi a su hijo José proporcionó un marco adecuado para que él profetizara lo concerniente al gran profeta José; quien fue llevado cautivo a Egipto y también al gran profeta José, quien restauraría todas las cosas en los últimos días. Al ayudar a su joven hijo a apreciar el gran legado de su nombre, él proveyó para el resto de nosotros un mayor entendimiento del papel de la tribu de José en la obra de Dios; tanto antigua como moderna.

### Los cuatro Josés

- **2 Nefi 3:1–15 Mientras bendecía a su hijo José, Lehi habla de cuatro Josés:**
  - — José, el último hijo de Lehi y Saríah (versos 1–3), a quien Lehi estaba bendiciendo en estos versículos.
  - — José, el hijo de Jacob y Raquel, quien fue "llevado cautivo a Egipto" (versos 4–5).
  - — José Smith, un "vidente escogido" en los últimos días, a quien José de Egipto vio en una visión (versos. 3–15; Jacob 2:25; Génesis. 49:22–26).
  - — José Smith padre, el padre del profeta de los últimos días (v 15).

PINTURA DE DAGUERREOTYPE, MAUDSLEY, NAUVOO, 1841

- **2 Nefi 3:22–24 Lehi habla de la grandeza del profeta José Smith.** Cada profeta es llamado por Dios y fue preordenado para su obra. Hablando de sí mismo, el profeta José Smith dijo: "Cada hombre que tiene un llamamiento para ministrar a los habitantes del mundo fue ordenado para ese propósito en el gran concilio de los cielos antes de que este mundo fuese. Yo supongo que yo fui ordenado a este mismo oficio en ese gran concilio."[1]

  Lehi habló de la grandeza del llamamiento de José Smith cuando dijo: "Y se levantará entre ellos uno poderoso que efectuará mucho bien, tanto en palabras como en obras, siendo un instrumento de las manos de Dios, con gran fe, para obrar potentes maravillas y realizar aquello que es grande a la vista de Dios, para efectuar mucha restauración a la casa de Israel y a la posteridad de sus hermanos" (v. 24). Sería difícil no hablar en gran manera de tal persona—el profeta de la gran restauración del cual casi todos los otros profetas han escrito.

  El élder John Taylor escribió: "José Smith, el profeta y vidente del Señor, ha hecho más por la salvación del hombre en este mundo, que cualquier otro que haya vivido en él, exceptuando solamente a Jesús" (D&C 135:3). El élder LeGrand Richards dijo: "El profeta José Smith nos trajo el Libro de Mormón, la Doctrina y Convenios, La Perla del gran precio, y muchos otros escritos. En cuanto a lo que nuestros archivos muestran, él nos ha dado más verdad revelada que cualquier otro profeta que jamás haya vivido sobre la faz de la tierra".[2]

El presidente Brigham Young dijo: "Fue decretado en los consejos de la eternidad, mucho antes de que la fundación de la tierra fuese hecha, que él [José Smith] debía ser el hombre, en la última dispensación de este mundo, para llevar la palabra de Dios a la gente, y recibir la plenitud de las llaves y el poder del sacerdocio del Hijo de Dios.. El Señor tenía Su ojo sobre él, y sobre su padre, y sobre el padre de su padre, y sobre sus progenitores hasta Abrán, y desde Abrán hasta el diluvio, desde el diluvio hasta Enoc, desde Enoc hasta Adán. Él ha observado a esa familia y esa sangre ha circulado desde su fuente, hasta el nacimiento de ese hombre. Él fue preordenado en la eternidad para presidir esta última dispensación."[3]

- **2 Nefi 4:1-2 Las profecías de José en Egipto están en las planchas de bronce.** Daniel H. Ludlow afirma que "las profecías de José serían, lógicamente, más completas en el "palo" o historia de José. Entonces fueron probablemente incluidas en detalle en las planchas de bronce de Labán. Sin embargo, las profecías de José no están presentes en el "palo" o historia de Judá—la Biblia. De nuevo, esto indicaría que los escritos en las planchas de bronce de Labán eran más completos que los escritos de los cuales obtenemos nuestro Antiguo Testamento."[4]

  Actualmente nosotros no tenemos las planchas de bronce, pero tenemos algunas de las profecías de José en la Perla de Gran Precio, y evidentemente también otras.

  El doctor Ludlow continua:

  > Evidentemente, algunos de los escritos de José todavía existen, pero no han sido publicados al mundo. José Smith dijo que él recibió algunos rollos de papiros que contenían los escritos de Abrán y José al mismo tiempo que él obtuvo las momias egipcias de Michael Chandler. Respecto a este registro, José Smith ha escrito: "El registro de Abrán y José encontrados con las momias, esá bellamente escrito en papiro, con tinta o pintura negra, y en parte roja, en perfecta conservación."[5] El profeta luego describe cómo las momias y los escritos terminaron en su posesión y después concluye: "Entonces yo he dado una breve historia de la manera en la cual los escritos de los padres Abrán y José han sido preservados, y cómo yo terminé poseyendo los mismos—una traducción correcta, la cual está en su lugar apropiado"[6] el escrito de Abrán traducido por el profeta fue subsecuentemente impreso, y es ahora conocido como el libro de Abrán de la Perla de Gran Precio. Sin embargo, la traducción del libro de José todavía no ha sido publicada. Evidentemente, el escrito de José fue traducido por el profeta, pero quizás la razón por la cual no fue publicado fue porque las grandes profecías de ellos eran "demasiado grandiosas" para la gente de esos días.[7]

## LOS EVENTOS QUE SIGUIERON AL SUEÑO DE LEHI
(2 Nefi 4-5)

- **2 Nefi 4:12-14 al poco tiempo de la muerte de Lehi, Lamán y Lemuel y los hijos de Ismael resumieron su ira y oposición hacia Nefi** por las "amonestaciones del Señor" que él trató de enseñarles (Versos 12-14). Sin tener a su padre presente para mediar en estas disputas, Nefi se quedó solo para lidiar con el problema. Esto, además del lamento natural por la pérdida de su amado padre, llevó a Nefi a escribir un sentimental salmo de oración.

## El salmo de Nefi

En su lamento, Nefi grabó un soliloquio que revela mucho acera de su fortaleza y carácter (2 Nefi 4:15–35). Nefi amaba las escrituras y las analizaba continuamente (versos 15–16). Él era justo, obediente, humilde, y aún dijo que él era un "hombre miserable" cuya "alma se aflige a causa de [sus] iniquidades" (versículos 17–19).

- **2 Nefi 4:17–19 Nefi dice que él es un "hombre miserable."** Ni Nefi, ni ningún otro profeta antes, ha sido perfecto. Como todos nosotros, Nefi tenía debilidades, y éstas lo invadían y lo avergonzaban. "Doy a los hombres debilidad para que sean humildes; y basta mi gracia a todos los hombres que se humillan ante mí" le dijo el Señor a uno de Sus profetas (Éter 12:27). La debilidad es normal. Es de esperar. Nuestra reacción hacia ésta puede ser para salvarnos, o para condenarnos. Si reconocemos nuestras debilidades, como lo hizo Nefi, entonces "basta la gracia del Señor" para salvarnos a pesar de nuestras debilidades. Además, el Señor promete "si se humillan ante mí, y tienen fe en mí, entonces haré que las cosas débiles sean fuertes para ellos" (Éter 12:27).

  El presidente Ezra Taft Benson dijo: "Así como un hombre realmente no desea comida hasta que tenga tiene hambre, tampoco desea la salvación de Cristo, hasta que él sepa por qué necesita a Cristo. Nadie, adecuadamente y apropiadamente, sabe por qué necesita a Cristo hasta que entienda y acepte la doctrina de la caída y sus efectos sobre toda la humanidad."[8]

W. L. TAYLOR LA BIBLIA DE LOS NIÑOS, 148

- **2 Nefi 4:20–23 Nefi tiene esperanzas a pesar de sus dificultades.** Nefi encontró esperanza porque el Señor lo había ayudado en el pasado. El señor había sido su apoyo (v. 20), lo había guiado en medio de las aflicciones en el desierto (v. 20), lo había llenado con Su amor (v. 21), había confundido a sus enemigos (v. 22), había oído su lloro por ayuda (v. 23), y le había dado conocimiento por visiones (v. 23). Nefi tenía toda esperanza en que el mismo Dios que había hecho todas estas cosas por él en el pasado, haría también lo mismo ahora en su circunstancias y pruebas presentes.

- **2 Nefi 4:25 Nefi es conducido en una visión a "montañas muy altas".** Ésta es un experiencia reportada por muchos otros profetas, incluyendo a Moisés (Moisés 1:1–2), Ezequiel (Ezequiel 40:2), y al mismo Salvador (TJS Mateo 4:8). Otros,incluyendo a

Isaías (Isaías 6:1), Lehi?(1 Nefi 1:8), y Juan el revelador (Apocalipsis 4:1–4) hablan de ser conducidos en una visión a un templo en el cielo (recuerden nuestra discusión de los escritos de Isaías y que las "montañas altas" son una metáfora terrestre para templo). Nefi reportó: "Se me mandó que no las escribiera" (v. 25).

Esta también sido la norma para todos los profetas listados en los párrafos anteriores, quienes han visto cosas que son no lícitas: "no es lícito que el hombre las declare; ni tampoco es el hombre capaz de darlas a conocer, porque sólo se ven y se Comprenden por el poder del Espíritu Santo " (D&C 76:115–16). Algunas de estas cosas van más allá del lenguaje humano; para describirlas o expresarlas. Otras son muy sagradas y han sido escondidas para el hombre.

- **2 Nefi 4:26–27 Nefi revela el "pecado" que lo afecta—la ira hacia sus enemigos.** Nosotros podemos entender perfectamente por qué Nefi estaba enojado con sus hermanos y con aquellos que los seguían. Ellos habían estado en oposición a casi todo lo que él había intentado hacer desde el principio. Y ahora, ellos estaban creando una gran división en la familia que llevaría seguramente al lamento, a las separaciones y, al derramamiento de sangre. Y aún asi, él sabía que la ira es incorrecta y sintió la necesidad de arrepentirse de eso. Al discutir eso, él habló de los resultados de guardar la ira, la cual es lamento, debilidad, y la pérdida de la paz.

*Nefi fue frustrado por por la constante oposición de sus hermanos*

THEBIBLEREVIVAL.COM

El Presidente Howard W. Hunter dijo: "Necesitamos un mundo más pacífico, con un crecimiento más calmo de las familias, los barrios y las comunidades. Para asegurar y cultivar tal paz, como nos enseñó el profeta José Smith 'nosotros debemos amar a otros, aún a nuestros enemigos; así como a nuestros amigos' . . . Necesitamos extender la mano de la amistad. Necesitamos ser más bondadosos, más gentiles, más prestos a perdonar, y lentos para la ira. Necesitamos amarnos los unos a los otros con el amor puro de Cristo. Que éste sea nuestro camino y nuestro deseo."[9]

- **2 Nefi 4:28–30 Nefi decide mejorar y regocijarse en el amor de Dios por él.** Aquí, de nuevo, vemos el "fulgor de esperanza" de Nefi (2 Nefi 31:20). Vemos que él prevalecerá con la ayuda de Dios. Decidió hacer las cosas mejor y mejorar su actitud.

- **2 Nefi 4:30–35 La conclusión del salmo de Nefi es una oración** para que Dios lo "libere de las manos de sus enemigos" (versículos 31, 33), hace que "tiemble al aparecer el pecado" (v. 31), lo ayuda a que "transite por la senda del apacible valle" y que se "ciña al camino llano" (v. 32) y "envuélveme [a él] con el manto de tu justicia" (v. 33). Él sabía que Dios lo amaba y que no lo abandonaría; entonces, él tenía plena confianza en que su oración sería oída.

## Los nefitas y los lamanitas se separan

- **2 Nefi 5:1–5 los hermanos de Nefi continúan estando enojados.** Nefi continuó orando por ayuda y el Señor le respondió al decirle que él y sus seguidores deben escapar al desierto para protegerse. Evidentemente, sus hermanos estaban intrigando para matarlo. Entonces, Nefi y su pueblo se fueron de su tierra original, la tierra de Nefi—y nunca volvieron como un grupo. Ellos se fueron de esta porción de la tierra para que los descendientes de Lamán y Lemuel la habitaran.

- **2 Nefi 5:6 Nefi menciona a sus hermanas.** No sabemos cuántas hermanas tenía él. No sabemos sus nombres; ni cuántas eran mayores, o menores que Nefi. Sin embargo, tenemos la siguiente afirmación de El élder Erastus Snow: "El profeta José nos informó que la historia de Lehi estaba en las 116 páginas que fueron primero traducidas y subsecuentemente robadas; y de las cuales es dado un compendio para nosotros en el primer libro de Nefi. Esta es la historia de Nefi individualmente, siendo él mismo del linaje de Manasés; pero Ismael era del linaje de Efraín y sus hijos se casaron con la familia de Lehi; y los hijos de Lehi se casaron con las hijas de Ismael."[10]

  Daniel H. Ludlow afirma: "Las palabras de que los hijos de Ismael 'se casaron con la familia de Lehi' parecería indicar que los dos hijos de Ismael (1 Nefi 7:6) estaban casados con las hijas de Lehi (y por ende, con dos de las hermanas de Nefi) Sin embargo, las hermanas a las que se refiere en 2 Nefi 5:6, son evidentemente otras hermanas, porque las hermanas mencionadas allí siguen a Nefi cuando ocurre la separación de Lamán, por lo cual las hermanas de Nefi que estaban casadas con los hijos de Ismael, evidentemente se quedaron con sus esposos y se unieron a Lamán (Alma 3:7 and 47:35)."[11]

- **2 Nefi 5:6–19 Aquellos que siguieron a Nefi vivieron en paz y prosperaron:**
  - — Ellos creyeron las revelaciones de Dios (v. 6)
  - — Ellos guardaron le ley de Moisés (v.10).
  - — Ellos eran industriosos y aprendieron habilidades (versículos 15 17).
  - — Ellos construyeron un templo ( v. 16).
  - — Ellos disfrutaron las bendiciones del sacerdocio y "vivieron [ellos] de una manera feliz" (versículos 26–27).

- **2 Nefi 5:20–25 Aquellos que siguieron a Lamán se deterioraron porque ellos:**
  - — Fueron desterrados de la presencia del Señor. Experimentaron una "muerte espiritual" (v. 20).
  - — Recibieron una marca (una piel oscura) para distinguirlos de los justos (versículos 21–23).
  - — Se volvieron ociosos y llenos de maldad (v. 24).

"NEFI CONSTRUYENDO" © JOSEPH BRICKEY. USADO CON PERMISO

Catherine Thomas dijo:

> Con respecto a los hermanos hostiles de Nefi, de quienes se había separado recientemente, el Señor dijo: "Por cuanto ellos no quieren escuchar tus palabras, serán separados de la presencia del Señor. Y he aquí, fueron separados de su presencia" (2 Nefi.5:20). Ser desterrado de la presencia del Señor en esta vida significa perder el Espíritu Santo. El lector debe tener cuidado aquí en entender quién estaba maldiciendo a quién cuando el Señor puso la piel de oscuridad en los lamanitas. Los lamanitas se maldijeron a sí mismos, cuando ellos escogieron rechazar al Espíritu del Señor. El Señor, como resultado de esa elección, puso la piel oscura sobre ellos para separarlos de aquellos que no habían rechazado el Espíritu (2 Nefi 5: 21–23). La maldición no era la piel oscura, más bien la pérdida del Espíritu Santo. La coloración de la piel fue sólo una marca. El resultado de perder el Espíritu fue que los lamanitas se volvieron un "pueblo ocioso, lleno de maldad y astucia" "un azote" para los nefitas, sirviendo como un recordatorio del Señor para un pueblo cuya posteridad siempre sería una bendición mezclada (2 Nefi 5:24–25). Las escrituras repetidamente ilustran que la pérdida del Espíritu en aquellos que lo han disfrutado anteriormente los impulsa a un sendero de miseria y autodestrucción.[12]

- **2 Nefi 5:26 Nefi consagra (ordena) a Jacob y a José en el sacerdocio de Melquisediciembre de Entonces.** Ellos podrían enseñarle a la gente con autoridad y presidir después de la muerte de Nefi.

El Presidente Joseph Fielding Smith escribió:

> Los nefitas eran descendientes de José. Lehi descubrió esto cuando leía las planchas de bronce. Él era un descendiente de Manasés, e Ismael, quien lo acompañó con su familia, era de la tribu de Efraín. Por lo tanto no eran levitas; los que acompañaron a Lehi al hemisferio occidental. Bajo estas condiciones, los nefitas oficiaron en virtud del sacerdocio de Melquisedec desde los días de Lehi, hasta los días de la aparición de nuestro Salvador entre

ellos. Es cierto que Nefi "consagró a Jacob y a José" para que ellos fueran sacerdotes y maestros en la tierra de los nefitas; pero el hecho que se usaron los términos sacerdotes y maestros en plural, indica que ésta no era una referencia al oficio definitivo del sacerdocio en cualquiera de los casos; sino que era una asignación general para enseñar, dirigir, y amonestar a la gente. De otra manera, los términos sacerdote y maestro hubieran sido dados en singular . .. de estos y otros numerosos pasajes aprendemos que fue por la autoridad del sacerdocio de Melquisedec que los nefitas administraron desde el tiempo que se fueron de Jerusalén hasta el tiempo de la venida de Jesucristo.[13]

- **2 Nefi 5:28–34 Nefi crea las planchas menores y escribe en ellas.** A este momento, Nefi había estado escribiendo en las planchas mayores de Nefi por veinte años; desde que las creó en el año 590 A. C.; inmediatamente después que él y su familia llegaron a la tierra prometida (1 Nefi 19:1–6).

  Es ahora el año 570 A. C.; aproximadamente treinta años después que su familia salió de Jerusalén, que el Señor le ordena llevar un segundo registro al mismo tiempo; el cual escribe al crear algunas planchas más pequeñas. 1 Nefi y 2 Nefi fueron escritos en las planchas menores (hasta ahora en nuestros capítulos hemos estado leyendo de ese escrito), y desde ese punto de vista podemos apreciar cuánta historia anterior él tuvo que recrear en esas planchas treinta años después que ocurrieron los eventos. Desde este punto en adelante, él escribe cosas que ocurren en el momento, mientras que antes estaba escribiendo cosas que ya habían pasado.

  Las planchas mayores contenían una historia secular de reyes, guerras, y cosas por el estilo. Pero el Señor mandó que estas planchas pequeñas contuviesen las "partes más claras y preciosas" (1 Nefi 19:3) de su historia—las enseñanzas espirituales de Nefi y los profetas que lo sucedieron. Nefi no sabe la razón por la cual guardar un segundo grabado; pero fue un maravilloso ejemplo de visión del Señor quien preparó todas la cosas miles de años por adelantado; para asegurar que Su obra no fuera frustrada por hombres malvados. Casi mil años más tarde, en el año 385 D. C. Mormón fue inspirado a incluir el escrito pequeño de Nefi en las planchas grandes (palabras de Mormón 1: 3–7) también sin saber por qué. Pero casi 1500 años más tarde, en 1828, la razón se volvió clara cuando el Señor le dijo a José Smith que algunos hombres malvados habían robado los manuscritos que él tradujo del grabado de Lehi en las planchas mayores; y él ahora necesitaba usar las planchas menores de Nefi en su lugar para ese período de la historia de los nefitas (D&C 10:10–45). No leeremos sobre las planchas mayores hasta que lleguemos al libro de Mosíah.

**Notas** (Todas las referencias son de las versiones en idioma inglés de los textos que se citan.)


1. *Enseñanzas del Profeta José Smith*, escogidas y arregladas por Joseph Fielding Smith, 1976, pág. 365.

2. *Ensign*, mayo de 1981, 3 pág. 3.

3. En *Revista de Discursos*, 7:289–90.

4. *Un compañero para su estudio del Libro de Mormón*, 1976, pág. 130.

5. *La Historia de la Iglesia*, 2:348.

6. *La Historia de la Iglesia*, 2:350–51.

7. *Un compañero para su estudio del Libro de Mormón*, págs. 130–31.

8. *Un Testigo y una advertencia: un Profeta Moderno Testifica del Libro de Mormón*, 1988, pág. 33.

9. *Para que nosotros tengamos gozo*, 1994, pág. 174.

10. En *Revista de Discursos*, 23:184.

11. *Un compañero para su estudio del Libro de Mormón*, pág. 132.

12. "Una gran liberación," en Kent P. Jackson, editado por, *Estudios de las escrituras, Volumen 7: De 1 Nefi a Alma 29,*, 1987, pág. 111.

13. *Respuestas para preguntas del evangelio*, compilado por Joseph Fielding Smith Jr., 5 volúmenes, 1957–66, 1:124–26.

Capítulo 8

# Las primeras enseñanzas de Jacob

(2 Nefi 6–10)

---

En este punto, Nefi puso en las planchas menores algunas enseñanzas inspiradoras de su hermano menor Jacob. Estas son un agregado y preceden al libro de Jacob; el cual fue escrito en las planchas después de la muerte de Nefi.

ADAPTADO DE "JACOB Y SHEREM," © JOSEPH BRICKEY. USADO CON PERMISO

*Jacob fue visitado por el Salvador*

En la bendición patriarcal final dada a su hijo Jacob, Lehi observó que Jacob ya había sabido, aun en su juventud, "la gloria de [Dios]" (2 Nefi 2:4). Él ya estaba redimido porque había "visto que en la plenitud de los tiempos Él [el Salvador] vendrá para traer la salvación a los hombres. Y en su juventud había contemplado su gloria [del Señor] . . . aun en favor de quienes él ejercerá su ministerio en la carne" (2 Nefi 2:3–4). Joseph Fielding McConkie y Robert L. Millet escribieron: "Jacob . . . llevaba un testimonio perfecto: se hospedaron ángeles y fue testigo presencial del Redentor.. . .

Guiado por padre y por su hermano—profeta Nefi, Jacob se ganó un banquete de la santa palabra desde los días de su niñez, y por ende, se ganó una familiaridad con aquel Espíritu conocido sólo para los obedientes y los estudiantes serios de las escrituras. En el papel de maestro doctrinal, hubieron pocos como él."[1]

Jacob mismo dijo: "Habiendo sido llamado por Dios y ordenado conforme a su santo orden, y habiendo sido consagrado por mi hermano Nefi . . . he aquí, vosotros sabéis que os he hablado muchísimas cosas" (2 Nefi 6:2). Él fue obviamente un ministro ordenado, y que ya antes les había enseñado a la gente. Estos sermones y sus interpretaciones de las palabras de Isaías, son tan poderosos que Nefi decidió incluirlos en las planchas.

## LAS ENSEÑANZAS DE JACOB

(2 Nefi 6, 9–10)

### Las profecías de Isaías

- **2 Nefi 6:4–18 Jacob lee de los escritos de Isaías** (49:22; 60:16; 44:8; 45:5; 46:9) y se los explicó a la gente. Él añadió detalles de las visiones que había recibido del Señor:

— El regreso de la gente de Judá a Jerusalén.
— La venida del Señor Jesucristo
— Su rechazo y crucifixión a manos de los judíos.
— La dispersión de Israel a través del mundo
— La re-unión de Israel en los últimos días.
— La destrucción de los inicuos que rechazaron al Salvador
— La liberación y protección de los justos.

- **2 Nefi 7-8** En estos dos capítulos, Jacob está enseñando de Isaías 50, 51, and 52:1–2. Debido a que estos capítulos son discutidos en un capítulo subsecuente, no serán tratados aquí.

## La redención de la muerte

- **2 Nefi 9:4–12 Jacob explica la muerte temporal y espiritual:**

La muerte temporal es la muerte del cuerpo físico y lleva a la separación del espíritu del cuerpo físico. Como resultado de la caída de Adán, todas las personas morirán temporalmente. Jacob usó varias palabras y frases para la muerte temporal: "muerte" (v. 6), "la muerte del cuerpo" (v. 10). Y "la tumba" (v. 11).

La muerte espiritual es una separación de la presencia de Dios. Nosotros estamos todos separados de Dios como resultado de la caída de Adán. Nos separamos más de Dios cuando pecamos (Romanos 3:23; Alma 12:16; Helamán 14:18). Jacob usó las siguientes palabras y frases para la muerte espiritual: "desterrado de la presencia del Señor" (v. 6), "separados de la presencia de nuestro Dios" (v. 9), "la muerte del espíritu" (v. 10), "la muerte spiritual" (v.12) "el infierno" (v. 12) y "la muerte" (v. 39).

Una expiación infinita (v. 7) Fue hecha cuando el Salvador proporcionó una redención para ambas muertes (versículos 10–12). Es crucial que se entienda este concepto de una expiación infinita. Un libro relativamente reciente escrito por Tad R. Callister, The Infinite Atonement (La Expiación Infinita), explora este tema desde cada ángulo y es uno de los mejores tratados sobre el tema que jamás he leído. Por ejemplo, discute el hecho de que la expiación de Cristo fue para cada hijo de Dios del universo que alguna vez haya vivido o vivirá en cualquiera de los planetas que Dios ha provisto para ellos. Éste es uno de los veintiséis diferentes aspectos del tema que explora el hermano Callister.

Robert L. Millet dijo:

> La expiación de Cristo es infinita de varias maneras: En primer lugar, es infinita porque elude la siempre presente muerte mortal común física. "Salvo que sea una expiación infinita", Jacob explicó "esta corrupción no podría revertirse en incorrupción" en tal eventualidad "esta carne tendría que descender para pudrirse y desmenuzarse en su madre tierra, para no levantarse jamás" ( 2 Nefi 9:7) . . .
>
> Segundo, la expiación de Cristo es infinita en el sentido que su influencia se extiende a todos los mundos que Cristo creó. El evangelio de Jesucristo es de "las buenas nuevas . . . que vino al mundo, sí, Jesús, para ser crucificado por el mundo y para llevar los pecados del mundo, y

para santificarlo y limpiarlo de toda iniquidad; para que por medio de él fuesen salvos todos aquellos a quienes el Padre había puesto en su poder y había hecho mediante él" (D&C 76:40–42; Moisés 1:32–35) . . . .

Tercero, la expiación del Salvador es infinita en el sentido de que Él es un ser infinito. Jesús fue capaz de hacer por nosotros lo que simplemente no podríamos haber hecho por nosotros mismos. Para empezar, la de Él fue una ofrenda sin pecado, un acto hecho por Uno que fue "tentado en todo según nuestra semejanza, pero sin pecado" (Hebreos 4:15). Además, y quizás aún más importante, Cristo fue capaz de hacer lo que hizo—sufrir en el Getsemaní y en el calvario, así como levantarse de la tumba, en gloriosa inmortalidad—por quién era Él; y por lo que Él fue. Jesús de Nazaret fue un hombre, el hijo de María de quien heredó la mortalidad—la capacidad de conocer el dolor y el lamento, de luchar con la carne, y finalmente, de morir. Jesús el Cristo fue también el hijo de Elohim, el Padre Eterno.[2]

GUSTAVE DORÉ, 1896

*Una expiación por todos los seres en todo el universo*

El Presidente Joseph Fielding Smith dijo: "La expiación de Jesucristo es de doble naturaleza. Por ella, todos los hombres son redimidos de la muerte mortal y de la tumba, y se levantarán en la resurrección para la inmortalidad del alma. Por otra parte, mediante la obediencia a las leyes y ordenanzas del Evangelio, el hombre recibirá la remisión de los pecados individuales, a través de la sangre de Cristo, y heredará la exaltación en el reino de Dios, que es vida eterna.."[3]

¿Qué pasaría si no hubiera habido una expiación? Porque todos los hombres pecan en esta vida (Romanos 3:23), y porque ninguna cosa impura puede morar en la presencia de Dios (Moisés 6:57), cuando morimos nuestros espíritus estarían en un estado de suciedad para siempre. Esto nos pondría bajo el poder y dominio de Satanás, y nuestros espíritus se volverían como él (2 Nefi 9:9). Sabiendo esto, Satanás tenía dos planes para ganar la guerra contra Dios y someternos a todos a su poder para siempre: (1) el necesitaba que Adán cayera, y entonces trajera la muerte física y espiritual y (2) él necesitaba que Jesús fallara, para entonces, eliminar cualquier posibilidad de una resurrección y expiación por los pecados que nosotros naturalmente cometeríamos en nuestro estado caído. Él consiguió el primer objetivo; pero falló miserablemente en el segundo porque, como dijo Jesús antes de entrar el jardín de Getsemaní, "viene el príncipe de este , ha de venir, y él no tiene nada en mí" (Juan 14:30).

El Presidente Joseph Fielding Smith dijo: "la caída trajo la muerte. Esa no es una condición deseable. Nosotros no queremos ser desterrados de la presencia de Dios. No queremos estar sujetos para siempre a las condiciones mortales. No queremos morir y que nuestros cuerpos se vuelvan polvo. No queremos que los espíritus que poseen estos cuerpos sean entregados al ámbito de Satanás y se vuelvan sujetos a él. Pero esa fue la condición y si Cristo no hubiese venido como el sacrificio expiatorio en demanda de la ley de justicia para reparar o para expiar; o para redimirnos de la condición en la que Adán se encontraba, y en la que nosotros nos encontramos; entonces hubiera venido la muerte; el cuerpo se hubiera ido de vuelta al polvo de donde vino y el espíritu se hubiera ido al ámbito de Satanás y a su dominio y hubiéramos estado sujetos a él para siempre."[4]

Son muchas las bendiciones que recibimos por la expiación. Expiación es reconciliación por el pecado—el pagar por ofensas para santificar la justicia. Por medio de la expiación de Cristo, las ataduras de la muerte espiritual y temporal fueron quebradas, y nosotros podemos escapar, por medio del arrepentimiento sincero; de la condenación que de otra manera resultaría. La resurrección de Cristo nos libera de la muerte física (la separación del cuerpo y el espíritu) la expiación de Cristo nos libera de la muerte espiritual (el ser desterrado de la presencia de Dios) porque Él satisfizo las demandas de justicia por nuestros pecados (1 Corintios 6:20; 7:23; 2 Nefi 9:50).

- **2 Nefi 9:13–17 Jacob explica la naturaleza y efecto de la resurrección.** El espíritu y el cuerpo son restaurados el uno al otro, y el alma que resulta se convierte en incorruptible e inmortal (v. 13). Vamos a tener un conocimiento perfecto de toda nuestra culpa y nuestra justicia (v. 14). En otras palabras, tendremos un vivo recuerdo de todo lo que hemos pensado, dicho o hecho en esta tierra..

*La resurrección es universal*

El presidente Joseph F. Smith dijo: "En realidad, el hombre no puede olvidar nada. Él puede tener un lapsus de la memoria, y no podrá ser capaz de recordar el momento en que una cosa que él sabe o palabras que él ha hablado, y no podrá tener el poder de su voluntad de acceder a estos hechos y palabras, sino dejar que Dios Todopoderoso toque el resorte de la memoria y despierte el recuerdo, y encontrará entonces que ni siquiera ha olvidado una sola palabra ociosa que ha dicho!! Yo creo que la palabra de Dios es verdadera, y entonces, le advierto a la juventud de Sión; así como aquellos que ya están entrados en años, que deben cuidarse de decir cosas inicuas, de hablar maldades, y de tomar en vano el nombre de cosas sagradas y de seres sagrados. Cuide sus palabras para que usted no pueda ofender a los hombres, y mucho menos ofender a Dios."[5]

El Presidente John Taylor dijo: "Si yo tuviera tiempo de entrar en este tema, les podría mostrar, basado en principios científicos, que el hombre mismo es una máquina auto-registradora, sus ojos, sus oídos, su nariz, el tacto, el gusto, y todos los varios sentidos del cuerpo son los muchos medios mediante los cuales el hombre almacena para sí mismo una grabación con la cual quizás nadie más está familiarizado con ella más que él mismo; y cuando el tiempo llegue, para que esa grabación sea revelada a todos los hombres que tengan ojos para ver, y oídos para oír, serán capaces de leer todas la cosas como Dios mismo las lee y las comprende, y todas la cosas, que nos dicen , están desnudas y abiertas ante Él con quien tenemos que ver."[6]

Después que todas las personas hayan sido resucitadas (al final del Milenio), debemos comparecer ante las sillas del juicio de Cristo para ser juzgados (v. 15). Pero de hecho, ya habremos sido juzgados por nuestro propio comportamiento, ya que "aquellos que son justos serán justos todavía, y los que son inmundos serán inmundos" (v. 16). Éste es el principio de la restauración que Alma describe más tarde en el Libro de Mormón (Alma 41: 1–6).

El lago de fuego y azufre al que Jacob se refiere en el verso 16, no es un lago real de fuego. El profeta José Smith dijo: "Un hombre es su propio atormentador y su proprio condenador. Por lo tanto se dice, que ellos irán al lago que arde con fuego y azufre. El tormento de la decepción en la mente del hombre es tan exquisito como un lago ardiendo con fuego y azufre. Yo digo, asi es el tormento del hombre."[7] En otra palabras, la realización eterna de lo que pudo ser será como un fuego que nunca se apagará..

- **2 Nefi 9:18–24 Jacob describe los requisitos para la salvación:**

  — Creer en Jesucristo, el Santo de Israel, y venir a Él ( versos 18, 41)
  — Soportar las cruces del mundo y el desprecio y la vergüenza del mundo (vv. 18, 49; Mateo 16:24, nota de pie de página 24; 3 Nefi 12:29–30)
  — Escuchar la voz de Señor (v. 21; D&C 1:38; 18:33–36; 88:66)
  — Arrepentirse, ser bautizado, y soportar hasta el fin (versos 23–24)
  — Ser de mente espiritual (v. 39; Romanos 8:5–8)

"GETSEMANÍ" © JOSEPH BRICKEY. USADO CON PERMISO

Jacob dijo que el Salvador "sufre los dolores de todos los hombres, sí, los dolores de toda criatura viviente, tanto hombres como mujeres y niños, que pertenecen a la familia de Adán" (v. 21). Como comentamos anteriormente, Él de hecho sufrió por todos los hijos de Dios a través del universo. Pero en cuanto a esta tierra, y a todos los hijos de Adán, la expiación fue ciertamente universal. Es así el punto de Jacob. Así como la caída de Adán trajo la muerte física y espiritual sobre todos sus descendientes, la expiación de Jesucristo les provee a ellos redención (1 Corintios 15:22).

- **2 Nefi 9:25–26 Jacob explica qué les pasa a aquellos quienes están sin ley y la relación entre la ley, la justicia, y la misericordia.** Sin ley no hay castigo ( v. 25) Sin castigo, no hay condena (v. 25). La condena se evita por medio de las misericordias de

Cristo (v. 25). Entonces, la expiación satisface las demandas de Su justicia sobre todos aquellos que no han tenido la ley (v. 26) porque no tienen ni conocen las leyes bajo la cual el castigo podría haber sido justificado. En cambio, Cristo sufre el castigo necesario para satisfacer las exigencias de la justicia.

Robert L. Millet dijo: "Una de las verdades eternas enseñadas claramente y persuasivamente en el Libro de Mormón, es que la expiación de Cristo se extiende a aquellos que estuvieron sin la ley del Evangelio mientras estaban en la tierra y no tuvieron oportunidad de participar de las ordenanzas de salvación. "Allí donde no se ha dado ninguna ley," explicó Jacob, "no hay castigo; y donde no hay castigo, no hay condena." Esto es verdad porque "la expiación satisface lo que la justicia demanda de todos aquellos a quienes no se ha dado la ley, .. y son restituidos a ese Dios que les dio aliento, el cual es el Santo de Israel" (2 Nefi 9:25–26; Mosíah 3:11; Moroni 8:22). Uno de los beneficios incondicionales de la expiación es el decreto de que a ninguna persona en toda la eternidad le será negada la bendición que está más allá de su control para disfrutar; ninguna persona será condenada por no observar un mandamiento o participar en una ordenanza de la cual él o ella eran ignorantes."[8]

### Barreras para nuestra Redención

- **2 Nefi 9:27–40 Jacob da una lista de aquellas cosas que nos mantendrán lejos de la exaltación.** Comenzando con el versículo 27, él dio un listado de las diferentes maneras bajo las cuales pudiéramos pecar. Cada una comienza con un "ay de aquel" ya que cuando nosotros pecamos en contra del Señor, traemos tales "ay de aquel" sobre nosotros. Jacob menciona unas pocas maneras en las cuales podemos pecar:

  — Transgrediendo los mandamientos, y desperdiciando los días de nuestra prueba (v. 2)
  — Poniendo la instrucción, el dinero, y otros ídolos por encima de Dios (versos 28–30, 37)

Hoy vemos el mismo espíritu, en aquellos que están tan seguros de la exactitud de sus puntos de vista; que rechazan cualquier luz nueva que venga a ellos. Como fariseos de los días modernos, ellos rechazaron a los profetas de Dios y desprecian a los santos. Ellos hacen esto a causa del orgullo de sus corazones. Otro grupo al cual yo me he enfrentado casi a diario en la academia por más de dieciséis años es aquel que rechaza "la palabras sencillas" y se deleita en "exponer textos difíciles." Intelectualizar es complaciente para la mente carnal y también está conectado al orgullo.

Como dijo Jacob: "Cuando son instruidos se creen sabios, y no escuchan el consejo de Dios, también lo menosprecian, suponiendo que saben por sí mismos; por tanto, su sabiduría es locura, y de nada les sirve; y perecerán." (v. 28). Así como con la riqueza, el poseer conocimiento no es maligno. Se vuelve maligno sólo cuando se vuelve nuestro Dios. "bueno es ser instruido, si hacen caso a los consejos de Dios" (v. 29).

El Presidente Ezra Taft Benson dijo: "los dos grupos en el Libro de Mormón que parecen tener las más grandes dificultades con el orgullo son los 'instruidos y los ricos' (2 Nefi 28:15)."[9]

Robert L. Millet, un hombre altamente instruido, tenía esto que decir acerca de aquellos que están atrapados en su propia supuesta sabiduría: "Cuando cualquier gente—particularmente los miembros de la casa de fe—se niegan a reconocer la verdadera fuente de todo conocimiento y sabiduría, y en su lugar escogen adorar el altar del intelecto; o cuando ellos desarrollan una alianza insana con las filosofías y teorías de los hombres y anulan, o ignoran enteramente la palabra revelada—entonces tales personas están en el camino de la destrucción espiritual. En el presente ellos 'siempre están aprendiendo, pero nunca pueden llegar al conocimiento de la verdad' (2 Timoteo 3:7). Un día, ellos se darán cuenta de los males que han perpetuado entre sus semejantes y el irreparable daño que se han hecho a sus propias almas."[10]

- — Ser espiritualmente sordo y ciego (versículos 31–32)
- — Ser "incircuncisos de corazón" (v. 33).

En el antiguo Israel, ser circunciso era una señal del deseo de hacer un convenio con Dios para ser apartado del mundo por la justicia (Génesis 17:11, 14). "incircuncisos de corazón" significa no ser deseoso de hacer un convenio similar en nuestros corazones, siendo entonces impuros.

Los pecados del antiguo Israel incluían:

- — Mentir, cometer asesinatos, y fornicaciones (versículos 34–36).
- — Ser de mente carnal—enfocarse en placeres egoístas (versículos (37–39).

*El antiguo Israel rechazó la verdad y adoró ídolos*

Los israelitas creían que ellos eran un pueblo escogido al cual Dios siempre protegería de sus enemigos. Ellos también creían que Dios nunca permitiría que Su templo fuera destruido. Esto, a pesar de sus muchos pecados.

Resumiendo su lista de "ay de aquellos", Jacob dijo: "Y en fin, ay de todos aquellos que mueren en sus pecados!, porque volverán a Dios, y verán su rostro y quedarán en sus pecados" ( v. 38).

### Una invitación a venir a Cristo

- **2 Nefi 9:41–43 Cristo es el guardián de la puerta para la vida eterna.** No hay otra persona ni manera por la cual nosotros podemos obtener exaltación. Sólo Él puede juzgar nuestra dignidad para entrar en la vida eterna porque sólo Él ha experimentado lo que nosotros hemos experimentado; y entonces sólo Él puede darnos un juicio justo de nuestra dignidad. Es de gran consuelo saber que sólo Él me juzgará, porque yo sé que sólo Él verdaderamente entiende lo que he experimentado y sentido; y los deseos y motivos de mi corazón.

  El élder Bruce R. McConkie dijo: "En la puerta derecha, por donde el hombre debe entrar si obtiene el mundo celestial, allí se pone de pie un guardián de la puerta que es el Santo de Israel. Él no emplea sirvientes allí '. . . no hay otra entrada sino por la puerta; porque él no puede ser engañado, pues su nombre es el Señor Dios' (2 Nefi 9:41)."[11]

- **2 Nefi 9:44–49 Jacob habla de su deber de enseñarle a la gente.** Él no disfrutó de la responsabilidad de llamarlos al arrepentimiento; pero entendió claramente su responsabilidad de hacerlo. Y él entendió que si no les advertía él sería responsable por sus pecados. El Señor habló de este principio a Ezequiel cuando Él le advirtió a los guardianes de Israel lo concerniente a su responsabilidad (Ezequiel 33:1–9).

- **2 Nefi 9:50–54 Jacob concluye su sermón al urgirle a su gente que "saciaos de lo que no perece"**(v. 51) y que recuerden las palabras de Dios y oren continuamente y den gracias (v. 52)

### Dios recuerda y guarda Sus convenios

El siguiente día, Jacob retornó a enseñarle a su gente lo concerniente al futuro de Israel, el cual, a pesar de su castigo en los días anteriores, será restaurado a sus bendiciones en los últimos días.

- **2 Nefi 10:2–6 Las malas noticias concernientes a Israel.** Jacob profetizó que los descendientes de los nefitas "perecerán en la carne a causa de la incredulidad" y que los judíos en Jerusalén crucificarían al Salvador y serán esparcidos por motivo de sus pecados.

- **2 Nefi 10:7–17 las eventuales buenas noticias para Israel.** A pesar de eso, el Señor no olvidará Sus convenios con Israel y los restituirá de nuevo a sus tierras y convenios.

La promesa de los convenios está todavía en efecto para aquellos que acepten el Señor y hagan Su voluntad.

El élder Boyd K. Packer dijo: "La desalentadora idea que un error (o incluso una serie de ellos) hace que sea eternamente demasiado tarde, no viene del Señor. Él ha dicho que si nos arrepentimos, no sólo se nos perdonarán nuestras trasgresiones, sino que también Él las olvidará y no recordará más nuestros pecados (Isaías 43:25, Hebreos 08:12, 10:17, D & C 58 : 42; Alma 36:19)."[12]

- **2 Nefi 10:20-25 Jacob dice que debemos "Animar nuestros ]corazones" porque el Señor recordará a Su pueblo del convenio.** Es fácil desanimarse frente a tanta maldad y oposición en este mundo. Pero nosotros debemos ser la gente más optimista de la tierra, sabiendo lo que sabemos y siendo parte de esta gran obra de los últimos días.

  El élder Neal A. Maxwell definió el desánimo como: "No es la ausencia de adecuación; sino la ausencia de coraje."[13]

  El Presidente Joseph F. Smith dijo:

  > "Nunca ha habido un tiempo en la Iglesia en que a sus líderes no se les hubiera requerido que fueran hombres de coraje; no sólo de coraje en el sentido que fueron capaces de enfrentarse a peligros físicos; sino también en el sentido que fueran firmes y fieles a la convicción clara y justa. Los líderes de la Iglesia, entonces, deben ser hombres que no se desanimen fácilmente; que no carezcan de esperanza, ni dados a la premonición de toda clase de males venideros. Sobre todo, los líderes de la gente nunca deben diseminar un espíritu de pesimismo en los corazones de estos. Si los hombres que están en lugares elevados a veces sienten el peso y la ansiedad de ciertos momentos, ellos deben ser los más firmes y los más resueltos en esas convicciones; las cuales vienen de una conciencia del temor de Dios y de vidas puras. Los hombres en sus vidas privadas, deben sentir la necesidad de extender el ánimo a la gente con sus propias esperanzas y trato alegre con ellos... es un asunto de gran importancia que la gente... aprecie y cultive el lado claro de la vida en lugar de... permitir que la oscuridad y la sombra los cubran."[14]

**Notas:** (Todas las referencias son de las versiones en idioma inglés de los textos que se citan.)


1. *Comentario doctrinal del Libro de Mormón*, 4 volúmenes, 1987-92, 2:1.
2. "La Redención por medio del Santo Mesías," en Kent P. Jackson, editado por, *Estudios de las escrituras, Volumen 7: De 1 Nefi a Alma 29*, 1987, págs. 117-18.
3. *Doctrinas de Salvación*, compilado por Bruce R. McConkie, 3 volúmenes, 1954-56, 1:123.
4. *Doctrinas de Salvación*, 1:122.
5. "Un Sermón sobre la Pureza," revista *Improvement Era*, mayo de 1903.
6. *El Reino del Evangelio*, escogidas y arregladas por G. Homer Durham, 1943, pág. 36.

7. *Enseñanzas del Profeta José Smith*, escogidas y arregladas por Joseph Fielding Smith, 1976, pág. 357; véase tambien págs. 310–11.

8. "La redención por medio del Santo Mesías," pág. 124.

9. En Reporte de La Conferencia, abril de 1986, pág. 6; o *Ensign*, mayo de 1986, pág. 7.

10. "La redención por medio del Santo Mesías," págs. 126–27.

11. En Reporte de La Conferencia, octubre de 1949, pág. 80.

12. *Que no se Turbe Vuestro Corazón*, 1991, pág. 51.

13. Revista *Ensign*, noviembre de 1976, pág. 14.

14. *Doctrina del Evangelio*, 5.ª edición, 1939, pág. 155.

Capítulo especial

# Interpretando a Isaías

(1 Nefi 20–21; 2 Nefi 7–8; Isaías 48–51)

---

JAMES J. TISSOT, 1904

*El profeta Isaías*

Ninguno de los capítulos de Isaías listados en los párrafoss anteriores son discutidos a profundidad en las lecciones de doctrina del evangelio. Este capítulo especial y adicional es provisto para ayudarlo a entender los escritos de Isaías en el Libro de Mormón. Aún Nefi admite "Isaías habló muchas cosas que a muchos de los de mi pueblo les fue difícil entender, porque no saben lo relativo a la manera de profetizar entre los judíos" (2 Nefi 25:1). Sin embargo, Nefi ofrece ayuda, como lo hace el Salvador en Sus enseñanzas sobre los nefitas cuando Él los visitó.

Nosotros usaremos las claves que ellos proveyeron como la base para interpretar los primeros cuatro capítulos de Isaías en el Libro de Mormón—dos provistos por Nefi, y dos más usados por Jacob en su primer sermón principal a los nefitas.'

En cuanto a las explicaciones provistas en este capítulo, podemos decir que estamos agradecidos a muchas fuentes de valor que pueden ser consultadas para una comprensión aún más profunda de los métodos de Isaías y de lo que dice. Una lista de estas fuentes está disponible al final de este capítulo.

## LA IMPORTANCIA DE ISAÍAS

Tanto Nefi como el Salvador hicieron énfasis en la importancia de los escritos de Isaías. Nefi dijo: "Y . . . escribo más de las palabras de Isaías, porque mi alma se deleita en sus palabras. Porque aplicaré sus palabras a mi pueblo, y las enviaré a todos mis hijos, pues él verdaderamente vio a mi Redentor, tal como yo lo he visto" (2 Nefi 11:2).Y el Señor dijo: "Y he aquí, ahora os digo que debéis buscar especialmente estas cosas. Sí, un *mandamiento* os doy de que busquéis diligentemente estas cosas, es porque grandes son las palabras de Isaías". (3 Nefi 23:1). Entonces se nos mandó a hacer un esfuerzo diligente en la lectura y entendimiento de Isaías, como lo han hecho los profetas a lo largo de las escrituras.

- **Isaías en la Biblia:**

  — Isaías es citado más a menudo que cualquier otro profeta.

— La versión del Rey Santiago contiene 66 capítulos de Isaías; los cuales contienen a su vez 1.292 versículos.
— El tamaño de su libro lo hace el primer "gran profeta" del Antiguo Testamento.
— Los escritores del Nuevo Testamento tenían un gran respeto por Isaías habiéndolo citándolo 57 veces.

- **Isaías en el Libro de Mormón:**

— Isaías es citado por Nefi, Jacob, Abinadí, Moroni, y el Salvador.
— En total, ellos citan veintidós capítulos de Isaías; más de lo que es citado cualquier otro profeta es citado.
— Sólo Nefi cita dieciséis capítulos de Isaías; y el Salvador citó dos capítulos.
— Ellos citaron 414 versículos de Isaías (32% de Isaías).
— Ellos parafrasean otros 34 versículos (3% de Isaías)
— En total, ellos introdujeron un 35% del libro de Isaías en sus pequeñas, y muy valiosas planchas.

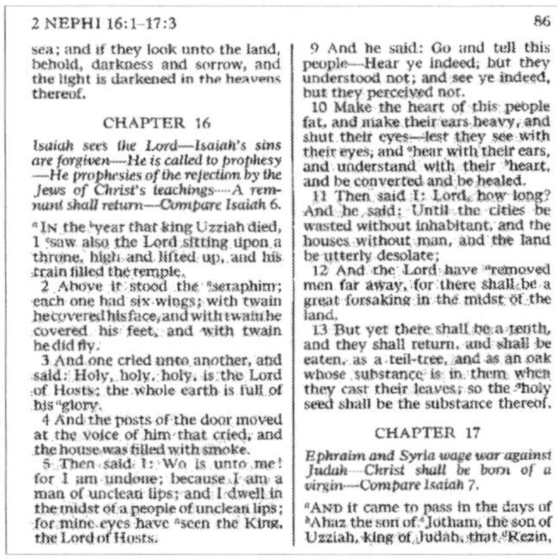

2 NEPHI 16:1–17:3 86

sea; and if they look unto the land, behold, darkness and sorrow, and the light is darkened in the heavens thereof.

CHAPTER 16

*Isaiah sees the Lord—Isaiah's sins are forgiven—He is called to prophesy—He prophesies of the rejection by the Jews of Christ's teachings—A remnant shall return—Compare Isaiah 6.*

[a]IN the [b]year that king Uzziah died, I [c]saw also the Lord sitting upon a throne, high and lifted up, and his train filled the temple.
2 Above it stood the [d]seraphim; each one had six wings; with twain he covered his face, and with twain he covered his feet, and with twain he did fly.
3 And one cried unto another, and said: Holy, holy, holy, is the Lord of Hosts; the whole earth is full of his [a]glory.
4 And the posts of the door moved at the voice of him that cried, and the house was filled with smoke.
5 Then said I: Wo is unto me! for I am undone; because I am a man of unclean lips; and I dwell in the midst of a people of unclean lips; for mine eyes have [a]seen the King, the Lord of Hosts.
9 And he said: Go and tell this people—Hear ye indeed, but they understood not; and see ye indeed, but they perceived not.
10 Make the heart of this people fat, and make their ears heavy, and shut their eyes—lest they see with their eyes, and [a]hear with their ears, and understand with their [b]heart, and be converted and be healed.
11 Then said I: Lord, how long? And he said: Until the cities be wasted without inhabitant, and the houses without man, and the land be utterly desolate;
12 And the Lord have [a]removed men far away, for there shall be a great forsaking in the midst of the land.
13 But yet there shall be a tenth, and they shall return, and shall be eaten, as a teil-tree, and as an oak whose substance is in them when they cast their leaves; so the [a]holy seed shall be the substance thereof.

CHAPTER 17

*Ephraim and Syria wage war against Judah—Christ shall be born of a virgin—Compare Isaiah 7.*

[a]AND it came to pass in the days of [b]Ahaz the son of [c]Jotham, the son of Uzziah, king of Judah, that [d]Rezin,

*Nefi cita a Isaías extensivamente*

El élder Bruce R. McConkie dijo: "El Libro de Mormón es el mayor comentarista del libro de Isaías en el mundo" somos muy afortunados de tener interpretaciones detalladas de Isaías en el Libro de Mormón; como una ayuda para entenderlo. Además, hay muchas ayudas en la Doctrina y Convenios.

- **Isaías en las Doctrinas y Convenios:**

— En este libro se cita, parafrasea, e interpreta a Isaías 100 veces.
— D&C 101 contiene claves para entender a Isaías 65.
— D&C 113 interpreta los capítulos de Isaías 11 y 52.
— D&C 133 elabora los capítulos 35, 51, y 63–64 de Isaías
— También se encuentran numerosos usos de la fraseología de Isaías. Por ejemplo, compare D&C 133:3, 15, 27, 40–53, 67–70 con Isaías 52:10, 12; 51:10; 64:1–4; 63:1–9; 50:2–3, 11.

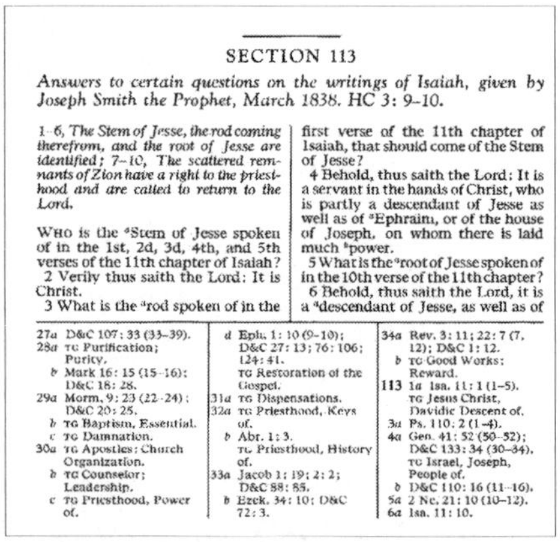

SECTION 113

*Answers to certain questions on the writings of Isaiah, given by Joseph Smith the Prophet, March 1838. HC 3: 9–10.*

*1–6, The Stem of Jesse, the rod coming therefrom, and the root of Jesse are identified; 7–10, The scattered remnants of Zion have a right to the priesthood and are called to return to the Lord.*

WHO is the [a]Stem of Jesse spoken of in the 1st, 2d, 3d, 4th, and 5th verses of the 11th chapter of Isaiah?
2 Verily thus saith the Lord: It is Christ.
3 What is the [a]rod spoken of in the first verse of the 11th chapter of Isaiah, that should come of the Stem of Jesse?
4 Behold, thus saith the Lord: It is a servant in the hands of Christ, who is partly a descendant of Jesse as well as of [a]Ephraim, or of the house of Joseph, on whom there is laid much [b]power.
5 What is the [a]root of Jesse spoken of in the 10th verse of the 11th chapter?
6 Behold, thus saith the Lord, it is a [a]descendant of Jesse, as well as of

27a D&C 107: 33 (33–39).
28a TG Purification; Purity.
b Mark 16: 15 (15–16); D&C 18: 28.
29a Morm. 9: 23 (22–24); D&C 20: 25.
b TG Baptism, Essential.
c TG Damnation.
30a TG Apostles; Church Organization.
b TG Counselor; Leadership.
c TG Priesthood, Power of.
d Eph. 1: 10 (9–10); D&C 27: 13; 76: 106; 124: 41. TG Restoration of the Gospel.
31a TG Dispensations.
32a TG Priesthood, Keys of.
b Abr. 1: 3. TG Priesthood, History of.
33a Jacob 1: 19; 2: 2; D&C 88: 85.
b Ezek. 34: 10; D&C 72: 3.
34a Rev. 3: 11; 22: 7 (7, 12); D&C 1: 12.
b TG Good Works; Reward.
113 1a Isa. 11: 1 (1–5). TG Jesus Christ, Davidic Descent of.
3a Ps. 110: 2 (1–4).
4a Gen. 41: 52 (50–52); D&C 133: 34 (30–34). TG Israel, Joseph, People of.
b D&C 110: 16 (11–16).
5a 2 Ne. 21: 10 (10–12).
6a Isa. 11: 10.

*D&C 101, 113, & 133 interpreta Isaías 11, 35, 51–52, y 63–65*

- **Isaías continúa siendo importante en los últimos días:**

— Isaías profetizó la apostasía y la restauración.
— El vio la dispersión y la re-unión de Israel.
— Profetizó los últimos días del estado de Israel.
— Profetizó de la Segunda Venida y el Milenio.
— Vio la caída de la grande y abominable iglesia.

Isaías habló frecuentemente sobre los últimos días. 53 de los 66 capítulos de Isaías, contienen versículos que se refieren a nuestro tiempo (aquellos que no lo hacen son los números 7–9, 15–16, 20–21, 23, 36–39, y 46).

— En aquel día." Una pista para encontrar los pasajes de Isaías acerca de los últimos días, es buscar la frase "En aquel día." Ésta ocurre 42 veces en Isaías, casi siempre en conjunción con profecías acerca de nuestros días.

- **2 Nefi 25:7–8 Nefi dijo que los escritos de Isaías parecerán claros en los últimos días** cuando sean cumplidos. Isaías 29 es un ejemplo de esto. Su significado es claro para aquellos quienes han leído y aceptado el Libro de Mormón.

  Monte S. Nyman dijo: "Una gran razón para buscar las profecías de Isaías, como es declarado por El Salvador y confirmado por Nefi y por Jacob, es que Isaías habló todo lo referente a la casa de Israel y a los convenios para con ellos; los cuales serán cumplidos en los últimos días."[1]

  El élder Bruce R. McConkie dijo: "Mucho de lo que Isaías .. tiene que decir todavía debe ser cumplido. Pero si verdaderamente comprendemos los escritos de Isaías, no podemos exagerar o ponerdemasiado énfasis a la sencilla y directa realidad de que de hecho él es el profeta de la restauración; el gran vidente de la simiente de Jacob, quien previó nuestros días y quien animó a nuestros padres israelitas en su estado espiritualmente cansado, y desconsolado asegurándoles la gloria y triunfo en el futuro; para aquellos de sus descendientes que retornarán al Señor en los últimos días y que en ese momento Lo sirvan en verdad y justicia."[2]

  El profeta José Smith dijo: "Busque en las escrituras—busque las revelaciones que [están publicadas] y pregúntele a su Padre Celestial, en el nombre de Su Hijo Jesucristo, que le manifieste la verdad; y si usted lo hace con el ojo puesto en Su gloria y sin dudar, Él le contestará por el poder del Su Espíritu Santo. Entonces sabrá por usted mismo; y no por otro. Y Usted no dependerá del hombre para tener conocimiento de Dios; o no habrá lugar para la especulación ... porque cuando los hombres reciben su instrucción de Él que los hizo, ellos saben cómo Él los salvará .... de nuevo decimos: busque en las escrituras, busque en los profetas y aprenda qué parte de ellos le pertenece."[3]

## Los temas principales de Isaías

Isaías no era meramente un profeta para los israelitas. Fue y es un profeta para los nefitas y para nosotros en nuestro tiempo. Una buena parte de sus visiones y de las profecías llegan hasta la vida premortal y hasta más adelante; hacia el glorioso Milenio de Nuestro Señor. Los temas incluyen:

— Eventos históricos o locales de la época de Isaías ( 15 capítulos)
— La restauración del Evangelio en los últimos días por medio de José Smith.
— La re-unión de Israel en los últimos días y su triunfo final y gloria.
— La venida del Libro de Mormón como un nuevo testigo de Cristo.
— Las condiciones apóstatas de las naciones del mundo en los últimos días.

— Sión será redimida.
— Profecías mesiánicas (Isaías 7:14; 9:6–7; 2 Nefi 17), incluyendo:

- El nacimiento de Cristo y Su Ministerio mortal.
- La visita de Cristo a los espíritus en prisión.
- La crucifixión y la expiación .
- La segunda venida del Cristo milenario.

Monte S. Nyman dijo: "No [menos] de 391 de los versículos [de Isaías en el Libro de Mormón] se refieren a los atributos, apariencia, majestad, y misión de Jesucristo."[4]

## La barrera de Isaías

El élder Bruce R. McConkie escribió: "Si como muchos suponen Isaías está entre los profetas más difíciles de entender, también sus palabras están entre las más importantes que nosotros debemos saber y ponderar... puede ser que mi salvación (¡y la de usted también!) de hecho dependan de nuestra habilidad de entender los escritos de Isaías en una forma completa y verdadera tal como lo hizo Nefi."[5]

Éstas podrían ser noticias desalentadoras para los lectores del Libro de Mormón y para cualquiera que haya comenzado a leer el libro; ya que sabe que los capítulos de Isaías son mucho más difíciles de interpretar que los que lo preceden y los que siguen.

El élder Boyd K. Packer dijo:

> El Libro de Mormón es un libro de escritura. Es otro testamento de Jesucristo. Está escrito en lenguaje bíblico, el lenguaje de los profetas. En su mayor parte, es fácil y con un lenguaje fluido como el del Nuevo Testamento, con palabras como (lo que ocurre en inglés con las palabras "spake" y "spoke" las cuales significan el pasado del verbo "hablar" en inglés, y "unto" y "to" las cuales significan la preposición "para", y las frases "it came to pass" que significan "y sucedió" o "y aconteció" y por último "thus" "thou" y "thine" las cuales significan "tú, usted, o vosotros" y "tu" posesivo) No leerá muchas páginas hasta que capte la cadencia de ese lenguaje y entonces, la narrativa será fácil de entender. De hecho, la mayoría de los adolescentes inmediatamente entienden la narrativa del Libro de Mormón.
>
> Entonces, justo cuando usted se empiece a sentir el gusto de la lectura, se encontrará con una barrera. El estilo del lenguaje cambia al estilo de las profecías del Antiguo Testamento. Porque, intercalados en la narrativa, están los capítulos que recitan las profecías del profeta Isaías del Antiguo Testamento. Ellas se yerguen como una barrera, como un obstáculo o un puesto de control a partir del cual el lector ocasional; o uno que lo hace por mera curiosidad, generalmente no pasará.
>
> Usted también pudiera sentirse tentado a detenerse allí, pero ¡No lo haga! ¡No pare de leer! Siga hacia adelante a través de esos capítulos difíciles de entender de las profecías del Antiguo Testamento; aún si usted entiende muy poco. Siga, aún si todo lo que hace es leer por encima y sólo dar un vistazo aquí y allá. Siga, aún si todo lo que hace es mirar las palabras. Usted pronto emergerá de esos difíciles capítulos y llegará hasta los mas fáciles los cuales son al estilo del Nuevo Testamento; característico del resto del Libro de Mormón.

Ya que usted está avisado acerca de esa barrera , será capaz de superarla y de terminar de leer el libro. . . .

Quizá solo después que usted lea el Libro de Mormón y regrese a la Biblia, notará que el Señor cita a Isaías siete veces en el Nuevo Testamento; además; los apóstoles citan a Isaías cuarenta veces. Algún día usted podrá venerar estas proféticas palabras de Isaías en ambos libros. El Señor tenía un propósito en preservar las profecías de Isaías en el Libro de Mormón, a pesar de que éstas se vuelven una barrera para el lector ocasional.

Aquellos que nunca van mas allá de los capítulos de Isaías, se pierden el tesoro personal que puede ser recogido en el camino. Ellos se pierden el conocimiento de:

— El propósito de la vida mortal y de la muerte.
— La certeza de la vida después de la muerte.
— Qué pasa cuando el espíritu deja el cuerpo.
— La descripción de la Resurrección.
— Cómo recibir y retener una remisión de sus pecados.
— Qué influencia podrían tener en usted la justicia o la misericordia
— Por qué cosas debemos orar.
— Convenios y ordenanzas.
— Y muchas otras joyas que componen el evangelio de Jesucristo.[6]

## LA CLAVE DE NEFI PARA INTERPRETAR A ISAÍAS

- **2 Nefi 25:1–5 Nefi proveyó dos claves para entender a Isaías.** Nefi escogió comentar sobre los escritos de Isaías porque "Isaías habló muchas cosas que a muchos de los de mi pueblo les eran difíciles de comprender, porque no saben lo concerniente a la manera de profetizar entre los judíos" (v. 1).Nos encontramos en la misma condición hoy en día—sin entender por completo las maneras en las cuales los profetas hebreos profetizaron. Sin embargo, los escritos de Isaías fueron y son cruciales porque estos contienen "los juicios de Dios que que tiene [ y tendrá] sobre todas las naciones, según la palabra que él ha declarado" (v. 3).

  Nefi promete que mientras "las palabras de Isaías no son claras a vosotros, sin embargo, son claras para todos aquellos que están llenos del espíritu de la profecía" (v. 4). Mientras que nos promete interpretar los escritos de Isaías, Nefi promete "profetizaré según la claridad que en mí ha habido desde la ocasión en que salí de Jerusalén con mi padre; porque, he aquí, mi alma se deleita en la claridad para con mi pueblo, a fin de que aprenda" (v. 4). Entonces Nefi se vuelve uno de los más grandes ayudantes para descifrar a Isaías.

  Nefi, mismo siendo un israelita, estaba completamente familiarizado con "las cosas de los judíos" (v. 5). Él observó que ellos [los judíos] entienden las cosas de los profetas, y no hay ningún otro pueblo que entienda como elloslas cosas que fueron pronunciadas a los judíos, salvo que sean instruidos conforme a "la manera de las cosas de los judíos" (v. 5).

  — El espíritu de la profecía

— La letra de las profecías; sabiendo las costumbres judías, el lenguaje, y sus modos (versículos 1, 5)

## El espíritu de la profecía

El espíritu de la profecía es un testimonio de Cristo (Apocalipsis 19:10). Esto sugiere que sólo la gente con fe y con un testimonio del Salvador entenderá completamente a Isaías. Todos los verdaderos profetas poseen tal testimonio, y ellos llevan su mensaje por inspiración del Espíritu Santo (2 Pedro 1:20–21). Un entendimiento correcto de las escrituras (incluyendo a Isaías) viene de la misma fuente (D&C 50:17–22).

Si leemos a Isaías con un corazón creyente, los misterios que contiene pueden ser revelados a nuestro entendimiento por el Espíritu. Este "espíritu de profecía" es obtenido por medio del ayuno y la oración (Alma 17:3). Entonces debemos acercarnos a nuestro estudio de Isaías con ese tipo de devoción. Como El élder Packer observó, el lector meramente ocasional nunca puede esperar entender a Isaías.

## La letra de la profecía

La letra de la profecía es [conocer] "la manera de profetizar entre los judíos" (2 Nefi 25:1) Para entender los escritos de los antiguos profetas judíos, debemos estar familiarizados con sus circunstancias culturales y físicas incluyendo la convención de su lenguaje. Para lograr esto, sería necesario una comprensión de lo siguiente :

- **La geografía de la Tierra Santa y las regiones de los alrededores.** Isaías frecuentemente se refería a ciudades de la Tierra Santa y a otras naciones vecinas. Si conocemos la geografía de esta área, sus escritos son más claros y tienen más impacto. Nuestra versión de las escrituras de los Santos de los Últimos Días, contiene mapas por una razón—para proveer una referencia inmediata a los lugares y características geográficas de las cuales hablan los profetas.

  — **2 Nefi 19: 1–2** (Isaías 9:1–2) Cuando Isaías dice "la tierra de Zabulón y la tierra de Neftalí . . . mas allá del Jordán en Galilea .... vio gran luz . . . luz resplandeció sobre ellos"; nos ayudaría mirar los mapas, para ver que él está hablando acerca del área de Nazaret. Sabiendo eso, podemos entender que está prediciendo que el Salvador vendrá de Nazaret.

  — **2 Nefi 20:24** (Isaías 10:24): Aquí Isaías habla de la protección del Señor sobre Israel a la vista de los ejércitos que avanzaban de Asiria. Ayuda referirse a los mapas para ver que Asiria se encuentra hacia el norte de Israel y estaban viniendo de esa dirección.

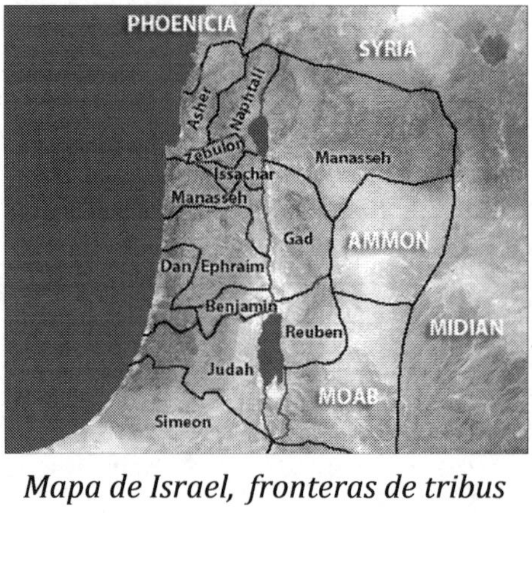


FOTOS CORTESÍA DE NASA

*Mapa de Israel, fronteras de tribus*

— **2 Nefi 20:28–32** (Isaías 10:28–32): El Señor describe el avance del ejército de Asiria a través de una serie de ciudades. Si miramos en el mapa, vemos que estas ciudades se situan dentro de diez millas hacia el norte de Jerusalén, con Nob localizado justo afuera de las paredes de Jerusalén. Al saber esto, el pasaje cobra mayor significancia e impacto.

- **Lugares históricos de los escritos de Isaías.** Para entender los escritos de Isaías es necesario que el lector esté algo familiarizado con la historia de Israel: su éxodo de Egipto; su vagar por el desierto; sus convenios con Dios; su conquista de Canaán; el reino de los jueces; los reinados del Rey David y Salomón; la división de Israel en dos reinos: la influencia inicua de las naciones de los alrededores; las apostasías de Israel. En sus profecías Isaías habla de todas éstas cosas.

  Esto situaría su ministerio en un lapso de 100 a 140 años antes que Lehi y su familia se fueran de Jerusalén—aproximadamente la misma cantidad de tiempo que ha transcurrido hasta hoy desde el ministerio del profeta José Smith. Esto por lo menos explica en parte el gran afecto que Nefi y Jacob tenían por Isaías; a quien ellos llaman "el profeta." De la misma manera que nosotros llamamos profeta a José Smith (1 Nefi 19:24; 2 Nefi 6:12–14; 1 Nefi 22:1–2).

  También aprendemos del diccionario de la Biblia que Isaías vivió y predicó durante tiempos muy inicuos para Israel (el reino del norte) y Judá (el reino del sur). Para la época de Nefi, sus profecías de la destrucción de Israel ya se habían cumplido, y su profecías de la destrucción de Judá lo iban a ser pronto. No es de sorprender, entonces, que Isaías mezclara sus profecías de destrucción para los inicuos de su tiempo, con las profecías gloriosas del nacimiento, vida y muerte del Salvador y de los grandes eventos de los últimos días, ofreciendo esperanza para los justos de Israel.

  Sus explicaciones del presente y del futuro estatus de los hijos de Israel tenían un profundo significado para los nefitas; quienes habían sido dispersados lejos de casa. Andrew C. Skinner dijo: "la familia [de Nefi estaba] a la vanguardia . . . de la dispersión que Isaías profetizó de Judá Los [los nefitas] estaban solos en una tierra extraña, despojados de su entorno familiar y pasando necesidades para forjar una nueva vida. Nefi imagina cómo una comprensión del poder redentor de Cristo; incluyendo las promesas específicas hechas a la casa de Israel de una redención geográfica y física, podría animar y fortalecer a su familia; así como a las generaciones futuras."[7]

- **Imágenes hebreas y lenguaje figurado.** Esta pudiera ser la parte más difícil para entender a Isaías. La manera de hablar y de escribir entre los judíos era muy diferente a la nuestra. Sus parábolas, figuras literarias, imágenes simbólicas, y métodos de escribir poesía, parecen completamente extraños para nosotros. Cuando nos damos cuenta de que estamos leyendo cosas que fueron escritas hace más de 2700 años, y que esos escritos desde entonces han sido traducidos primero al griego, y después del griego a un inglés del

ADAPTADO DE CES DIAPOSITIVA, YA NO SE IMPRIME

*Los escritos de Isaías en hebreo*

siglo XV (el cual es muy diferente del inglés que usamos hoy en día), no es de sorprender que el significado de muchas cosas se perdió en el proceso. Necesitamos ayuda de alguien que sepa la manera de hablar entre lo judíos y pueda interpretar para nosotros—alguien como Nefi o el Salvador; o uno de Sus escogidos e inspirados profetas.

A pesar de lo difícil que podría parecer decodificar estas cosas, hay consistencias en los escritos de Isaías y en su estilo que son inmediatamente reconocibles una vez que los lectores se hayan familiarizados con éstas. Y si los lectores se aplican a leer cuidadosamente, a establecer referencias, y a descifrar a Isaías, todo se abre como una bella flor—gemas de poesía judía que pueden recompensarnos de un modo que nos conmueva profundamente. Algunos de estos estándares de consistencia incluyen:

— **Parábolas sacadas de las vidas de la gente.** Si los poetas hebreos hubieran escrito durante nuestra generación, ellos hubieran usado historias tomadas de nuestras vidas cotidianas—cosas como deudas o internet. Al escribir en sus propios tiempos, ellos se enfocaron en actividades que eran comunes para la gente de *sus* días—cosas como plantar, cosechar, podar, y quemarzo de Algunas veces las parábolas de Isaías parecen perfectamente claras, pero otras veces parecen confusas y oscuras. Para entender parábolas antiguas, debemos familiarizarnos con las vidas y tiempos de la gente a quien éstas fueron dadas. Nefi es de mucha ayuda en este aspecto, habiendo nacido y crecido en la cultura judía.

JAMES J. TISSOT, 1904

*Separando el trigo*

— **Las formas del habla.** Pueden ser muy difíciles de interpretar porque éstas son únicas de la cultura de las cuales se sacaron. Por ejemplo, si yo fuera a decirle a usted que he tenido un día largo y hoy estoy "hecho polvo" usted sabría exactamente lo que quiero decir—que estoy cansado. Pero si esto fuera traducido a otro idioma y después traducido nuevamente a un tercer idioma, y si pasan 2700 años en el proceso, es probable que un lector del futuro no tendrá ninguna idea de lo yo estaba tratando de decir. Ellos aún podrían pensar que soy un tanto extraño al sugerir que soy un "polvo". Entonces, también Isaías suena extraño para nosotros cuando él habla de "la piedra de donde fuisteis cortados y el hueco de la cantera de donde fuisteis arrancados" (2 Nefi 8:1; Isaías 51:1). Pero si nosotros sabemos que esta figura del discurso es similar a una nuestra—llamar un niño joven "una astilla del mismo palo" cuando se lo compara con su padre—entonces comienza a tener sentido para nosotros. Aquí de nuevo, Nefi (quien vino de esa cultura) puede ser de mucha ayuda, como lo pueden ser los eruditos modernos quienes han estudiado su cultura de manera muy profunda.

— **Sinónimos paralelos** estos conforman la característica principal de la poesía antigua del cercano este. Y como la mayoría de los escritos de Isaías es poesía hebrea, necesitamos desarrollar alguna habilidad para interpretarlas. Esto lo podemos hacer en gran manera por nuestra cuenta, si entendemos el formato.

Cuando se escribe poesía en la cultura occidental, normalmente rimamos la última palabra de una línea con la última palabra de la línea previa:

- **Himno 72:** Creo en Cristo ¡Él es mi Rey!
  Con todo mi ser lo alabaré

En la poesía hebrea, en lugar de rimar palabras, los poetas riman conceptos. Una idea es afirmada por lo menos dos veces (a veces más) con cada versión de la idea clarificando su equivalente paralelo:

- **Isaías 1:27:** "Sión será redimida con justicia; y los
  convertidos de ella, con rectitud."

Al mirar el equivalente paralelo en cada línea, podemos entender que "Sión" significa: "sus convertidos" y que ellos serán redimidos de "justicia" por su "rectitud."

El significado paralelo se vuelve aún más claro de definir cuando miramos lo que Isaías probablemente dijo, y no lo que los traductores de la Biblia del Rey Santiago interpretaron que significaba para su época. Este es un excelente ejemplo de la dificultad que emerge cuando se trata de entender un dicho simbólico de una cultura antigua (la de Isaías), la cual entonces ha pasado por medio de una posterior—pero todavía antigua (para nosotros)—cultura del viejo idioma inglés; antes de que nosotros finalmente lo leamos en nuestra propia época.

Al tratar las maneras de entender plenamente estos paralelismos Avraham Gileadi dijo: "se necesita algún conocimiento de hebreo, o alternativamente, el uso de una traducción consistentemente exacta del hebreo . . . había hecho mis propias traducciones del texto masorético de Isaías al inglés, y en el proceso, he comparado cada término aplicado con doce de las versiones más autorizadas de la Biblia. Por lo tanto, tengo mis reservas acerca de depender de la interpretación de una sola traducción al inglés de Isaías, como una sola traducción nunca puede decir todo la que la hebrea dice."

Gileadi traduce a Isaías 1:27 de esta manera:

- "Sión será redimida con justicia
  y aquellos que de ella se arrepientan por rectitud."

Gileadi continua: "[el cual] por paralelismo, define 'Sión' como 'aquellos de ella que se arrepientan' un concepto similarmente afirmado en Isaías 59:20."[8]

— **Los quiasmas** son una forma especial de paralelismo—un paralelismo invertido—que crea una imagen reflejada en una serie de ideas en varias líneas de poesía hebrea. La primera serie de palabras o pensamientos es seguida por una segunda presentación de aquellas palabras o pensamientos; pero en orden reverso.

- **2 Nefi 16:10** (Isaías 6:10) es un ejemplo de quiasma, Nótese como la palabra corazón es encontrada en las dos líneas A, la palabra oídos es encontrada en las dos líneas B, y ojos es encontrado en las dos líneas C.

  Engrosa el corazón de este pueblo,
  y endurece sus oídos
  y ciega sus ojos,
  no sea que vea con sus ojos,

y oiga con sus oídos,
y entienda con su corazón, y se convierta y sea sanado.

- **Isaías 55:8–9** es otro ejemplo de quiasma.

  Porque mis pensamientos no son vuestros pensamientos,
  ni vuestros caminos mis caminos, dice Jehová.
  Como son más altos los cielos que la tierra,
  así son mis caminos más altos que vuestros caminos,
  y mis pensamientos más que vuestros pensamientos.

El quiasma no está limitado a unas pocas líneas, como en estos ejemplos. Los poetas hebreos llevaron los quiasmas a grandes exenciones, a veces creando quiasmas de muchas líneas o un capítulo o libro entero. Y un quiasma más pequeño (quizás varios de ellos) puede ser intercalado dentro de un quiasma más grande, creando una estructura muy compleja. Cuando nos damos cuenta de la gran complejidad de la poesía de Isaías; con sus sinónimos paralelos dentro de quiasmas individuales con una organización quiasmática de capítulos que es aún más grande, empezamos a apreciar plenamente el gran talento de Isaías como escritor y la belleza de sus escritos comienza a sernos revelada.

Nefi admiraba a Isaías como escritor y como profeta, y él siguió el ejemplo de Isaías en sus propios escritos; como lo hizo Mormón.

George Potter escribe: "El Libro de Mormón contiene quiasmas grandes y extremadamente complejos de muchos elementos y capas; una característica que apunta a los orígenes antiguos del Libro. José Smith no pudo haber sabido acerca de los quiasmas; ya que estos no fueron redescubiertos hasta mediados del siglo XIX. No fue hasta 1854, 24 años después de la primera publicación del Libro de Mormón, con la publicación de John Forbes The Symmetrical Structures of Scripture ("La estructura simétrica de las escrituras"), que la complicada y sofisticada naturaleza de los quiasmas bíblicos fue apreciada completamente. Los estudiosos del Libro de Mormón, han demostrado cómo los relatos de Nefi son un trabajo complejo que contiene numerosos paralelismos y quiasmas."[9]

- **2 Nefi 19:13** es un ejemplo de quiasma escrito por el profeta Nefi:

  Y acontecerá que los judíos
  tendrán las palabras
  de los nefitas,
  y los nefitas
  tendrán las palabras
  de los judíos;

  y los nefitas y los judíos
  tendrán las palabras
  de las tribus perdidas de Israel;
  y éstas
  poseerán las palabras de
  los nefitas y los judíos.

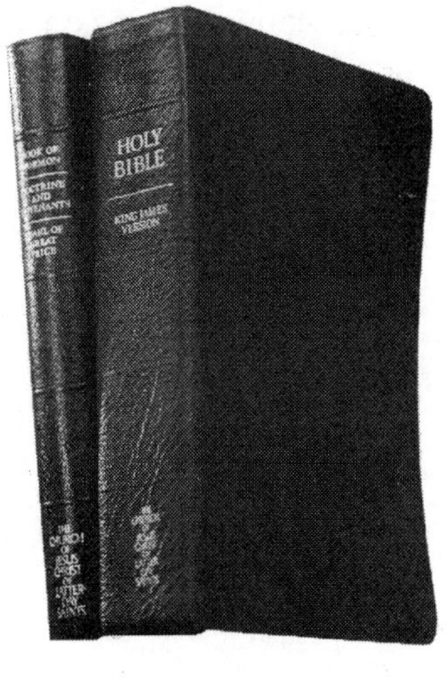

- Otros ejemplos de quiasmas en el Libro de Mormón incluyen a Mosíah 3:18–19, Mosíah 5:10–12 , y el libro entero de Mosíah, para nombrar a sólo unos pocos. Todos estos fueron escritos por Mormón.

John W. Welch dijo:

> El quiasma fue notado por primera vez por algunos teólogos pioneros del siglo XIX en Alemania e Inglaterra, pero la idea tenía que esperar hasta los años 30, antes de que encontrara un ardiente exponente, Nils Lund, quien fue capaz de exponer su principio ante los ojos del mundo de una manera muy convincente… hoy en día, los artículos sobre el tema son muy comunes . . . yo pienso que sería justo decir que el descubrimiento de este patrón, y de los quiasmas, ha añadido más percepciones sobre la naturaleza de la literatura bíblica que lo que lo ha hecho cualquier otro descubrimiento de tipo comparable en los tiempos modernos . . . no hay necesidad de mencionar que el descubrimiento de los quiasmas nos ha dado mucho que pensar. Nos ha llevado ha pensar acerca de la naturaleza de nuestra literatura sagrada y a reevaluar la habilidad y presentación con la cual fue escrita. Sus muchos pasajes que fueron previamente oscuros ahora se han vuelto claros. Otros lugares de los escritos que alguna vez parecieron desorganizados ahora han ganado de nuevo su orden original.[10]

— **Metáforas y símiles** hacen una comparación directa entre dos cosas sugiriendo similitudes. Los símiles adhieren las palabras así o como a la comparación, mientras que las metáforas generalmente no lo hacen. Hay en Isaías muchas metáforas y símiles.

La metáforas pueden tener significados múltiples:

- **2 Nefi 23:4** (Isaías 13:4): **Montañas como reinos.** La ocurrencia paralela de "montañas" y "reinos"; una metáfora para "reinos" en este verso.
- **2 Nefi 12:14** (Isaías 2:14): **Montañas como naciones.** Aquí "montañas" es una metáfora para "naciones." Por lo tanto, la expresión de "alta montaña" en el día de la venida del Señor alude a los reinos exaltados o naciones "(véase también Isaías 64:1–3).
- **2 Nefi 12:2** (Isaías 2:2): **Montañas como templos.** "Montañas" también a veces son metáforas para templos.

C.R. SAVAGE, 1900

*El monte de la Casa del Señor*

A veces una metáfora es combinada con un sinónimo paralelo, el cual ayuda a hacer más claro el significado de la metáfora:

- **2 Nefi 12:3** (Isaías 2:3): "Venid, y subamos a la montaña de Jehová, a la casa del Dios de Jacob" de esto, podemos ver que la "montaña de Jehová" significa "la casa del Dios de Jacob." Entonces, en este caso Isaías está usando montaña como una metáfora para el templo.

— **Metáforas reales**—la metáforas de reyes y naciones—fueron ampliamente usadas en la época de Isaías. Estas metáforas son también figuras del discurso—frases que fueron claramente entendidas en la época de Isaías; pero que hoy día parecen algo extrañas para nosotros.

- **2 Nefi 15:25** (Isaías 5:25): "La "mano izquierda del castigo" es el verdugo.
- **2 Nefi 21:11, 15** (Isaías 11:11, 15): " La "mano derecha de liberación" es el rey.
- **2 Nefi: 15:26; 21:10, 12** (Isaías 5:26; 11:10, 12): Un estandarte o pancarta es una bandera que congrega a la gente. En este caso pudiera congregar a las naciones inicuas; para castigar a la gente del Señor por su iniquidad, o congregar a los justos de todas las naciones a Sión—un lugar seguro en el día del juicio.
- **2 Nefi 20:5; 24:5** (Isaías 10:5; 14:5): Los reyes de Asiria y Babilonia son llamados la "vara" y el "báculo" del castigo del Señor. En cualquier otra parte, ellos representan la ira del Señor y su furia (Isaías 5:25; 10:5; 13:5, 9; 2 Nefi 15:25; 20:5; 23:5, 9) o el "hacha" o "sierra" para destruir a los inicuos (Isaías 10:15; 14:8: 37:24; 2 Nefi 20:15; 24:8).
- **2 Nefi 18:7; 21:15** (Isaías 8:7; 11:15): el rey de Asiria y su confederación de naciones inicuas son representadas como "río" y "mar" (Isaías 5:30; 10:26; 17:12; 2 Nefi 15:30; 20:26), metáforas bien conocidas para el caos y el mal en la época de Isaías.

— **Contexto retórico.** Sea cual sea la estrategia literaria que se esté usando, todas deben ser entendidas en su contexto. Lo que un término o léxico significa en el diccionario hebreo, es menos importante que cómo Isaías lo usa en una profecía particular.

- **Isaías 1:27** Sión es definida (por paralelismo) como gente (aquellos que se arrepienten y son rescatados).
- **2 Nefi 8:11** Sión es definida como un lugar (el lugar del retorno para los recatados del Señor)<br>Isaías 35:10<br>Isaías 51:11

En Isaías 13 Babilonia debe ser entendida dentro del contexto, aún dentro del mismo capítulo.

- **2 Nefi 23:9, 11** (Isaías 13:9, 11): Aquí Babilonia es definida como los pecadores, el mundo, y los inicuos.
- **2 Nefi 23:13–14** (Isaías 13:13–14): Pero Babilonia es definida más adelante en el capítulo como la tierra entera.
- Entonces, como Sión, Babilonia representa a ambas cosas, la gente, y un lugar.

## LAS CLAVES DEL SEÑOR PARA INTERPRETAR A ISAÍAS

- **3 Nefi 23:1-3 El Señor ofreció claves similares para interpretar a Isaías** cuando Él visitó a los nefitas después de Su resurrección y les mandó a estudiar las palabras de Isaías, les dijo que ellos ganarían entendimiento al:
  - — Indagar a Isaías (v. 1).
  - — Entender tipológicamente (v. 3) lo cual significa entender eventos del pasado como un "tipo" (símbolo) de los eventos futuros.

### Indagar diligentemente las palabras de Isaías

- **3 Nefi 23:1 El Señor les mandó a los nefitas a Indagar diligentemente a Isaías.** Esto sugiere más que una lectura rápida u ocasional. Significa un estudio sostenido y serio. Debemos:
  - — Leer con oración ponderar.
  - — Estudiar frases y versos de acuerdo a "la manera de los judíos."
  - — Analizar y relacionarlos a nuestras propias vidas.
  - — Compara lo que leemos con los principios conocidos del Evangelio y profecías.

- **2 Nefi16:9-10** (Isaías 6:9-10): **las palabras de Isaías son veladas intencionadamente**, Así como las palabras del Salvador fueron veladas para aquellos que no estaban espiritualmente preparados durante Su ministerio terrenal (13:11, 13, 15-16). "Anda y di a este pueblo: Oíd bien, pero no entendáis; ved bien, pero no comprendáis" El Señor le dijo a Isaías (v. 9). "Engrosa el corazón de este pueblo, y endurece sus oídos y ciega sus ojos, no sea que vea con sus ojos, y oiga con sus oídos, y entienda con su corazón, y se convierta y sea sanado" (v. 10). Por esta razón, tenemos que discernir cuidadosamente el significado de Isaías por medio de un estudio consistente y con oración.
- **Isaías 28:9-10 Las palabras de Isaías son carne, no leche.** Él se está comunicando con aquellos que están espiritualmente maduros (1 Corintios 3:1-3; Hebreos 5:13-14). "¿A quién enseñará él conocimiento, o a quién hará entender el mensaje?" El Señor pregunta, y después responde, "¿A los destetados? ¿A los recién quitados de los pechos?" (v. 9) . Tal conocimiento es aprendido ... "un poquito allí, otro poquito allá" (v. 10). Por lo tanto, debemos tener una base sólida de conocimiento del Evangelio antes de tratar de leer y entender a Isaías..
- **Jacob 4:14 Muchos miran más allá de la meta**—ellos malentienden porque están buscando otro significado a (o más que) el significado que en verdad tiene. No debemos sobre—interpretar una escritura al asignar significados a cosas que son incorrectas o mal medidas. Por ejemplo, los judíos miraron más allá de la meta cuando ellos esperaron que el Mesías (quien vendría en los últimos días) viniese y los liberara de la opresión romana . Como resultado, ellos rechazaron y crucificaron al Salvador; quién no satisfizo su criterio malinterpretado.

Victor L. Ludlow dijo:

> Así como las profecías mesiánicas, las profecías de los últimos días en los escritos de Isaías son a menudo escritas a muchos niveles y se cumplen en épocas mas allá de aquellas en las cuales estas fueron habladas o registradas. Por esta razón, algunas profecías de los últimos días, parecen yuxtapuestas o fuera de lugar cuando se las compara en un contexto histórico mundano. Pero Isaías no está solo en este estilo profético. En el Apocalipsis, Juan se mueve repetidas veces hacia atrás y hacia adelante en el tiempo para señalar algo y fortalecer su retórica; aunque al hacer esto, él a menudo confunde a aquellos que no tienen la misma percepción profética.
>
> Por ... ejemplo, Isaías presenta una declaración de la restauración del evangelio en el capítulo 5, versículos 26–30, en medio de lo que podría ser un llamado al arrepentimiento válido para cualquier época .
>
> Los judíos que leen a Isaías no captan las referencias mesiánicas; las cuales se refieren a Jesucristo, mientras que los lectores cristianos tradicionales usualmente pasan por alto el glorioso mensaje de la restauración. Los Santos de los Últimos Días se distinguen en su perspectiva de Isaías porque, con su comprensión más plena del Evangelio, deben ser capaces de ver cómo en las profecías de Isaías se puede encontrar una amplia gama de cuSplimiento y aplicación.[11]

## Entender tipológicamente

Entender tipológicamente significa entender los eventos pasados como un "tipo" (símbolo) de eventos futuros. El Salvador describe las "cosas que habló [Isaías]" como cosas que "se han cumplido, y se cumplirán" (3 Nefi 23:3), lo que significa que las cosas que se han cumplido en el pasado, también se cumplirán en el futuro.

— **2 Nefi 25:7–10 Nefi habla de los eventos que ya han pasado** (la cautividad en Babilonia); **aunque él habla de su cumplimiento en los últimos días.** Esto parece ser una contradicción, hasta que nos damos cuenta de que Nefi siendo un judío, vio las palabras de Isaías tipológicamente. Él usó un evento del pasado de Israel como un tipo o símbolo de un evento que iba a pasar.

FRANCESCO HAYES, 1867

*La profecía de la destrucción total de Jerusalén es una profecía dualística*

Nefi también dijo que los escritos de Isaías se harán claros en los últimos días cuando sean cumplidos (v. 8). Por ejemplo, Isaías 29 se vuelve muy claro cuando uno sabe acerca de los eventos históricos que rodearon la aparición del Libro de Mormón y los compara con profecías dichas por Isaías más de 2700 años antes.

— **2 Nefi 6:4** El hermano de Nefi, Jacob, describe los escritos de Isaías como "cosas que están y que están por venir."

— **Eclesiastés 1:9** Salomón dijo "Lo que ha sido" es un tipo (símbolo) de los que "será."

— **Isaías 44:7** El Señor usa la tipología para "anunciar lo que vendrá."

- **Dualismo.** A veces las metáforas y profecías se aplican más de una vez y a más de un lugar:

  — **2 Nefi 12:2-3** (Isaías 2:2-3): Esta es una profecía metafórica concerniente a "la montaña de la casa de del Señor... en la sima de la montaña".Fue (y será ) cumplida múltiples veces:

  - Con el retorno de Judá a Jerusalén después de su cautividad en Babilonia; y por la reconstrucción del templo aproximadamente en el año 520 A.C.
  - Con los pioneros mormones estableciendo la Iglesia y el Templo en Utah en los años 1800.
  - Cuando un nuevo templo es construido por los judíos en Jerusalén justo antes de la segunda venida de Cristo (D&C 133:13)

  — **2 Nefi 23-24** (Isaías 13-14): La re-unión de Israel y su posible triunfo sobre Babilonia.

  - Babilonia se refiere a la nación de Babilonia en la época de Isaías.
  - También se refiere a la iniquidad y a los dominios de Satanás y el mundo.
  - También se refiere a la derrota pre-mortal de Lucifer y de sus huestes.

## EL LIBRO DE MORMÓN COMO UNA GUÍA PARA ENTENDER A ISAÍAS

El élder Bruce R. McConkie llamó al Libro de Mormón "el comentarista más grandioso del mundo sobre el libro de Isaías."[12] Esto es verdad cuando consideramos lo siguiente:

— Los profetas del Libro de Mormón amaban a Isaías y lo citaban a menudo.
— Grandes trozos de Isaías están incluidos con inspirados comentarios.
— El material de Isaías fue tomado de las planchas de bronce, escritas antes del año 600 A.C.
— Ésta es la versión disponible más exacta y más antigua de Isaías.

- Nefi y su hermano Jacob estudiaron, expusieron sobre, y amaron los escritos de Isaías:

— 1 Nefi 15:20 Isaías... "se refirió a la restauración de... la casa de Israel."

— 1 Nefi 19:23 "a fin de convencerlos más plenamente de que creyeran en el Señor su Redentor, les leí lo que escribió el profeta Isaías."

— 1 Nefi 19:24 "Escuchad las palabras del profeta, que fueron escritas para todos los de la casa de Israel"

— 2 Nefi 6:4 "Y ahora bien, he aquí, quisiera hablaros acerca de cosas ... que están por venir; por tanto, os leeré las palabras de Isaías"

— 2 Nefi 6:4 "Y os hablo ... [las palabras de Isaías] ... para que conozcáis y glorifiquéis el nombre de vuestro Dios"

— 2 Nefi 11:2 "[Isaías] verdaderamente vio a mi Redentor."

— 2 Nefi 11:8 "Y ahora escribo algunas de las palabras de Isaías, para que aquellos de mi pueblo que vean estas palabras eleven sus corazones y se regocijen por todos los hombres."

— 2 Nefi 11:8 "y podéis aplicároslas [las palabras de Isaías] a vosotros y a todos los hombres."

— 2 Nefi 25:5 "Sí, y mi alma se deleita en las palabras de Isaías."

— 2 Nefi 25:7–8 "las profecías de Isaías ... serán de gran valor ... en los días postreros."

- **2 Nefi 6:5** El hermano de Nefi, Jacob, quien lo siguió como profeta del Señor para los nefitas, dijo que las enseñanzas de Isaías se aplican a todos nosotros como hijos de Israel.

- **Jacob 5** Jacob citó una alegoría escrita por el profeta judío Zenós acerca de los olivos. Podemos entender mejor los escritos de Isaías al estudiar el simbolismo que el usó para describir los esfuerzos del Señor para establecer a Israel como un pueblo justo

  El élder Russell M. Nelson dijo: "Isaías es ... uno de los principales contribuyentes al Libro de Mormón ... unos 433 versículos de Isaías—casi un tercio del libro entero—son citados en el Libro de Mormón. En la edición en idioma inglés, más de la mitad (aproximadamente 233 versículos) difieren en algún detalle de su equivalente bíblico, mientras que aproximadamente 200 versículos tienen la misma redacción que la versión del Rey Santiago."[13]

## EL PRIMER USO DE ISAÍAS POR NEFI
(1 Nefi 20–21; Isaías 48–49)

El primer uso de Nefi de los escritos de Isaías, ocurre en 1 Nefi 20–21, donde él cita a Isaías en los capítulos 48–49. Estas enseñanzas ocurrieron después que la familia de Lehi llegara al continente americano; pero antes de la muerte de Lehi. Nefi ha creado recientemente un segundo juego de planchas (las planchas menores) e incluye en esas planchas estos capítulos de Isaías. He seleccionado unas pocas de las palabras de Isaías de aquellas incluidas por Nefi en estos capítulos para comentar sobre ellas.

## Israel, presente y futuro

- **1 Nefi 20:04** (Isaías 48:4) **El apóstata Israel es llamado por el Señor terco y obstinado.** "Y lo hice porque sabía que eres duro, y tu cuello es un tendón de hierro, y tu frente de bronce."

  Isaías usa algunas figuras literarias en esta escritura:

  — " y tu cuello es un tendón de hierro" significa que usted es "de cuello tieso"
  — "tu frente de bronce" significa que usted es "testarudo"

  Entonces el Señor está diciendo: "Usted es de cuello tieso, usted es testarudo".

- **1 Nefi 20:18–19** (Isaías 48:18–19) **el Señor les recuerda sobre las bendiciones que podrían haber disfrutado si ellos hubieran escogido ser obedientes.** "Oh, si hubieras escuchado mis mandamientos: habría sido entonces tu paz como un río, y tu rectitud cual las ondas del mar; y como la arena tu descendencia, y los retoños de tus entrañas como los granos de la arena."

  Isaías usa ambos símiles y figuras literarias en esta escritura:

  — La paz "como un río" significa que la paz es "profunda y continua."
  — la rectitud "cual las ondas del mar" significa "fuerte y continua"
  — Descendencia "como la arena" significa descendencia "tan numerosa como los granos de arena."

  Entonces significa: "Oh, si hubieras escuchado mis mandamientos—entonces tu paz hubiera sido *profunda y continua*. Tu descendencia también hubiera sido tan *numerosa como los granos de arena*."

- **1 Nefi 21:1** (Isaías 49:1) "Oídme, oh islas, y escuchad, pueblos lejanos." En esta escritura, Isaías usa un sinónimo paralelo para identificar el significado de una metáfora. Sabemos que "islas" en este caso es una metáfora para "pueblos lejanos," y no literalmente pueblos que están viviendo en una isla.

  También ayuda a seguir la referencia cruzada y las notas de pie en la parte inferior de la página para entender más claramente cómo la metáfora para "islas" ha sido usada por los profetas. En 1 Nefi 22:4, Nefi explica claramente de qué gente Isaías está hablando y en 1 Nefi 2 Nefi 10:20–22 Nefi llama a su tierra "una isla del mar" y habla de otras "islas del mar" en donde otros israelitas están esparcidos.

- **1 Nefi 21:2–3** (Isaías 49:2–3) **El Señor habla de un pueblo de los últimos días que Él ha escondido del conocimiento del mundo hasta ese tiempo.** Él también habla del profeta quien los guía. Nefi cita "Y hizo mi boca como espada aguda: me cubrió con la sombra de su mano, y me hizo saeta pulida; me guardó en su aljaba; y me dijo: ¡Mi siervo eres tú, oh Israel; en ti seré glorificado.!"

  Isaías usa símiles, algunas figuras literarias y una metáfora en estos versos:

— "Boca como espada aguda" es un símil que compara su boca a una espada, sugiriendo que lo que él dice "corta como un cuchillo" a través del error y de los obstáculos.

— Esconder a Israel en "la sombra de su mano" es una figura literaria que significa que Él ha cubierto a Israel con Su mano para que nadie pueda verlo (D&C 86:8–9).

— La metáfora "saeta pulida [flecha]" escondida en la aljaba del Señor [una bolsa que guarda flechas] comprara a Israel con un arma secreta escondida.

Entonces esto significa "Y cortaré a través de todos los obstáculos; esconderé a mi pueblo Israel de la vista hasta los últimos días; y ellos serán mi arma secreta escondida en el recogimiento de Israel, por el cual yo seré glorificado."

El profeta José Smith dijo; "Cada hombre que tiene un llamamiento para ministrar a los habitantes del mundo fue ordenado para ese propósito en el Gran Concilio del cielo antes de que el mundo fuese. Supongo que yo fui ordenado para ese oficio en el gran concilio ... yo soy el siervo de Dios, y de esta gente, Su gente."[14]

El profeta también se identificó a sí mismo como la saeta pulida: "Yo soy una gran piedra rústica, rodando hacia abajo desde una alta montaña; y el único pulimiento que yo consigo es cuando algunas esquinas se rozan al estar en contacto con algo más. Tocando con fuerza acelerada contra la intolerancia religiosa, las supercherías sacerdotales, las supercherías de la ley, las supercherías de los doctores, editores mentirosos, jueces y jurados sobornados y, y la autoridad de ejecutivos perjuros; respaldados por grupos de gente mala, blasfemos, lisonjeros, y hombres y mujeres corruptos—todo el infierno golpeando las esquinas de la roca aquí, y allá. Entonces me volveré una saeta pulida y lisa en la aljaba del Todopoderoso; quien me dará dominio sobre todos ellos, cuando su refugio de mentiras fallará, y sus escondites serás destruidos, mientras estas rocas lisas y pulidas con las cuales yo me pongo en contacto, se estropean."[15]

- **1 Nefi 21:3–13** (Isaías 49:3–13) **la Israel de los últimos días también será una luz para los gentiles y para los espíritus en prisión.** En lenguaje figurado, la Israel de los últimos días tiene una conversación con el Señor aquí. El Señor comienza diciendo: "Mi siervo eres tú, oh Israel; en ti seré glorificado." (v. 3) Israel responde que ella está "trabajado en vano" para reunir a sus hijos; pero toma solaz en la promesa del Señor de que: "Aunque Israel no sea congregado, aún así seré estimado ante los ojos de Jehová, y mi Dios será mi Fortaleza" (versos 4–5)

  El Señor luego dice: "Poca cosa es que tú seas mi siervo para levantar las tribus de Jacob y para restaurar lo que se conserva de Israel" (v. 6) "poca cosa es" es una figura literaria que significa "no es suficiente." El Señor está diciendo que la re-unión de Israel no es suficiente—que Él también les dará [a ellos] como luz a los Gentiles, para que [ellos] reciban [Su] salvación hasta "el fin de la tierra." (v. 6). Como resultado de esta re-unión de los Gentiles "reyes lo verán y se levantarán; príncipes también, y adorarán, por el Señor, que es fiel" (v. 7).

El Señor entonces da una lista de otros quienes serán reunidoss, incluyendo "las islas del mar" (v. 8), las cuales usted recordará de los capítulos anteriores; es también una figura literaria que significa "lugares lejanos." También, la reunión incluirá a "los prisioneros" a quienes será dicho: "Salid a los que están en tinieblas: Manifestaos" (v. 9). Esto tiene múltiples significados; de los cuales uno es una referencia a la obra misional que será hecha entre los muertos en la prisión espiritual. En los versos subsecuentes, El Señor menciona a Sus "montañas" y sus "altas vías" ambas son metáforas para templos (versos 10–11). Y finalmente, el Señor dice que aquellos que son reunidos"vendrán de lejos; y, he aquí, estos del norte y del occidente, y éstos de la tierra de Sinim" (v.12). Esta reunión será permanente, porque los que están reunidos "nunca más serán heridos, pues el Señor ha consolado a su pueblo, y tendrá misericordia del afligido" (v. 13).

- **1 Nefi 21:14–23** (Isaías 49:14–23) **El Señor usa una serie de metáforas y figuras literarias** para describir lo que será la re-unión de Israel en los últimos días.

  — **La metáfora de la madre atenta.** El versículo 15 pregunta si las madres pueden olvidar a sus hijos pequeños mientras que ellas están alimentándolos con sus pechos. Quizás, Pero el Señor no nos olvidará.

  — **La metáfora del Salvador atento.** El versículo 16 dice que Él nos ha "grabado [a nosotros] en las palmas de [Sus] manos"—una figura literaria acerca de hacernos imposibles de olvidar; pero también una metáfora de la crucifixión del Señor. ¿Olvidará Él lo que hizo por nosotros? No, Él no lo hará. El versículo 16 también habla de nuestras "paredes"—una metáfora para nuestras circunstancias—que están continuamente ante (la vista de) Él.

  — **La metáfora de la familia que crece**. El versículo 20 dice: "Este lugar está muy estrecho para mí, apártate"—una figura literaria que dice que vendrá tanta gente, que parecerá muy populoso. El versículo 21 dice: "¿Quién me engendró a éstos?... ¿dónde estaban éstos?"—una figura literaria para ¿De que parte del mundo vinieron todas estas personas?

  — **La metáfora de los Padres nutridores.** En el versículo 22 leemos cómo el Señor pondrá Su "Estandarte"—una bandera militar que es levantada para indicar dónde deben reunirse los soldados. El versículo 22 también habla de los Gentiles que lo llevarán "sobre sus hombros"—una figura literaria que significa "le ayudará a llegar allá." El versículo 23 describe a los Gentiles como padres nutridores y madres nutridoras de Israel—una metáfora de padres nutridores que protegen a un niño pequeño.

Estos primeros dos capítulos de Isaías en el Libro de Mormón, son buenos ejemplos para ilustrar la manera en la cual escribe Isaías. Se espera que con esta poca introducción, el lector pueda comenzar a entender el sentido de su lenguaje y métodos. Entonces, al avanzar hacia otros capítulos de Isaías, estos se volverán cada vez más claros para aquellos que están haciendo un esfuerzo sincero y real para entender. Y al final, mi esperanza es que se ame la belleza de las comparaciones de Isaías, de su poesía, y de sus vívidas imágenes.

No estamos solos en nuestras interpretaciones. En el siguiente capítulo, 1 Nefi 22, Nefi explica algunas de las profecías de Isaías concernientes a la disperción de Israel. Estamos muy bendecidos de tener a Nefi como nuestro interprete además de aquellas explicaciones contenidas en la Doctrina y Convenios. Y estamos aún más bendecidos por tener las notas de pie en nuestras escrituras para ayudarnos a encontrar aquellas explicaciones.

## JACOB ENSEÑA DE ISAÍAS
(2 Nefi 7–8; Isaías 50–51)

En este punto, Nefi registra enseñanzas inspiradoras del hermano Jacob (2 Nefi 6–10). Jacob se refiere a sí mismo como "habiendo sido llamado por Dios y ordenado conforme a su santa orden". Él dice: "habiendo sido consagrado por mi hermano Nefi . . . he aquí, vosotros sabéis que os he hablado muchísimas cosas" (2 Nefi 6:2). Él es obviamente un ministro ordenado; y ya antes le ha enseñado a la gente.

- **2 Nefi 6:4–18 Jacob comienza por leer los escritos de Isaías** (49:22; 60:16; 44:8; 45:5; 46:9) y se los explica al pueblo, añadiendo detalles de las visiones que él ha recibido del Señor concerniente a:
    — El retorno de la gente de Judá a Jerusalén .
    — La venida del Señor Jesucristo.
    — El rechazo de Cristo y crucifixión a manos de los judíos.
    — La dispersión de Israel a través del mundo.
    — La re-unión de Israel en los últimos días.
    — La destrucción de los inicuos que rechazan al Salvador.
    — La liberación y protección de los justos.

- **2 Nefi 7–8 Jacob entonces procede a enseñar de Isaías 50, 51, y 52:1–2.** El resto de este capítulo consiste en una interpretación de estos pasajes de Isaías usando las claves identificadas anteriormente.

### La futura redención de Sión

- **2 Nefi 7:1** (Isaías 50:1) **El señor usa la metáfora del divorcio para enfatizar cómo Él no ha abandonado a Israel y nunca lo hará.** "Sí, porque así dice el Señor: ¿Dónde está la carta de divorcio de vuestra madre, con la cual yo la he repudiado? ¿O quiénes son mis acreedores, a quienes yo os he vendido? He aquí que por vuestras iniquidades habéis sido vendidos, y por vuestras transgresiones ha sido repudiada vuestra madre."
    — "He repudiado"—es una figura literaria que significa "divorciarme de ti."
    — "¿Dónde está la carta de divorcio de vuestra madre?"—bajo la ley mosáica, un hombre que se divorciaba de su esposa, tenía que darle a ella una carta escrita de divorcio. Ella entonces estaba libre para casarse de nuevo. Pero si un hombre se negaba a darle tal carta, entonces ella era considerada todavía atada a él hasta que muriera. El Señor hace claro de que Él no ha dado una carta de divorcio a Israel, pese a su deslealtad.

— "¿Quiénes son mis acreedores, a quienes yo os he vendido?" bajo la mismas leyes, un hombre podía venderse a sí mismo o a sus hijos a la esclavitud para satisfacer a sus acreedores. El Señor no ha hecho esto pese a que Israel se ha "vendido a ella misma" (como una ramera).

A través de la escrituras, el Señor usa el matrimonio como una metáfora para Su relación con Israel y para cada uno de nosotros personalmente. Ésta es una comparación muy profunda, que demuestra cuán sagrado considera el Señor Sus convenios con nosotros—como aquellos entre un esposo y una esposa. Él siempre será fiel a sus promesas para con nosotros, y Él espera que nosotros guardemos las nuestras con Él. Cuando Él habla aquí acerca del divorcio, lo hace para demostrar que no se ha dado por vencido con Israel, aunque ellos hayan probado serle infiel a Él.

- **2 Nefi 7:2–6** (Isaías 50:2–6) **El Señor le recuerda a Israel** que Él es el creador, el Redentor, y aquél que sufrirá humillaciones por ellos.

— "Cuando llegué, no había nadie, y cuando llamé, nadie respondió. . . . Ofrecí la espalda a los que me golpeaban, y mis mejillas a los que mesaban mi cabello. No escondí mi rostro de injurias y de esputos."

Estas escrituras son un ejemplo de topología—hablando del futuro como si fuera el pasado. "Cuando vine no apareció nadie" va al principio de la creación de la humanidad . Como Su creador, Él también tiene el poder de redimirnos. "Entregué mi espalda a los que me golpeaban" como una referencia de Su azote—un feroz latigazo en la espalda con un látigo de metal y vidrio (Mateo 27: 26). "no escondí mi rostro de injurias ni de esputos" se refiere a Su tratamiento antes del Sanedrín durante Su tribunal ilegal (Mateo 26:67) cuando ellos lo abofetearon y escupieron en Su cara.

- **2 Nefi 7:10–11** (Isaías 50:10–11) **El Señor habla de la futilidad de caminar en su propia luz en lugar** de la luz de Cristo.

— "¿Quién hay entre vosotros que teme a Jehová y obedece a la voz de su siervo? El que anda en tinieblas y carece de luz . . . . . ?" Significa que aquellos que escuchan a los siervos del Señor nunca se quedan en la oscuridad espiritual.

— "He aquí, todos vosotros que encendéis fuego y que os rodeáis de chispas, andad a la luz de vuestro fuego y de las chispas que encendisteis. De mi mano os vendrá esto: en dolor seréis sepultados" (v. 11). Podemos leer esta escritura como: "Aquellos que caminan por su propia luz (por su propio entendimiento) en lugar de confiar en el Señor acabarán obteniendo sólo lamento."

- **2 Nefi 8:1–3** (Isaías 51:1–3) **El Señor aconseja al Israel de los últimos días a seguir el ejemplo de sus ancestros justos, Abrahan y Sara.**

— "Oídme, los que seguís la justicia, los que buscáis a Jehová; mirad a la piedra de donde fuisteis cortados y el hueco de la cantera de donde fuisteis arrancados. Mirad a Abrahan, vuestro padre, y a Sara . . ." (versículos 1–2).

— "La piedra de donde fuisteis cortados" y "el hueco de la cantera de donde fuisteis arrancados" son figuras retóricas similares a una de nuestros días—ustedes son "astillas del mismo palo" de Abrahan.

- **2 Nefi 8:9–16** (Isaías 51:9–16 **Isaías profetiza acerca de grandes manifestaciones del poder de Dios en los últimos días.** Isaías implora al Señor para venir en los últimos días con el mismo poder que se manifestó en los tiempos del Antiguo Testamento (vv. 9–10). Rahab era una prostituta, por lo que "cortar a Rahab" significa terminar con la prostitución. El dragón es una metáfora de Satanás.

  — "¿No eres tú el que secó el mar, las aguas del gran abismo; el que transformó en camino las profundidades del mar para que pasasen los redimidos? Por tanto, volverán los redimidos de Jehová; irán a Sión cantando . . ." (versículos 10–11). Esta escritura: "transformó en camino las profundidades del mar para que pasasen los redimidos" significa que Él hará un camino en el mar para que la gente pase. "los redimidos" en este caso se refieren a las diez tribus perdidas de Israel, quienes regresarán a Sión (La Nueva Jerusalén) por el camino que el Señor creará para ellos en el océano ( D&C 133:23–27).

  — El Señor le promete a Sión de los últimos días (Su iglesia) que Él estará con ellos. Él promete "en tu boca he puesto mis palabras"(darle la revelación) (versículos 12–16).

- **2 Nefi 8:17–23** (Isaías 51:17–23) **El señor le promete a Jerusalén**, que sufrirá grandemente en los últimos días y después será rescatado, que el no sufrirá más. En medio de la furia de la guerra del Armagedón, no habrá nadie entre los hombres de Jerusalén para rescatarlo (versos 17–18). Sin embargo, dos hombres vendrán y tendrán compasión de ellos. Sabemos de otras escrituras que estos son dos apóstoles de los últimos días—testigos especiales para los judíos (Apocalipsis 11:1–6)—quienes tendrán mucho poder (D&C 77:15). Estos dos testigos "desmayaran" (serán martirizados) en Jerusalén y estarán tendidos en las calles por un tiempo. Sabemos de otras escrituras que ellos luego se levantarán de entre los muertos cuando el Salvador descienda para salvar a Jerusalén y reinar en el milenio (versículos 20).

- **2 Nefi 8:24–25** (Isaías 52:1–2) **Isaías le implora al Israel de los últimos días que se levante** y le lleve el sacerdocio a ellos.

  — "¡Despierta, despierta, vístete de tu poder, oh Sión! ¡Vístete tus ropas de hermosura, oh Jerusalén, ciudad santa! Porque nunca más vendrá a ti el incircunciso ni el inmundo" (v. 24).

  — "Vístete de tu poder" es una metáfora para recibir el sacerdocio (D&C 113:7–8).

  — "Vístete tus ropas de hermosura" es una metáfora que significa los mismo que "ponte tu fortaleza."

  — "¡Sacúdete del polvo, levántate y toma asiento, oh Jerusalén! ¡Suelta las ataduras de tu cuello, oh cautiva hija de Sión!" (v. 25).

  — "Suelta las ataduras de tu cuello" Se refiere a la práctica de poner collares en los cuellos de los cautivos para controlarlos; así como una correa o collar mantiene a un perro quieto mientras camina. Remover estas bandas sugiere ser liberado.

Al aplicar lo que hemos aprendido acerca de interpretar a Isaías en estos cuatro capítulos, se espera que su haya aumentado su confianza en su habilidad para entender los escritos y profecías de este maravilloso profeta y poeta del Antiguo Testamento. Como otros elementos que son simbólicos, también hay múltiples niveles de comprensión de Isaías; y no todos serán captados la primera vez. Cada vez que lea a Isaías, encontrará nuevos tesoros. Entonces le animo a leer sus palabras a menudo y con oración. Creo que si lo hace, la belleza de su lenguaje y el significado de su mensaje se derramará sobre su mente y sobre su corazón de tal manera, que usted verdaderamente será capaz de decir como dijo Nefi "mi alma se deleita en sus palabras" (2 Nefi 11:2).

En el siguiente capítulo, leeremos e interpretaremos los trece capítulos restantes de Isaías (Isaías 2–14) que Nefi incluyó palabra por palabra en las planchas menores. Estos constituyen 2 Nefi 11–25 del Libro de Mormón.

## REFERENCIAS ÚTILES PARA ENTENDER A ISAÍAS

Muchas de las ayudas y sugerencias encontradas en este capítulo, han sido adaptadas de aquellas provistas por otros estudiosos de Isaías. Si usted desea más ayuda, podría beneficiarse con estas obras y leerlas por completo.

- "Entendiendo a Isaías" y "El mundo de Isaías," en Manual del estudiante para Religión 302, 2003, págs. 131–37, 171–78.
- "Estilos Literarios Hebreos," en Manual del estudiante para Religión 302, 2003, págs. 303–8).
- "Las Claves de Nefi para Entender a Isaías", editado por Donald W. Parry y John W. Welch, 1998, págs. 47–65.
- "Diez Claves para Entender a Isaías,", Bruce R. McConkie, octubre de 1973, págs. 78–83.
- *Un compañero para su estudio del Libro de Mormón* Daniel H. Ludlow, 1976, págs. 134–45.
- *Comentario doctrinal del Libro de Mormón*, Joseph Fielding McConkie y Robert Millet, 1987, págs. 151–67, 232–82.
- "Nefi e Isaías," en *Estudios de las escrituras, Volumen 7: De 1 Nefi a Alma 29*, editado por Kent P. Jackson, 1987, págs. 131–45.

**Notas** (Todas las referencias son de las versiones en idioma inglés de los textos que se citan.)

1. "Diez claves para entender a Isaías," en revista *Ensign*, octubre de 1973, pág. 81.
2. "Diez claves para entender a Isaías," pág. 81.
3. *Enseñanzas del profeta José Smith*, escogidas y arregladas por Joseph Fielding Smith, 1976, págs. 11–12
4. *Grandes son las palabras de Isaías*, 1980, págs. 283–287.
5. "Diez claves para entender a Isaías," en revista *Ensign*, octubre de 1973, págs. 80, 78.

6. Revista *Ensign*, mayo de1986, 61.

7. "Las lecciones de Nefi para su pueblo: El Mesías, la tierra, e Isaías 48–49 en 1 Nefi 19–22," in D. W. Perry and J. W. Welch, *Isaías en el Libro de Mormón*, 1998, págs. 96–100.

8. "Isaías: Cuatro claves de los últimos días para un libro antiguo," en Monte S. Nyman, editado por, *Isaías y los profetas: voces inspiradas del Antiguo Testamento*, 1984, págs. 124–125.

9. *Lehi en el desierto: 81 Nuevas Eevidencias Documentadas de que el Libro de Mormón es una historia verdadera*, 2003, págs. 163–65.

10. "Quiasmas en el libro de Mormón; o el libro Mormón lo hace de nuevo" revista *New Era*, Febrero de 1972, 6 págs. -7.

11. *Isaías: profeta, Vidente y Poeta*, 1982, págs. 55–57.

12. Diez claves para entender a Isaías," pág. 81.

13. "Un testimonio del Libro de Mormón," en Repore de La Confefrencia, octubre de 1999; o *Ensign*, noviembre de 1999, págs. 69–71, nota 17.

14. *Enseñanzas del profeta José Smith*, pág. 365.

15. *Enseñanzas del profeta José Smith*, pág. 304.

Capítulo 9

# Isaías en el Libro de Mormón

(2 Nefi 11–24; Isaías 2–14)

Con base de sugerencias para interpretar a Isaías que se encuentran en el capítulo 8, podemos avanzar a los capítulos de Isaías que Nefi incluyó en las planchas menores; desde del fin del sermón de su hermano Jacob para su pueblo. Éste es el bloque más grande de los capítulos de Isaías en el Libro de Mormón, la mayoría de los cuales aparecen consecutivamente sin comentarios de Nefi.

PROVIDENCE LITHOGRAPHIC, 1904

*Nefi amaba las profecías de Isaías*

Es aquí donde muchos lectores ocasionales del Libro de Mormón se rinden, sin desear hacer un esfuerzo por entender lo que el gran profeta del Antiguo Testamento está diciendo. Pero si perseveramos, nos esperan grandes percepciones— los misterios de divinidad que los profetas han recibido a través de las épocas y que podemos saber por nosotros mismos.

- **2 Nefi 11:1–8 Nefi explica sus razones para citar a Isaías:**

  (1) Nefi se deleita con las palabras de Isaías (v. 2)
  (2) Las palabras de Isaías demuestran la veracidad de la venida de Cristo (versos 2–4, 6) y
  (3) El lector puede elevar su corazón y regocijarse con las palabras de Isaías (v. 8).

Daniel H. Ludlow dijo: "Dios ha dicho por medio de Sus profetas, 'Por boca de dos o tres testigos se establecerá toda palabra' (2 Corintios 13:1) Nefi estaba aparentemente conciente de Su sistema de testigos cuando introdujo a tres grandes testigos pre-cristianos de la venida de Jesucristo. Isaías, Nefi mismo, y el hermano de Nefi, Jacob. Nefi entonces continúa: 'Por tanto, Dios ha dicho, por las palabras de tres estableceré mi palabra' (2 Nefi 11:3)".[1]

Nefi se deleitó en "demostrar a mi pueblo la verdad de la venida de Cristo" ( v. 4). Esto provee una percepción importante sobre los pasajes particulares que Nefi escoge citar. Los estudiosos se refieren a tales pasajes como mesiánicos; porque estos se centran en el futuro Mesías. Nefi dijo anteriormente que él le leyó las palabras de Isaías a su pueblo para: "convencerlos más plenamente de que creyeran en el Señor su Redentor" (1 Nefi 19:23–24). También obtenemos una interesante percepción de Nefi mismo en los versículos 2, 4, 5, y 6 al él decirnos que es lo que le "deleita."

A medida que avanzamos ahora con nuestro estudio de algunos de los escritos de Isaías en el Libro de Mormón, he organizado los temas secuencialmente; pero allí donde el significado es mayor, he agrupado varias profecías juntas que no son secuenciales. El tema de cada sección es su guía para los que se refieren los versículos de Isaías .

## LA VISIÓN DE ISAÍAS DEL SEÑOR

(2 Nefi 16; Isaías 6)

El comienzo del ministerio de Isaías no se encuentra en el capítulo 1 sino en el capítulo 6. Allí, él describe su visión inaugural del Señor y su llamamiento para ser profeta. Como fue el caso con Abrahan, Isaac, Jacob, Moisés, Samuel, José Smith, y muchos otros, el ministerio de Isaías vino como respuesta a una visita abierta del Señor. Así es como el Señor llama a sus profetas.

- **Isaías 1:1 la visión gloriosa de Isaías ocurrió en el Lugar Santísimo del templo de Jerusalén;** un hecho que no está incluido en Isaías 6 o in 2 Nefi 16, sino que nos enteramos de esto al comienzo de los escritos de Isaías.

- **2 Nefi 16:1** (Isaías 6:1) **Isaías ve al Señor.** La visión ocurrió "el año en que murió el rey Uzías" (aproximadamente en el año 740 A.C.), y en esta visión el "vi [vio] . . . al Señor sentado sobre un trono alto" (v. 1). Juan y Nefi testificaron que el Señor a quien vio Isaías era el Jesucristo premortal (Juan 12:41; 2 Nefi 11:2–3).

GIOVANNI BATTISTA TIEPOLO,1726–1729

*Isaías vio una visión del Señor*

- **2 Nefi 16:2** (Isaías 6:2) **Isaías describe a los seres sagrados que rodean el trono de Dios.** La figura literaria "serafín" en un término que significa "ardientes" o "serpientes" (Números 21:6,?8; Deuteronomio 8:15; Isaías 14:29) y se refiere al tipo de seres gloriosos que el profeta José Smith dijo "moran en llamas eternas."[2]

  Hay también un numero de metáforas en esta escritura que, si se toman literalmente, parecerán muy extrañas, pero, si se interpretan simbólicamente son muy bellas.

  — El serafín tiene alas, un término hebreo que significa "velos" o "cubiertas."

  — Con estas alas, ellos pueden velar o cubrir sus caras, palabra hebrea para "presencia." Ellos pueden también esconder sus pies o piernas, palabra hebrea para "posición" o localización"

  — Ellos tiene el poder para "volar" lo que significa "moverse libremente a través del espacio." El élder Bruce R. McConkie dijo: "Los serafines son ángeles que residen en la presencia de Dios, dando gloria continua, honor, y adorándolo a Él . . . el hecho de que estos seres sagrados le fueron mostrados a él [a Isaías] teniendo alas fue simplemente para simbolizar su "poder; para moverse, para actuar, etc.' Como lo fue también el caso de las visiones que otros habían recibido (D&C 77:4)."[3]

- **2 Nefi 16:3** (Isaías 6:3) **El serafín dio voces de alabaza al Señor.** Isaías los escuchó gritar el uno al otro, "¡Santo, Santo, Santo es El Señor de los ejércitos! ¡Toda la tierra está llena de su gloria." En hebreo, la manera de dar énfasis a una afirmación es repetirla tres veces. Entonces, "Santo, Santo, Santo" en su lenguaje es el equivalente de decir "El Santísimo" en nuestro idioma.

- **2 Nefi 16:4** (Isaías 6:4) **Su alabanza sacudió los cimientos del templo.** Decir que "los umbrales de las puertas se estremecieron con la voz del que clamaba" era una manera hebrea de decir la base ("los umbrales") se estremecieron.

- **2 Nefi 16:4** (Isaías 6:4) **La gloria del Señor llenó la habitación.** Isaías dijo: "La casa se llenó de humo" la cual es una figura hebrea literaria que significa que la "presencia y gloria de Dios" estaba allí. El profeta José Smith dijo: "Dios Todopoderoso mismo mora en el fuego eterno. La carne y la sangre no pueden ir allí, porque la corrupción es devorada por el fuego. 'Nuestro Dios es un fuego consumidor' (Deuteronomio 4:24; Hebreos 12:29). Cuando nuestra carne esté vivificada por el espíritu, no habrá sangre en este tabernáculo. Algunos moran en gloria más alta que otros . . . la inmortalidad mora en un fuegos eternos."[4]

- **2 Nefi 16:5–7** (Isaías 6:5–7) **Isaías recibió un perdón por sus pecados.** Reconociendo que estaba en la presencia de seres santos, gritó,—"¡Ay de mí que muerto soy!"—una figura literaria indicando el sentimiento abrumador de Isaías de indignidad ante Dios. ""Yo soy un hombre de labios impuros y. . . mis ojos han visto al Rey, Jehová de los ejércitos "(v. 5).

  Como respuesta, uno de los serafines voló hacia él, "teniendo en su mano un carbón encendido, tomado del altar con unas tenazas. Y tocó con él sobre mi boca y dijo: He aquí que esto ha tocado tus labios, y tu iniquidad es quitada y borrado tu pecado" ( versículos 6–7). Los carbones calientes del altar del sacrificio simbolizan "limpieza" o "purgar" para los hebreos. Entonces los "labios inmundos" de Isaías (pecados) fueron perdonados.

BERNARD PICART, 1728

*Un carbón caliente en los labios de Isaías*

- **2 Nefi 16:8–9** (Isaías 6:8–9) **Isaías acepta un llamado para ministrar a su gente.** El Señor le preguntó a Isaías " ¿A quién enviaré y quién irá por nosotros?" a lo cual Isaías deseoso dijo: "Heme aquí, envíame a mí" (v. 8) El Señor entonces le mandó, "Anda y di a este pueblo: Oíd bien, pero no entendáis; ved bien, pero no comprendáis." Esta pereciera ser una misión peculiar—decirle a la gente que no entienda—pero de nuevo, es una manera figurativa de decir que la gente no oirá a Isaías. Él necesitaba saber desde el principio que el fue mandado a una gente inicua y perversa y que sólo unos pocos responderían.

- **Isaías 64:4 La insuficiencia del lenguaje mortal para describir las cosas celestiales.** Más tarde en sus escritos, Isaías describió la insuficiencia de las palabras y aún de los sentidos del hombre mortal para entender o describir las cosas celestiales. ""Porque desde el principio del mundo, los hombres no han oído hablar, ni oídos percibieron, ni ojo ha visto a Dios fuera de ti, lo que él ha preparado para él que espere por él." La gloria y belleza del reino celestial es, literalmente indescriptible.

  — **1 Corintios 2:9; D&C 76:10 Otros que han experimentado visiones de los reinos celestiales** han citado a Isaías en un intento de explicar su capacidad limitada para decir lo que han visto.

  El profeta José Smith dijo: "Podríamos leer y comprender todo lo que ha sido escrito desde los días de Adán, pero sobre la relación del hombre con Dios y con ángeles en un futuro estado, debemos saber muy poco. Leer la experiencia de otros, o la revelación dada a ellos, nunca puede darnos una visión completa de nuestra condición, y de nuestra verdadera relación con Dios. El conocimiento de estas cosas sólo se puede obtener experiencia a través de las ordenanzas que Dios ha establecido para tal fin. Si se pudiera mirar a los cielos por cinco minutos, se sabría más de lo que la lectura de todo lo que alguna vez se escribió sobre el tema ."[5]

- **Isaías 64:9–12 El Señor le advierte a Isaías que la gente rechazará su mensaje.** Él vio una visión en la cual la ciudads de Judá se volvió un desierto, y Jerusalén, aún peor— una desolación (v. 10). Él vio el templo "nuestra santa y gloriosa casa, en la cual te alabaron nuestros padres . . . consumida por el fuego; y todas nuestras cosas preciosas . . . destruidas" (v. 11). Isaías estaba turbado, llorándole al Señor, "pueblo tuyo somos todos nosotros." (v. 9) y "¿Te contendrás, oh Jehová, ante estas cosas? ¿Callarás y nos afligirás sobremanera?" (v. 12). Discutiremos los detalles de esta destrucción en las siguientes secciones de este capítulo.

## LOS ÚLTIMOS DÍAS Y EL MILENIO

(2 Nefi 12; Isaías 2)

En el libro de Isaías, el profeta se cambia rápidamente de una dispensación a otra. En el capítulo, 1 el tema es su propia dispensación pecaminosa. En el capítulo 2 , Isaías cambia a los últimos días y al milenio; entonces compara las dos dispensaciones con una serie de profecías dualísticas. El cambio rápido no es de naturaleza cronológica y las profecías de Isaías llevan a algunos a creer que el libro fue organizado por alguien más; como una colección de sus pensamientos y experiencias. Pero es igualmente posible que él sea un vidente visionario, cuyas visiones se borran fácilmente y rápidamente se pasa de una dispensación a otra.

- **2 Nefi 12:2–3** (Isaías 2:2–3) **La Casa del Señor será construida en "la cimaa de la montaña"** y todas las naciones se reunirán allí (véase también Miqueas 4:1–2). Los elementos claves de estas profecías son los siguientes:

  — "Los postreros días" ( v. 2)—nuestro último día.
  — "El monte de la casa del Señor" (v. 2) Esto significa un templo.
  — "Establecidos en la cima de las montañas" (v. 2). Es interesante que la palabra Utah significa "cima de las montañas"
  — "Correrán a él todas las naciones" (v. 2). "vendrán muchos pueblos" (v. 3).
  — "Nos enseñará acerca de sus caminos" (v. 3). Será un lugar de aprendizaje concerniente a Dios.

*El monte del Señor en los últimos días*

El Presidente Harold B. Lee dijo: "La salida a la luz de Su Iglesia en esos días fue el principio del cumplimiento de la antigua profecía cuando el monte de la casa del Señor será establecido en la cima de las montañas" (En Reporte de La Conferencia, Abril de 1973, 5; o Julio de 1973, 3–4).. "Con la venida de los pioneros para establecer la Iglesia en la cima de las montañas, nuestros primeros líderes declararon . ... el principio del cumplimiento de esa profecía."[6]

El élder LeGrand Richards dijo: "Cuán literalmente ha [Isaías 2: 2–3] sido cumplida, según mi manera de pensar, en esta misma casa del Dios de Jacob, aquí mismo ¡En este bloque! Este templo [Salt Lake] más que cualquier otro edificio del cual tenemos algún historial, ha traído a gente de cada tierra para aprender Sus caminos y caminar por Sus senderos."[7]

- **2 Nefi 12:2–3** (Isaías 2:3) **"De Sión saldrá la ley. . . [y] la palabra del Señor de Jerusalén."**.Habrá dos capitales del reino del Señor en el Milenio..". La capital política, la fuente de la "ley"—será la Nueva Jerusalén, construida en el hemisferio occidental. La capital religiosa—"La palabra del Señor"—vendrá de la tierra del Señor y de la ciudad" La vieja Jerusalén. Ambas serán bendecidas por Su presencia y le servirán al rey de reyes.

  El Presidente Joseph Fielding Smith dijo:

  > "Se nos informó en la revelación dada a José Smith el profeta, que la ciudad de Sión y la Nueva Jerusalén son una y la misma [D&C 28:9; 42:9; 45:66–67; 57:2; 58:7] . . .
  >
  > Jerusalén la vieja, después que los judíos hayan sido limpiados y santificados de todos sus pecados, se volverá una ciudad santa donde el Señor morará y desde donde Él envirará Su palabra a todos los pueblos. De la misma manera, en este continente, la ciudad de Sión , la Nueva Jerusalén, será construida y de ésta, también saldrá la ley de Dios. No habrá conflicto, porque cada ciudad será una base para el Redentor del mundo, y de cada una, Él enviará Sus proclamaciones; según lo requiera la ocasión. Jerusalén será el lugar de reunión de Judá

y de sus compañeros de la casa de Israel, y Sión será el lugar de reunión de Efraín y de sus compañeros, sobre cuyas cabezas serán conferidas "las bendiciones más ricas" . . .

Estas dos ciudades, una en la tierra de Sión y la otra en Palestina, se volverán las capitales para el reino de Dios durante el Milenio.[8]

- **2 Nefi 12:4–5** (Isaías 2:4–5) **El establecimiento del Milenio.** El Señor reinará sobre todas las naciones y sobre "mucha gente" durante Su reinado milenario. Será un era de paz, durante la cual "forjarán sus espadas en rejas de arado y sus lanzas en hoces; no alzará espada nación contra nación ni se adiestrarán más para la guerra" ( v. 4). Isaías se regocija sobre ese día diciendo: "Venid, oh casa de Jacob, y caminemos a la luz de Jehová" ( v. 5).

  Los escritos de Isaías en el Libro de Mormón incluyen una frase adicional en el versículo 5: "Venid, porque todos os habéis descarriado, cada cual por sus sendas de maldad" (2 Nefi 12:5) este versículo indica una apostasía muy difundida en Israel; y el retorno de Israel al Señor antes de la Segunda Venida.

## CONDICIONES EN LOS DÍAS DE ISAÍAS Y EN LOS ÚLTIMOS DÍAS

(profecías dualísticas)

### Los inicuos serán humillados

- **2 Nefi 12:5–22** (Isaías 2:5–22) **El Señor le advierte a los inicuos a no confiar en ídolos,** porque los ídolos son "la obra de sus propias manos" (v. 8). Como resultado de su idolatría a ídolos, Dios humillará a "la mirada altiva del hombre" y a "la soberbia de los hombres" (v. 11). Se nos dice que "el Señor será ensalzado en aquel día." (v. 17). La siguiente, es una lista de los pecados más serios de los cuales eran culpables, y los cuales serán repetidos en nuestros días.

  — "Llenarse del oriente" (v. 6) significa buscar las filosofías religiosas y los dioses del mundo para obtener sabiduría y guía en lugar del evangelio .

  — “Escuchan a los agoreros" (v. 6) significa seguir a falsos profetas quienes claman predecir el futuro.

  — "Con los hijos de extranjeros se enlazan" (v. 6). Significa unirse a las naciones paganas y a todas sus iniquidades.

  — "Está llena de plata y oro" (v. 7). Significa que la gente es adinerada y materialista.

  — "Llena de caballos, y sus carros son sin número" (v. 7) significa depender de la milicia en lugar de Dios. El caballo era un símbolo de guerra, como lo era el carro.

  — La tierra estaba entonces llena de idolatría (v. 8) y los hombres todavía hoy en día recurren a dioses falsos; aunque sus dioses ya no son ídolos hechos de madera o piedra.

- El "hombre vil no se inclina, ni el grande se humilla" (v. 9). El Libro de Mormón relata los escritos de Isaías y (2 Nefi 12:9) demuestra que Isaías se estaba refiriendo a los hombres que no adoran al verdadero Dios.
- "Los cedros del Líbano" y los "las encinas de Basán" (versísulos 11–13) eran los árboles más elevados e impresionantes en el antiguo Medio Oriente. Simbolizaban no sólo la gran belleza de la tierra que sería destruida; sino también el orgullo de los hombres—el cual será humillado por el Señor.
- "Dejaos del hombre" (v. 22) en una advertencia acerca de confiar meramente en el hombre .

- **Profecías dualísticas adicionales sobre el pecado en la época de Isaías y en la nuestra.** Este tema se repite a lo largo de 2 Nefi 13 and 15 (Isaías 3 and 5). El siguiente, es un resumen de estos pecados adicionales que azotaron tanto a la dispensación de Isaías como a la nuestra. Algunos detalles de estas profecías se enumeran en los siguientes párrafos:
    - La opresión de otras personas, y el fallar en honrar a la gente mayor (2 Nefi 13:5; Isa. 3:5).
    - No hay vergüenza por el pecado (2 Nefi 13:9; Isaías 3:9).
    - Tomar ventaja del pobre; fallar en cuidar de ellos (2 Nefi 13:14–15; Isaías. 3:14–15).
    - Valorar la belleza física; pero no la rectitud y el buen carácter (2 Nefi 13:16–24; Isa. 3:16–24).
    - Deseos ambiciosos de tener cada vez más cosas materiales (2 Nefi 15:8; Isaías 5:8).
    - Buscar placeres mundanos en lugar del Señor y Su obra (2 Nefi 15:11–12; Isaías. 5:11–12).
    - Decir que las cosas malas son buenas; y que las cosas buenas son malas (2 Nefi 15:20; Isaías 5:20).
    - Confiar en uno mismo, en lugar de confiar en Dios (2 Nefi 15:21; Isaías 5:21).
    - Aborrecer los mandamientos y la palabra de Dios (2 Nefi 15:24; Isaías 5:24).

## CASTIGO Y RECOMPENSA

(2 Nefi 13–15; Isaías 3–5)

### La iniquidad de Judá

- **2 Nefi 13:1–9** (Isaías 3:1–9) **Los funcionarios notables y las personas respetadas caerán por motivo de su arrogancia y por sus pecados.** Isaías da una lista de aquellos de los cuales depende una comunidad para liderazgo y sabiduría: "El valiente y el hombre de guerra, el juez y el profeta, el adivino y el anciano; el capitán de cincuenta, y el hombre de respeto, y el consejero, y el artífice excelente y el hábil orador" y dice que ellos serán quitados como se necesita el pan y el agua (versos 1–3). En su lugar, habrá opresión y se fallará en honrar a la gente mayor (v. 5). No habrá vergüenza por el pecado (v. 9). Y "La apariencia de sus rostros testifica contra ellos" lo que significa que los individuos irradiarán la verdadera naturaleza de sus espíritus y actitudes (v. 9).

El Presidente David O. McKay dijo: "Cada hombre y cada persona que vive en este mundo, ejerce una influencia, sea para bien, o para mal. No es lo que él o ella dice solamente; ni es sólo lo que él o ella haga. Es lo que él o ella es. Cada hombre, cada persona, irradia lo que él o ella realmente es . . . es lo que nosotros somos y los que nosotros irradiamos lo que afecta a la gente que nos rodea. Como individuos, debemos tener pensamientos más nobles. No debemos alentar pensamientos viles o bajas aspiraciones. Que nos erradiquen si nosotros hacemos tales cosas. Si tenemos pensamientos nobles; si alentamos y estimamos aspiraciones nobles, habrá irradiación cuando nos encontremos con la gente; especialmente cuando nos asociemos con ellos."[9]

- **2 Nefi 13:9–12** (Isaías 3:9–12) **La santidad de las familias es atacada.** Los pecados de Sodoma y Gomorra se se conocín (v. 9), y las a familias les será dada poca importancia (v. 12). Los justos serán protegidos "comerán del fruto de sus obras" (v. 10). Pero "¡Ay del malvado! Mal le irá, porque según las obras de sus manos le será pagado" (v. 11). Ésta es una profecía dualística que aplica tanto al antiguo Israel; que fue destruido y llevado a cautiverio, como al Israel moderno, cuando estos pecados aparecerán de nuevo.

  El élder Ezra Taft Benson dijo: "Así es hoy. El desprecio del hogar y de la familia está en aumento; con El diablo trabajando ansiosamente para desplazar al padre como la cabeza del hogar y crear una rebelión entre los hijos. El Libro de Mormón describe esta condición cuando dice: 'Los opresores de mi pueblo son niños, y mujeres lo gobiernan.' Y entonces estas palabras siguen—considere seriamente estas palabras cuando piense en los líderes políticos que están promoviendo anti-conceptivos y el aborto: '¡Oh pueblo mío, los que te guían te hacen errar, y pervierten el curso de tus sendas! (2 Nefi 13:12)" (En Reporte de La Conferencia, Octubre de 1970, 21). ( Reporte de Conferencia).

- **2 Nefi 13:12–15** (Isaías 3:12–15) **Los líderes del pueblo destruirán a la nación.** Ellos serán oprimidos por niños y "las mujeres reinaran sobre ellos" (v. 12). Esto se volvería literal para Israel, pero también es una figura literaria sugiriendo la debilidad de sus reyes y gobiernos que habrán "devorado la viña" (v. 14). La viña era un símbolo de los pueblos escogidos en esos días (Isaías 5:7) y los gobernadores de Israel fueron llamados para ser los guardianes de ella. En cambio, ellos habían oprimido a la gente y consumido la viña.

**Las Mujeres Altivas de Sión**

- **2 Nefi 13:13–26** (Isaías 3:13–26) **Isaías describe la iniquidad de las hijas de Sión.** Esta es otra profecía dualística que se aplica tanto a las mujeres de los díasl de Isaías; como también a las mujeres de los últimos días. Estas mujeres eran (y serán) orgullosas, arrogantes, y más preocupadas por su ropa, por sus joyas, y por su apariencia personal; que por la rectitud. El profeta contrasta su belleza anterior con los resultados del juicio. Por motivo de su iniquidad, la belleza, el orgullo, y la moda se volverán tragedia, desastre, y esclavitud.

- **2 Nefi 13:16–23** (Isaías 3:16–23) **En Israel y Judá, las mujeres eran orgullosas, arrogantes**, y más preocupadas por su ropa, joyas, y apariencia personal que por la rectitud. Estos versos también describen a las mujeres de los últimos días.
  - — "Cuello erguido" (v. 16) es una antigua figura literaria describiendo altivez—orgullo en la persona y desprecio hacia los demás.
  - — "Caminan . . . producen tintineo con los pies" (v. 16) Las mujeres vestían cadenas costosas con adornos que conectaban anillos, a menudo adornadas con campanillas, alrededor de los tobillos.
  - — "Descubrirá su desnudez" (v. 17) es una figura literaria que significa que ellas serían avergonzadas. Además, de esto, en nuestros días, las mujeres sin vergüenza muestran su desnudez literal al mundo.
  - — "Ostentación . . . y redecillas, y lunetas" (v. 18) eran joyas decorativas en forma de soles y lunas de acuerdo a la moda (y falsa religión) de aquellos días.
  - — Otros términos arcáicos (versículos 19–23) describe las modas que eran populares entre las mujeres mundanas en el tiempo de Isaías:

| | |
|---|---|
| ■ "Velo" | = velo |
| ■ "Tocado" | = tocado |
| ■ "Pomitos" | = cajas de perfume |
| ■ "Zarcillos;" | = talismán o amuleto |
| ■ "Joyeles para la nariz" | = anillos de la nariz |
| ■ "Mudas de ropa de gala" | = ropa usada solamente para festivales |
| ■ "Mantos" | = capa |
| ■ "Tocas" | = una especie de chal o velo que se ponía sobre la cabeza |
| ■ "Las bolsas" | = cartera o bolsa de mano |
| ■ "Espejos" | = la mayoría de las autoridades traducen esto como un espejo de metal. |
| ■ "Los rebozos" | = turbantes, cubridor de cabeza envuelto a mano. |

- **2 Nefi 13:24–26** (Isaías 3:24–26) **Los frutos de su transgresión.** El profeta contrasta la belleza anterior de las mujeres de Israel con los resultados de su iniquidad. Su belleza, su orgullo, y la moda se volvería tragedia, desastre, y esclavitud. Hay un gran número de figuras literarias en esta profecía que necesitan explicación:
  - "La soga" será remplazada por "cinturón"—la cuerda usada para atar esclavos.
  - El "cilicio" era pelo de chivo negro que se vestía en tiempos de gran luto.
  - La "quemadura" se refiere a la marca que lo señalaba como un esclavo.

Así, Keil and Delitzsch tradujeron este versículo para decir "y en lugar de una esencia aromática, habrá moho, y en lugar de una faja, una cuerda, y en lugar de rizos artísticos, calvicie, y en lugar de manto de vestir, un hábito de cilicio, y una marca en lugar de belleza."[10]

- **2 Nefi 14:1** (Isaías 4:1) **habrá una escasez de hombres debido a la guerra.** Ser soltero y sin hijos en el antiguo Israel era una desgracia. Tan terrible serán las condiciones en aquellos tiempos, que las mujeres ofrecerán compartir un esposo con otras; sin esperar ningún apoyo material de él, y sólo para que ellas puedan tener hijos.

- **2 Nefi 14:4–6** (Isaías 4:4–6) **Eventualmente, Dios lavará la suciedad de las hijas de Sión** (v. 4) y restaurará la casa de Israel "para refugio y abrigo contra la tempestad y contra el aguacero" (v. 6). Ed J. Pinegar dijo: "Isaías describe minuciosamente las fechorías y la traición de la gente obstinada del Señor; cuyo orgullo, idolatría, y comportamiento, los llevarían con predictibilidad a su aflicción y dispersión. Las visones de Isaías de los tiempos venideros de la restauración contrastan con estos últimos anunciados; cuando el resto de los dispersos serían recogidos de las cuatro esquinas de la tierra y las naciones mirarán a Sión como la única fuente fiable de sabiduría y verdad".[11]

**Las consecuencias de la apostasía**

- **2 Nefi 15:1–7** (Isaías 5:1–7) **La parábola de Isaías de la viña desolada.** Los primeros seis versículos de este capítulo se parecen a la alegoría de Zenós citada en el Libro de Mormón (Jacob 5) y ambas podrían haber sido sacadas de una fuente similar o idéntica.

  La viña simboliza a la gente o reino de nuestro Señor (mis amados") Al igual que con la alegoría del profeta Zenós (como dicha por Jacob, véase Jacob 5) el Señor "La había cercado [la viña] , y liberada de piedras y plantado de vides escogidas; había edificado en medio de ella una torre y también había hecho un lagar en ella; y esperaba que diese uvas, y [pero] dio [en lugar de] uvas silvestres" (v. 2). El Señor quejumbroso pregunta: "¿Qué más se podía haber hecho a mi viña, que yo no haya hecho en ella?" (v. 4). Pero al encontrarla infestada de corrupción, el Señor dice: "Que quede desierta; no será podada ni cavada, y crecerán el cardo y los espinos; y a las nubes mandaré que no derramen lluvia sobre ella" (v. 6). Será dejada como una viña desolada.

- **2 Nefi 15:8–24** (Isaías 5:8–24) **Los pecados que llevan a las naciones a la destrucción.**

  — Ellos con ambición buscan ser dueños de cada vez más cosas materiales (v. 8). "Ellos, los insaciables, no descansarían hasta después que cada pequeña pieza de propiedad hubiera sido tragada por ellos y la tierra entera había caído en su posesión; y nadie, aparte de ellos mismos, podía establecerse en la tierra [Job 22:8]. Tal codicia era la más reprensible, porque la ley de Israel había provisto tan severa y cuidadosamente, que en tanto fuera posible, debía haber una distribución igual de la tierra y la propiedad familiar hereditaria debía ser inalienable ."[12] Y pordiez acres se ha de ceder sólo un baño (de aproximadamente 8 ¼ de galón) y un homer de semilla ( de aproximadamente 6 ½ fanegas) y sólo un efa ( de aproximadamente ½ fanega) demuestra cuán no productiva la tierra se volvería por motivo de esta iniquidad.

— Ellos constantemente buscan placeres mundanos en lugar de buscar al Señor y su obra (versículos 11–12). El profeta José Smith dijo: "La Iglesia debe ser limpiada, y yo proclamo en contra de toda iniquidad. Un hombre no se salva más rápido de lo que él obtiene conocimiento, porque si él no obtiene conocimiento, será traído en cautiverio por algún poder maligno en el otro mundo, porque los espíritus malignos tendrán más conocimiento y consecuentemente más poder que muchos hombres que están en la tierra. Por ende, se necesita revelación para ayudarnos, y darnos conocimientos de las cosas de Dios."[13]

— "[Ellos] traen la iniquidad con cuerdas de vanidad" ( v. 18) es una figura literaria que significa "están atados a sus pecados como bestias a su agobio."

— Llaman a las cosas malas buenas y a las cosas buenas malas (v. 20). Vemos este pecado manifestado en nuestro propia sociedad moderna, en donde parece que todo lo que es bueno es causa de burla y es criticado; mientras que todo lo que es malo es celebrado y justificado. Por este medio, los inicuos buscan justificar su comportamiento profano.

— Son "sabios ante sus propios ojos" (v. 21)—al confiar en ellos mismos en lugar de en Dios. Aunque la lógica de sus excusas es cuestionable, ellos hacen esto con un aire de superioridad y resplandor intelectual. Los hombres inicuos se sientan con sus caras duras y justifican el asesinato y el adulterio como si estos perniciosos pecados fueran lógicos y aceptables. El intelectualismo se vuelve un paño para cubrir decepciones groseras e iniquidad.

El élder N. Eldon Tanner dijo:

> [Cuando la gente] "se vuelve instruida en las cosas mundanas tales como la ciencia y la filosofía, [y ellos] se vuelven auto-suficientes; y están preparados para aprender de su propio entendimiento, hasta el punto de pensar que son independientes de Dios. Y esto por motivo de su aprendizaje mundano; y sienten que si no pueden comprobar físicamente, matemáticamente, o científicamente, que Dios vive, pueden y deben sentirse libres para cuestionar y aún negar a Dios y a Jesucristo. Luego muchos de nuestros profesores comienzan a enseñar cosas perversas, para llevar a los discípulos tras ellos; y nuestra juventud a la quenosotros mandamos a ellos para aprender y para aceptarlos como autoridad, estos les hacen perder su fe en Dios . . . Es mucho más sabio y mejor para el hombre aceptar las simples verdades del evangelio y aceptar como autoridad a Dios, el Creador del mundo, y a Su Hijo Jesucristo, y aceptar por fe esas cosas las cuales él no puede desaprobar y por las cuales él no puede dar una mejor explicación. El hombre debe estar preparado para reconocer que hay ciertas cosas, muchas cosas—que él no puede entender."[14]

— Ellos "justifican al malvado por cohecho" (v. 23). Aquellos que eran culpables de crímenes eran declarados inocentes por jueces pagados y por otros funcionarios, y en cambio, los inocentes eran encontrados culpables para que ellos pudieran ser silenciados o sus propiedades ser explotadas.

— Ellos desprecian los mandamientos y las palabras de Dios (v. 24). A los ojos de los altivos, el ser religioso es ser supersticioso y no sofisticado. Deseando ser libres para practicar sus perversiones, los orgullosos se burlan de cualquier cosa que los cuestione.

- **2 Nefi 15:21–25** (Isaías 5:21–25) **Isaías denuncia la iniquidad de Israel y Judá,** profetisando destrucción para ambas naciones. El Señor los dispersará por toda la tierra, sin embargo, Su "mano está todavía extendida" (v. 25). A pesar de su iniquidad, el Señor no los ha olvidado y siempre está deseoso de tomarlos de regreso (véase también 2 Nefi 19:8–21; Isaías 9:8– 21).

## REENCUENTRO EVENTUAL Y RESTITUCIÓN DE ISRAEL

(2 Nefi 14–16; Isaías 4–6)

### La gran re-unión final

- **2 Nefi 14:2–6** (Isaías 4:2–6) **Sión será embellecida en preparación para el establecimiento del reino de Dios.** Isaías dice que "el vástago del Señor será bello y glorioso" (v. 2) "el vástago del Señor" Es Cristo, quien morará en medio de Sión. Para aquellos que moran en Su medio el "fruto de la tierra será excelente y hermoso . . . el que quede en Sión, y el que sea dejado en Jerusalén, será llamado santo; todos los que estén inscritos en Jerusalén " (versículos 2–3). Para ese momento, "el Señor habrá lavado la inmundicia de las hijas de Sión y limpiado la sangre de Jerusalén de en medio de ella, con espíritu de juicio y con espíritu de ardor" (v. 4).

  Lavar, purgar, y quemar; todas representan la purificación de Sión en preparación para el establecimiento del reino de Dios en los últimos días (Isaías 4:4). Como Él lo hizo en los días de Moisés, "Y creará Jehová sobre toda morada del monte Sión y sobre sus asambleas nube y humo de día; y de noche, resplandor de llamas de fuego" la gloria de ser un lugar de "refugio y abrigo contra la tempestad y contra el aguacero" lo que significa una defensa en contra de todos los enemigos ( versículos 5–6).

  El élder Orson Pratt dijo:

  > Vendrá el tiempo en que Dios se encontrará con toda la congregación de Sus santos, y para mostrar Su aprobación, y que Él los ama, Él obrará un milagro al cubrirlos en la nube de Su gloria. No quiero decir algo que sea invisible; sino ese mismo orden de las cosas que una vez existieron en la tierra, como el tabernáculo de Moisés el cual fue llevado en medio de los hijos de Israel cuando viajaron por el desierto . . . En los últimos días habrá una gente tan pura en el monte de Sión, con una casa establecida sobre la cima de la montañas, que Dios se manifestará, no sólo en su Templo y en todas sus asambleas, sino como una nube visible durante el día, y cuando llegue la noche si ellos están juntos para el culto, Dios se encontrará con ellos en Su pilar de fuego; y cuando se retiren a sus cuartos, he aquí que cada cuarto será alumbrado con la gloria de Dios—un pilar de fuego ardiendo por la noche.
  >
  > ¿Alguna vez escuchó de alguna ciudad que fuera tan favorecida y bendecida desde el día que Isaías hizo esta profecía? No, es una obra de los últimos días, una que Dios debe consumar en los tiempos postreros; cuando Él comience a revelarse, y a mostrar Su poder entre las naciones.[15]

### Un estandarte será levantado en los últimos días

(Una metáfora real)

- **2 Nefi 15:25–30** (Isaías 5:25–30) **Israel será re-unido de prisa—por medios no conocidos en los días de Isaías.** Aunque el Señor permitirá gran destrucción y muerte en las calles de Judá, sin ebargo Su mano todavía les será ofrecida en paz si ellos la tomaran (v. 25), Y eventualmente, en los últimos días, Él los reunirá de nuevo en paz.

  Él "alzará estandarte a las naciones lejanas y les silbará desde el extremo de la tierra; y he aquí que vendrán pronto y velozmente." (v. 26). Un "estandarte' o "pancarta" es un símbolo militar que designa el lugar en el cual reunirse. "Silbar" es una figura literaria de la época de Isaías que significa hacer una señal (como con un pito) para convocar a otros a prestar atención y para que vengan. El lugar donde la pancarta sería levantada y el silbido sería soplado "desde el extremo de la tierra"—literalmente en derredor del lugar desde el cual estaba hablando Isaías (v. 26). Y ellos vendrían por ciertos medios y con una velocidad que debe haber parecido milagrosa para Isaías como él lo vio ( versículos 27–29).

  El élder LeGrand Richards dijo:

  > "Al fijar el tiempo de la gran re-unión, Isaías parecía indicar que tendría lugar en el tiempo del ferrocarril y del avión [Isaías 5:26–29.] Ya que no había trenes o aviones en aquellos días, Isaías mal podría haber mencionado a estos por su nombre. Sin embargo, él parece haber descrito estos con palabras inequívocas. ¿Qué más podría ser 'sus caballos serán como de pedernal; y las ruedas de sus carros, como torbellino' que el tren moderno? ¿Qué más podría ser 'rugido . . . como de león' que el rugido del avión?
  >
  > Los trenes y los aviones no se detienen en la noche. Entonces, Isaías estaba justificado al decir: 'ninguno dormitara o dormir, o la faja de sus lomos será aflojada, o la hebilla de sus zapatos rota' con este tipo de transporte, el Señor puede realmente 'silbar desde el extremo de la tierra' para que 'vendrán pronto y velozmente.' Indicando que Isaías debe haber previsto el avión, él dijo: '¿Quiénes son éstos que vuelan como nubes y como palomas a sus ventanas?' (Isaías 60:8)"[16]

*Cascos de acero como un torbellino y el rugido de un león*

  Todo esto ocurrirá en el día cuando la tierra será abarcada por el "rugido del mar"—un símbolo conocido para el caos y el mal en el día de Isaías. Vendrá en un día cuando, sobre la tierra, habrá 'oscuridad y lamento" (v. 30).

## El retorno del resto de Jerusalén

- **2 Nefi 16:9–12** (Isaías 6:9–12) **Judá rechazará el mensaje de Isaías.** Hay aquí muchas figuras del lenguaje, y sin entenderlas, estaríamos estaríamos en apuros para entender lo que se está diciendo.

— "corazones gruesos" son corazones que no sienten.
— "oídos endurecidos" son oídos que no oyen.

Aunque Él sabía que ellos no responderían, el Señor envió a Isaías para predicarles el arrepentimiento; para que ellos no tuvieran excusa. La gente clamó oír y ver, pero no querían entender el espíritu del mensaje.

Keil and Delitzsch dijeron: "[el mandamiento de] 'hacer el corazón de esta gente grueso, . . . sus oídos endurecidos, y sus ojos cerrados' es usado para describir el proceso de hacer responsable a la gente. El mandamiento, por supuesto, se refiere a su vista espiritual, oído espiritual, y sentimiento espiritual . . . Hay un mal que se endurece a sí mismo . . . un pecado de su misma naturaleza carga su propio castigo . . . un acto maligno en sí mismo es el resultado de la auto-determinación precediendo al propio deseo de un hombre."[17]

Cuando el profeta le preguntó al Señor cuánto tiempo sus corazones estarían endurecidos, el Señor respondió, hasta que la tierra sea completamente abandonada; y sus habitantes hayan sido llevados lejos (versículos 11–12). En un sentido más amplio, la humanidad será así hasta que los mortales ya no existan en la tierra (2 Nefi 16:11; Isaías 6:11).

- **2 Nefi 16:13** (Isaías 6:13) **Isaías usa la metáfora de la encina para describir la causa y los resultados del cautiverio de Judá.** El señor removerá a los habitantes de Judá "lejos a los hombres y multiplicado los lugares abandonados en medio de la tierra" (v. 12). Pero en medio de esta eliminación quedará un remanente que eventualmente devolverá la vida a la tierra santa. "Pues aún quedará en ella una décima parte, y volverá, aunque será consumida como el olmo y como la encina, de los cuales en la tala queda el tronco; así el tronco de ella será la simiente santa" (v. 13).

— La palabra hebrea que fue traducida a "consumida" y tiene tres significados. "Consumidos" es sólo uno de ellos. El significado principal del verbo es "quemarzo de"

— La palabra hebrea que fue traducida como "tronco" tiene dos significados. "Tronco" es sólo el significado secundario. El significado primario es "tocón" o "aquello que queda de pie"

— "La simiente santa" son los descendientes de Israel.

Por ende, podemos entender que las encinas podridas ( representando al pecaminoso Israel) serán quemadas, dejando sólo tocones. Los supervivientes de Israel (la santa simiente) son como tocones que permanecen vivos cuando el árbol es quemado y talado; porque todavía hay vida en los tocones, y pueden crecer para ser nuevos arboles.

La palabra "décimo" significa en hebreo "diezmo". El significado especial que la palabra original poVéase la convierte en "el diezmo tuyo" o el "diezmo de Jehová", el cual se refiere al " diezmo del diezmo" que los levitas pagaban. Por lo cual sabemos que un 1 por ciento de la gente volverá después que el árbol de Israel sea cortado. La mayoría de ellos serán matados o dispersados lejos de Jerusalén.

## LAS PROFECÍAS DEL MESÍAS

(2 Nefi 17, 19; Isaías 7, 9)

### El Nacimiento Virgen

- **2 Nefi 17:1–13** (Isaías 7:1–13) **El Rey Ahaz (de Judá) fue invitado a pedir una señal.** Siria se había unido a Efraín (las diez tribus) en una confederación en contra de Judá. Isaías le aconsejó al rey de Judá Ahaz "no temas, ni se intimide tu corazón . . . esa [la confederación] no prevalecerá ni acontecerá" (versículoss 4, 7). El rey no creyó en las profecías de Isaías. Entonces Isaías lo invitó a pedir una señal de que Judá sería preservada pese a su desesperante situación. El rey tenía tan poca fe en que el poder de Dios lo salvaría, que él se negó aún a esta confortadora oferta (versos 10–13).

- **2 Nefi 17:14–15** (Isaías 7:14–15) **El nacimiento virgen de Jesucristo es dado como una señal.** Isaías dijo que un hijo sería nacido de una virgen y sería conocido como Emanuel (lo que significa Dios con nosotros) , sugiriendo que Él sería más que un profeta—El sería nuestro Dios.

*"Una virgen concebirá"*

- **2 Nefi 17:16–24** (Isaías 7:16–24) **Antes de que el niño venga, Israel será destruido.** El reino de Israel (Efraín) al cual los judíos depreciaban, será destruido y perderá a "ambos de sus reyes" (el de Efraín y el de Siria también; v. 16) el versículo 24 dice: "Con saetas y arcos irán allá, porque toda la tierra será espinos y cardos" Esta profecía se cumplió cuando Asiria derrocó a Siria y a Israel en el año 721 A. C.

### El Mesías vendrá a Galilea

- **2 Nefi 19:1–3** (Isaías 9:1–3) **Galilea "[verá] gran luz."** Esta área "la tierra de Zabulón y Neftalí" (más allá del Río Jordán) la cual fue previamente afligida con guerras cuando fue derrocada por Siria en el año 734 A. C., tendrá el gozo de la presencia del Mesías. Mateo interpretó el hecho de que el Mesías moró en el área de Galilea como un cumplimiento de la profecía de Isaías (Mateo 4:12–16).

  Mientras hablaba de las bendiciones que traería el Mesías, unos versos de Isaías dicen: "Multiplicaste la gente y no aumentaste la alegría" (Isaías 9:3). La inconsistencia de la versión de Isaías es corregida en el libro de Mormón , en donde la palabra "no" no aparece (2 Nefi 19:3).

- **2 Nefi 19: 4–5** (Isaías 9:4-5) **Eventualmente el Mesías vendrá como un conquistador.** En aquel día, el "yugo" de la carga de Israel y la "vara" de sus opresores será rota. (v. 4). En medio de una gran batalla, con mucha sangre, el Señor vendrá "con ardor y combustible de fuego" (v. 5). Lo que quiere decir, que la segunda venida de Cristo será acompañada de una limpieza y destrucción por fuego.

## El Mesías vendrá como un niño

- **2 Nefi 19:6–7** (Isaías 9:6–7) **El Mesías nacerá.** Cuando Él venga por primera vez , el Mesías no vendrá con el poder como un gran conquistador. Sin embargo , este niño pequeño, con el tiempo se convertirá en el rey de reyes; quien, después de su segunda venida como un gran libertador de su pueblo en Jerusalén, presidirá un gobierno y una paz que van a durar para siempre . La belleza poética de estas profecías es insuperable en todas las escrituras:

  > "Porque un niño nos es nacido, hijo nos es dado; y el principado estará sobre su hombro; y su nombre se llamará Admirable, Consejero, Dios fuerte, Padre eterno, Príncipe de paz."

  El élder Joseph Fielding Smith dijo acerca del Salvador y de sus varios títulos lo siguiente: "Isaías . . . habla de Cristo como un Maravilloso, Consejero, el Dios, Todopoderoso, El Padre Eterno, y el Príncipe de la Paz. Estos títulos y el decir que Jesús fue el Creador; y que todas la cosas fueron hechas por Él, ha demostrado ser un obstáculo para algunos que no están bien informados. La pregunta emerge, ¿Cómo pudo Él, si no tenía un cuerpo de carne y huesos, y antes de que naciera de María, lograr estas cosas como un espíritu? Jesús no tenía un cuerpo de carne y huesos hasta que Él nació en Belén. Esto Él se lo explicó completamente al hermano de Jareditado por La respuesta a esta pregunta es simplemente; que Él hizo estas maravillosas obras por la gloria que Su Padre le había dado antes (Juan 17: 5–24) y porque en ese momento Él era Dios."[18]

## EL RECHAZO DE JUDÁ A LAS SEÑALES Y A LAS ADVERTENCIAS

( 2 Nefi 17–20, 23; Isaías 7–10; 13)

*"Toma una tabla grande y escribe"*

Escribir fue un gran componente de la misión de Isaías. Asi, tenemos 66 capítulos de sus profecías y consejos. En esta sesión de Isaías, el Señor le manda a Isaías "Toma [r] una tabla grande y escribe en ella con estilete de hombre" ( Isaías 8:1; véase también 2 Nefi 18:1). Siendo obediente como siempre, Isaías escribió lo que el Señor le mandó.

- **2 Nefi 18:18, 1–4** (Isaías 8:18, 1–4) **Nombres simblólicos para los hijos de Isaías.** Isaías dijo: "Yo y los hijos que me dio Jehová somos señales y prodigios en Israel" (v.18) Esto significa que ellos (incluyendo sus nombres) eran símbolos del estatus de Israel y de su eventual destino. Debemos recordar que el Señor hizo algo similar con los nombres de Oseas y sus hijos (Oseas 1:4–9).

El nombre Isaías significa: "Jehová salva." Los nombres de su dos hijos conocidos también conllevan un mensaje para la gente en Judá:

— Maher-shalal-hash-baz significa "la destrucción es inminente"
— Shear-jashub significa "el resto regresará."
— Profetisa. La expresión es usada aquí sólo para referirse a la esposa del profeta, y no a un oficio profético o don.

A consecuencia de estos nombres, cuando cualquiera viera, escuchara, o le hablara a Isaías y a sus hijos, a éste se le recordaban las advertencias del Señor, como le son dadas por medio de sus nombres.

- **2 Nefi 17:1–9** (Isaías 7:1–9) **Una advertencia profética en contra de Judá; formando una alianza con Israel y Siria.** El reino de Israel (Efraín) en el norte había formado una alianza con Siria para defensa mutua y para protección del imperio conquistador de Asiria. Ellos fueron llamados por Isaías "tizones que humean"—antorchas que se habían quemado (v. 4). Isaías advirtió a Acaz rey de Judá, en contra de buscar alianzas políticas con el fin de defender a su pueblo. El rey rechazó la advertencia. Isaías predijo que "dentro de sesenta y cinco años Efraín será quebrantado" (v. 8) Esto verdaderamente pasó después de las invasiones iniciales de Tiglat-pileser III y Salmanasar V, seguidas por la conquista final y desplazamiento de la mayoría de la población bajo el rey de Asiria Esar-hadón.

- **2 Nefi 18:9–13** (Isaías 8:9–13) **A Judá se le dice que no confié en alianzas extranjeras; sino que confié en el Señor,** porque todas la alianzas se anularían. Si ellos buscan asociarse con poderes extranjeros podrían ser "quebrados en piezas." Y aunque las naciones extranjeras pudieran "ceñirse" con armaduras, estas también serían "quebradas en piezas" "Reuníos en consejo, y será anulado; hablad palabra, y no permanecerá" (v. 10). En su lugar ellos debían confiar en Dios quien "está con nosotros" (v. 10). Isaías tenía que advertirles que se alejaran de cualquier confederación con otros poderes, y decirles que no tuvieran miedo (versículos 11–12). "Al Señor de los Ejércitos santificad" Isaías enseñó, "y sea él vuestro temor, y sea él vuestro miedo" (v. 13).

- **2 Nefi 18:6–8** (Isaías 8:6–8) **Isaías prevé las inevitables consecuencias—destrucción,** primero de su propia generación por los asirios y después por los babilonios. "Por cuanto este pueblo ha rechazado las aguas de Siloé, que corren mansamente, y se ha regocijado en Rezín y en el hijo de Remalías, por tanto, he aquí, que el Señor hace subir sobre ellos las aguas del Río, fuertes y muchas, a saber, al rey de Asiria con toda su gloria. Él desbordará sobre todos sus cauces y pasará sobre todas sus riberas; y, pasando por Judá, inundará y se desbordará hasta llegar hasta el cuello; y la extensión de sus alas llenará la anchura de tu tierra, oh Emanuel."

### Las consecuencias de rechazar el Señor

- **2 Nefi 18:14** (Isaías 8:14) **El Señor, su refugio y Salvador era una "piedra de tropiezo" para ellos.** Él pudo haber sido su "santuario" pero que se convirtió en "una piedra de tropiezo" y "roca de escándalo para ambas casas de Israel", y será "un engaño. . . y una trampa para los habitantes de Jerusalén."

- **2 Nefi 18:15–17** (Isaías 8:15–17) **El testimonio de Isaías se mantendrá contra ellos.** Muchos entre ellos "tropezarán entre ellos, y caerán y serán quebrantados; se enredarán y serán apresados" en cutiverio (v. 15). Ellos habían sido advertidos pero no se arrepintieron, y ahora el testimonio de Isaías se celebró en su contra.. "Ata el testimonio; y sella la ley entre mis discípulos" dice él; "esperaré, pues, a Jehová, quien esconde su rostro de la casa de Jacob, y a él aguardaré" (v.17).

- **2 Nefi 18:19** (Isaías 8:19) **Ellos buscaron falsos espíritus para guiarlos.** "Espíritus familiares" (v.19). Es traducido de la palabra hebrea que significaba "una bolsa o botella de cuero" Estas bolsas eran usadas por médiums espirituales; quienes pretendían comunicarse con los muertos. Se trataba de una forma de ventrilocuismo en el que el mensaje de voz o de los "espíritus de los difuntos" se supone que despertaba en la bolsa o, a veces de un pozo. Los términos "susurran" como aves y "gorjean" eran empleados [para supuestamente hacer que los espíritus idos vinieran y trajeran su mensaje].

  El Presidente Joseph Fielding Smith dijo: "Buscar información a través . . . de cualquier forma contraria a la instrucción que el Señor nos ha dado es un pecado. El Señor le dio instrucción positiva a Israel cuando ellos estaban en la tierra de su herencia para que fueran a Él para obtener revelación y para que evitaran las estrategias prevalecientes entre las naciones paganas que ocuparon sus tierras."[19]

- **2 Nefi 18:20–22** (Isaías 8:20–22) **Por rechazar al Señor, los judíos heredarán "tribulación . . . tinieblas . . . [y] angustia"** Isaías dice: "No hay luz en ellos." La traducción de José Smith dice que ellos serán tomados en cautiverio "porque ellos no escuchan" (v. 21, pie de página). Encontrándose en esa condición "se enojarán y maldecirán a su rey y a su Dios" (v. 21). Buscarán hacia arriba hacia el paraíso y hacia abajo hacia la tierra, y en todas partes encontrarán "tribulación y tinieblas, oscuridad y angustia" (v. 22).

- **2 Nefi 19:8–21** (Isaías 9:8–21) **La "mano del Señor está aún extendida."** Aunque Israel se negó a aceptar la oferta del Señor para el perdón, Él estaba y siempre estará listo para recibirlos de nuevo. Ésta es una repetición de Su oferta de aceptación que se afirma inicialmente en Isaías 5:21–25 (Véase también 2 Nefi 15:21–25).

### Los Inicuos son Castigados por los Inicuos

- **2 Nefi 20:5–11** (Isaías 10:5–11) **Dios usó a Asiria para castigar a Israel.** Él llamó a Asiria "¡vara de mi furor! El bastón en su mano es mi indignación" (v. 5). El los dejó que conquistaran a Israel ("una nación impía . . . el pueblo de mi ira") y que los tomarán como presa y "para ser hollados como el lodo de las calles" (v. 6).

Esto no era lo que el Señor quería hacer, pero para destruir la iniquidad "en su corazón estará el destruir y talar no pocas naciones" (v. 7). Los gobernantes de todas las naciones son responsables ante Él (v. 8). Y Él le hará esto a Judá, por su iniquidad; exactamente lo que le hizo a Israel. (v.11).

*El Señor usó a Asiria para castigar a Israel*

- **2 Nefi 20:9, 24–34** (Isaías 10:9, 24–34) **Las próximas campañas militares exitosas de Asiria.** (v. 9). Isaías profetiza la eventual intrusión y éxito de Asiria en contra de Judá; con los nombres de muchas de las ciudades de Judá que caerán ante ellos (versos 28–32).

- **2 Nefi 20:12–19** (Isaías 10:12–19) **Asiria también será destruida por sus propias iniquidades.** Ellos son meras herramientas en Sus manos para realizar Sus propósitos, y no tienen causa para jactarse , porque los inicuos son castigados por los inicuos (Mormón 4:5). La destrucción de Israel y de Asiria es descrita como completa (versos 15–19).

- **2 Nefi 23:6–13** (Isaías 13:6–13) **Dios destruirá a los inicuos, pero Él será misericordioso con los justos.** Ésta es una profecía dualística que hace referencia a (1) la destrucción traída sobre Judá por Babilonia y (2) a la destrucción de los inicuos en la segunda venida de Cristo.

  El Presidente Joseph Fielding Smith dijo: ""Cuando Cristo venga por segunda vez será en las nubes del cielo, y será el día de la venganza contra los impíos, cuando aquellos que aman la maldad y han sido culpables de la transgresión y rebelión en contra de la leyes de Dios serán destruidos. Durante el ministerio de Cristo la iniquidad reinaba y parecía prevalecer; pero cuando Él venga en las nubes de gloria; como está declarado en este mensaje de Malaquías para el mundo, y el cual, según Moroni, está cerca, entonces Cristo aparecerá como el refinador y purificador del hombre y de las bestias y de todo lo que pertenece a esta tierra, porque la tierra misma pasará por un cambio y recibirá sus gloria paradisíaca anterior."[20]

**LA RE-UNIÓN DE LOS ÚLTIMOS DÍAS**
(2 Nefi 20–24; Isaías 10–14)

**La restauración del Israel dispersado**

- **2 Nefi 20:22–23** (Isaías 10: 22–23) **Israel será consumida por los asirios.** Isaías profetizó: "El Señor Dios de los ejércitos hará la consumación . . . en medio de toda la tierra" (v. 3). Esta consumación ocurrirá bajo la mano de los asirios, quienes "con vara te herirán y . . . alzarán su palo, a la manera de Egipto" (v. 24). Pero el Señor los conforta con el conocimiento de que "muy poco después", "cesará la indignación" como resultado de su "destrucción"[de los asirios] (v. 25). No mucho después, los hijos de Israel (las diez tribus del norte) fueron puestos en libertad y erraron hacia el norte, hacia Europa y las estepas del norte de Asia.

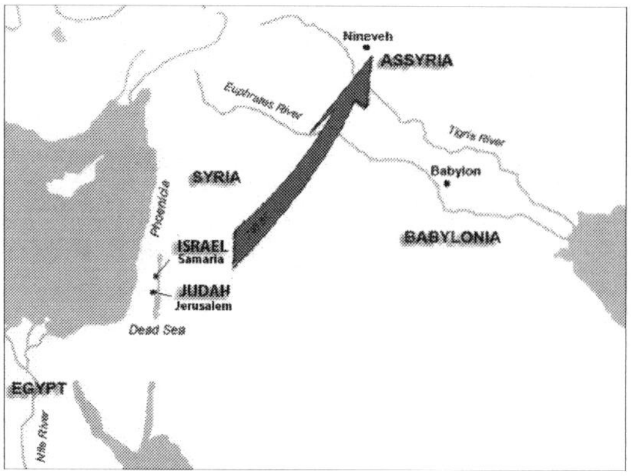

*Israel fue llevada cautiva a Asiria*

- **2 Nefi 20:20–25** (Isaías 10:20–25) **Un remanante de Israel retornará a Dios y "rebosará de justicia."** Aquel que logre escapar de su largo cautiverio y dispersión y "nunca más se apoyarán en el que los hirió, sino que deberán permanecer [confiar] en el Señor, el Santo de Israel, en la verdad "(v. 20). Esto ocurrirá cuando ellos "vuelvan al Dios fuerte" (v. 21) Aunque en aquel día los descendientes de Israel serán tan numerosos como "la arena del mar", sólo " un resto de ellos retornarán" pero ellos "rebosarán justicia." (v. 22).

  Esta escritura proporciona una fórmula de cinco puntos para la salvación: ver, escuchar, entender, regresar o arrepentirse y ser sanados. Este es el proceso por el cual pasan los conversos primero ver [estar al tanto de] el reino, luego escuchar el mensaje, llegar a un entendimiento de su importancia, y arrepentirse y ser bautizados por la remisión de los pecados. Finalmente, ellos son "sanados" de su condición perdida.

### El tallo, la Rama, el Tronco, y la Raíz de Isaí

Cuando el ángel Moroni visitó a José Smith en el 21 de septiembre de 1823, él citó el undécimo capítulo de Isaías, diciendo que estaba por cumplirse (José Smith historia 1:40). El capítulo fue más tarde interpretado por el profeta José Smith en marzo de 1838 (D&C 113). Usa la metáfora de un árbol—el árbol familiar de Isaí (el padre de David)—para hablar de dos grandes eventos y dos grandes descendientes de Isaí que vendrían a ayudar a restaurar a Israel.

Para entender esta metáfora del árbol, debemos entender el significado de ciertas palabras que Isaías usa para describirla. "un tallo" es el tronco o tocón de un árbol. Un "vara" es una pequeña ramita que crece de una rama. Y la "raíz", es un pequeño brote que crece del tocón del árbol. Isaías habla aquí de un tronco y de una rama creciendo de un árbol, y él también habla de una raíz creciendo del tocón de un árbol. Una "rama" significa exactamente lo que quiere decir hoy en día: una rama de un árbol; la cual por definición es más grande (y más significativa) que un tronco, (ramita o brote) de un árbol. "Raíces" también significa lo que significa hoy en día: "Las raíces de las cuales un árbol crece".

- **2 Nefi 21:1** (Isaías 11:1) **La "rama" y el "tallo" de Isaí.** Se nos dice en D&C 113:1–2 que el "tallo" en esta escritura es Cristo. La palabra en Isaías es "rama" no "tallo"; entonces esto puede ser confuso. Isaías dice que la "rama" (árbol) crecerá de las "raíces" de Isaí. Nótese que la palabra "Rama" está en mayúscula en Isaías pero no en 2 Nefi 21:1. Entonces, podemos entender que el "tallo" es el árbol familiar de Isaí (como dice Isaías) y también es Jesucristo (como dice D&C 113). La metáfora funciona igualmente bien con cualquiera de las interpretaciones.

*La "rama/tallo" de Isaí*

El élder Bruce R. McConkie dijo: "Isaí era el padre de David, Isaías habla del tallo de Isaí; a quien él también designa como la rama creciendo de la raíz de un antiguo justo. Él recita cómo el Espíritu del Señor descansará sobre él; cómo él será grande en el juicio; cómo él herirá la tierra y matará a los inicuos. Y cómo el cordero y el león se acostarán juntos en aquel día—todo lo cual tiene referencia con la Segunda Venida y con la era milenaria anunciada en (Isaías 110. Concerniente a la identidad del tallo de Isaí, las palabras reveladas dicen: 'De cierto, así dice el Señor, es Cristo' (D&C 113:1–2). Esto también significa que la Rama es Cristo."[21]

- **2 Nefi 21:1** (Isaías 11:1) **Un "tronco del tallo de Isaí"** Se nos dice en D&C 113: 3–4 que el tronco en esta escritura es "Un siervo en las manos de Cristo, quien es en parte un descendiente de Isaí así como de Efraín, o la casa de José, en quien es puesto gran poder"—una aparente referencia al profeta José Smith. Si esto as así, él es descendiente de Judá y de Efraín.

*El "tronco/raíz" de Isaí*

El Presidente Joseph Fielding Smith dijo: "Es Efraín, hoy en día, quien sostiene el sacerdocio. Es con Efraín que el Señor ha hecho un convenio y ha revelado la plenitud del evangelio eterno. Es Efraín quien está construyendo templos y realizando las ordenanzas en ellos; para los vivientes y por los muertos. Cuando vengan 'las tribus'—y será una vista y una cosa maravillosa cuando vengan a Sión—en cumplimiento de las promesas hechas por medio de Isaías y Jeremías, ellos tendrán que recibir las bendiciones de coronación de su hermano Efraín, el 'primogénito' en Israel."[22]

El presidente Brigham Young dijo: "Es la casa de Israel la que buscamos, y no nos importa si viene del este, del oeste, del norte, o del sur; de China, Rusia, Inglaterra, California, de América del Norte o del Sur o dealguna otra parte; y es el mismo joven en quien el padre Jacob puso sus manos, quien salvará la casa de Israel. El Libro de Mormón vino a Efraín, porque José Smith era un efrateo puro, y el Libro de Mormón le fue revelado a él, y mientras vivió, su meta fue buscar aquellos que creyeron en el Evangelio."[23]

- **2 Nefi 21:10** (Isaías 11:10) **Una "raíz" de Isaí que se pondrá en pie como un estandarte para los pueblos.** Se no dice en D&C 113: 5–6 que la "raíz" es "un descendiente de Isaí, así como de José; a quien con derecho le pertenece el sacerdocio, y las "llaves del reino"—otra aparente referencia al profeta José Smith. Por su herencia, él tiene derecho al sacerdocio y a sus llaves. Él se levantará como "un estandarte, y para la re-unión del pueblo [del Señor] en los últimos días." Un estandarte es una bandera usada en batalla que, cuando se levanta, se vuelve una señal del lugar donde se deben juntar los soldados. En este caso, es un estandarte para las tribus esparcidas de Israel en los últimos días.

Así sea que lo veamos a él como un tronco (ramita) creciendo de la Rama de Cristo, o como una raíz (brote) emergiendo del tocón del árbol de Isaí, José Smith es claramente una figura central en esta profecía de Isaías.

### La re-unión final de Israel

- **2 Nefi 21:11–12** (Isaías 11:11–12) **El Señor recogerá a Su gente escogida "la segunda vez" de "las cuatro esquinas de la tierra."** Su primer cautiverio y re-unión fue en Egipto, del cual ellos fueron recogidos por Moisés. La segunda vez, será de entre todas las naciones de la tierra, aún hasta "las islas del mar" [una figura literaria que significa los "confines la tierra" (v.11).

  Los nombres de lugares en esta escritura—Asiria (Siria), Egipto, Patros (parte superior de Egipto), Cush (Etiopía), Elam (Irán), Sinar (Iraq), Hamat (parte inferior de Siria y el Líbano)—son tanto literales, como simbólicos. En estas naciones y lugares que rodean a Israel y que hoy son algunos de sus más amargos enemigos, aún el mensaje del evangelio aparentemente los penetrará antes que venga el Señor. Después de nombrarlos, el profeta añade a la lista "las cuatro esquinas de la tierra" (v. 12), sugiriendo que la reunión no será sólo local sino mundial.

- **2 Nefi 21:12** (Isaías 11:12) **Dos grupos diferentes—Israel y Judá—serán reunidos.** Él hará esto al poner un "estandarte" [una metáfora real para un lugar de reunión] "para las naciones." Y Él recogerá a ambos "los marginados de Israel" y los "dispersados de Judá" a sus lugares de herencia en el Viejo y en el Nuevo Mundo (v. 12).

  El élder LeGrand Richards dijo: "A partir de esta escritura [Isaías 11:11–16]. . . nos enteramos de que tres acontecimientos importantes van a ocurrirde ocurrir: (1) Él pondrá un estandarte para las naciones; (2) Él reunirá a los marginados de Israel; (3) Él recogerá juntos a los dispersados de Judá de las cuatro esquinas de la tierra. Está claro que habrá dos lugares de reunión: uno para Israel, y el otro para Judá."[24]

- **2 Nefi 21:14** (Isaías 11:14) **El papel de los gentiles en la re-unión de Israel.** Isaías dijo que las almas reunidas de Israel y de Judá "volarán sobre los hombros de los filisteos hacia occidente." Esta profecía dual no sólo predice la reunión de los hijos de Edom, Moab y Amón en la tierra de Israel, al oeste de ellos, sino también la reunión de todas las huestes de Israel de todo el mundo hacia el hemisferio occidental, donde se establecería la sede de la Iglesia y la Nueva Jerusalén.

El élder Orson F. Whitney dijo:

> Setecientos años antes del nacimiento del Salvador, el profeta Isaías, mirando abajo a la vista de los tiempos, vio la re-unión de los últimos días de los esparcidos de la casa de Israel, y dijo concerniente a ellos: "Ellos volarán sobre los hombros de los filisteos hacia el oeste." Reconocemos el cumplimiento de esa profecía en el fundamento de esta Iglesia por José Smith, un descendiente lineal de Abrahan, Isac y jacob; quien entonces levantó un estandarte para la reunión de sus descendientes de su larga dispersión entre las naciones, pero una parte del cumplimiento incumbe a los gentiles. Sus naves de vapor, ferrocarriles, sus medios de transporte rápido y de comunicación—estos son "los hombros de los filisteos" sobre los cuales los hijos de Efraín han sido y están siendo traídos al oeste, a la tierra de Sión donde la Nueva Jerusalén se levantará; donde los puros de corazón se reunirán, y donde son hechas las preparaciones necesarias para la venida del Señor y de Su gloria. Dios trabaja afuera así como adentro de Su iglesia, y usa grandes y pequeñas cosas para el logro de Sus propósitos.[25]

- **2 Nefi 21:15-16** (Isaías 11:15-16) **"Y el Señor secará la lengua del mar de Egipto . . . y hará que pasen por él."** El élder Parley Pratt dijo: "También hemos presentado, en el versículo decimoquinto, el maravilloso poder de Dios, el cual será demostrado en la destrucción de una pequeña rama del Mar Rojo, llamada la lengua del Mar Egipcio, y también la división de los siete riachuelos de algún río [quizás el Nilo] haciendo que los hombres vayan por él con sandalias, y que ninguno no debe entender literalmente, [versículo 16] dice [que] , habrá un paso para el resto de su gente, la cual se quedó en Asiria; como lo hubo para para Israel en el día que salió de la tierra de Egipto. Ahora nosotros tenemos sólo que preguntarnos si , en esos días de Moisés, el Mar Rojo fue literalmente dividido o si fue sólo una figura literaria. Porque como lo era entonces, también lo será de nuevo."[26]

El capítulo entero de 2 Nefi 21 (Isaías 11) es una profecía emocionante de los eventos de los últimos días—los días en los cuales nosotros vivimos ahora. Profecías como éstas hacen de Isaías no sólo un antiguo profeta, sino también un profeta de la restauración, prediciendo los grandes eventos de la dispensación final.

El Presidente Wilford Woodruff dijo:

> El alma de Isaías parecía estar en el fuego, y su mente envuelta en las visiones del Todopoderoso, mientras que él declaraba, en el nombre del Señor, lo qué sucedería en los últimos días. Dios pondrá su mano de nuevo por segunda vez para recuperar al resto de Su gente, reunir a los marginados de Israel, reunir a los dispersados de Judá, destruir la lengua del Mar Egipcio y hacer que los hombres pasen sin mojarse, y reunirlos en Jerusalén en caballos, mulas, bestias y carruajes, y reconstruir a Jerusalén sobre sus propos escombros; mientras que, al mismo tiempo, el destruidor de los gentiles estará en camino y mientras Dios estaba terminando con el cautiverio de Israel, Él pondría todas sus maldiciones y aflicciones sobre las cabezas de los Gentiles, de sus enemigos, que no habían buscado recuperarse, mas buscaron destruirlos, y los habían pisado bajo sus pies de generación a generación.

> Al mismo tiempo el estandarte será levantado, y los honestos de corazón, los mansos de la tierra entre los gentiles, deben buscarlo; y Sión debe ser redimida y en ella debe ser construida una ciudad santa, sobre la cual descansará la gloria y el poder de Dios, y será visto sobre ella el guardián del Monte Efraín quien clamará—"Levantaos y subamos a Sión, a Jehová nuestro Dios!" y los gentiles vendrán a su luz, y reyes al resplandor de su levantamiento; y que los santos de Dios puedan tener un lugar para huir y permanecer en lugares santos mientras el juicio trabaja en la tierra, para que cuando la espada de Dios bañada en el cielo caiga sobre Idumea, o el mundo—cuando el Señor le reclame a toda carne por la espada y por el fuego, y los muertos de Jehová son muchos, los santos puedan escapar de estas calamidades huyendo a los lugares de refugio, como Lot y Noé.[27]

- **2 Nefi 23:1–5** (Isaías 13:1–5) **Dios recogerá a sus santificados... del extremo de los cielos."** El paralelismo sinónimo en el versículo 5 nos informa que "del extremo de los cielos" significa "de un país lejano." El Israel de los últimos días será "un gran pueblo ... de de muchas naciones reunidas".

- **2 Nefi 24:1–3** (Isaías 14:1–3) **Israel será reunida en "su propia tierra ... la tierra de Jehová."** Los hijos de Israel serán reunidos en "su propia tierra" y los "extranjeros" (conversos no israelitas) se reunirán con ellos ( v. 1). Isaías hace una distinción aquí acerca de dónde se reunirán las diez tribus de Israel, lo opuesto de Judá. Ellos serán recogidos a su lugar... desde lejos ... a sus tierras de promisión" donde la casa de Israel poseerá "la tierra de Jehová" (2 Nefi 24:2). Es interesante que "la tierra de Jehová" es designada como un lugar de reunión de las diez tribus perdidas.

> George Reynolds y Janne M. Sjodahl observaron que la palabra América fue probablemente acuñada al estilo de las palabras indígenas americanas como amerique o maraca. Estas palabras consisten de tres partes: (1) le letra "A" la cual es la misma que la palabra hebrea "el" o "la" (2) malek, o malick, las cuales significan rey; y (3) la letra "i" o el elemento "iah", el cual significa Jehová. Puestas juntas, entonces, el nombre significa "el Rey Jehová." La diferencia principal entre el nombre del Libro de Mormón "Amuleki" y la moderna América, es que hay una "R" en lugar de una "L". Pero esto se puede ser explicado por el hecho de que a algunos dialectos nativo-americanos les faltan 6 letras del abecedario del idioma español, una de la cual es la letra "L."
>
> La letra "R" nos dicen, toma su lugar, como lo hace con Perú para Pelu. Ellos creen—y cito fuentes que apoyan la idea—que América es la forma aceptada de los viejos nombres indígenas Amerique y Maraca; y no como generalmente se nos enseña en nuestras escuelas, en glorificación del cartógrafo Amerigo Vespucci. "Si esto es correcto", nos dicen, entonces "América es en forma y en significado, idéntica a los nombres del Libro de Mormón, Amaleki y Amalickíah el significado del cual es "El Rey Jehová" y como se aplica al país "La tierra del Rey Jehová."[28]

Tiene sentido que las diez tribus serán reunidas en la tierra del Rey Jehová.

## LAS CONDICIONES EN EL MILENIO

- **2 Nefi 21:2–5** (Isaías 11:2–5) **Cristo es un juez justo quien juzgará imparcialmente.** Debemos sentirnos reconfortados de saber que Jesucristo será nuestro juez. ¿Quién mejor para juzgar las circunstancias de mi vida que Él quien ha experimentado por y conmigo todos mis pecados, sufrimientos, penas, decepciones, e incapacidades? De alguna manera completamente incomprensible para nosotros, Él sintió lo que nosotros sentimos y sufrió las consecuencias de nuestras fallas y pecados. ¿Quién sería mejor que Él para juzgarnos?

- 2 Nefi 21:6–9 (Isaías 11:6–9) **Gran paz existirá durante el milenio.** Esta es la descripción clásica del milenio que todos los lectores de la Biblia conocen: "Morará el lobo con el cordero, y el leopardo con el cabrito se acostará; y el becerro y el leoncillo y la bestia doméstica andarán juntos, y un niño los pastoreará" (v. 6). Los paralelos sinónimos y metáforas de estos versos son maravillosamente vividos, concluyendo con la gran promesa de que "No harán mal ni destruirán en todo mi santo monte, porque la tierra estará llena del conocimiento de Jehová, como las aguas cubren el marzo de" (v. 9). De versos como estos, nos hacemos mas conscientes del don poético de Isaías; que dan lugar a descripciones tan hermosas que no podemos imaginar que se pudieran decir de otra manera.

AUTOR DESCONOCIDO

*Los leones, los corderos, y los niños morarán en paz*

El élder Orson Pratt dijo:

> El conocimiento de Dios cubrirá la tierra como las aguas cubren la gran profundidad. No Habrá lugar para la ignorancia, ni la oscuridad, ni para aquellos que no sirvan a Dios. ¿Por qué? Porque Jesús, el Gran Creador, y también el Gran Redentor, estará en la tierra, y Sus santos ángeles estarán en la tierra, y todos los santos resucitados que han muerto en dispensaciones anteriores saldrán, y ellos estarán en la tierra. Cual feliz tierra esta creación será, cuando este proceso purificador vendrá, y la tierra estará llena del conocimiento de Dios ¡Tal como las aguas cubren la gran profundidad! ¡Qué cambio! Viaje, entonces, de un extremo al otro de la tierra, y no podrá encontrar un hombre inicuo, o borracho, u hombre que blasfeme el nombre del Gran Creador, ninguno que robe los bienes de su vecino, y lo hurte, ninguno que cometa fornicaciones—porque todos quienes cometan fornicaciones serán echados al infierno, dice el Señor Dios Todopoderoso, ¡y todas las personas quienes cometan pecados serán rápidamente visitadas por juicios del Todopoderoso![29]

- 2 Nefi 21:13 (Isaías 11:13) **Judá y Efraín de nuevo vivirán en paz el uno con el otro.** Si estamos familiarizados con la historia de Judá e Israel, sabemos que después de una breve edad dorada, cuando el Rey David y el rey Salomón reinaron sobre una nación unida, ellos se separaron en dos reinos: Israel en el norte y Judá en el sur, alrededor de Jerusalén. Desde ese momento en adelante, ellos fueron rivales y aún enemigos. Esta escritura ansia el día en que "se disipará la envidia de Efraín, y los enemigos de Judá serán talados. Efraín no tendrá envidia de Judá, ni Judá afligirá a

Efraín, Y se disipará la envidia de Efraín, y los enemigos de Judá serán talados. Efraín no tendrá envidia de Judá, ni Judá afligirá a Efraín."

- **2 Nefi 22:1–6** (Isaías 12:1–6) **El himno de alabanzas de Isaías para el gran Milenio** cuando el Señor reinará "en medio" de "Su gente."

## CARGAS PARA LOS INICUOS

(2 Nefi 23; Isaías 13)

"Las cargas" son pronunciamientos de destrucción o sufrimiento. Isaías 13–23 contiene una colección de "cargas" que Isaías pronunció sobre las naciones de su tiempo. La antigua Babilonia, Asiria, Filistea, Moab, Damasco (Siria), Egipto, y otras (nueve naciones en total) fueron todas receptoras de las profecías de Isaías del juicio Divino. El lapso de tiempo para su arrepentimiento se había acabado y ellos estaban a merced de los juicios de Dios. El Señor reveló por medio de estas cargas cómo ellos serían llevados a juicio.

*Isaías previó los castigos de Dios*

Estas cargas proveen percepciones significativas sobre el mundo antiguo y moderno porque éstas son profecías dualísticas. Cada nación también es un símbolo de un tipo particular de iniquidad en los últimos días. Cuando Isaías usa la frase "en el postrer día", señala un significado de los últimos días para la profecía. Por ejemplo, la antigua Babilonia con todos sus males es un símbolo de nuestra propia Babilonia del día presente —el mundo. El siguiente cuadro resume el significado simbólico de cada una de estas naciones.

| Nación | Referencia | Iniquidad simbolizada por esta nación |
|---|---|---|
| Jerusalén | 2 Nefi 23 (Isaías 13) | Pretendían piedad mientras mataban a los profetas |
| Babilonia | 2 Nefi 23 (Isaías 13) | Idolatría y cosas mundanas |
| Sodoma | 2 Nefi 24 (Isaías 14) | Corrupción |
| Filistea | 2 Nefi 24 (Isaías 14) | Odio a Israel |

## PROFECÍAS CONCERNIENTES A BABILONIA

### La carga de Babilonia

(2 Nefi 23; Isaías 13)

Babilonia en ese tiempo todavía no era una potencia mundial; era sólo una provincia de Asiria. Sin embargo más tarde, bajo el mando de Nabucodonosor, Babilonia derrocó a Asiria y se volvió la potencia mundial dominante. Nabucodonosor entonces inició un programa de construcción; el cual hizo de Babilonia una de las más maravillosas ciudades del mundo antiguo. Si él estaba simplemente adivinando, un profeta en el tiempo de Isaías hubiera dicho que Asiria sería la nación conquistadora. Pero Isaías previó que sería Babilonia y no Asiria, la que destruiría a Judá.

- **2 Nefi 23:9** (Isaías 13:9) **La grandeza de Babilonia.** Se creía que Babilonia era eventualmente indestructible y la ciudad más bella del mundo. Isaías se refería a Babilonia como la "la señora de reinos" (Isaías 47:5) Jeremías llamó a Babilonia "alabada por toda la tierra" (Jeremías 51:41) y Daniel hizo referencia a "la gran Babilonia"

- **La pared alrededor de Babilonia era colosal.** Heródoto dijo que esa pared medía 84 pies de ancho y 336 pies de alto. Él también dijo que esas pequeñas casas de un piso estaban construidas en la cima de las paredes, de cada lado, y con espacio suficiente entre ellas para permitir el paso simultáneo de cuatro carruajes. La arqueología moderna demuestra que era aún más grande de lo que él dijo. El muro de contención exterior era de 33 ½ pies de espesor. El interior de este tenía un relleno de arena y grava que se extendía 69 pies, y a continuación, la pared interior de retención, que era 44 metros de espesor. Toda la estructura, por lo tanto, era uno 146 pies y medio de ancho. El muro y sus ciudadelas fueron hechos de ladrillo cocido puestos con asfalto, muchos de los cuales estaban bellamente coloreados.[30] Esta paredes colosales rodeaban a la ciudad entera, cubriendo un largo estimado de 56 millas—13 millas (1385 yardas) en cada lado.[31]

*La puerta de león restaurada de Babilonia*

- **2 Nefi 23:17-22** (Isaías 13:17-22) **Las predicciones de Isaías concerniente a Babilonia.** Isaías correctamente predijo que los medos destruirían a Babilonia (v.17) —una profecía que se cumplió 130 años más tarde cuando la alianza entre los medos y los persas bajo Ciro el Grande contuvieron el río Éufrates con una represa y luego marzo dearon bajo las paredes de Babilonia a través del río. Ellos entonces derrocaron a la ciudad del imperio. Isaías dijo que la belleza de Babilonia perecería y que sólo bestias salvajes vivirían allí después de su destrucción (versos 21-22). Cada una de estas predicciones se cumplió literalmente. Babilonia fue destruida y nunca se reconstruyó. Hoy en día, Babilonia es un desierto cubierto de arena, ocupado sólo por animales salvajes.

- **Isaías 20:2 Isaías se le ordena caminar "desnudo y descalzo."** Como con muchos de Sus profetas, el Señor con Isaías, dio un ejemplo visual que no puede ser ignorado. Se le daba gran importancia a la ropa en el Este, donde los sentimientos sobre este punto son particularmente sensibles y modestos. Una persona era considerada estar "sin ropa" y desnuda si tan sólo se quitaba la ropa superior. Lo que se le mandó a hacer a Isaías, entonces, no fue . . . [un llamado] a la indecencia mortal. Se le ordenó dejar de lado el vestido de un deudo y de un predicador de arrepentimiento, y llevar nada más que su túnica; y con sólo esto, además de estar descalzo, el tenía que dejarse ver en público."[32]

## Babilonia espiritual

- **Jeremías 51:36-49. Los profetas usaron a Babilonia como un símbolo de los inicuos,** y ellos usaron su caída como un símbolo de lo que eventualmente les pasaría con el tiempo los impíos. Isaías proclamó sus condenas más duras sobre esta Babilonia de los últimos días. Así como la antigua Babilonia fue destruida y nunca reconstruida, también lo serán todos los que luchen contra el Señor en los últimos días. Este uso simbólico de Babilonia continuó en el Nuevo Testamento, en el Libro de Mormón, y en nuestra Doctrina y Convenios de los últimos días.

| | |
|---|---|
| — Apocalipsis 18:1-10,20-21 | Juan profetizó que los inicuos (Babilonia) serán destruidos. |
| — 1 Nefi 22:23 | Nefi dijo que las Iglesias mundanas son parte de "Babilonia." |
| — D&C 64:24 | El Señor llamó a los orgullosos y a los inicuos "Babilonia" |
| — D&C 133:1-7, 14 | Él también llamó a la iniquidad "Babilonia espiritual" |

## La superación de Babilonia

- **2 Nefi 23:2-5** (Isaías 13:2-5) **Una profecía del triunfo de los últimos días sobre "Babilonia" (la mundalidad).** Esta profecía usa un gran número de metáforas bien conocidas en los días de Isaías, las cuales discutimos anteriormente en el capítulo "entendiendo a Isaías". La "pancarta" que será levantada en los últimos días (v. 2) será el estandarte del Evangelio o el estandarte, al cual el mundo se unirá (véase también Isaías 5;26). El "monte" (v. 2) es la Casa de Señor y /o la nación del Señor. Y la "multitud" (v. 4) es un gran pueblo que se reúne en el nombre del Señor. Estas multitudes son los Santos de los Últimos Días quienes serán recogidos de cada nación en los últimos días y enlistados en el ejército de Dios para declararle la guerra a la iniquidad.

- **2 Nefi 23:6-10** (Isaías 13:6-10) **El gran "día del Señor" en el cual regresará el Salvador.** "Será un día de gran "destrucción por el Todopoderoso" (v. 6). Será un día en el cual el Señor viene a "destruir a sus pecadores" (v. 9). Habrán señales celestiales: el sol se oscurecerá, la luna se tornará en sangre, las estrellas se caerán del cielo (v. 10).

- **2 Nefi 23:11-12** (Isaías 13:11-12) **Un hombre más "precioso que el oro fino."** Los hombres justos se volverán tan difíciles de encontrar como el oro precioso y serán apreciados tal altamente como el oro (véase también Isaías 4: 1-4); entonces, los inicuos serán limpiados de la tierra, y los justos y rectos permanecerán para volverse las joyas preciosas de la diadema real del Señor (D&C 60:4; Isaías 62:1-3). Ofir era una provincia rica productora de oro en la India. Isaías dice que el tesoro de "los lingotes de oro de Ofir" (Isaías 13:12) es insignificante comparado con el valor de un hombre justo (D&C 18:10).

- **2 Nefi 23:13** (Isaías 13:13) **Los "cielos se estremecerán" y la "tierra será movida."** Decir que los cielos se estremecerán y que la tierra será movida son ambas son dos figuras retóricas de "gran calamidad y desastre", lo que sugiere que toda la política el clima y las circunstancias el mundo se estremecerán . Se refiere a las grandes agitaciones políticas de los días de Isaías. Pero es una profecía dualística que también será cumplida en los últimos días. Los cielos "huirán" cuando la tierra vuelva a su gloria paradisíaca anterior (Apocalipsis 6:12–17 y D&C 88:87–91). Esto no debe ser confundido con el estado celestial del que la tierra disfrutará eventualmente. Está más bien hablando del milenio, durante el cual toda la vida disfrutará de paz continua.

- **2 Nefi 23:14–22** (Isaías 13:14–22) **Juicios para los inicuos.** Los hombres "caerán a espada" y "sus casas serán saqueadas" (versos 15–16.) los niños y las mujeres también sufrirán en gran manera (versículos 16, 18) el Señor declara "tendré compasión de mi pueblo [los justos], mas los impíos perecerán." (2 Nefi 23:22). Esta profecía es también dualística, con un significado literal y espiritual. Estas cosas le pasaron literalmente a los babilonios cuando cayeron a mano de los medos y a los persas en el año 539 A.C. Pero Babilonia es también el nombre para el reino de Satanás o el mundo (D&C 1:16) y esta Babilonia espiritual será destruida de la misma manera que en los últimos días (1 Nefi 14:10; Apocalipsis 17:1–5).

## LA CAÍDA DE LUCIFER

(2 Nefi 24; Isaías 14)

- **D&C 76:26–28 Lucifer es Satanás.** En la visión de José Smith y Sidney Rigdon de los tres grados de Gloria, ellos aprendieron mucho acerca del estatus premortal de Satanás. Él fue eventualmente llamado "perdición" (lo que significa "pérdida absoluta y destrucción") porque "los cielos lloraron por él" (v. 26) Sin embargo, él fue originalmente llamado Lucifer (lo que significa "portador de luz") porque él era "un hijo de la mañana." Esto parecería indicar que él fue uno de los primeros hijos de Nuestro Padre y una persona de inmensa inteligencia y potencial; una persona de luz—"un portador de luz." Pero ellos testificaron en su visión: "He aquí, ¡ha caído, un hijo de la mañana ha caído!" (v. 27). Ellos se refirieron a Satanás como "la serpiente antigua, sí, el diablo, que se rebeló contra Dios y procuró usurpar el reino de nuestro Dios y su Cristo" (v. 28). Entonces, envidiando el trono de Dios, y deseando frustrar el plan de salvación que Dios había puesto ante todos Sus hijos, Lucifer trató de persuadir a los hijos de Dios a que lo siguieran a él, en lugar de al Padre.

- **2 Nefi 24:4–12** (Isaías 14:4–12) **Isaías se burla de Nabucodonosor y de Lucifer.** Esta profecía es dualística. Puede ser interpretada como palabras de burla en contra de Satanás y del opresor de Israel, Nabucodonosor, cuya pompa "fue llevada a la tumba" (v. 11). Al compara al rey de Babilonia con Lucifer, Isaías estaba también diciéndonos muchas cosas acerca de la caída de Satanás en la existencia preterrenal. La metáfora continúa a través del versículo 21.

- **2 Nefi 24:12–15** (Isaías 14:12–15) **Isaías describe la caída de Lucifer.** Primero notamos que él lo llama "Lucifer, hijo de la mañana" (v. 12) quien "cayó de los cielos." Lucifer, cuyo nombre significa "portador de luz" es Satanás (D&C 76: 25–28). Él se volvió Perdición (lo que significa ("pérdida absoluta y destrucción") pero el título "hijo de la mañana" sugiere que él fue alguna vez uno de los hijos más grandes de Dios. Como una figura literaria, "hijo de la mañana" significa que él fue también uno de los hijos más viejos de Dios. Y como sabemos, "cayó del cielo" en la existencia premortal.

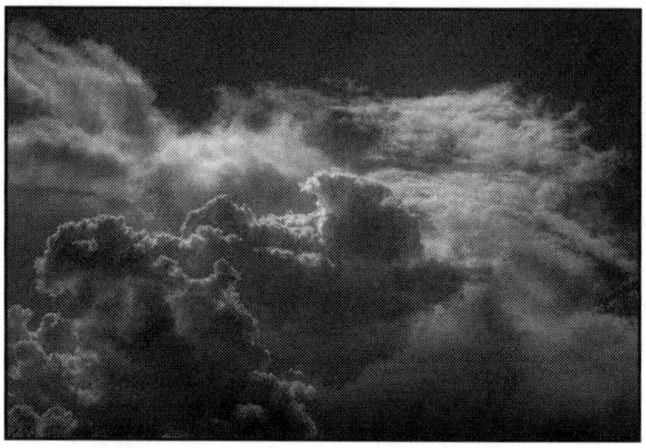

*Un "hijo de la mañana" cayó de los cielos*

La palabra *congregación* (v. 13) debe ser traducida como "asamblea de dioses." Lucifer quería ser exaltado por encima de Dios el Padre, pero él en cambio heredó el infierno (versos 13–15). Él es un mentiroso y buscó poder personal a costillas de nuestro albedrío (Moisés 4: 1–4). Hubo una guerra en los cielos, y Miguel (Adán) prevaleció sobre él (Apocalipsis 12:7–9)

Robert J. Matthews dijo:

> La guerra fue severa, y tuvo consecuencias eternas. Cada tipo de pecado (con la excepción posible de pecados que involucraban la muerte) estaba presente en ese estado premortal, y hubieron muchas muertes. El arrepentimiento era para todos los que pecaron; y el perdón en esa vida premortal estaba disponible por medio de la fe en Jesucristo y obediencia al plan de salvación ( D&C 93:38). Esto no fue una guerra sólo de palabra y de debate de forénses. Fue una guerra de fechorías, mentiras, odio, orgullo, celos, remordimiento, envidia, maldiciones, blasfemias, decepción, robo, lisonjeo, calumnias, ira, y pecados de casi todo tipo que también son conocidos en la mortalidad. Estos asuntos estaban tan bien definidos, que la coexistencia no era posible. Aquellos que de todo corazón apoyaron a Lucifer y a su rebelión, se volvieron como él; y después de haber pecado más allá de la posibilidad de reclamación, ellos fueron echados del paraíso y puestos ( como espíritus) en la tierra, sin nunca tener la oportunidad de nacer con un cuerpo de carne y hueso.
>
> El número preciso de los que se revelaron no lo sabemos, pero las escrituras hablan de ellos como "la tercera parte" de los espíritus que estaban originalmente programados para el nocimiento a la vida terrenal (Apocalipsis 12;4; D&C 29:36) Si "una tercera parte" significa un tercio, entonces los espíritus malignos; represntan la mitad de las dos partes que son privilegiados a venir a la tierra por medio del proceso del nacimiento y obtener cuerpos físicos. Es decir, que los espíritus que se rebelaron y fueron expulsados representan la mitad de todos los mortales que nunca han nacido o nacerán en este mundo al final del milenio. Estos espíritus rebeldes son "el diablo y sus ángeles", y también "vasos de ira". (D&C 29:36–37; 76:33). Estos son literalmente diablos, para siempre miserables, ellos son enemigos de Cristo y de todos aquellos que tengan alianzas con Cristo. Ellos son enemigos

del plan del Padre; y con los mortales que puedan influenciar, ellos siguen las órdenes del diablo en esta tierra.[33]

Cristo dijo que Satanás cayó "como un rayo" (Lucas 10:18) A él se le permitió venir a la tierra con sus ángeles a tentarnos para que podamos tener albedrío (D&C 29: 36–39) Él todavía desea reinar sobre nosotros, pero por la expiación de Cristo él "no tiene nada" al final (Juan 14:30).

Contario a sus planes arrogantes de demandar el respeto de los hijos de Dios a la fuerza, la gente lo "mirará fijamente"—una figura literaria que significa no le tendrán respeto a pesar del gran mal que él causará (versos 16–17). Es interesante notar que la gente será sorprendida en cuanto a cuán común él se ve (sin gloria, sin características autoritarias, sin cuernos o rabo, o pies como pezuñas hendidas). Ellos dirán "¿Es este aquel varón que hacía temblar la tierra, que hizo temblar los reinos? Y puso al mundo como un desierto, que asoló sus ciudades, y no abrió la casa de sus prisioneros?" (versículos 16–17).

El castigo de Lucifer es que él nunca tendrá un cuerpo. Entonces él nunca tendrá una tumba como todos los reyes honorables de la tierra (versos 18–20) Para él, no hay resurrección, ni tierra para heredar, y no hay hijos (v. 21).

- 2 Nefi 24:20–32 (Isaías 14:20–32) **Nabucodonosor caerá de su gloria de la misma manera que lo hizo Lucifer.** Aunque Babilonia fue una vez una gran nación, Dios la cortará (versículo 22). La misma verdad que la de los asirios; quienes despojaron a Efraín (v 25). Sión será establecida y a "ella se acogerán los afligidos de su pueblo" (v. 32).

## LA CARGA DE ISRAEL Y SU EVENTUAL REDENCIÓN
(Isaías 17–19)

- **Isaías 17:4–14 Descripciones poéticas del futuro de Israel.** El capítulo 17 de Isaías no se encuentra en el Libro de Mormón. Nos referimos a éste aquí sólo para hacer un contraste con los "ay de aquel" pronunciados sobre Israel con la gloriosa redención prometida en 2 Nefi 24 (Isaías 14). Utilizando el lenguaje poético del que es justificadamente famoso, en el capítulo 17 Isaías compara a Israel con un jardín o una rama que es en gran medida fruto fruto; y con un jardín en el cual un hombre planta, pero cosecha sólo unas pocas mazorcas; o espiga sólo unas cuantas uvas de sus viñas ( versos 4–6). "espigar uvas" (v. 6) son aquellas pocas no vistas por los cosechadores.

  Israel estará en necesidad de ayuda y no la encuentra. Ellos verán que las arboledas y los altares de los dioses falsos en quien ellos confiaron no tendrán poder para salvarlos (versos 7–8). Las ciudades del Israel se parecerán a una rama de un árbol que ha sido abandonado, o que permaneció sin cultivar, y está por lo tanto desolado, estéril, e improductivo (v. 9).. Las olivas eran cosechadas sacuddiendo las ramas, las cuales siempre dejaban unas cuantos frutos esparcidos en las ramas superiores. Esta cosecha de dolor para Israel será el resultado de su olvido de Dios (v. 11).

Las naciones se lanzan contra de Israel "como ruido de aguas poderosas." Pero aquellas mismas naciones serán eventualmente "como el polvo delante del torbellino." (v. 13). Entonces, aquellos que derrocaron y saquearon a Israel se volverán indigentes. (v. 14).

*"En la noche la marea, problemas"*

THE BIBLEREVIVAL.COM, #11

Esta profecía se cumplió en el cautiverio y dispersión de Israel. Una mejor descripción de esto no se podrá encontrar en cuanto a la tierra de Palestina a través de los siglos después del tiempo de Isaías. La tierra y su gente no produjo espiritual, o físicamente. Sólo ahora que los judíos están reuniendose dentre las naciones, la tierra se está volviendo fructífera nuevamente. Cuando los judíos empiecen a creer en Jesucristo como el Señor y Salvador, la espiritualidad también aumentará en Israel una vez más

- **2 Nefi 24:1–3** (Isaías 14:1–3) **A Israel se les unirán individuos de otras naciones, encontrará descanso en sus propias tierras, y reinará sobre sus anteriores opresores.** En los últimos días, El Señor tendrá misericordia de Jacob, y escogerá a Israel, y los pondrá en su propia tierra. Isaías dice: "Y extranjeros se juntarán con ellos y se unirán a la casa de Jacob" (v. 1). Ellos serán restaurados a "su lugar . . . en la tierra de Jehová" (la discusión que sigue en los párrafos posteriores concierne a América como la tierra del Señor). Sus "siervos y siervas" serán aquellos "de los cuales eran prisioneros, y regirán a sus opresores" (v. 2). En aquel día "Jehová te dé reposo de tu dolor, y de tu temor y de la dura servidumbre en la que te hicieron servir" promete Isaías (v. 3).

## LA CARGA DE OTRAS NACIONES

(2 Nefi 24; Isaías 14)

### La carga de Filistea (Palestina)

- **2 Nefi 24:28–32** (Isaías 14:28–32) **Los filisteos eran cananeos; que habitaban en la tierra cuando Israel la conquistó.** Ellos eran viejos enemigos de Israel, y la guerra entre estas dos naciones continuó por siglos, Roma llamó al territorio filisteo "Palestina" (Palestina) en un esfuerzo por negar el reclamo de Israel a la misma. Por esta razón, a los israelíes modernos no les gusta el nombre de Palestina. Ellos lo ven como un esfuerzo permanente para negar su derecho legítimo a la misma.. Ésta cae de cierto dentro del territorio que el Señor designó para Israel, a Moisés y a Josué. Pero Israel a duras penas ha tenido control de esta región tanto en la antigüedad, como en los tiempos modernos.

## La carga de Asiria

- **2 Nefi 24:24–27** (Isaías 14:24–27) **Asiria era como Babilonia.** Además de su uso del imperio de Babilonia como símbolo de la Babilonia espiritual, Isaías también predijo la desaparición del imperio asirio. Esto empezó cuando en los días del rey Ezequías, Asiria sufrió una derrota aplastante en las colinas de las afueras de Jerusalén a manos de un ángel de destrucción (Isaías 37:33–38) Asiria también sirvió como un tipo de símbolo del mundo. De manera similar, todas las naciones del mal del mundo de los últimos días sentirán la mano de Dios y sus juicios (Isaías 14:26).

**Notes** (Todas las referencias son de las versiones en idioma inglés de los textos que se citan.)


1. *Un compañero para su estudio del Libro de Mormón*, 1976, pág. 140.
2. *Enseñanzas del profeta José Smith*, escogidas y arregladas por Joseph Fielding Smith, 1976, pág. 347.
3. *Doctrina mormona*, 2.ª edición, 1966, págs. 702–703.
4. *Enseñanzas del profeta José Smith*, pág. 367.
5. *Enseñanzas del profeta José Smith*, pág. 324.
6. "El camino a la vida eterna," revista *Ensign*, Noviembre de 1971, pág. 15.
7. En Reporte de La Conferencia, Abril de 1971, pág. 143.
8. *Doctrinas de Salvación*, compilado por Bruce R. McConkie, 3 vols., 1954–56, 3:69– 71.
9. *Que el hombre sepa por sí mismo*, compilado por Clare Middlemiss, 1967, pág. 108.
10. Keil and Delitzsch, *Comentarios sobre el Antiguo Testamento*, 10 volúmenes, 1996, 7:1:147.
11. *Enseñanzas y comentarios sobre el Antiguo Testamento*, 2005, pág. 589.
12. *Comentarios sobre el Antiguo Testamento*, 7:1:166.
13. *Enseñanzas del profeta José Smith*, pág. 217.
14. En Reporte de La Conferencia, Octubre de 1968, págs. 48–49.
15. En *Diarios de Discursos*, 16:82.
16. *¡Israel! ¿Usted sabe?*, 1954, pág. 182.
17. *Comentario de la Doctrina y Convenios*, edición revisada, 1972, 7:1:200–201.
18. *Historia de la Iglesia y Revelación Moderna*, 4 volúmenes, 1946–1949, 1:154–155.
19. *Respuestas para preguntas del evangelio*, 5 volúmenes, 1957–1966, 4:32.

20. *Doctrinas de Salvación*, 3:11.

21. *El Mesías prometido: la primera venida de Cristo,* 1978, pág. 192.

22. *Doctrinas de Salvación*, 3:252–253.

23. En *Diarios de Discursos*, 2:268–269.

24. *Una obra maravillosa y un prodigio*, 1976, pág. 202.

25. En Reporte de La Conferencia, Octubre de 1919, pág. 69.

26. *Una voz de advertencia*, 1837, págs. 31–33.

27. *La Historia de la Iglesia*, 6:26.

28. *Comentario sobre el Libro de Mormón*, 1955–1961, 2:330–331.

29. En *Diarios de Discursos*, 21:325.

30. Samuel Fallows, editado por, *La popular y crítica enciclopedia de la Biblia y diccionario de escrituras*, s. v. "Babylon," págs. 208–209.

31. Merrill F. Unger, *Diccionario de la Biblia de Unger*, s.v. "Babylon," 1972, pág. 116.

32. *Comentarios sobre el Antiguo Testamento*, 7:1:372.

33. "Dos caminos en el mundo: La guerra entre Dios y Satanás," en Kent P. Jackson, editado por, *Estudios de las escrituras, Volumen 7: De 1 Nefi a Alma 29*, 1987, págs. 147–148.

Capítulo 10

# Las Profecías de Nefi

(2 Nefi 25-30)

---

Ammón le dijo el rey Limhi "un vidente puede saber de cosas que han pasado y también de cosas futuras; y por este medio todas las cosas serán reveladas, o mejor dicho, las cosas secretas serán manifestadas, y las cosas ocultas saldrán a la luz" (Mosíah 8:17). Nefi e Isaías fueron ambos grandes videntes.

En estos capítulos, Nefi revela muchas cosas acerca del futuro. Él prevé la destrucción de su gente después que ellos han degenerado en a la incredulidad. También ve a los Gentiles elevarse en el orgullo con "muchas iglesias," "envidias, contiendas, y malicia" ( 2 Nefi 26:21) Nefi habla de los últimos días durante los cuales aparecerá el Libro de Mormón. Él usa las palabras de Isaías (Isaías 29) para revelar muchas cosas que conciernen con la última dispensación; él analiza las filosofías de Satanás y cómo él operará en nuestros días, y da un número de claves para superar la decepción.

THEBIBLEREVIVAL.COM, #12

*Nefi recibió muchas visiones de los últimos días*

El élder Spencer W. Kimball dijo: "Estos son días trascendentales, los últimos días, cuando habrá numerosas decepciones .. . Lucifer, el engañador . . . Está ejerciendo todos sus esfuerzos. Las decepciones se incrementarán; los cultos se volverán más numerosos; más y más de los débiles se quedan en el camino . . . uno tiene asegurada la la protección a través de la guía del Espíritu Santo . . . si uno vive en total armonía y fe, apoyando a las autoridades de la Iglesia y vive todos los principios, el Espíritu lo guiará, pero si el hombre se vuelve arrogante y se ergie como juez final, él podrá ser engañado."[1]

- **2 Nefi 25:1-8 Nefi explica el valor de Isaías para "[su] pueblo" de Israel.** ÉL explica por qué las palabras de Isaías son difíciles de entender para los no judíos (v. 1) Él promete que aquellos con el espíritu de profecía serán capaces de discernirlas (v. 4) para que sean simples en el día que sean cumplidas (v. 7) y que ellas serán de gran valor para nosotros porque las entenderemos ( v. 8). Estos son los versículos de los cuales obtenemos dos claves importantes para entender a Isaías, las cuales fueron discutidas en el capítulo "Interpretando a Isaías."

## NEFI EXPLICA LAS PROFECÍAS DE ISAÍAS
(2 Nefi 25–26, 29)

### Nefi profetiza lo concerniente a Israel

- **2 Nefi 25:9–17 Nefi añade profecías propias.** Él predice la destrucción y el cautiverio de Jerusalén bajo Nabucodonosor de Babilonia (v. 10), la restauración de los judíos bajo Ciro de Persia (v. 11). El rechazo del Hijo de Dios por los judíos (v. 12), y la muerte y resurrección de Jesús (v. 13). Luego pasó a predecir la segunda destrucción de Jerusalén por los romanos en el año 70 A.C. (v. 14), la dispersión de los judíos ( v. 15) la posible aceptación de Jesús como el Mesías por los judíos (v. 16), y que ellos serían rescatados de "estado perdido y caído" (v. 17).

- **2 Nefi 25:18–30 Nefi nos habla con simpleza, sin metáforas o símbolos, testificando directamente de Jesucristo.** Él nos recordó que no hay otro nombre bajo el cielo por medio del cual el hombre puede ser salvado (v. 20) y explicó la doctrina de justificación: que somos salvados "por la gracia ... después de hacer cuanto podamos" (v. 23).

  El élder Spencer W. Kimball dijo:

  > Uno de las más erróneas doctrinas originadas por Satanás y propuesta por el hombre, es que el hombre es salvado sólo por la gracia de Dios; que creer en Jesucristo es todo lo que se necesita para la salvación ... un pasaje del Libro de Mormón, escrito quizás ... para enfatizar e inducir a una apreciación del gracioso don de la salvación ofrecido en la condición de la obediencia ... es particularmente alumbrador: "Porque nosotros trabajamos diligentemente para escribir, a fin de persuadir a nuestros hijos, así como a nuestros hermanos, a creer en Cristo y a reconciliarse con Dios; pues sabemos que es por la gracia por la que nos salvamos, después de hacer cuanto podamos" (2 Nefi 25:23). . . .
  >
  > Sin embargo, no importa cuán buenas sean las obras de una persona, él no puede ser salvado si Jesús no hubiera muerto por cada uno de Sus [ y de nuestros] pecados. Y aún siendo poderosa la gracia salvadora de Cristo, no trae exaltación a ningún hombre que no cumpla con las obras del Evangelio.
  >
  > Por supuesto, necesitamos entender los términos. Si por la palabra "salvación" entendemos la mera salvación o redención de la tumba, la "gracia de Dios" es suficiente. Pero si el término "salvación" significa regresar a la presencia de Dios con progresión eterna, incremento eterno, y divinidad eventual, para ello ciertamente debemos tener "la gracia de Dios" tal como es generalmente definida, además de la pureza personal, la superación del mal, y las buenas obras hechas con tan gran importancia en las exhortaciones del Salvador y Sus profetas y apóstoles.[2]

Dios le prometió a Nefi que las cosas que él escribió serían preservadas de generación en generación "mientras durase la tierra" (v. 21) una promesa que le debe haber dado a Nefi gran confianza; ya que se le había mostrado en una visión, que su simiente sería eventualmente destruida.

Nefi dijo que él trabajó diligentemente para persuadir a sus hijos y a los hijos de sus hermanos a creer en Cristo (versículos 23–26). No fue fácil inscribir en planchas de metal Requirió un gran esfuerzo físico grabar con una aguja puntiaguda en las hojas de metal mientras la guiaba con la la otra mano. No había posibilidad de borrar, y cuando algo estaba expuesto erróneamente, tenía que ser clarificado con una explicación subsecuente (Mosíah 7:8; Alma 1:15; Alma 17:18). Las planchas también eran pesadas de llevar. Sin embargo, él consideró que todo valía la pena; ya que era para beneficio de su posteridad, de "los Gentiles" de los últimos días, y de todos los demás que eventualmente las recibieran y creyeran en sus palabras. Él dijo "Porque toda mi intención es persuadir a los hombres a que vengan al Dios de Abrahan, y al Dios de Isaac, y al Dios de Jacob, y sean salvados" ( 1 Nefi 6:4).

Nefi cerró esta porción del grabado instándonos a adorar al Señor "con todo vuestro poder, mente y fuerza, y con toda vuestra alma" (v. 29). El discipulado ocasional, como la lectura ocasional de Isaías, no dará fruto. Nuestras energías completas, pensamientos, y motivaciones deben estar en sintonía con nuestro Señor Jesucristo. Entonces, nosotros podemos esperar ser salvados "después de hacer todo cuanto podamos."

## El Libro de Mormón y la Restauración

En 2 Nefi 26, Nefi no cita a Isaías 29 en forma completa; como lo hizo en muchos otros capítulos que hemos considerado. Sin embargo, está claro de las explicaciones de Nefi, en este capítulo, que 2 Nefi 26 están basadas en Isaías 29. Para proveer algún contexto a las enseñanzas de Nefi en 2 Nefi 26, empezamos con un breve repaso de Isaías 29.

- **Isaías 29:1–12 Una predicción es hecha concerniente a Ariel (Jerusalén)** y sus habitantes, así como de otras personas que compartirán el mismo destino que Ariel. Isaías comenzó por pronunciar un "ay de aquel" sobre Ariel, a la que identificó como "la ciudad donde moró David—Jerusalén" (v. 1). Entonces, de una manera que se lee casi como una idea tardía Isaías dijo: "será para mí como Ariel" (v. 2).

W. L. TAYLOR, "LA BIBLIA DE LOS NIÑOS" PÁG. 148

*Isaías profetizo sobre el Libo de Mormón*

La palabra clave aquí es "*será [ésta]*." Esto es un símil con dos posibles interpretaciones: (1) él estaba comparando a Jerusalén con él mismo ("yo") o (2) él estaba diciendo que algún otro lugar será Jerusalén—es decir que es compartirá el mismo "ay de aquel' y destrucción como Ariel. Se vuelve claro en los versículos 7–8, que él se refirió a la última de las interpretaciones—un lugar, algún otro lugar, que tendrá el mismo destino que Jerusalén. Sabemos esto porque Isaías dijo que para esas personas acerca de las cuales él está hablando "será como sueño de visión nocturna la multitud de todas las naciones que pelean contra Ariel, y todos los que pelean contra ella y sus fortalezas, y los que la ponen en aprietos" (v. 7).

En otras palabras, la gente acerca de de las cuales él está hablando estarían en algún lugar a la distancia; donde el único conocimiento que ellos tendrán acerca de Jerusalén será por medio de visiones. Entonces, la primera parte de este capítulo trata sobre un pueblo y sus gentes lejos de Jerusalén que compartirán su destino.

Estas otras personas experimentarán serias guerras con las milicias, sitios, y fuertes (v. 3) y al final ellos serán destruidos (v. 4). El discurso (registro) de este pueblo "hablará desde la tierra" y "susurrará desde el polvo" (v. 4) lo cual sugiere que su historia se mantendrá. Luego será enterrada y después recuperada. Sin embargo, el Señor los castigará con "truenos, y con terremotos y con gran ruido, con tormenta, y con tempestad y con llama de fuego consumidor" (v. 6). Esta gente tendrá profetas y videntes entre ellos (v. 10) pero serán eventualmente destruidos. Isaías dice: "Porque Jehová derramó sobre vosotros espíritu de profundo sueño, y cerró vuestros ojos; cubrió a los profetas, y a vuestros gobernantes y a los videntes" (v. 10).

Isaías explicó que el registro de esta gente se volverá "palabras de libro sellado" (v. 11), el cual será llevado a un hombre instruido que se negará a leerlo porque "está sellado." A este punto, desde la perspectiva que nosotros tenemos en estos nuestro días, se vuelve claro que Isaías estaba hablando del Libro de Mormón, el cual fue llevado por Martin Harris al profesor Charles Anthon, quien habló precisamente aquellas palabras: "No puedo leer un libro sellado" (HJS 1:63–65). Su traducción dependerá en cambio del que "no sabe leer" (v. 12).

- **Isaías 29:13–16 La restauración como una obra maravillosa y un prodigio.** Isaías luego citó al Señor al decir precisamente lo que Él le dijo al joven José Smith en la arboleda: "me acerca con su boca y con sus labios me honra, pero ha alejado su corazón de mí, y su temor de mí ha sido enseñado por mandamiento de hombres" (v. 13) Entonces, el Señor "hará] una obra maravillosa entre este pueblo, una obra maravillosa y un prodigio; porque perecerá la sabiduría de sus sabios, y se desvanecerá la prudencia de sus prudentes" (v. 14). Isaías luego procedió a pronunciar un "ay de aquel" sobre cualquiera que buscara frustrar esta obra (versículos 15–16).

  El élder LeGrand Richards dijo: "La llegada del Libro de Mormón es una 'obra maravillosa y un prodigio.' El hombre sabio y prudente del mundo no puede dar cuenta de éste de ninguna otra manera que la historia contada por José Smith, y él no lo obtuvo ni lo pudo haber obtenido leyendo la Biblia. Él lo recibió por revelación del Señor por medio del ángel Moroni."[3]

- **Isaías 29:17–24 Isaías predice el tiempo de la Restauración**, cuando los ciegos y sordos espirituales entenderánentiendan la doctrina. Isaías nos da alguna indicación del tiempo en que todas estas cosas sucederían al decir será en un día cuando "el Líbano se convertirá en un campo fértil, y el campo fértil será considerado un bosque . . . Y en aquel día los sordos oirán las palabras del libro, y los ojos de los ciegos verán en medio de la oscuridad y de las tinieblas" (versículos 17–18).

El élder Mark E. Peterse dijo: "La re-unión de los judíos en Palestina es una de las las señales más espectaculares y significativas de todos de los tiempos... Isaías indicó que Palestina... estaba destinada a volverse un campo fructífero en conexión con la reunión de los judíos en su tierra... un libro sagrado vendrá antes de este tiempo... ¿Dónde está ese libro? Es una de las señales de los tiempos... Isaías puso un límite al tiempo de su publicación... Isaías dijo que el libro vendrá primero, y luego... en 'muy poco tiempo... el Líbano se convertirá en un campo fértil, y el campo fértil será considerado un bosque' (Isaías: 29:17). El límite de tiempo ha caducado. Este nuevo volumen de escritura debe haber salido antes de ahora, o Isaías no era un verdadero profeta porque Palestina es fructífera de nuevo."[4]

Como resultado de esta gran obra, Isaías predijo que "los humildes crecerán en la alegría del Señor, y los pobres entre los hombres se regocijarán en el Santo de Israel" (v. 19). Mientras tanto, la gente feroz será despojada de sus derechos (v. 20), las personas irrespetuosas y aquellos que buscan hacer iniquidad serán destruidos (v. 20), y el argumentativo que busca hacer "... pecar al hombre de palabra, los [le] ... arman tienden trampa" (v. 21); todos aquellos que aman la iniquidad (v. 20) serán de igual manera destruidos. Los hijos de Jacob (Israel) mientras tanto "santificarán mi nombre, y santificarán al Santo de Jacob y temerán al Dios de Israel." (versículoss 22–23) y "los que erraron en espíritu llegarán al entendimiento, y los murmuradores aprenderán doctrina" (v. 24).

### Nefi compara a Isaías 29 con Su pueblo

- **2 Nefi 26:1–2 Antes que el Salvador visite a los nefitas, habrá "grandes querasguerras y contiendas" por muchas generaciones.** Cualquiera que haya leído el Libro de Mormón, sabe que su historia estuvo llena de "grandes guerras y contiendas" tal como lo predijo Nefi. Y desde que este libro fue preparado para los lectores de los últimos días, también es una metáfora de las condiciones que prevalecerán en el tiempo antes de la segunda venida del Salvador y una invitación de los profetas del Libro de Mormón para que seamos "más sabios de lo que lo hemos sido" (Mormón 9:31).

- **2 Nefi 26: 3–7 Entre el tiempo de la muerte de Cristo y Su ministerio entre los nefitas, los inicuos serán destruidos.** Los grandes desastres naturales entre los nefitas en el momento de la crucifixión del Salvador fueron predichos por Isaías (29:6) y fueron explicados en más detalle aquí por Nefi. Nefi lamentó a los caídos y a los muertos entre su gente; pero fue persuadido a reconocer al Señor diciendo: "Tus caminos son justos" (v. 7).

  La evidencia de tal destrucción en el momento de la muerte de Cristo es muy extendida en Latinoamérica;

  Copilco [experimentó] flotar una lava de treinta pies de grosor; cubriendo arquitectura, tumbas, y jarrones de cerámica. Esta capa de lava data del tiempo de Cristo... en las tierra altas de Guatemala. Hacia el oeste de la ciudad de Guatemala hay un gran lago, el lago Atitlán [posiblemente las Aguas de Mormón.] Durante un período de aguas bajas, alrededor de los años 1930, las ruinas fueron detectadas en las aguas . . [de ese sitio se recuperaron cerámicas bajo el agua] que datan aproximadamente de los tiempos de Cristo . . . , iInteresantemente, hay varios volcanes en la montañas alrededor del lago . . . [en] Tres Zapotes al sur de Veracruz, en las montañas Tuxtlaen, en cuya zona, durante los años posteriores a la década de los 1930, Matthew W. Sterling y Philip Pucker descubrieron una capa de ceniza volcánica; la cual cubría [otros] materiales arqueológicos. Luego hubo evidencia de que el sitio había sido re-habitado . . . nosotros sabemos . . . que la capa volcánica se produjo en el tiempo de Cristo y cubrió materiales que databan de varios siglos antes del tiempo de Cristo.[5] Este es sólo un pequeño ejemplo de la evidencia que demuestra la propagación y profunda destrucción alrededor del año 33 A. C.

C. GUTIERREZ, BLDGBLOG

*Una destrucción propaganda ocurrió en América*

- **2 Nefi 26:8–9 Nefi describe aquellos que serán preservados en la venida del Señor.** Ellos serán "los justos que escuchan las palabras de los profetas y no los destruyen, sino que esperan anhelosamente por Cristo, aguardando firmemente las señales que son dadas, a pesar de todas las persecuciones . . . el Hijo de la Justicia se les aparecerá; y él los sanará, y tendrán paz con él" (versículos 8–9). También está muy difundida la evidencia de la aparición de Cristo en este continente.

  Daniel H. Ludlow resumió una pocas de estas tradiciones:

  > Muchas tribus americanas tienen una tradición de la aparición de un gran Dios blanco a sus ancestros muchos años atrás. El nombre o título frecuentemente dado a este personaje, especialmente entre las tribus Quiché de Centroamérica es Quetzalcoatl lo cual literalmente significa "ave-serpiente" o "serpiente de precioso plumaje." Es interesante especular que quizás este título fue dado al Jesucristo resucitado; porque Él había sido levantado en una cruz así como una serpiente había sido levantada en una vara por Moisés (Helamán 8:13–16; Números 21:6–9; Juan 3:14). También, Él se le apareció a ellos descendiendo del cielo como un ave (3 Nefi 11:8). Esta teoría podría también explicar por qué la primera cosa que el Salvador hizo después de Su aparición a los nefitas fue invitar a la gente a sentir las marcas de los clavos en Sus manos y pies [para que supieran que "era él, sobre el cual los profetas habían escrito que había de venir" (3 Nefi 11:14–15).[6]

- **2 Nefi 26: 9–11 Después de cuatro generaciones de paz y justicia,** la gente de Nefi sufrirá "rápida destrucción" por su orgullo. Nefi dijo, "tres generaciones, y muchos de la cuarta generación morirán en rectitud" (v. 9) antes que ellos nuevamente retornen a la iniquidad. Y cuando lo hagan, él dijo: "Sobrevendrá a mi pueblo una rápida destrucción"

(v. 10). Esto le causó pena a Nefi en gran manera porque estos serían sus descendientes, pero él testificó "yo lo he visto; por tanto, sé que acontecerá" (v. 10). La razón de esta destrucción es descrita como ser mundano, el orgullo, la insensatez, y porque "se entregan al diablo, y escogen las obras de las tinieblas más que las de la luz; por tanto, tendrán que bajar al infierno" (v. 10).

¿Cómo se aplica a esto nosotros y a los demás además del pueblo de Nefi? Nefi concluyó que los justos generalmente serán salvados; aunque algunos podrían sufrir. Cuando la destrucción venga, será "rápida" porque el Espíritu de Señor cesará de luchar con tal gente (v. 11).

- **2 Nefi 26:12-13 Cristo Se manifestará por medio de el Espíritu Santo a todas las naciones.** Cuando hablamos acerca de las apariciones del Señor a Su gente, Nefi usó la palabra "judío" en el sentido más amplio de la palabra—como un término para Israel—y "Gentiles" a toda la gente que no es judía de acuerdo a esta definición. El Señor se manifestará por medio del Espíritu Santo a cada persona, nación, y lengua, de acuerdo a su fe

**Nefi compara a Isaías con nosotros**

- **2 Nefi 26:14-19 Los nefitas "susurrarán desde el polvo" a los justos en los últimos días.** Aunque los descendientes inicuos de Nefi serán destruidos, "las palabras de los justos serán escritas, y las oraciones de los fieles serán oídas, y todos los que hayan caído en la incredulidad no serán olvidados" (v. 15). El registro del pueblo de Nefi está "escrito y sellado en un libro" (v. 17), y la gente "hablará desde la tierra" (v. 16). Esta profecía es un eco de la de Isaías: "Ábrase la tierra, y prodúzcase la salvación" (Isaías 45:8) y la de David: "La verdad brotará de la tierra, y la justicia mirará desde los cielos" (Salmos 85;11)

- **2 Nefi 26:20-22 Condiciones entre los Gentiles.** Nefi entonces habló de cómo los gentiles en los últimos días se tropezarán; "debido a lo enorme de su obstáculo" que es el orgullo (v. 20). Ellos "menosprecian el poder y los milagros de Dios, y predican su propia sabiduría y su propia instrucción, para enriquecerse" (v. 20). Ellos también establecerán muchas iglesias que "causan envidias, y contiendas, y malicia" (v. 21). Y apoyarán "combinaciones secretas" de toda clase (v. 22). Por medio de este proceso, Satanás (que es el autor de todo) guiará a la gente a la destrucción en los últimos días. Él "los lleva del cuello con cordel de lino, hasta que los ata para siempre jamás con sus fuertes cuerdas" (v. 22). Un cordel de lino es hecho de hebras delgadas y ligeras—como un hebra pequeña de hilo. Satanás usa el cordel de lino para cuidadosamente llevar a la gente con él; hasta que ellos están tan lejos en la iniquidad que él los puede atar con cuerdas fuertes (v. 22).

- **2 Nefi 26:23-28 Todo lo que hace Dios es para el beneficio de la salvación del hombre.** Sus métodos así como Su meta son siempre justos. Satanás a veces usa la verdad como un medio para llevarnos al error. A Eva le habló con la verdad "seréis como dioses, conociendo el bien y el mal" (Génesis 3:5), junto con una mentira audaz: "No moriréis" (Génesis 3:4). Satanás hizo esto en un intento de someter a la humanidad a su propio poder. Sus motivos eran egoístas. Dios, en el otro extremo, hace todo sin egoísmo, para no ganar nada en lo personal, y solamente para nuestra bendición y beneficio.

- **2 Nefi 26:29–31 Nefi advierte en contra de las supercherías sacerdotales.** Superchería sacerdotal es la construcción de un público religioso con el propósito de obtener lucro (v. 29). Esta práctica imita las pretensiones egoístas de Satanás; quien ofreció salvarnos a todos en la existencia preterrenal, pero que estaba realmente buscando su propia gloria. Las supercherías son consideradas una abominación para el Señor (v. 30; Alma 1:16; 3 Nefi 18:24; Moroni 7:45–47; D&C 6:7; 105:5).

J.G. VIBERT, "PAVO REAL ACICALADO", 1840-1902

*Las supercherías sacerdotales son prohibidas*

El élder Bruce R. McConkie dijo: "El sacerdocio y la superchería son dos opuestos: uno es de Dios, el otro es del diablo. Cuando los ministros claman; pero no poseen el sacerdocio; cuando ellos se ponen a ellos mismos como luces de sus congregaciones, pero no predican el evangelio puro y pleno; cuando sus intereses son ganar popularidad personal y ganancias financieras, en lugar de cuidar del pobre atendiendo a los deseos y necesidades de sus semejantes—ellos están comprometidos, en un grado mayor o menor, en la práctica de la superchería sacerdotal. La apostasía nace de la superchería sacerdotal (2 Nefi: 10:5; 3 Nefi 16:10; D&C 33:4), porque aquellos que se comprometen con éstas siguen cosas vanas, enseñan falsas doctrinas, (Alma 1:12, 16). A los hombres se les manda aman las riquezas, y aspiran a honores personales arrepentirse de sus supercherías sacerdotales (3 Nefi 30:2); y eventualmente, en el día milenario, estos grandes males se acabarán (3 Nefi 21:19)."[7]

- **2 Nefi 26:32 Otras cosas prohibidas por el Señor.** Nefi esencialmente repasó los diez mandamientos al enumerar las otras cosas prohibidas por Dios: asesinato, mentira, robo, tomar el nombre de Dios en vano, envidia, malicia, contienda, y fornicación.

- **2 Nefi 26:33 Todas la cosas buenas vienen de Dios, y Dios acepta a cualquiera que venga a Él.** Nada inicuo viene de Dios. Él hace sólo aquellas cosas que son buenas. Él lo hace con sencillez, e invita a todos a venir a Él y a participar de Su divinidad. Además, Dios no rechazará a ninguna persona que venga a Él—negro o blanco, esclavo o libre, macho o hembra, aún los paganos—"todos son iguales ante Dios, tanto los judíos como los gentiles."

## LAS PROFECÍAS DE NEFI SOBRE LOS ÚLTIMOS DÍAS
(2 Nefi 27:30)

### La destrucción de los Inicuos

- **2 Nefi 27:1–4 Los juicios de terremotos, tormentas, tempestades y fuego devorador.** Nefi previó que la gente en los últimos días estarían ebrios de iniquidad y de toda clase de abominaciones. (v. 1), y como resultado, ellos serían destruidos. Nótese la clara similitud entre los pecados y la destrucción de la gente de Nefi con los que aquí predice para los últimos días. Nefi estaba tratando a Isaías 29 como profecía dualística, mostrando primero cómo sería cumplida entre los nefitas, y luego, como sería cumplida de nuevo en los últimos días.

  El élder Bruce R. McConkie dijo: "En todas las épocas el Señor derrama Sus juicios sobre los hijos de la desobediencia. Hambrunas, cautiverio, plagas, inundaciones, tormentas, tormentas de granizo, pestilencias, tempestades, terremotos, guerras y lluvia de azufre de los cielos—Todas estas e infinitamente más, son enviadas por Dios sobre los hombres que Lo olvidan a Él o a Sus leyes (Levítico. 26; Deuteronomio. 28; 29; 30; 3 Nefi 8; 9; 10; D&C 43:25; 63:32–33; 88:88–91). Obviamente, estos juicios caen sobres pueblos y naciones para castigarlos por su rebelión y para humillarlos con el fin de que quizás se conviertan en rectitud. Y obviamente también un grupo minoritario de justos podrían ser llamamos a sufrir con aquellos que están recibiendo una recompensa justa por sus obras impías (selec. de Enseñanzas del profeta José Smith Joseph Fielding Smith Joseph Fielding Smith, 1976, pág. 162–63; Daniel 11:35)."[8]

### La Llegada del Libro de Mormón

- **2 Nefi 27:5–11 La traducción del Libro de Mormón y el estatus de la porción sellada del libro.** El Libro de Mormón como fue recibido por el profeta José Smith estaba parcialmente sellado, y a él se le mandó que no tradujera esa parte sellada, la cual contenía revelaciones desde el principio hasta el fin del mundo (v. 7). Nefi nos dice en que momento y en que forma la porción sellada de las planchas estará disponible para nosotros (versículos 10–11). (para obtener información adicional sobre las porciones selladas de las planchas , (véase la explicación en 2 Nefi 27:21–22 abajo; también Éter 3:21–28; Éter 4:4–7; 1 Nefi 14:26; 3 Nefi 26:9–11).

- **2 Nefi 27:12–14 Testigos testificarán de la veracidad del Libro de Mormón.** Nefi profetizó que tres testigos verán las planchas de las cuales fue traducido el Libro de Mormón, y les serán mostradas las planchas "por el poder de Dios" (v. 12). (Véase también Éter 5:2–4; 2 Corintios 13:1). Él también mencionó "uno pocos" otros que compartirán un testimonio de la obra de traducción (v. 13), aunque no hay mención de que a ellos se le muestren las planchas "por el poder de Dios" como lo fue en el caso de los tres testigos. Esto es evidentemente una referencia a los ocho testigos a quienes les fueron mostradas las planchas por José Smith, y otros (como Ema) ,quien vio o sintió las planchas a través de varias clases de cubiertas.

- **2 Nefi 27:15-18** (Isaías 29:11-12) **Parte del libro será mostrado a un hombre instruido, quien pedirá verlas.** Pero el libro sería "sellado" para aquellos que buscan la gloria del mundo. Como todos sabemos, esto es precisamente lo que pasó con el profesor Charles Anthon.[9] Al mirar atrás desde nuestra perspectiva de los últimos días, nos sorprendemos de la exactitud y detalles de estas profecías de los videntes Isaías y Nefi.

- **2 Nefi 27:2 Un hombre sin instrucción traducirá milagrosamente el libro.** Los instruidos no lo harán "porque las han rechazado, y yo puedo efectuar mi propia obra" (v. 20). En lo concerniente a la falta de una educación formal del profeta José Smith, El élder Neal A. Maxwell dijo: "nosotros no tenemos duda . . . en estipular que José fue, según los estándares del mundo 'un hombre sin instrucción'. Isaías lo previó (Isaías 29:11-12). José no tenía la habilidad, la tutoría formal [que] Saúl tenía a los pies de Gamaliel ( Hechos 22:3). Emma Smith habría dicho que José, al el momento de la traducción del Libro de Mormón, no podía componer una 'carta bien redactada y mucho menos dictar un libro como el Libro de Mormón. . . [que era] maravilloso para mí, una maravilla y un prodigio, tanto como para cualquier otra persona.' Este joven desconocido, aparentemente se detuvo, mientras traducía y dictaba a Emma-probablemente a partir del cuarto capítulo de 1 Nefi-sobre el "muro de Jerusalén," y dijo, en efecto, 'Emma, yo no sabía que había una pared alrededor Jerusalén.'"[10]

- **2 Nefi 27:21-22 La porción sellada del libro será eventualmente revelada.** Hablando de los escritos de la porción sellada, el Señor dice: "las manifestaré a mi propio y debido tiempo." El mundo no las tendrá "hasta que en mi propia sabiduría me parezca oportuno revelar todas las cosas a los hijos de los hombres" (versículos 21-22). El Señor controlará el proceso entero.

  El Presidente Joseph Fielding Smith dijo en cuanto a la porción sellada de las panchas: "Ahora el Señor está reteniendo de nosotros muchas grandes verdades que Él no revelaría con placer si estuviéramos listos para recibirlas . . . Una porción del registro del cual es tomado el Libro de Mormón, está sellada . . . Al profeta no se le permitió romper los sellos, y no recibiremos el registro sellado hasta que venga el tiempo en que la gente mostrará su fe y su deseo de aceptarlas . . . ¿Cuántos han leído el Libro de Mormón por completo? ¿Cuántos se han familiarizado con las cosas reveladas a nosotros en la Doctrina y Convenios en cuanto o a lo que el Señor ha dicho de nuestros deberes como miembros de la Iglesia; y lo que Él ha dicho en cuanto a nuestra salvación y exaltación; y cómo se las puede obtener? Hasta que estemos preparados para recibir las cosas que ya se han dado, me temo que el Señor retendrá de nosotros esas otras cosas, las cuales alguna vez serán reveladas."[11]

- **2 Nefi 27:23-27 La venida del Libro de Mormón será una "obra maravillosa y un prodigio"**—confundiendo al mundo y su supuesta sabiduría.

- **2 Nefi 27:28-30, 35** (Isaías 29:18-19, 24) **El Libro de Mormón sanará a los sordos y ciegos de espíritu.** El élder Bruce R. McConkie dijo: "La sordera espiritual describe el estado de aquellos a quienes les falta espiritualidad, cuyos oídos del espíritu no están entonados para los susurros de la suave y apacible voz del Espíritu. De manera similar, la ceguera espiritual es la marca identificadora que define a aquellos que son incapaces de ver la mano de Dios manifestada en los asuntos de los hombres. Tales personas tienen 'incredulidad y dureza de corazón' ellos son (D&C 58:15) 'duros en sus corazones, y ciegos en sus mentes' (3 Nefi 2:1)."[12]

## La Maldad de los Últimos Días

El Presidente Joseph F. Smith dijo: "Hay por lo menos tres peligros que amenazan a la Iglesia, y las autoridades necesitan despertarse al hecho de que la gente debe ser advertida incesantemente en contra de éstos. Como yo los veo, éstos son los hombres lisonjeros y prominentes del mundo, falsas ideas educativas, e impureza sexual."[13] Estos son los tres grandes peligros de nuestro tiempo, y Nefi habla de los tres en sus profecías concernientes a nosotros.

- **2 Nefi 28:2-10** (2 Nefi 26:20-21; JS-Historia 1:5-6,19, 21) **Iglesias apóstatas y falsas.** Éstas clamarán ser del Señor; pero estarán llenas de contiendas (versículos 3-4). Estas enseñarán con su propio aprendizaje y negarán al Espíritu Santo (v. 4), negarán el poder de Dios (v. 5), y enseñan que el pecado y la iniquidad son excusables (versículos 5-8), enseñan falsa doctrina, se jactan del orgullo, trabajan en la oscuridad (v. 9), y persiguen y matan a los santos (v. 10); todo en el nombre de su religión y de Dios.

- **2 Nefi 28:11-14 El Orgullo y la Codicia.** Por su amor al mundo, la gente "se sale de la senda" (una figura literaria que significa desviarse del camino estrecho y derecho) y se volverán corruptos (v. 11). Explotarán al pobre por motivo de su codicia (v. 13), persiguen a los mansos (v. 13), y engañan los humildes seguidores de Cristo (v. 14).

- **2 Nefi 28:15-19** (2 Nefi 9:28-29) **La fornicación y la perversión prevalecerán,** y aquellos que practican estas cosas rechazarán la rectitud. Para obtener información adicional sobre este agravio, véase la táctica número uno en los siguientes párrafos.

## Las Tácticas de Satanás para la Decepción

Satanás sabe muy bien las debilidades de la humanidad y las condiciones que existen en los últimos días. Él empleará la tácticas que se amolden bien a la situación—ira y contienda, apatía, lisonja, y un sentimiento de falsa seguridad. Nefi habla de todas éstas.

MORMONWIKI.COM, 2009

- **2 Nefi 28:20, 28 <u>Táctica No1</u>: Instigar a la gente a la ira en contra de aquello que es bueno.** No basta practicar la perversión, mentir, hacer trampa, robar o asesinar para obtener ganancias. Los inicuos también agravian a cualquiera que habla en contra de ellos y tratarán de acallarlos. Uno de métodos más populares de lograr esto es "llamar malo a lo bueno, y a lo bueno malo" (2 Nefi 15:20; Isaías 5:20) haciendo parecer que aquellos que se oponen a ellos son malévolos.

- **2 Nefi 28:21 <u>Táctica No 2</u>: Pacificar a la gente para "adormecerlos con la seguridad carnal."** La palabra carnal se refiere a la carne. Tener seguridad carnal es sentirse seguro con en nuestras posesiones temporales y con las prácticas e ideas del mundo. Entonces, lentamente, y casi sin percibirlo, suponemos que todo está bien, y aceptamos el mal como inofensivo o normal.

  El élder James E. Faust dijo: "El autor y comentarista Malcolm Muggeridge una vez contó una historia acerca de unas ranas que fueron matadas sin resistencia al ser hervidas vivas en un caldero con agua. ¿Por qué no se resistieron? Porque cuando ellas fueron puestas en el caldero, el agua estaba templada. Luego, la temperatura se elevó paulatinamente . . . entonces, un poco más tibia; y un poco más . . . el cambio fue tan gradual, casi imperceptible, que las ranas se acomodaron a su nuevo ambiente—hasta que fue demasiado tarde. El punto que el Señor Muggeridge estaba planteando no era acerca de las ranas; sino acerca de nosotros y cómo nosotros tendemos a aceptar el mal siempre y cuando no sea un shock abrupto. Estamos prestos a aceptar algo moralmente malo si es sólo un grado más incorrecto que algo que ya estamos aceptando."[14]

- **2 Nefi 28:22-24 <u>Táctica No 3</u>: Lisonjear a la gente a creer que no hay un diablo y que no hay un infierno.** Creyendo esto, pueden "estar tranquilos" así como los están —sin necesidad de arrepentirse. El profeta José Smith dijo una vez: "No hay injuria más grande para los hijos de los hombres que estar bajo la influencia de un falso espíritu; cuando ellos piensan que tienen el Espíritu de Dios."[15]

  El Presidente Ezra Taft Benson dijo: "El Libro de Mormón expone a los enemigos de Cristo. Confunde las falsas doctrinas y elimina la contención ( 2 Nefi 3:12) Fortifica a los humildes seguidores de Cristo en contra de los designos malévolos, estrategias, y doctrinas del diablo en nuestros días. El tipo de apóstata en el Libro de Mormón es similar al tipo que tenemos hoy en día. Dios, con su infinito pre-conocimiento, moldeó el Libro de Mormón para que podamos ver el error y saber cómo combatir falsos conceptos educativos, políticos, religiosos y filosóficos de nuestro tiempo."[16]

- **2 Nefi 28:25–28 Nefi pronuncia "ay de aquellos" sobre todos de aquellos que permiten ser engañados por Satanás.** La frase "ay de aquellos" significa una condición de profundo sufrimiento por las desgracias, la aflicción o el dolor, lo cual es precisamente lo que Nefi está prediciendo para aquellos que siguen este camino.

## ¡Una Biblia! ¡Una Biblia!
## Rechazando nuevas Revelaciones en los Últimos Días

- **2 Nefi 28:29–32 Recibir palabras adicionales de Dios.** Nefi pronuncia un "ay de aquellos" sobre aquellos que en los últimos días dirán: "Hemos recibido la palabra de Dios, y no necesitamos más de la palabra de Dios, porque ya tenemos suficiente!" (v. 29). Aquellos que reciban las escrituras adicionales que el Señor proveerá recibirán aún más, mientras que aquellos que las rechazen perderán lo que ya tienen (v. 30). Las personas atrapadas en los preceptos del mundo, que originalmente rechazaron el Libro de Mormón porque era más que la Biblia, ahora se vuelven de la Biblia misma hacia la sociedad atea y secular. Al hacer esto, ellos tienen de hecho más entendimiento del que una vez poseyeron. Nefi también habló en contra del humanismo secular diciendo: "Maldito es aquel que pone su confianza en el hombre, o hace de la carne su brazo, o escucha los preceptos de los hombres" (v. 31). Sin embargo, aunque él sabe que "ellos lo negaran [a Él]" (v. 32), el Señor promete ser misericordioso con ellos si se arrepienten.

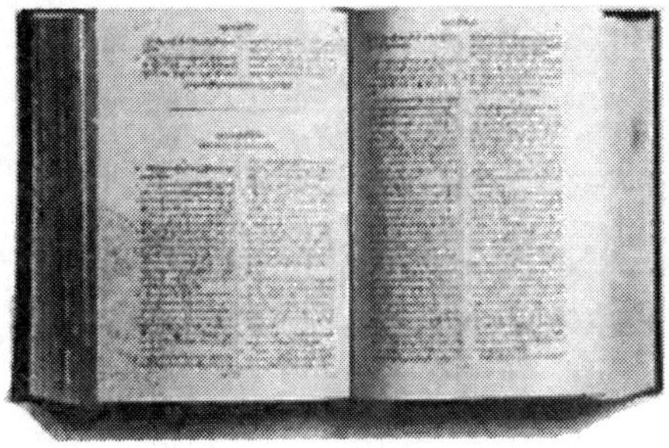

*La Biblia contiene la Palabra de Dios, pero no toda*

- **2 Nefi 29:1–6 La insensatez de atenerse exclusivamente a la Biblia.** Nefi predijo que en los últimos días cuando el Libro de Mormón aparezca muchos de los gentiles dirán: "¡Una Biblia! ¡Una Biblia! ¡Tenemos una Biblia, y no puede haber ninguna otra Biblia!" (v. 3), y él comentó acerca de la hipocresía de sus aclamaciones basadas en su odio hacia los judíos, sin los cuales ni siquiera tendrían la Biblia (versículos 4–6).

- **2 Nefi 29:7–11 El Libro de Mormón proporciona un segundo testigo de Cristo.** La idea de que Dios sólo le habla a un grupo de gente en una época del mundo, es insensata. Hay muchas naciones y Dios recuerda a todos sus hijos; donde quiera que estén. Por medio de Nefi, Él proclama: "¿No sabéis que el testimonio de dos naciones s es un testigo de que yo soy Dios, que me acuerdo tanto de una nación como de otra?... Y cuando las dos naciones se junten, el testimonio de las dos se juntará también. Y hago esto para mostrar a muchos que soy el mismo, ayer, hoy y para siempre; y que declaro mis palabras según mi voluntad" (versículos 8–9).

El Presidente Brigham Young dijo: "No hay ninguna persona sobre la faz de la tierra que haya tenido el privilegio de aprender el Evangelio de Jesucristo de estos dos libros [La Biblia y el Libro de Mormón], que pueda decir que uno es verdad, y que el otro es falso. Ningún Santo de los Últimos Días, ningún hombre o mujer, puede decir que el Libro de Mormón es verdadero, y al mismo tiempo decir que la Biblia no es verídica. Si uno es verdadero, ambos lo son, y si uno es falso, ambos son falsos."[17]

- **2 Nefi 29: 12–14 Habrá todavía un tercer testigo de las tribus perdidas de Israel.** El testigo provisto en La Biblia será unido con el testigo provisto en el Libro de Mormón, y juntos, estos eventualmente serán unidos con el testigo provisto por las tribus perdidas de Israel. (versículos 12–13) Eventualmente los hijos de Israel se reunirán en su tierra hereditaria, comprobando que Dios guarda Sus promesas: "Él convino con Abrahan que Él se acordaría de su posteridad para siempre" (v. 14).

## El Triunfo del Bien sobre el Mal

- **2 Nefi 30:1–2 Los justos deben guardarse cuidadosamente del mal.** Nefi les advirtió a sus hermanos israelitas que ellos no debían suponer que ellos eran más justos que los gentiles inicuos previamente descritos en 2 Nefi 29 "Pues he aquí, a no ser que guardéis los mandamientos de Dios, todos pereceréis igualmente" (v. 1). Aquellos gentiles que se arrepientan y reciban a la Iglesia por bautismo son considerados el "pueblo del convenio del Señor" mientras aquellos israelitas que no se arrepientan serán "talados" (v. 2).

  Debemos estar constantemente en guardia para asegurarnos de que no participemos de los males de este mundo inicuo. El presidente Lorenzo Snow explicó lo que debemos hacer para evitar esto: "Hay una manera por la cual las personas pueden mantener su conciencias claras ante Dios y el hombre, y ésa es, preservar con ellos el espíritu de Dios, el cual es el espíritu de revelación para cada hombre y para cada mujer. Se les revelará a ellos, aún en los asuntos más simples, lo que deben hacer, dándoles sugerencias. Debemos tratar de aprender la naturaleza de este espíritu, para que podamos entender las sugerencias, y luego siempre seremos capaces de hacer lo correcto. Este es el gran privilegio de cada Santo de los Últimos Días."[18]

- **2 Nefi 30: 3–9 El evangelio vendrá por medio de los gentiles a la posteridad de Nefi y también a los judíos.** Los gentiles traerán el Libro de Mormón a la semiente de Nefi en los últimos días; revelándoles su herencia—que son hijos de Israel (versículos 3–4). Al recibir ellos el evangelio de Jesucristo "las escamas de tinieblas empezarán a caer de sus ojos; y antes que pasen muchas generaciones, se convertirán en una gente pura y deleitable." (v. 6). Los judíos también empezarán a creer en Cristo y a volverse deleitables (v. 7); y eventualmente, la obra del Señor estará "entre todas las naciones, tribus, lenguas y pueblos, para llevar a cabo la restauración de su pueblo sobre la tierra" (v. 8).

- **2 Nefi 30:10-11 El Señor "ocasionará una gran división entre el pueblo."** Los inicuos serán separados de los justos en preparación para su quemazón. Ésta es la misma división de la que el Señor habló en su parábola del trigo y la cizaña (Mateo 13: 25-20). Resulta util notar que la traducción de José Smith de la versión de Mateo de esta parábola, pone en claro que el trigo será recogido primero, y luego será quemada la cizaña. Entonces el recogimiento de los justos precederá la destrucción de los inicuos. Ya estamos viendo una división entre la gente de estos últimos días. Los inicuos se vuelven aún más inicuos y los justos más justos. Esto continuará hasta que el abismo sea absoluto y uno deba o ser parte de la causa del Señor, o parte de la grande y abominable "iglesia" del secularismo e iniquidad.

  El Presidente Joseph Fielding Smith dijo: "La cizaña y el trigo están creciendo juntos y han estado creciendo en el mismo campo todos estos años, pero el día se acerca en que el trigo será recogido, y la cizaña de igual manera será recogida para ser quemada, y vendrá la separación de los justos de los inicuos. Y le corresponde a cada uno de nosotros guardar los mandamientos del Señor, arrepentirnos de nuestros pecados, y volvernos a la justicia; si hay necesitad de arrepentimiento en nuestros corazones . . . Incluso la Iglesia será purificada, y los que son del mundo, que se cuentan entre los miembros de la Iglesia, serán echado fuera, y encontrarán su lugar entre aquellos que son indignos, donde habrá llanto y rechinar de dientes."[19]

- **2 Nefi 30:12-18 Las Bendiciones que los justos disfrutarán en el Milenio.** Mucho de la descripción de Nefi sobre las condiciones Milenarias, ya es familiar para los lectores de la Biblia. "Y entonces morará el lobo con el cordero; y el leopardo con el cabrito se acostará, y el becerro, el leoncillo y el cebón andarán juntos; y un niño los pastoreará . . . la tierra estará llena del conocimiento del Señor, como las aguas cubren el mar" (versículos 12-15). Todas la cosas se nos serán reveladas ( versos 16-18); y "Satanás no tendrá más poder sobre el corazón de los hijos de los hombres por mucho tiempo" (v. 18).

  El élder Bruce R. McConkie dijo concerniente a la vida durante el Milenio: "Aunque grandes y maravillosos, no obstante, los cambios serán incidentes en la vida durante la era milenaria, sin embargo, la mortalidad como tal continuará. Los hijos nacerán, crecerán, se casarán, envejecerán, y pasarán por el equivalente de la muerte. Las cosechas serán plantadas, cosechadas, y comidas; las industrias serán expandidas, las ciudades serán construidas, y la educación será fomentada. los hombres continuarán cuidando de sus propias necesidades, manejarán sus asuntos, y disfrutarán la plena investidura del libre albedrío. Hablarán un lenguaje puro (Sofonías. 3:9), morarán en paz, vivirán sin enfermedades, y progresarán. El Espíritu Santo guiará el avance y la perfección de la sociedad durante el Milenio y ésto excederá a cualquier cosa que el hombre haya supuesto o esperado."[20]

**Notas** (Todas las referencias son de las versiones en idioma inglés de los textos que se citan.)


1. "Para que usted no sea engañado," *Discursos del año, Universidad Brigham Young*, noviembre 11 de 1959, págs. 3, 8, 12.
2. *Las Enseñanzas del Spencer W. Kimball*, editado por Edward L. Kimball, 1982, págs. 70–71.
3. *Una obra maravillosa y un prodigio*, 1976, pág. 69.
4. En Reporte de La Conferencia, octubre de 1965, 61.
5. Warren Ferguson, *El Mesías en la Antigua América,* 1987, págs. 36–45.
6. *Un compañero para su estudio del Libro de Mormón*, 1976, pág. 261.
7. *Doctrina mormona*, 2.ª edición, 1966, págs. 593–94.
8. *Doctrina mormona*, págs. 404–5.
9. JS–Historia 1:63-65.
10. Revista *Ensign*, noviembre de 1983, 54.
11. *Doctrinas de Salvación*, compilado por Bruce R. McConkie, 3 volúmenes, 1954–56, 3:201–2.
12. *Doctrina mormona*, pág. 184.
13. *Doctrina del Evangelio*, 5.ª edición, 1939, págs. 312–13.
14. Thomas R. Rowan, Nacional de la Prensa Foro del Club, citado en Reporte de La Conferencia, abril de 1989, 40; o revista *Ensign*, mayo de1989, pág. 32.
15. *Enseñanzas del Profeta José Smith*, escogidas y arregladas por Joseph Fielding Smith, 1976, pág. 205.
16. En Reporte de La Conferencia, abril de 1975, págs. 94–95; o revista *Ensign*, mayo de 1975, pág. 64.
17. En *Diarios de Discursos*, 1:38.
18. En Reporte de La Conferencia, Abril de 1899, pág. 52.
19. *Doctrinas de Salvación*, 3:15–16.
20. *Doctrina mormona*, págs. 496–97.

Capítulo 11

# La Doctrina de Cristo

(2 Nefi 31–33)

---

"RETRATO DE CRISTO", JOSEPH BRICKEY. USADO CON PERMISO

Los capítulos finales de los escritos de Nefi son algunos de los más poderosos en todas las escrituras. Yo recuerdo bien la primera vez que tuve un banquete de éstas (lo opuesto a simplemente leerlas) mientras servía mi misión en las tierras centrales de Inglaterra. Fui profundamente conmovido por el testimonio de Nefi del Salvador, poderoso pero humilde. Fui también conmovido por la belleza de su lenguaje, y recuerdo que pensé: "Éstas no son las palabras de José Smith. Éstas son las palabras de un profeta maduro, sabio y poéticamente dotado." En el tiempo que José Smith tradujo estas palabras él "ni podía escribir o dictar una palabra coherente o bien escrita; mucho menos dictar un libro como el Libro de Mormón."[1]

Las palabras de Nefi compiten con las palabras finales de Moroni en cuanto a su poder y consecuencia para los lectores. Los lectores no pueden leer y rechazar a este testigo sin un profundo riesgo para su salvación. Y los lectores no pueden aceptar y creer las palabras de Nefi sin que éstas cambien sus vidas para siempre.

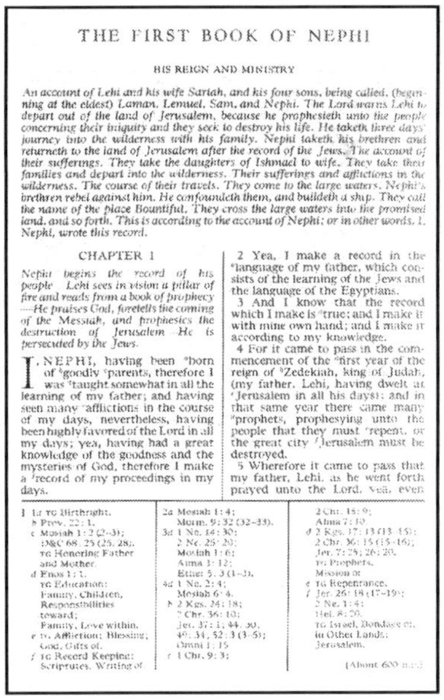

THE FIRST BOOK OF NEPHI

HIS REIGN AND MINISTRY

*An account of Lehi and his wife Sariah, and his four sons, being called, (beginning at the eldest) Laman, Lemuel, Sam, and Nephi. The Lord warns Lehi to depart out of the land of Jerusalem, because he prophesieth unto the people concerning their iniquity and they seek to destroy his life. He taketh three days' journey into the wilderness with his family. Nephi taketh his brethren and returneth to the land of Jerusalem after the record of the Jews. The account of their sufferings. They take the daughters of Ishmael to wife. They take their families and depart into the wilderness. Their sufferings and afflictions in the wilderness. The course of their travels. They come to the large waters. Nephi's brethren rebel against him. He confoundeth them, and buildeth a ship. They call the name of the place Bountiful. They cross the large waters into the promised land, and so forth. This is according to the account of Nephi; or in other words, I, Nephi, wrote this record.*

CHAPTER 1

*Nephi begins the record of his people—Lehi sees in vision a pillar of fire and reads from a book of prophecy—He praises God, foretells the coming of the Messiah, and prophesies the destruction of Jerusalem—He is persecuted by the Jews.*

I, NEPHI, having been born of goodly parents, therefore I was taught somewhat in all the learning of my father; and having seen many afflictions in the course of my days, nevertheless, having been highly favored of the Lord in all my days; yea, having had a great knowledge of the goodness and the mysteries of God, therefore I make a record of my proceedings in my days.

2 Yea, I make a record in the language of my father, which consists of the learning of the Jews and the language of the Egyptians.

3 And I know that the record which I make is true; and I make it with mine own hand; and I make it according to my knowledge.

4 For it came to pass in the commencement of the first year of the reign of Zedekiah, king of Judah, (my father, Lehi, having dwelt at Jerusalem in all his days); and in that same year there came many prophets, prophesying unto the people that they must repent, or the great city Jerusalem must be destroyed.

5 Wherefore it came to pass that my father, Lehi, as he went forth prayed unto the Lord, yea, even

1a TG Birthright. b Prov. 22:1. c Mosiah 1:2 (2–3); D&C 68:25 (25, 28). TG Honoring Father and Mother. d Enos 1:1. TG Education; Family, Children, Responsibilities toward; Family, Love within. e TG Affliction; Blessing; God, Gifts of. f TG Record Keeping; Scriptures, Writing of.
2a Mosiah 1:4; Morm. 9:32 (32–33). 3a 1 Ne. 14:30; 2 Ne. 25:20; Mosiah 1:6; Alma 3:12; Ether 5:3 (1–3). 4a 1 Ne. 2:4; Mosiah 6:4. b 2 Kgs. 24:18; 2 Chr. 36:10; Jer. 37:1; 44:30; 49:34; 52:3 (3–5); Omni 1:15. c 1 Chr. 9:3;
2 Chr. 15:9; Alma 7:10. d 2 Kgs. 17:13 (13–15); 2 Chr. 36:15 (15–16); Jer. 7:25; 26:20. TG Prophets, Mission of. e TG Repentance. f Jer. 26:18 (17–19); 2 Ne. 1:4; Hel. 8:20. TG Israel, Bondage of, in Other Lands; Jerusalem.

[About 600 B.C.]

*Nefi hizo las cosas preciosas simples*

### NEFI ENSEÑA CON SENCILLEZ

- **2 Nefi 31:1–3 Nefi se deleita en la sencillez.** Cuando Nefi empezó a concluir su registro, él se disculpó por incluir en las planchas sólo una pequeña parte de sus enseñanzas y aquellas de su hermano Jacob (versículos 1–2). Nefi había consumido mucho tiempo y espacio en el grabado explicando las profecías de Isaías; precisamente porque él quería hacerlas más sencillas—y más fáciles para que nosotros las entendiéramos. Él deseó concluir con lo que él llamó la "Doctrina de Cristo" (v. 2) y explicarla con sencillez. "Porque mi alma se deleita en la claridad; porque así es como el Señor Dios obra entre los hijos de los hombres. Porque el Señor Dios ilumina el entendimiento; pues él habla a los hombres de acuerdo con el idioma de ellos, para que entiendan" (v. 3).

Esto es un concepto importante de entender—que Dios usa el lenguaje de la gente a la cual Él le está hablando para que ellos sean capaces de entenderlo. Así, por ejemplo, Él le habló a José Smith en un inglés del siglo XIX—usando palabras con un significado particular al lugar y al tiempo de la revelación. Cuando Él dijo: "Deja que la virtud engalane tus pensamientos incesantemente" (D&C 121:45), usó la palabra *engalanar* en una época en la cual significaba infundir una cosa con algo más; como ponerle ajo al puré de papas para penetrarlo con ese sabor. Para nosotros, hoy en día, en el siglo veintiuno, *engalanar* significa "decorar"; como cuando ponemos un ramita de perejil en el plato para hacer que una comida luzca más colorida. Entonces, podríamos pensar que el Señor quiso decir que debemos incluir pensamientos virtuosos entre aquellos que ocupan nuestras mentes. Pero lo que Él estaba realmente diciendo era que nuestros pensamientos deben ser *penetrados* con virtud—una pequeña, pero importante diferencia. El problema se vuelve aún más profundo cuando estamos leyendo revelaciones que fueron originalmente dadas en un lenguaje diferente al de la Biblia.

- **2 Nefi 31:13, 15 (3 Nefi 11:31–40) Nefi explica la doctrina de Cristo.** Nefi quería que nosotros entendiéramos claramente lo que la "doctrina de Cristo" significa. Incluye (1) creer en Cristo, (2) arrepentirse, (3) ser bautizado (4) recibir el don del Espíritu Santo y (5) perseverar hasta el fin. Dicho con sencillez, esto es lo que el Señor invita a hacer a cada persona; que deVéase venir a Él. No es complicado.

**El bautismo y Espíritu Santo**

- **2 Nefi 31:4–7, 9–10 Nefi enseña lo concerniente al bautismo de Jesús.** Nefi enseñó que Jesús fue bautizado "para cumplir con toda justicia" (v. 5) y después explicó qué significa eso: (a) Él se humilló ante el Padre (v, 7); (b) Él entró en un convenio con el Padre de obedecerlo y guardar Sus mandamientos (v. 7) (c) Él entró por la puerta por la cual todos tienen acceso al reino celestial (v. 9); y (d) Él puso un ejemplo para que el resto de nosotros siguiéramos (v. 10).

*El bautismo de Jesús*

El Presidente Joseph F. Smith dijo: "cumplir con toda justicia" significa "cumplir con la ley,"[2] y el bautismo era parte de la ley de la religión judía y de la práctica de la época de Jesús. "El bautismo era practicado en el antiguo judaísmo (hasidico o Esenio) primero como un medio de penitencia . . . para recibir el espíritu de Dios, o para ser permitido estar en presencia de Dios un hombre debe tomar el bautismo."[3] Es importante notar que "este [bautismo] es sólo válido cuando es hecho por inmersión en una fuente natural o riachuelo o en una apropiadamente construida [pileta]. Esta regla era, por supuesto, también preservada en el templo de Jerusalén."[4]

El élder Bruce R. McConkie dijo: "Cumplir con toda justicia" aún Jesucristo tenía que someterse a la ordenanza del bautismo "esto es algo que los hombres no inspirados no comprenden. Verdaderamente, Él era el Señor Omnipotente antes de que el mundo fuese; verdaderamente Él fue como el Padre en la vida premortal; verdaderamente Él fue el hijo de Dios aquí en la tierra—y aún, como todos los hijos espirituales del mismo Padre, Él también estaba sujeto a todos los términos y condiciones del plan del Padre. Él también nació en la tierra para pasar por la probación mortal, para morir, para levantarse de nuevo en gloria inmortal, para ser juzgado de acuerdo a Sus obras, y para recibir Su lugar de gloria infinita en el reino eterno de Su Padre Eterno."[5]

El profeta José Smith dijo: "El bautismo es una señal para Dios, para los ángeles, y para los cielos de que nosotros hacemos la voluntad de Dios, y no hay otra manera bajo los cielos, por la cual Dios ha ordenado al hombre venir a Él para que sean salvados, y entren en el reino de Dios, excepto teniendo fe en Jesucristo , arrepentimiento, y bautismo para la remisión de los pecados, y cualquier otro camino es en vano. Entonces tiene la promesa del don del Espíritu Santo."[6]

- **2 Nefi 31:9, 13, 17 Nefi explica la necesidad del bautismo.** Nefi identificó cuatro razones por las cuales somos bautizados:

  — Para recibir el don del Espíritu Santo (v. 13).
  — Para recibir una remisión de los pecados (v. 17).
  — Para entrar por la puerta del sendero a la vida eterna (v. 17).
  — Para recibir una membrecía en la Iglesia del Señor (D&C 20:37, 71–74).

El Señor mismo fue bautizado, y nosotros debemos " [seguir] al Hijo con íntegro propósito de corazón, sin acción hipócrita y sin engaño ante Dios" (v. 13). El bautismo no sólo nos califica para entrar en el reino, sino que también nos califica para obtener sus más grandes bendiciones. El profeta José Smith enseñó que "si un hombre obtiene una plenitud del sacerdocio de Dios, él lo tiene que obtener de la misma manera que Jesucristo lo obtuvo y es guardando todos los mandamientos y obedeciendo todas las ordenanzas de la Casa de Señor."[7] La "plenitud del sacerdocio" incluye la bendición más alta que el sacerdocio puede conferir—matrimonios y familias eternas.

*Los niños pequeños sienten el Espíritu*

- **2 Nefi 31:14, 17–18; 32:5–8 Nefi explica los roles del Espíritu Santo.** Nefi da una lista de siete roles que cumple el Espíritu Santo:

— Él bautiza con fuego para la remisión de los pecados (31:17).
— Él nos da poder para "hablar con . . . la lengua de ángeles" (31:14).
— Él es un testigo del Padre y del Hijo (31:18).
— Él le muestra a los hombres "todas la cosas" que ellos deben hacer para obtener la vida eterna (32:5).
— Él detiene las declaraciones de los profetas cuando es necesario por motivo de la incredulidad del hombre (32:7).
— Él nos enseña a orar (32:8).
— Él lleva la palabra de verdad con poder a los corazones de los oyentes (2 Nefi 33:1–2).

Los miembros de la Iglesia que han recibido al Espíritu Santo, están tan acostumbrados a tener las muchas otras bendiciones del Espíritu Santo con ellos que podrían tender a subestimarlo—eso es hasta que por algún medio pierden este don; y cuando el don se va, se hace muy claro para ellos que se están perdiendo una gran bendición.

Algunas veces pudiéramos sentir la influencia del Espíritu y no estar al tanto que lo que estamos experimentando viene del Espíritu Santo. Mi memoria más temprana de la vida es estar acostado en un banco de madera con mi cabeza en el regazo de mi madre durante una reunión sacramental, a mediados de los años cincuenta. En ese entonces, yo tenía sólo cinco o seis años de edad. Mientras estaba tendido allí escuchándola cantar el himno sacramental, miré hacia arriba; a mi padre sentado en el púlpito como consejero del obispado de ese barrio. Me sentí lleno de un brillo tibio y maravilloso que penetró cada parte de mi pequeño cuerpo. Fue años más tarde que me di cuenta de lo que fue—una manifestación del Espíritu Santo. Cometemos un error si pensamos que los niños pequeños no sienten el Espíritu Santo a una edad muy temprana; porque yo lo sentí muy distintivamente, y aun hoy recuerdo el sentimiento.

El Presidente Boyd K. Packer dijo: "El Espíritu Santo habla con una voz que usted siente, más de lo que oye. Es descrito como 'una voz apacible.' Y mientras nosotros hablamos de 'escuchar' los susurros del Espíritu, la mayoría de las veces uno describe una incitación espiritual al decir 'tuve un sentimiento' . . . La revelación viene como palabras que sentimos; más que las oimos."[8]

Ninguna persona en estos últimos días ha recibido más revelación por medio del Espíritu, que el Profeta José Smith. Sus palabras sobre este tema son interesantes e instructivas: "Una persona podrá beneficiarse si percibe la primera impresión del espíritu de la revelación; por ejemplo,, cuando usted siente que le fluye inteligencia pura, podría darle impactos repentinos de ideas, entonces al notarlas, podría verlas cumplirse el mismo día o muy pronto. Estas cosas que fueron presentadas en su mente por el Espíritu de Dios, sucederán; y por ende, al aprender del Espíritu de Dios y entendiéndolo, usted podrí crecer en el principio de revelación, hasta que usted se vuelva perfecto en Jesús Cristo."[9] Aprendemos con el tiempo a discernir cuando estos susurros a nuestras mentes son de Dios, particularmente cuando ellos son acompañados de las manifestaciones del Espíritu a nuestros corazones (D&C 8:2).

## Seguir hacia Adelante y Perseverar hasta el Final

- **2 Nefi 31:19–21 Cómo obtener vida eterna.** Con su sencillez típica, Nefi luego da una lista de los requisitos para la vida eterna después de que hayamos sido bautizados y recibido el Espíritu Santo. Debemos seguir adelante con una constancia en Cristo—una determinación fija de seguirlo y servirle. Debemos mantener un fulgor de esperanza—creer que nuestros esfuerzos no serán en vano y obtendremos la vida eterna que buscamos. Debemos amor a Dios y a todos los hombres. Todos esto significa demostrarlo en nuestros corazones, mentes y comportamientos. Debemos participar del banquete de las palabras de Cristo—no sólo leerlas, sino estudiarlas cuidadosamente y valorar lo que nos enseñan. Y si nosotros perseveramos en hacer estas cosas hasta el fin, la promesa es segura: "he aquí, así dice el Padre: Tendréis la vida eterna" (v. 20). Nefi concluye asegurándonos que ésta es la doctrina de Cristo, y no hay ninguna otra manera o nombre por el cual podamos obtener la exaltación (v. 21).

  En cuanto a participar del banquete de las palabras de Cristo, El élder Neal A. Maxwell dijo: "Necesitamos participar del banquete de las palabras de Cristo en las escrituras ya que estas palabras vienen a nosotros de profetas vivientes. Sólo mordiquear ocasionalmente no basta (2 Nefi 31:20 and 32:3). Participar del banquete significa participar con disfrute, deleite, y saboreo—no atiborrándonos esporádicamente en un hambre negligente, sino participando con gratitud, comiendo con deleite, en una suntuosa variedad preparada con cuidado y con amor... así a lo largo de los siglos.[10] Y después de haber obtenido las palabras de Cristo, el Señor dice que debemos "[atesorarlas] constantemente en nuestras mentes las palabras de vida" (D&C 84:85)".

- **2 Nefi 32:1–6 Entender cómo obtener la vida eterna.** Para aquellos que todavía se preocupan acerca de lo que deben hacer para obtener la vida eterna, Nefi dijo: "las palabras de Cristo os dirán todas las cosas que debéis hacer" (v. 3). Él añadió que si la gente no entiende, es porque ellos no han participado del banquete apropiada y suficientemente. También añadió que a aquellos que han sido bautizados "el Espíritu Santo . . . les mostrará todas las cosas que deben hacer" (v. 5). Ésta es la pura y simple doctrina de Cristo, y no habrá nada más necesario o dado hasta que Él aparezca en la carne (v. 6).

- **2 Nefi 32:7–9 Busque y ore para comprender.** Nefi se lamentó que la gente no pondrá un esfuerzo en "buscar conocimiento, ni entender el gran conocimiento, cuando les es dado con claridad, sí, con toda la claridad de la palabra" (v. 7). Él nos insistió en seguir las indicaciones del Espíritu que nos insta a orar. "Porque si escuchaseis al Espíritu que enseña al hombre a orar, sabríais que os es menester orar; el espíritu

*Busque, escudriñe, y ore*

malo no enseña al hombre a orar, sino le enseña que no debe orar" (v. 8). Nefi observó que debemos "orar siempre, y no desmayar" ore por todo lo que haga, en el nombre de Cristo, y al hacer esto, busque la consagración de Dios de todos nuestros esfuerzos (temporales y espirituales) para el beneficio de nuestras almas (v. 9).

### El Testimonio Final de Nefi

- **2 Nefi 33:1–5 Las palabras de Nefi serán "de gran valor" para los justos.** Este humilde profeta se preocupaba de si su palabra escrita era lo suficiente poderosa para conmover a la gente de la misma manera que su prédica podría haberlo hecho: "no soy tan poderoso para escribir como para hablar; porque cuando un hombre habla por el poder del Espíritu Santo , el poder del Espíritu Santo lo lleva al corazón de los hijos de los hombres". (v. 1). Él observó que aquellos que son duros de corazón pueden fácilmente poner de lado la palabra escrita. "Mas yo, Nefi, he escrito lo que he escrito; y lo estimo de gran valor, especialmente para mi pueblo" (v. 3). Nefi oró continuamente y con lágrimas por su pueblo, con la esperanza de que "las palabras que he escrito en debilidad serán hechas fuertes para ellos; que los persuadan a hacer el bien; les hagan saber acerca de sus padres; y hablen de Jesús, y los persuadan a creer en él y a perseverar hasta el fin, que es la vida eterna" (v. 4). Ninguna persona estará enojada con sus palabras o las rechazará a menos que "sea del espíritu del Diablo" (v. 5).

  El profeta José Smith dijo: "Los hombres que carecen del principio de rectitud, y cuyos corazones están llenos de iniquidad, y no tienen deseo por los principios de verdad, no entienden la palabra de verdad cuando la oyen. El diablo toma la palabra de verdad de sus corazones, porque no hay deseo de rectitud en ellos."[11]

- **2 Nefi 33:6 Nefi expresa su amor por Cristo.** Nefi expresó su amor por todos nosotros—lamanitas, judíos y gentiles. Él después añadió estas profundas palabras personales: "Me glorío en la claridad; me glorío en la verdad; me glorío en mi Jesús, porque él ha redimido mi alma del infierno." Estas son las palabras que tan profundamente me tocaron como un joven misionero. Nótese la profunda referencia personal que él hizo hacia el Salvador—"Mi Jesús" —querevela cuán íntimo él había conversado con el Señor a través de su vida; cuán personalmente él dependía de Él para su redención y exaltación personal. Todos haríamos bien en tratar de igualar su nivel de amor y humilde gratitud por el Maestro.

- **2 Nefi 33:7–11 Nefi testifica que sus palabras**

**son las palabras de Cristo.** Nefi amaba a su gente (sus descendientes) y creía que muchos se encontrarían con él "sin mancha" en el día del juicio (v. 7). Esto demuestra su "fulgor de esperanza" (la cual el recomendaba a todos nosotros en 2 Nefi 31:20), a pesar de haber visto a su gente completamente destruida en una visión . Nefi también expresó su amor por aquellos en Jerusalén ("aquellos de quienes vine" ) y por los gentiles ( versículos 8–9). Sin embargo, él se lamentó, "para ninguno de éstos puedo tener esperanza, a menos que se reconcilien con Cristo y entren por la puerta angosta [bautismo], y caminen por la senda estrecha que guía a la vida, y continúen en la senda hasta el final del día de la prueba" (v. 9). Reconociendo esto, Nefi estaba decidido a dar su testimonio.

El testimonio de Nefi es extraordinariamente sencillo y va directo al meollo:

"Escuchad estas palabras y creed en Cristo"

"y si no creéis en estas palabras, creed en Cristo."

" Y si creéis en Cristo, creeréis en estas palabras, porque son las palabras de Cristo, y él me las ha dado; y enseñan a todos los hombres que deben hacer lo bueno."

"Cristo os manifestará con poder y gran gloria que son sus palabras; y ante su tribunal nos veremos cara a cara, vosotros y yo, y sabréis que él me ha mandado escribir estas cosas, a pesar de mi debilidad." (versículos 10–11)

No hay ninguna manera de malentender o discutir este testimonio. Es directo, sencillo y personal. La gente pudiera no creer, pero no pueden desaprobar a tal testigo. Y al final, ellos encontrarán para su gozo eterno o lamento, que es verdad.

- **2 Nefi 33:12–15 La despedida final de Nefi y una advertencia para el mundo.** Nefi no deseaba condena para ninguna persona. Él oró "para que muchos de nosotros, si no todos, nos salvemos en su reino, en ese grande y postrer día" (v. 12). Y se despidió "como la voz de uno que clama desde el polvo" hasta ese día del juicio final (v. 13). Para aquellos que no recibirán el testimonio del Cristo nacido de la Biblia y del Libro de Mormón, ni las palabras de Cristo dadas por cualquier otro medio, Él dijo lo siguiente: "Me despido de vosotros para siempre, porque estas palabras os condenarán en el postrer día. Pues lo que selló en la tierra será presentado contra vosotros ante el tribunal del juicio; porque así me lo ha mandado el Señor, y yo debo obedecer. Amén." (versículoss 14–15).

**Notas** (Todas las referencias son de las versiones en idioma inglés de los textos que se citan.)

1. Emma Smith, citada en José Smith III, "El último testimonio de la Hermana Emma," *Saints' Advocate 2* (Octubre de 1879), pág. 51.

2. En Reporte de La Conferencia, abril de 1912, 9.

3. *La enciclopedia Judía*, 12 volúmenes, 1902-1906, 2:499.

4. *La enciclopedia Judía*, 1:68–69.

5. "El misterio la divinidad,"discurso pronunciado en la Universidad Brigham Young, 15.ª charla fogonera de estaca, enero de 6, 1985.

6. *Enseñanzas del Profeta José Smith*, escogidas y arregladas por Joseph Fielding Smith, 1976, pág. 198.

7. *Enseñanzas del profeta José Smith*, pág. 308.

8. En Reporte de La Conferencia, octubre de 1994, pág. 77; o revista *Ensign*, noviembre de 1994, pág. 60.

9. *Enseñanzas del profeta José Smith*, pág. 151.

10. "*Por tanto, debéis seguir adelante,*" 1977, pág. 28.

11. *Enseñanzas del profeta José Smith*, pág. 96.

Capítulo 12

# Las enseñanzas de Jacob en el Templo

(Jacob 1–4)

Jacob era un hijo de Lehi y Saríah y un hermano menor de Nefi. Nació en el desierto de Arabia y pasó necesidades de niño con los rigores de ese viaje a través del desierto; y el viaje a través del mar al Nuevo Mundo. Él claramente era recto, porque vio al Salvador en su juventud y fue ordenado al sacerdocio (2 Nefi 2:4; 6:2; 11:3). Antes de que Nefi muriera, él le dio los registros sagrados a Jacob y le encargó el bienestar espiritual de la gente de Nefi; haciendo a Jacob el nuevo profeta para el pueblo.

ADAPTADO DE "JACOB Y SHEREM" © JOSEPH BRICKEY. USADO CON PERMISO

*Jacob fue un testigo de Cristo*

Joseph Fielding McConkie y Robert L. Millet escribieron: "Jacob fue uno de los grandes apóstoles del Libro de Mormón. Como un testigo especial, él compartió un perfecto testimonio: Entretuvo a ángeles y fue un testigo del Redentor. Aún en su juventud este hijo de Lehi sabía los poderes redentores de su Salvador y vio la gloria del Señor. Bajo la tutela de su padre y de su hermano profeta Nefi, Jacob de los días de su infancia aprendió a deleitarse en la palabra sagrada y con ello ganó una familiaridad con el Espíritu que sólo conocen el obediente y el estudiante serio de las Escrituras. En el papel de maestro doctrinal, hubieron pocos más grandes que el. Jacob nos ha dejado una reserva de gemas teológicas: sólo Nefi, Mormón, y Moroni contribuyeron más a este volumen de santa escritura conocido como el Libro de Mormón."[1]

Muy al principio de la historia de los nefitas, después de su separación de los lamanitas, Nefi le construyó a su gente un templo siguiendo el patrón del templo de Salomón (2 Nefi 5:16), donde ellos podrían llevar a cabo sus ordenanzas mosáicas. El templo también fue un lugar de instrucción, y fue en este templo, que Jacob dio el sermón contenido en esta parte de su registro (Jacob 1:17).

HTTP://EN.ORTHODOXWIKI.ORG

*Jacob enseñó en un templo como el de Salomón*

- **Jacob 1:1-6 Nefi instruye a Jacob a registrar en las planchas menores sólo aquellas cosas que son "más preciosas."** Cincuenta y cinco años habían pasado desde el momento en que Lehi salió de Jerusalén (v. 1), por lo que la fecha de esta transferencia de las planchas menores de Nefi a Jacob se situa aproximadamente en el año 545 A. C.; Como Jacob nació más o menos entre los años 600 y 590 A. C., el tendría entre cuarenta o cuarenta y cinco años de edad en este momento.

  Nefi le dijo que "no tratara más que ligeramente la historia de este pueblo" (v. 2), el cual estaba siendo grabado en las planchas mayores (v. 3). Se le dijo aJacob que las "trasmitiera a su posteridad, de generación en generación" (v. 3), estableciendo un patrón que fue seguido hasta el fin del libro de Omni, cuando se acabó el espacio en las planchas menores (Omni 1:30).

  Las cosas que iban a ser grabadas en las planchas menores incluían la predicación, la revelación y la profecía, y especialmente lo concerniente a Cristo (v. 4). Jacob nos informa que "verdaderamente se nos había hecho saber lo concerniente a nuestro pueblo y las cosas que le habían de sobrevenir." (versículos 5-6). Lo que significa que él sabía que su gente eventualmente caería en la apostasía; pero el también sabía que iban a aprender de "Cristo y su reino, que debía venir" (versículos 5-6).

- **Jacob 3:12-14 Sólo una fracción de la historia de los nefitas está contenida en las planchas menores.** Jacob le advirtió a la gente de Nefi en contra de la "fornicación y la lascivia y toda clase de pecados, contándole las terribles consecuencias de estas cosas" (v. 12), pero él no pudo grabar cada sermón que dio o cada revelación o profecía. Tenía que ser selectivo, a causa de la cantidad limitada de espacio en las planchas. "Y ni la centésima parte de los actos de este pueblo, que empezaba ya a ser numeroso, se puede escribir sobre estas planchas", él dijo "pero muchos de sus hechos están escritos sobre las planchas mayores, y sus guerras, y sus contiendas, y los reinados de sus reyes" (v. 13). Él se refirió a las planchas menores en las cuales él estaba escribiendo como "las planchas de Jacob" y notó que "fueron hechas por la mano de Nefi" (v. 14).

- **Jacob 4:1-4 Las planchas de metal fueron usadas para que sus escritos pudieran ser preservados para futuras generaciones.** Jacob comentó sobre "lo difícil que es grabar nuestras palabras sobre planchas" y dijo que esto fue además otra razón por la cual él podía "escribir pero muy pocas [poco]" (v. 1). Sin embargo, él entendió la necesidad de usar planchas de metal y dijo: "Cualquier otra cosa que no sean planchas, ha de perecer y desvanecerse" (v. 2). Él la consideró una labor de amor que, "darán a nuestros hijos, y también a nuestros amados hermanos, una pequeña medida del conocimiento concerniente a nosotros, o sea, a sus padres" (v. 2). Él esperaba que sus hijos las "recibieran

*Los antiguos usaron planchas de metal para preservar su historia*

con corazones agradecidos" y "aprendieran con goz y, no con pesar, o desprecio, lo concerniente a sus primeros padres" (v. 3).

El principal mensaje de las planchas era testificar lo concerniente a Cristo, "que pudieran saber que nosotros sabíamos de Cristo y teníamos la esperanza de su gloria muchos siglos antes de su venida" (v. 4).

- **Jacob 1:9–14 El pueblo de Jacob "amaba a Nefi en extremo" y empezaron a ser llamados nefitas en su honor.** Antes de que Nefi muriera, él asignó a alguien (probablemente a su hijo) para ser rey (v. 9). "El pueblo amaba a Nefi en extremo" y después de su muerte, (v. 12) en su conmemoración, llamaron a cada rey quien lo precedió: "Nefi segundo, Nefi tercero, etcétera" a pesar de sus nombres (versículos 10–11) ellos se referían a sí mismos como nefitas. Los descendientes de Lehi eran identificados por sus ancestros reales—"jacobitas, josefitas, zoramitas, lamanitas, lemuelitas e ismaelitas" (v. 13); pero Jacob escogió no distinguirlos por estos nombres.El dijo "llamaré lamanitas a los que busquen la destrucción del pueblo de Nefi, y a los que simpaticen con Nefi, los llamaré nefitas" (v. 14), comenzando una tradición que continuó hasta el tiempo de su destrucción (4 Nefi 1:37) y aún hasta el final del Libro de Mormón (Palabras de Mormón 1:1).

- **Jacob 1:10 El conflicto armado continúa entre los nefitas y los lamanitas.** Casi de paso, Jacob menciona aquí que Nefi había empuñado la espada de Labán en defensa de su gente, los nefitas. Entonces podemos suponer que el conflicto armado ya había emergido entre los nefitas y los lamanitas—una maldición que azotaría continuamente a ambas naciones durante la mayor parte de los mil años que siguieron; salvo durante un breve período de paz que siguió a la visita del Salvador después de Su resurrección. Tristemente, en cada dispensación del mundo, los profetas de Dios han tenido que guiar a su gente hacia la batalla en contra de sus enemigos y en defensa de sus derechos territoriales, cívicos, y religiosos.

## JACOB MAGNIFICA SU LLAMAMIENTO

(Jacob 1)

- **Jacob 1:17–19 Nefi ordenó a sus hermanos menores, Jacob y José, cuidar del bienestar espiritual de los Nefitas.** Jacob no se atrevió guiar a la gente sin primero hacer lo que él describió como haber "obtenido mi mandato del Señor" (v. 17). Jacob y su hermano menor José, habían sido "consagrados sacerdotes y maestros de ese pueblo, por mano de Nefi" (v. 18). Jacob entendió por completo el concepto de la mayordomía del sacerdocio. Él dijo: "Nosotros magnificamos nuestro oficio ante el Señor, tomando sobre nosotros la responsabilidad, trayendo sobre nuestra propia cabeza los pecados del pueblo si no le enseñábamos la palabra de Dios con toda diligencia; para que, trabajando con todas nuestras fuerzas, su sangre no manchara nuestros vestidos; de otro modo, su sangre caería sobre nuestros vestidos, y no seríamos hallados sin mancha en el postrer día" (v. 19).

Este concepto de magnificar nuestros llamamientos es muy importante. El élder Delbert L. Stapley dijo: "Magnificar es honorar, exaltar, y glorificar, y causa ser visto en gran estima o respeto. También significa incrementar la importancia de ello, ampliarla y hacerla más grande."[2] Cada hombre que haya tenido o que recibirá el sacerdocio de Melquisedec, ha tomado un juramento de hacer esto, como es explicado en D&C 84:40.

- **D&C 84:33–44 El juramento y convenio del sacerdocio son explicados.** Los convenios son acuerdos de dos partes entre los participantes, en donde cada uno de ellos tiene obligaciones el uno para con el otro. En nuestros días, el Señor explicó este "juramento y convenio del sacerdocio" primero, explicando las bendiciones que vienen a aquellos quienes honorablemente reciben y magnifican su sacerdocio. Ellos son santificados por el Espíritu, experimentan un renovación de sus cuerpos, se convierten en los hijos de Moisés y de Aarón y la semilla de Abraham, se vuelven miembros de la Iglesia y reino del Señor, y son considerados los elegidos de Dios (versos 33–34). Además, Cristo dice: "[ellos] reciben el reino de mi Padre; por tanto, todo lo que mi Padre tiene le será dado [a ellos]" (v. 38).

  El élder Bruce R. McConkie dijo:

  > Cada persona a quien es conferido el Sacerdocio de Melquisedec, recibe su oficio y llamamiento a este tan alto sacerdocio con un juramento y su convenio. El convenio es a este efecto:
  >
  > 1. El hombre de su parte solemnemente acuerda magnificar su llamamiento en el sacerdocio, guardar los mandamientos de Dios, vivir cada palabra que procede de la boca de la Deidad, y caminar por la senda de justicia y virtud.
  > 2. Dios, por su parte se compromete a dar a estas personas de una herencia de exaltación y de la divinidad en Su presencia eterna. El juramento es el solemne testimonio de la Deidad, Su promesa declarada, de que aquellos que cumplen su parte del convenio saldrán y heredarán todas la cosas de acuerdo a la promesa.[3]

  El Presidente Hugh B. Brown dijo: "El Presidente John Taylor dijo en una ocasión, hablando de los hermanos del sacerdocio: 'Si ustedes no magnifican sus llamamientos, Dios los hará responsables por aquellos [a quienes] ustedes pudieran haber salvado; si ustedes hubieran hecho su deber.' Ésta es una afirmación desafiante. Y si yo por razón de pecados de comisión o de omisión, pierdo lo que yo pudiera haber tenido en el mas allá, yo mismo debo sufrir y sin duda; y mis seres queridos conmigo. Pero si fallo en mi tarea como obispo, presidente de estaca, presidente de misión, o como una de las autoridades generales de la Iglesia—si alguno de nosotros falla en enseñar, guiar, dirigir, y ayudar a salvar a aquellos bajo nuestra dirección y dentro de nuestra jurisdicción, entonces el Señor nos hará responsables si ellos están perdidos como resultado de nuestra falla."[4]

- **Jacob 1:7–8 Jacob diligentemente le enseña a su gente a creer y a seguir a Cristo.** Él le enseñó a su gente a no rebelarse en contra de Dios, sino que "sufrieran su cruz," de Cristo, para que "contemplaran su muerte" y para que "soportaran la vergüenza del mundo" (v. 8). El élder Bruce R. McConkie dijo: "Captar la crucifixión de Cristo es el concepto de que cualquier gran tribulación o prueba que venga sobre los Santos constituye en sí mismo una cruz, que deberán llevar como parte de su obligación de vencer al mundo. . . Similarmente, el evangelio demanda de que cada hombre tomar su cruz y seguirlo a Él que cargó Su propia cruz al Gólgota. Eso es, los Santos deben cargar la cruz del servicio y consagración, la cruz de devoción y obediencia."[5]

- **Jacob 1:15–16 Jacob identifica los pecados de los nefitas—orgullo, falta de castidad, y amor por las riquezas.** Una generación después de la muerte de Nefi, durante el reinado de su inmediato sucesor, el pueblo nefita "comenzó a ser duro de corazón y a entregarse en parte a prácticas inicuas" lo cual él identifica como desear muchas esposas y concubinas, buscar mucho oro y plata, jactarse del orgullo.

- **Jacob 2:1–11 Jacob siente el peso de su llamamiento.** Él sabía que necesitaba llamar a su gente al arrepentimiento, pero también sabía que estaba tocando temas delicados, particularmente en la presencia de mujeres y niños con sentimientos. "tiernos y castos"; y lo agobiaba el hecho de que tenía hacer eso. Él sabía que la gente había venido al templo a "oír la agradable palabra de Dios . . . . que sana el alma herida" (v. 8).

¡Qué triste es que el comportamiento grosero y la conducta mundana de los hombres a menudo hierea los sentimientos tiernos de las mujeres y los niños. Es raro que estos crímenes se puedan poner a los pies de nuestras queridas hermanas, que con demasiada frecuencia sufren en silencio de dolor cuando sus hombres pierden el control de sí mismos. Jacob deja claro aquí que él está hablando sobre todo a los hombres, y que siente dolor de abrir esta herida en presencia de mujeres y niños.

Sin embargo, el llamamiento profético de Jacob demandaba que él "amonestara [a ellos] según sus crímenes" y "les [hablara] lo concerniente a sus iniquidades y abominaciones, en presencia de los puros de corazón y los de corazón quebrantado, y bajo la mirada del ojo penetrante del Dios Omnipotente" (versículos 9–10). Fue Dios mismo quien le había dado a Jacob el mandamiento de declarar estas palabras a la gente, y Jacob estaba determinado a ser obediente a su responsabilidad (v. 11).

El Presidente Spencer W Kimball dijo: "Los profetas tienen una manera de sacudir la mente carnal. Muy a menudo los santos profetas son percibidos erróneamente como severos y ansiosos de hacer un registro para decir 'se lo dije'. Aquellos profetas que yo he conocido son los hombres más amables que se pueda encontrar. Es por motivo de su amor e integridad, que no pueden modificar el mensaje del Señor meramente para hacer que la gente se sienta cómoda. Ellos son demasiado bondadosos para ser crueles. Estoy tan agradecido de que los profetas no ansíen popularidad."[6]

El Presidente Boyd K. Packer es reconocido como un orador hábil en temas delicados. Aquí está sólo un ejemplo de su estrategia: "Pocas veces, supongo, he deseado tanto el poder sostenedor del Espíritu como cuando tengo que discutir un tema muy delicado y difícil . . . Me acerco al tema con la más profunda reverencia. Esto podría sorprender a algunos, porque éste tema es el más hablado, cantado, y bromeado entre cualquier tema. Casi siempre se habla con inmodestia. tengo la intención de mantener la modestia, no ofenderla, como me atrevo a hablar sobre este tema delicado."[7]

## JACOB CONDENA LOS PECADOS Y LAS ABOMINACIONES
(Jacob 2–3)

### Jacob Condena el Amor a las Riquezas

- **Jacob 2:12–20 Jacob hace una lista de las consecuencias del uso inapropiado de las riquezas.** Éstas incluyen el orgullo y la persecución (v. 13), el egoísmo y la codicia (v. 17), poner a un lado el reino de Dios (versículos 18–19) , y perder la perspectiva acerca del valor de las almas (v. 20).

- El doctor Hugh Nibley dijo: "La riqueza es un amo celoso que no será servido con poco entusiasmo y no tendrá rivales—ni aún Dios . . . cuanto más importante sea la riqueza, menos importante es cómo una persona la obtiene."[8] Los nefitas estaban vivían en una tierra de gran abundancia que poseía muchos depósitos valiosos de metales preciosos. Podemos imaginarnos a la gente, en un esfuerzo por enriquecerse; gastando todo sus tiempo en la búsqueda de oro y plata y descuidando sus deberes para con sus familias y la obra de Dios.

CAROLSFELD, 1852-60

Esta pasión por obtener riquezas no es estrictamente una enfermedad del hombre rico. Algunas de la personas más codiciosas que he conocido eran personas de pocos recursos que estaban tan ansiosos por enriquecerse, que harían cualquier cosas para lograrlo. Y sí, he visto hombres ricos afectadosos por la misma codicia.

Pero también, el hombre más rico que he conocido—El élder N. Eldon Tanner, que vivió en mi barrio cuando yo era un jovencito—era también uno de los más humildes que he conocido. El dinero no es malévolo. El dinero construye capillas y templos. El dinero envía a misioneros al campo misional. El dinero provee comida y alojamiento y muchas maravillosas conveniencias. El dinero no es el problema. El amor desmedido por el dinero es el problema; y esto es lo que Jacob está condenando aquí.

- **1 Timoteo 6:3–10, 17–19 El amor al dinero (no al dinero mismo) es malévolo, y produce el orgullo.** El élder Spencer W. Kimball enseñó: "La posesión de riquezas no constituye necesariamente un pecado. Pero el pecado pudiera emerger en la adquisición y uso de las riquezas . . . la historia del Libro de Mormón revela elocuentemente el efecto corrosivo de la pasión por las riquezas . . . si la gente hubiera usado sus riquezas para buenos propósitos, ellos podrían haber disfrutado una prosperidad continua. Pero ellos parecían incapaces de de mantenerse por un período sostenido como hombres simultáneamente ricos y justos."[9]

## Jacob Condena el Orgullo

- **Jacob 2:20–22 La gente se vuelve "orgullosa en [sus] corazones."** Una de las consecuencias de amar demasiado a nuestras riquezas es que empezamos a pensar que la posesión de ellas nos hace de alguna manera mejores que los demás que tienen menos. Jacob observa "[aquellos de ustedes que están buscando riquezas también] habéis afligido a vuestro prójimo, y lo habéis perseguido a causa del orgullo de vuestros corazones por las cosas que Dios os dio . . ." (v. 20). Él llama a tal actitud "abominable" y le recuerda a la gente que ante los ojos de Dios "un ser es tan precioso como el otro. Y toda carne viene del polvo" (v. 21). Es absurdo compararnos con otros de una manera que supone que somos de alguna manera mejores que ellos. Como Obert C. Tanner observó: "Un hombre que es humilde ante Dios, cesará de ser arrogante entre sus semejantes. Medido por los estándares de Dios, él verá que cualquier superioridad que él pudiera reclamar es tan ligera que no vale la pena mencionarla."

  El Presidente Ezra Taft Benson dijo:

  > En las escrituras no hay tal cosa como orgullo justo. Siempre es considerado un pecado. No estamos hablando de una visión saludable de la autoestima, que se establece mejor por una relación íntima con Dios. Sino que estamos hablando del orgullo como el pecado universal, como alguien lo ha descrito . . el Señor dice en Doctrina y Convenios "mas cuidaos del orgullo, no sea que lleguéis a ser como los nefitas de la antigüedad" (D&C 38:39). Esencialmente, el orgullo es "mi voluntad" en lugar de "su voluntad." Lo opuesto al orgullo es la humildad, la mansedumbre, y ser sumiso (Alma 13:28) o ser fácil de enseñar. . . .
  >
  > El orgullo no mira a Dios o le importa lo que es correcto. Mira hacia los lados, a los hombres, y discute quien está en lo correcto. El orgullo se manifiesta en el espíritu de contienda. ¿No fue por medio del orgullo que El diablo se volvió el diablo? Cristo quería servir. El diablo quería reinar. Cristo quería traer a los hombres a donde Él estaba. El diablo quería estar por encima del hombre . . . el orgullo es caracterizado por: "Qué quiero yo de la vida? En lugar de decir "¿Qué querría Dios que yo hiciera con mi vida? Es la propia voluntad en oposición a la voluntad de Dios. Es el miedo del hombre sobre el miedo de Dios.[10]

## Jacob Condena el Matrimonio Plural

- **Jacob 2:22–24 Los nefitas buscaron excusarse a sí mismos por tomar muchas esposas y concubinas al apelar a las escrituras acerca de David y Salomón** (v. 23). Pero David y Salomón no fueron ejemplos de rectitud. El Señor de cierto les dio a ellos esposas y concubinas. Pero estas concubinas no fueron amantes inmorales, sino esposas legales de menor estatus social. El problema era que ellos también se casaron con esposas adicionales fuera del convenio (D&C 132:38–39) "cosa que para mí fue abominable, dice el Señor" (v. 24).

- **Jacob 2:25–29 El Señor le prohíbe a los nefitas practicar el matrimonio plural.** El Señor llevó a la familia de Lehi fuera de Jerusalén para levantar un pueblo justo y "no permitiré [á] que los de este pueblo hagan como hicieron los de la antigüedad" (v. 26). Cada hombre nefita tenía que tener "una esposa; y no tendrá ninguna concubina " (v. 27). "Las fornicaciones son una abominación para mí" dijo el Señor. "Este pueblo guardará mis mandamientos . . . o maldita sea la tierra por su causa" ( versículos 28–29).

*Salomón tenía muchas esposas y concubinas*

- **Jacob 2:30 A menos que el Señor lo mande, a su gente siempre les está prohibido practicar el matrimonio plural.** "Porque si yo quiero levantar posteridad para mí, dice el Señor de los Ejércitos, lo mandaré a mi pueblo; de lo contrario, mi pueblo obedecerá estas cosas." Esto hace claro que (1) a veces el Señor le ha mandado a su pueblo a obedecer esta práctica y (2) a menos que Él específicamente lo mande, está prohibido. El profeta José Smith dijo: "He dicho constantemente que ningún hombre debe tener más de una esposa a la vez, a menos que el Señor lo ordene de otra manera."[11]

- **Declaración oficial—1 La poligamia está prohibida en nuestro días, así como lo fue en los días de Jacob.** Tan cierto como que un profeta, José Smith, recibió un mandato para establecer esta práctica entre los Santos, otro profeta, el presidente Wilford Woodruff recibió una revelación para ponerle fin: "Vi exactamente lo que sucedería si no se hacía algo al respecto. Este espíritu ha estado sobre mí desde hace mucho tiempo. Mas quiero decir esto: Yo habría permitido que todos los templos se escaparan de nuestras manos; yo mismo habría dejado que me encarcelaran y habría permitido que encarcelaran a todos los demás hombres si el Dios del cielo no me hubiera mandado hacer lo que hice; y cuando llegó la hora en que se me mandó que hiciera eso, todo era muy claro para mí. Fui ante el Señor y anoté lo que Él me dijo que escribiera..."[12]

  Por más de cien años, hemos sabido que Dios prohíbe esta práctica. Aquellos que rechazan al profeta del Señor quien reveló la voluntad del Señor en cuanto a este asunto, se atienen a condenación ante el Señor y son tan culpables de "fornicaciones" como lo fue la gente de Jacob.

  El Presidente Spencer W. Kimball dijo: "Advertimos en contra de los así llamados cultos cultos poligámicos; los cuales los llevarían por maal camino. Recuerden que el Señor puso fin a este programa muchas décadas atrás por medio de un profeta quien proclamó la revelación al mundo. La gente que está afuera los engañarán y les traerán mucho dolor y remordimiento. No tengan nada que ver con aquellos quienes los desviarán. Es incorrecto y pecaminoso ignorar al Señor cuando Él habla. Él ha hablado —fuerte y clonclusivamente."[13]

## Jacob Condena la Falta de Castidad

- **Jacob 2:31–34 El efecto de su inmoralidad sobre las esposa e hijos de los culpables.** Las mujeres y niños entre los hijos de Israel, estaban sufriendo con motivo de la iniquidad y abominaciones de sus esposos y padres, tanto en Jerusalén y en "todas las tierras de mi pueblo [del Señor]" (v. 31). Los versículos 31–32 dicen: "Yo, el Señor, he visto el dolor y he oído el lamento de las hijas de mi pueblo ... [y] no permitiré ... que el clamor de las bellas hijas de este pueblo ... ascienda a mí contra los varones de mi pueblo, dice el Señor de los Ejércitos." Jacob les recuerda "estos mandamientos fueron dados a nuestro padre Lehi; por tanto, los habéis conocido antes; y habéis incurrido en una gran condenación, porque habéis hecho estas cosas que no debíais haber hecho" y en esta cosa, ellos han cometido pecados muchos más grandes que los lamanitas (versículos 34–35).

El irrevocable estándar moral del Señor y de Su Iglesia es y ha sido por siempre el mismo: Castidad total y completa antes del matrimonio y fidelidad incondicional después del matrimonio. El Presidente Joseph F. Smith dijo: "No hay un cáncer más repugnante que desfigure el cuerpo y el alma de la sociedad de hoy en día, que la aflicción terrible del pecado sexual. Se vicia las mismas fuentes de la vida y sus inmundos efectos se transmiten a los aún no nacidos como un legado de muerte."[14]

El Presidente Spencer W. Kimball enseñó: "No hay compatibilidad entre la luz y las tinieblas. La falta de castidad es oscuridad. Es fea, amarga, destructiva, y consumidora. Neutraliza el bien. Oscurece las mentes. Produce amnesia espiritual. Se presenta en muchas formas horribles y tiene muchos nombres desagradables. Nace en la mente y es expresada con miembros del cuerpo que son dirigidos. Es un tirano que demanda y un intransigente; irrazonable, que tiende al monopolio. Es como una parálisis insidiosa que se mueve lentamente en la oscuridad, atrapando con sus tentáculos; y se agarra tan intensamente, que se necesita un príncipe con una espada afilada para soltarla."[15]

- **Jacob 3:1–2 Consejo y confort son dados a aquellos que son heridos por la inmoralidad de otros.** Jacob habló junto a las esposas y los niños que hbían sido heridos por las abominaciones de sus esposos y padres. Él les aconsejó: "Confiad en Dios con mentes firmes, y orad a él con suma fe, y él os consolará de vuestras aflicciones" (v. 1). Todos aquellos que eran "puros de corazón" fueron animados "Levantad vuestra cabeza y recibid la placentera palabra de Dios, y deleitaos en su amor!; pues podéis hacerlo para siempre, si vuestras mentes permanecen firmes" (v. 2).

- **Jacob 3:11–12 Jacob habla de las terribles consecuencias de la "segunda muerte."** Jacob advirtióó a su gente, "estimulad las facultades de vuestras almas; sacudíos para que despertéis del sueño de la muerte." Al hacer esto, ellos podrían "libraos[liberarse] de los sufrimientos del infierno para que no llegar [ellos] a ser ángeles del diablo, para ser echados en ese lago de fuego y azufre que es la segunda muerte!" (v. 11). Este lago es figurativo, representa la quema interminable de consciencia de los pecados que estaban cometiendo—" fornicación y lascivia y toda clase de pecados" (v. 12).

### Jacob condena el abuso de la familia

- **Jacob 2:9, 31-32, 35 Jacob también reprende a los hombres nefitas por tratar mal a sus esposas y a sus hijos.** Hubo más cosas que Jacob tuvo que decirles acerca de sus familias. Él dijo "Habéis quebrantado los corazones de vuestras tiernas esposas y perdido la confianza de vuestros hijos por causa de los malos ejemplos que les habéis dado; y los sollozos de sus corazones ascienden a Dios contra vosotros" con el resultando que"han perecido muchos corazones, traspasados por profundas heridas" (v. 35). Esto parece ser una reprimenda por abusar de sus esposas e hijos.

Lucy Walker Kimball dijo: "El profeta José Smith a menudo se refería a los sentimientos que deben existir entre esposos y esposas . . . él dijo que los hombres deben estar al tanto de cómo tratan a sus esposas. Él también dijo que muchos deben despertarse en la mañana de la resurrección con tristeza y decepcionados porque ellos, por la transgresión, no tendrán ni esposa ni hijos; porque ellos de cierto serían tomados de ellos y dados aquellos quienes que probarán que son dignos. De nuevo él dijo, una mujer tendrá su elección [de un compañero eterno] esto era un privilegio que no le podría ser negado a ella."[16]

Jesse W. Crosby relató:

> Algunos de los hábitos de la casa del Profeta—tales como encender la lumbre, sacar las cenizas, traer madera y agua, ayudar en el cuidado de lo niños, etc.—no estaban en acuerdo con mi idea del auto respeto de un hombre. Un incidente con el profeta que llevaba un saco de harina me dio la oportunidad de darle algunos consejos correctores; lo cual yo había deseado hacer desde hacía largo tiempo. Le recordé todas las fases de su grandeza y le mencioné la multitud de tareas que él hacía; las cuales eran muy domésticas para un hombre como él; como ir a buscar y llevar harina, lo cual era una humillación muy grande. 'una humillación muy terrible' yo le repetí 'porque tu eres la cabeza, y no deberías hacerlo.'
>
> El profeta escuchó silenciosamente todo lo que yo tenía que decir, luego dio su repuesta con estas palabras: 'Si hay humillación en la casa de un hombre, ¿Quién más que la cabeza de esa casa debería o podría cargar con esa humillación?' La hermana Crosby era una mujer muy trabajadora que tomaba más responsabilidades en su casa que la mayoría de la mujeres. Pensando en darle al profeta alguna luz en cuanto a la administración del hogar, yo le dije a él: 'Hermano José, mi esposa hace un trabajo mucho más duro que tu esposa.' El hermano José respondió al decirme que si un hombre no puede aprender en esta vida a apreciar a una esposa y cumplir con su deber con ella, al cuidar de ella apropiadamente, él no debe esperar que le den una en el más allá. Sus palabras cerraron mi boca tan apretadamente como una ostra de marzo de Yo las tomé como una terrible reprobación. Después de eso, traté de hacer las cosas mejor para la buena esposa que tenía y traté de aligerar sus labores.[17]

## Las Prohibiciones de los Últimos Días en Contra del Abuso

En más de una ocasión como obispo, yo estuve obligado a corregir a un hermano en mi barrio por el abuso contra su esposa y su familia. En varias ocasiones, este abusos llevaron a la disciplina en un consejo de la Iglesia. En casi todos lo casos, increíblemente, los hermanos clamaron ignorancia en cuanto a que su compartimento fuese abusivo. Así sea por medio de los malos ejemplos de sus propios padres, o por medio de su propio orgullo o sentimientos de falta de poder, ellos habían llegado a ver el abuso como una manera aceptable de comportarse. Para que hoy no se ofrezca dicha excusa, vamos a definir aquí el abuso.

El abuso es definido como tratar o hablarle a alguien de una manera que es humillante o que es injuriosa u ofensiva. El abuso ocurre cuando alguien que está en una posición de confianza o de control amenaza, o le causa un daño emocional o físico al otro. Puede tomar varias formas, todas las cuales puden ser estar dirigidas hacia un cónyuge o hacia los niños.

- El abuso emocional consiste en insultos, declaraciones denigrantes, injusto control o coacción, amenazas, aislamiento, intimidación o manipulación.
- El abuso físico incluye la negación de las necesidades y el uso de la violencia física, tales como empujar, estrangular, arañar, pellizcar, coartar, o golpear..
- El abuso sexual puede ser físico o emocional, e incluye el acoso sexual, la imposición del dolor, y el uso de la fuerza o la intimidación.

*El abuso es uno de las más grandes pecados de nuestro tiempo*

- **La proclamación de la familia.** Los líderes de la Iglesia de los Últimos Días han hecho fuertes advertencias en contra del abuso de cualquier tipo: "las personas que violan los convenios de castidad, que maltratan o abusan de su cónyuge o de sus hijos, o que no cumplen con sus responsabilidades familiares, un día deberán responder ante Dios."[18]

  El Presidente Gordon B. Hinckley ha dicho respecto al abuso de los niños: "Debo nuevamente mencionar un asunto con el cual yo he lidiado mucho en el pasado. Hablo del malévolo y despreciable pecado del abuso infantil. No podemos tolerarlo. No lo toleraremos. Cualquiera que abuse de un niño puede esperar la disciplina de la Iglesia, así como una posible acción legal. El abuso infantil es un agravio hacia Dios. Jesús habló de la belleza y de la inocencia de los niños. Para cualquiera que tenga una inclinación que podría llevarlo al abuso de los niños, yo le digo en el lenguaje más fuerte del cual soy capaz, discipline su persona. Busque ayuda antes de que injurie a un niño y traiga la ruina sobre su propia persona."[19]

El élder Jeffrey R. Holland también habló en relación al abuso del conyugue:

> Esposos, a ustedes les han sido confiado el más sagrado don que Dios le puede dar—una esposa, una hija de Dios, la madre de sus hijos; quien le ha dado voluntariamente su persona a ustedes por amor, y por compañerismo gozoso. Piensen en las cosas bondadosas que usted dijo cuando la estaba cortejando, piense en las bendiciones que usted le ha dado con manos puestas amorosamente sobre su cabeza, piense en sí mismo y en ella como el dios y la diosa que ustedes por herencia son, y luego reflexione en otros momentos caracterizados por palabras frías, cauticas, y desenfrenadas. Considerando el daño que puede ser hecho con sus lengua, no es de sorprender que el Salvador haya dicho: "No es lo que entra en la boca lo que contamina al hombre; sino lo que sale de la boca, eso contamina al hombre" (Mateo 15:11). Un esposo que nunca soñaría en pegarle a su esposa físicamente puede romper, no sus huesos, mas ciertamente su corazón con la brutalidad de sus palabras desconsideradas o crueles.
>
> El abuso físico es uniformemente e inequívocamente condenado por la Iglesia de Jesucristo de Los Santos de los Últimos Días. Si es posible ser más condenatorio que esto, hablemos aún más vigorosamente en contra de todas las formas de abuso sexual. Hoy hablo en contra del abuso emocional y verbal de cualquiera en contra de cualquiera; pero especialmente de los esposos en contra de las esposas. Hermanos, estas cosas no deben pasar.
>
> Con ese mismo espíritu hablamos también a las hermanas, porque el pecado del abuso verbal no conoce género.
>
> Esposas, ¿Qué hay de la lengua desenfrenada en su boca, y del poder del bien o del mal sus palabras? ¿Cómo es que una voz tan amorosa, la cual es por naturaleza tan divina, tan angelical, tan cercana al velo, tan instintivamente gentil y por herencia bondadosa, podría alguna vez ser tan aguda, mordaz, tan punzante, e incontrolada? las palabras de una mujer pueden ser más punzantes que ningún dardo que jamás se haya lanzado y éstas pueden llevar a las personas que aman a retraerse mas allá de una barrera, más distante que ninguna podría alguna vez haberse imaginado al comienzo de ese intercambio de palabras. Hermanas, no hay lugar en ese magnífico espíritu vuestro para expresiones acerbas o ásperas de ningún tipo, incluyendo chismes, o comentarios o murmuraciones maliciosas. Que nunca se diga de nuestra casa o de nuestro barrio, o de nuestro vecindario que "La lengua es un fuego, un mundo de iniquidad . . . [el ardor] entre nuestros miembros."[20]

El élder Holland también dijo: "La Iglesia ha establecido un número de programas para ayudar a sus líderes locales a prevenir el abuso y cuidar de sus víctimas. Cuando ocurre el abuso, la Iglesia trata de proteger a las víctimas y ayudarlos a sanar. Siempre que sea posible, la Iglesia también presta asistencia a los perpetradores para comenzar el difícil proceso de reformar sus vidas. Los líderes de la Iglesia que esten al tanto del abuso, tienen acceso, las veinticuatro horas, a una línea de asistencia atendida por consejeros profesionales. En las congregaciones locales se han producido y distribuido extensivos materiales de entrenamiento . La sensibilidad para con el niño víctima y el cumplimiento de los requisitos informados son los principales aspectos de todo el entrenamiento y la respuesta.."[21] Claramente, tanto en la Iglesia del Señor de hoy como en los días de Jacob, el abuso es fuertemente condenado.

## Jacob Condena el Prejuicio

- **Jacob 3:5-10 Los lamanitas son bendecidos por ser castos y por amar a sus familias.** Los lamanitas, a quienes los nefitas odiaban y consideraban sucios, eran de hecho "más justos que ellos [los nefitas]; porque no habían olvidado el mandamiento del Señor ... de no tener sino una esposa y ninguna concubina" y por motivo de su obediencia a este mandamiento, el Señor no los destruiría ( versículos 5-6). "He aquí, sus maridos aman a sus esposas, y sus esposas aman a sus maridos, y sus esposos y esposas aman a sus hijos; y su incredulidad y su odio contra vosotros se debe a la iniquidad de sus padres; por tanto, ¿Cuánto mejores sois vosotros que ellos a la vista de vuestro gran Creador?" (v. 7). Jacob mandó a su pueblo a humillarse y a"no ultrajar más a [los lamanitas] por su inmundicia" sino a "recordar vuestra [sus] propia impureza" (v. 9). Él los castigó por el mal ejemplo que dieron a sus hijos, lo cual había entristecido sus corazones y podría "llevar a vuestros [sus] hijos a la destrucción, y sus pecados serían acumulados sobre las cabezas [de los padres] en el postrer día" (v. 10).

  El Presidente Howard W. Hunter dijo: "El evangelio restaurado es un mensaje de amor divino por todas las personas en todas partes, basado en la convicción de que todos los seres humanos son hijos del mismo Dios ... la validez, el poder, de nuestra fe no está atado por la historia, nacionalidad, o cultura, no es la propiedad particular de ninguna persona ni de ninguna época."[22]

  El Presidente Hugh B. Brown dijo: "El evangelio de Jesucristo enseña la universalidad de la preocupación de Dios por los hombres y la obediencia, es una ley universal fundamental de progreso, temporal y espiritual. La aristocracia de la rectitud es la única aristocracia que Dios reconoce. Esto no deja lugar para expresiones de auto-dignidad; en palabras o acciones como el ser "más santo que tú." Hay una unidad real en la raza humana y todos los hombres tienen derecho a una consideración igual como seres humanos sin importar su raza, creencia, o color. Porque cualquier iglesia, país, nación, u otro grupo que cree que es la única gente en quien Dios está interesado, o que tiene mérito por su color, raza, o creencia, o que ellos son por herencia superiores y amados por Dios; sin importar las vidas que viven, no es sólo una enorme y peligrosa falacia sino una continua barrera para la paz ... evitemos categóricamente tal desmoralizante arrogancia."[23]

## JACOB ENSEÑA EL ARREPENTIMIENTO
(Jacob 4)

- **Jacob 4: 10-11 Por medio del arrepentimiento, podemos obtener la esperanza de la exaltación por medio de Cristo.** Jacob aconsejó que "no procuréis aconsejar al Señor, antes bien aceptad el consejo de su mano. Porque he aquí que, vosotros mismos sabéis que él aconseja con sabiduría, con justicia y con gran misericordia sobre todas sus obras" (v. 10). He reflexionado sobre si alguna vez he "buscado el consejo del Señor" y me he dado cuenta de que lo hago; particularmente en mis oraciones. ¿Cuántas veces nos arrodillamos y nos quejamos ante el Señor por alguna dificultad que estamos experimentado? Yo en alguna ocasión me he acercado a mi gran Padre Eterno en una actitud que sugirió que yo sabía más que Él en cuanto lo que necesitaba, y cuándo lo necesitaba.

El consejo de Jacob era que nosotros hiciéramos lo contrario. En lugar de decirle Señor lo que Él debe hacer, debemos "aceptar el consejo de Su mano." Sabiendo que Su sabiduría, justicia, y misericordia son perfectas y eternas; debemos acercarnos a Él pidiendo, "Señor, ¿Qué quiere Usted que yo haga? Y ¿Qué aprenderé de esta experiencia? Cuando yo sigo esta estrategia con humildad, la paz del Espíritu llega a mi vida y la sabiduría de Dios se derrama sobre mi alma. Jacob concluyó este consejo con una invitación a "reconciliarnos con él [nosotros] por medio de la expiación de Cristo, su Unigénito Hijo, y podréis obtener la resurrección . . . y ser presentados a Dios como los primeros frutos de Cristo, teniendo fe y habiendo obtenido una buena esperanza de gloria en él" (v. 11).

- **Jacob 4:14–18 Los judíos miraron "mas allá de la marca."** Los judíos fueron un puebo de dura cerviz que despreciaron las palabras sencillas y mataron a los profetas. Se deleitaban en descifrar textos difíciles de escritura, pero sin fe y sin el Espíritu Santo, no podían entenderlos. Ellos "despreciaron las claras palabras de" de las escrituras. Buscaron la salvación de alguna manera que no fuera a través de Cristo. Y como resultado, crucificaron a su Mesías.

El élder Dean L. Larsen dijo: Jacob habla de un pueblo que puso en serio riesgo las cosas espirituales porque ellos no estaban deseosos de aceptar los principios simples y básicos de la verdad. Ellos se entretuvieron e intrigaron con 'las cosas que no podían entender.' Aparentemente estaban afectados de una seudo-sofisticación y esnobismo que les dio un falso sentido de superioridad sobre aquellos que llegaron con las palabras de claridad del Señor. Ellos fueron mas allá de la marca de la sabiduría y la prudencia y obviamente no pudieron permanecer dentro del círculo de las verdades fundamentales del Evangelio que sirven de base para la fe. Ellos deben haberse deleitado en asuntos especulativos y teóricos que les empañaban las verdades espirituales y fundamentales. Se obsecionaron con las 'cosas que no podían entender', su comprensión y fe en el papel redentor de un verdadero Mesías se perdió, y el propósito de la vida se volvió confuso."[24]

Vemos el mismo espíritu hoy en día en aquellos que están tan seguros de la exactitud de sus puntos de vistas sectarios que ellos "miran mas allá de la marca" y rechazan a los profetas de Dios y cualquier nueva luz que venga a ellos y que los Fariseos de la antigüedad, ellos rechazan a los profetas de Dios y deprecian a los Santos. Ellos hacen esto por el orgullo de sus corazones.

Otro grupo que se puede encontrar demasiado frecuentemente enla academia moderna, rechaza "las palabras de sencillez" y se deleita en "exponer textos difíciles" Intelectualizar es agradable a la mente carnal y está también conectado al orgullo. Como dijo Jacob: "Cuando son instruidos se creen sabios, y no escuchan el consejo de Dios, también lo menosprecian, suponiendo que saben por sí mismos; por tanto, su sabiduría es locura, y de nada les sirve; y perecerán." (2 Nefi 9: 28). Así como con la riqueza, el poseer conocimiento no es maligno. Se vuelve maligno sólo cuando se vuelve contra nuestro Dios. "bueno es ser instruido, si se hace caso a los consejos de Dios" (2 Nefi 9:29).

**Notas** (Todas las referencias son de las versiones en idioma inglés de los textos que se citan.)


1. *Comentario doctrinal del Libro de Mormón*, 4 volúmenes, 1987–92, págs. 2:1.
2. En Reporte de La Conferencia, Abril de 1957, pág. 76.
3. *Doctrina mormona*, 2.ª edición, 1966, pág. 480.
4. En Reporte de La Conferencia, octubre de 1962, pág. 84.
5. *Doctrina mormona*, pág. 173.
6. En Reporte de La Conferencia, Abril de 1978, pág. 116; o revista *Ensign*, mayo de1978, pág. 77.
7. En Reporte de La Conferencia, Abril de 1972, pág. 136; o revista *Ensign*, julio de 1972, pág. 111.
8. *Desde Cumorah*, 1988, pág. 356.
9. *El milagro del Perdón*, 1969, págs. 47–48.
10. Revista *Ensign*, mayo de1986, págs. 6–7.
11. *Enseñanzas del Profeta José Smith*, escogidas y arregladas por Joseph Fielding Smith, 1976, pág. 324.
12. Wilford Woodruff, Declaración oficial—1 (Mensaje sobre el Manifiesto de la conferencia de la estaca Cache, Logan, Utah, Domingo, noviembre de 1, 1891). Reportado en *Deseret Weekly*, noviembre de 14, 1891.
13. En Reporte de La Conferencia, octubre de 1974, 5; o revista *Ensign*, n citado en *Ellos conocían el profeta: relatos personales de más de 100 personas que conocieron a José Smith*, compilado por Hyrum L. Andrus y Helen Mae Andrus, 2004, pág. oviembre de 1974, pág. 5.
14. Citado en *Ideales del evangelio*, compilado por David O. McKay, 1954, pág. 399.
15. *Enseñanzas de* Spencer W. Kimball, editado por Edward L. Kimball, 1982, pág. 271.
16. Lucy Walker Kimball, citado en *Ellos conocían el profeta: relatos personales de más de 100 personas que conocieron a José Smith*, compilado por Hyrum L. Andrus y Helen Mae Andrus, 2004, pág. 136.
17. Jesse W. Crosby, citado en *Ellos conocían el profeta: relatos personales de más de 100 personas que conocieron a José Smith*, compilado por Hyrum L. Andrus y Helen Mae Andrus, 2004, pág. 141.
18. "La familia: una proclamación para el mundo," en revista *Ensign*, noviembre de 1995, pág. 102.
19. Revista *Ensign*, noviembre de 2002, pág. 59.

20. Revista *Ensign*, mayo de2007, págs. 16–17.

21. "El abuso infantil." de fondo para medios de comunicación. http://www.lds.org/ldsnewsroom/v/index.jsp?vgnextoid=752c39628b88f010VgnVCM100000176f620aRCRD&vgnextchannel=f5f411154963d010VgnVCM1000004e94610aRCRD, visitada septiembre de 14, 2007.

22. *Para que tengamos gozo*, 1994, págs. 61–62.

23. En Reporte de La Conferencia, abril de 1966, pág. 119.

24. En Reporte de La Conferencia, octubre de 1987, pág. 12; o revista *Ensign*, noviembre de 1987, pág. 11.

Capítulo 13

# La Alegoría de Zenós de los Olivos

(Jacob 5–7)

## El Profeta Zenós

El élder Bruce R. McConkie llamó a Zenós "uno de los más grandes profetas en Israel."[1] El élder George Reynolds dijo: "Zenós [fue] un profeta hebreo, a menudo citado por los siervos nefitas de Dios. Todo lo que se nos dice de su historia personal, es que lo mataron porque testificó valientemente lo que Dios le reveló. Que él fue un hombre muy bendecido del Señor con el espíritu de profecía se demuestra por esa maravillosa y casi incomparable parábola de la viña descripta ampliamente por Jacob (Jacob 5). Sus profecías son también citadas por Nefi (1 Nefi 19:10, 12, 16), Alma (Alma 33:3, 13, 15), Amulek (Alma 34:7), Samuel el Lamanita (Helamán 15:11), y Mormón (3 Nefi 10:16)."[2]

## LA ALEGORÍA DE LOS OLIVOS

Jacob 5 es el capítulo más largo en el Libro de Mormón (setenta y siete versículos), y consiste enteramente de la alegoría de los olivos enseñada por el profeta Zenós. El presidente Joseph Fielding Smith dijo: "La parábola de Zenós, registrada por Jacob en el capítulo 5 de su libro, es una de las más grandes parábolas que jamás se hayan grabado. Esta parábola en sí misma le pone el sello al Libro de Mormón con verdad convincente. Ningún hombre mortal, sin inspiración del Señor, pudo haber escrito tal parábola."[3]

FOTO CORTESÍA DE T. BEKAERT, 2005

*Los olivos se utilizan como símbolos a lo largo de las Escrituras*

- **Los olivos.** Zenós usó el arbol de olivo para resumir la historia de Israel y predecir su destino. Las ramas del olivo son tradicionalmente un símbolo de paz. Pueden producir muchos frutos, pero requieren de un flujo constante de nutrientes para sobrevivir. Deben ser cuidadosamente podados para que sean fructíferos y productivos. Para que un olivo silvestre se transforme en cultivado y productivo, su tallo principal debe ser cortado completamente y debe ser injertado con una rama de una olivo cultivado. Cuando el árbol envejece y comienza a morir, sus raíces desarollan nuevos brotes; los cuales, si son injertados y podados, madurarán para ser olivos completamente crecidos. Entonces, pueden producir frutos por siglos. Algunos árboles que están creciendo ahora en Israel, han estado produciendo abundantemente por más de cuatrocientos años.

Joseph Fielding McConkie y Robert L. Millet escribieron: "¿Por qué Zenós escogió un olivo para tipificar a Israel? ¿Cuál es el significado de un olivo? Ningún árbol de ramas es tan importante para la economía y la cultura del Medio Oriente: es una fruta cuya carne, aceite, y semilla eran consumidos en su totalidad, utilizados, o negociados. Era y es un árbol conocido por todas la personas. El olivo es para Israel un símbolo natural o metáfora. Requiere casi de un cuidado constante antes que su fruto tenga una textura y sabor aceptables; una poda continua y la excavación y la fertilización del suelo son esenciales para un crecimiento adecuado y para que el árbol de frutos. El olivo vive por siglos y casi nunca muere. Muchos de los olivos más viejos, por ejemplo, están en lo que hoy se cree fue el jardín de Getsemaní; probablemente echaron raíces en los días en que Jesús y sus apóstoles caminaron, hablaron, y oraron allí, hace casi dos mil años."[4]

- **Las alegorías** son son recursos literarios en los cuales un objeto o evento es usado para describir o presentar a otro. Uno no puede usar correctamente una alegoría, sin conocer bien los elementos de la comparación. La alegoría del olivo demuestra una maravillosa comprensión de la naturaleza de estos árboles y cómo cuidarlos. Zenós aparentemente tenía ese conocimiento. También es cierto que José Smith, un joven y analfabeto granjero de veinticuatro años de edad, no lo tenía el conocimiento.

## LAS FASES DE LA ALEGORÍA DE LOS OLIVOS
(Jacob 5)

### El Simbolismo de la Alegoría de Zenós

La alegoría de los olivos se puede dividir en cuatro fases, cada una representando una era particular en la historia de los hijos de Israel; representada por los olivos. Es también útil entender que simbolizan los elementos de la alegoría:

| Símbolo | Significado |
|---|---|
| La viña | El mundo |
| El amo de la viña | Jesucristo |
| El olivo cultivado | la casa de Israel, el pueblo del convenio del Señor |
| El olivo silvestre | los gentiles (la gente no nacida en la casa de Israel) |
| Las ramas | grupos de gente |
| Los siervos | Profetas y otros llamados a servir |
| El fruto | Vidas u obras de la gente |

### Fase 1—La Apostasía y la Dispersión de Israel

- **Jacob 5: 3–4 La apostasía de Israel.** La alegoría empieza con "te compararé, oh casa de Israel, con un olivo cultivado que un hombre tomó y nutrió en su viña; y creció y envejeció y empezó a secarse" (v. 3). Sabemos que el olivo representa a Israel o al pueblo escogido de Dios. Como empieza la alegoría, el amo de la viña se da cuenta de que su olivo cultivado (Israel) empieza a decaer, lo cual simboliza la apostasía de Israel. El amo, que representa al Señor, decide hacer lo que puede para salvarlo. "Lo podaré, y cavaré alrededor de él, y le daré nutrientes para que tal vez eche ramas nuevas y tiernas, y no perezca" (v. 4).

- **El amor del amo por Israel.** El amo de la viña trabajó repetidamente con su siervo para podar, cavar, y nutrir su olivo. A través de esta alegoría, hay referencias a sus sentimientos acerca de ello:

  — "Lo podaré, y cavaré alrededor de él, y lo alimentaré para que ... no perezca" (Jacob 5:4).

  — Me aflige que tenga que perder este árbol" (Jacob 5:7).

  — "¿Qué haremos por el árbol, para que de nuevo yo pueda obtener buen fruto de él para mí mismo?" (Jacob 5:33)

  — "y que yo tenga de nuevo gozo en el fruto de mi viña" (Jacob 5:60)

- **Jacob 5:4–14 Israel es dispersado y los Gentiles son admitidos en el Reino.** Cuando los esfuerzos del amo por salvar al árbol producen sólo resultados limitados, y la parte principal del árbol ha muerto, el amo de la viña toma los brotes jóvenes y tiernos que quedan en la base del árbol y los trasplanta en "las partes más bajas" de su viña. Esto representa la dispersión de grupos pequeños de israelitas (como Lehi y su familia) en otras partes del mundo (vv. 8, 13–14; 1 Nefi 10:12–13; 1 Nefi 2:19–20; 1 Nefi 22:3–4). Por este medio, el Señor salva y protégé porciones del árbol original. Las ramas muertas que quedan son removidas y quemadas (versos 7–9).

FOTO CORTESÍA DE T. BEKAERT, 2005

*Fase 1 de la alegoría*

El amo luego injerta en el árbol original, algunas ramas de otros olivos silvestres (los gentiles); esperando que estas le den nueva vida al árbol. El Señor dice: "tal vez pueda yo preservar sus raíces a fin de que no perezcan y pueda yo preservarlas para mí, yo he hecho esto" (v. 11). Y "si no hubiéramos injertado estas ramas (los gentiles), el árbol habría perecido" (v. 18).

El evangelio fue primero llevado a los gentiles por Pedro y los apóstoles (Hechos 10) durante el primer siglo D. C. Muchos profetas habían predicho esto; incluyendo el profeta Amós; quien profetizó en Judá aproximadamente 150 años antes que Lehi se fuera de Jerusalén con su familia. Él escribió: "He aquí, los ojos de Jehová el Señor están sobre el reino pecador, y yo lo destruiré de la faz de la tierra; mas no destruiré del todo la casa de Jacob, dice Jehová. Porque he aquí, yo mandaré y haré que la casa de Israel sea zarandeada entre todas las naciones, como se zarandea el grano en una criba" (Amós 9:8–9).

## Fase 2—Resultados mixtos a través del Mundo

- **Jacob 5:15–18 Los gentiles vigorizan la iglesia original.** Cuando el amo visitó la viña por segunda vez, se encontró con que las ramas silvestres (los gentiles) que fueron injertadas en el árbol cultivado (Israel) estaban dando buen fruto (versículos 16–17). Él observa: "Así que si no hubiéramos injertado estas ramas, el árbol habría perecido. Y he aquí, ahora guardaré muchos frutos que el árbol ha producido" (v. 18).

FOTO CORTESÍA DE T. BEKAERT, 2005

*Fase 2 de la alegoría*

- **Jacob 5:19–25 El Israel desparramado produce resultados mixtos.** Cuando el amo visitó las ramas naturales (cultivadas), él había plantado en varios lugares alrededor de la viña. Las ramas plantadas en tierra estéril dieron buen fruto, mientras que las ramas plantadas en tierra fértil dieron fruto cultivado y silvestre. Nótese que los árboles en circunstancias prósperas, no fueron tan prósperos como los árboles plantados en una tierra que era la "más estéril de toda [la] . . . viña" (v. 21). El fruto del árbol plantado en "terreno bueno" (probablemente los lehitas en la tierra prometida) dio resultados mixtos. Algunos frutos buenos y otros malos (v. 25).

## Fase 3—La Apostasía Mundial

- **Jacob 5:29–32, 37–42 La apostasía mundial de Israel.** Cuando el amo visitó la viña por tercera vez, él se encontró con muchos tipos de frutos dañados. El árbol original (la Iglesia en Jerusalén), una vez fortalecido por el injerto de ramas silvestres (los gentiles), estaba ahora completamente apóstata, dando todo tipo de fruto silvestres y "sin que ninguno fuera bueno" (v. 32). La causa de esta apostasía fue que el fruto silvestre (los gentiles) había superado a las raíces del árbol (la Iglesia), corrompiendo aún las ramas originales naturales (versículos 37, 40).

  Cuando el amo visitó las partes distantes de la viña, se encontró con que aquellos árboles trasplantados también se habían estropeado (v. 39). En el árbol plantado en la más parte elegida de la viña (los lehitas), el fruto silvestre había superado al fruto natural, y el árbol se había "marzo deitado y secado" (v. 40). El amo se lamenta "los árboles de mi viña para nada sirven sino para ser cortados y echados al fuego" (v. 42).

FOTO CORTESÍA DE T. BEKAERT, 2005

*Fase 3 de la alegoría*

- **Jacob 5:47 el lamento del amo.** El amo se lamentó por sus árboles exclamando: "¿Pero qué más pude yo haber hecho en mi viña? ¿He relajado mi mano de modo que no lo he nutrido? No, lo he nutrido y cavado alrededor; lo he podado y abonado; y he extendido la mano casi todo el día, y el fin se acerca. Y me aflige que tenga que talar todos los árboles de mi viña, y echarlos al fuego para que sean quemados."

### Fase 4—La Restauración de Israel y la Iglesia

- **Jacob 5:49–54, 58, 62–64 la restauración de la Iglesia y la re-unión de los hijos de Israel.** El amo decide nutrir y podar una vez más. Este alimento, poda, e injerto final, representa la restauración del evangelio y la re-unión del Israel disperso (1 Nefi 10:14; 2 Nefi 29:14; D&C 33: 3–6). Es instructivo notar que el amo toma ramas de los árboles esparcidos (el Israel disperso) y los injerta de nuevo en el árbol original (la Iglesia), entonces usa algunos de los dispersos de Israel para restablecer su iglesia original. Él toma ramas del árbol original y las injerta en los árboles esparcidos (v. 54), estableciendo asi la Iglesia en todo el mundo.

FOTO CORTESÍA DE T. BEKAERT, 2005

*Fase 4 de la alegoría*

  De las ramas viejas y muertas de todos los árboles (representando los apóstatas de la verdad) él dice: "Arrancaremos de los árboles aquellas ramas que han madurado, que deben perecer, y las echaremos al fuego" (v. 58). Las últimas ramas buenas (los gentiles) serán las primeras en ser injertadas en la iglesia, y las primeras ramas buenas (los judíos) serán los últimos (v. 63).

  El presidente Spencer W. Kimball dijo: "La re-unión de Israel consiste en unir a la Iglesia verdadera. y . . . llegar al conocimiento del verdadero Dios . . . cualquier persona, entonces, que haya aceptado el evangelio restaurado, y que ahora busca adorar al Señor en su propia lengua; y con los santos en las naciones donde él vive, ha cumplido con la ley de la re-unión de Israel y es heredero de todas las bendiciones prometidas a los Santos en los últimos días . . . y entonces está sucediendo la re-unión. Corea es el lugar de reunión para los coreanos, Australia parar los australianos, Brasil para los brasileros, Inglaterra para los ingleses."[5]

- **Jacob 5:61, 70 Nuevos Profetas y Apóstoles.** El amo envía a su siervo (un profeta) para lograr la obra necesaria en la viña (v. 61), y el siervo trajo "otros siervos" (apóstoles y profetas) para asistirlos (v. 70).

- **Jacob 5:71–75 Éxito final.** Aunque estos siervos son pocos, ellos son exitosos en redimir la viña. Ellos son cuidadosos en asegurarse de que el número de ramas, no exceda la capacidad de las raíces para apoyarlos (v. 73). Y aunque trabajan con toda diligencia, y de acuerdo con los mandamientos del Señor, ellos fueron capaces de establecer el mismo buen fruto a través de la viña (el mundo): "y llegaron a ser como un cuerpo; y los frutos fueron iguales" (v. 74). El Señor está complacido con su obra y bendice a sus siervos diciendo: "He aquí, os regocijaréis conmigo a causa del fruto de mi viña".

## LAS ENSEÑANZAS FINALES DE JACOB Y EL TESTIMONIO
(Jacob 6)

### Arrepentirse y Seguir a Cristo

- **Jacob 6:1–2 Jacob relata las profecías de Zenós para los últimos días.** Jacob profetizó: "Que las cosas que habló este profeta Zenós concernientes a la casa de Israel, las que comparó a un olivo cultivado, ciertamente han de acontecer" (v. 1). La hora en que el Señor " extienda su mano por segunda vez para recobrar a su pueblo, es el día, sí, la última vez, que los siervos del Señor saldrán en su nombre, para nutrir y podar su viña; y después el fin del mundo pronto "" (v. 2). Ese día es hoy—los últimos días. El Presidente Joseph Fielding Smith dijo: "Hoy los Santos de los Últimos Días van a todas partes del mundo como siervos en la viña para juntar este fruto y guardarlo para el tiempo de la venida del Amo."[6]

- **Jacob 6:3–10 Jacob anima a su pueblo (y a todo Israel) a arrepentirse y ser salvados.** Jacob comentó sobre cuán misericordioso es el Señor al recordar a todo Israel, tanto las raíces como las ramas, pese a su continua iniquidad, salvando a todos ellos que no endurecen sus corazones en contra de Él (v. 4). Y sabiendo esto, instó a sus seguidores descarriados a no endurecer su corazón y a beneficiarse de su misericordia y ser salvados. Él preguntó: "¿Por qué habréis de morir?" (v. 6). Él razonó: "He aquí, ¿rechazaréis estas palabras? ¿Rechazaréis las palabras de los profetas; y rechazaréis todas las palabras que se han hablado en cuanto a Cristo, después que tantos han hablado acerca de él? ¿y negaréis la buena palabra de Cristo y el poder de Dios y el don del Espíritu Santo, y apagaréis el Espíritu Santo, y os reiréis del gran plan de redención que se ha dispuesto para vosotros?" (v. 8). Si lo hacemos, vamos a "soportar la vergüenza y la terrible culpa ante el tribunal de Dios"" (v. 9) y "desapareceremos en aquel lago de fuego y azufre, cuyas llamas son inextinguibles y cuyo humo asciende para siempre jamás; y este lago de fuego y azufre es tormento sin fin" (v. 10).

- **Jacob 6:11–13 Las responsabilidades de aquellos que "han sido nutridos por la buena palabra de Dios"** (Jacob 6:7; Moroni 6:3–4). Jacob amonestó: "¡Arrepentíos, pues, y entrad por la puerta estrecha [el bautismo], y continuad en el camino que es angosto, hasta que obtengáis la vida eterna! ¡Oh, sed prudentes! ¿Qué más os puedo decir?" (Versículos 11–12). Y con esa amonestación, Jacob nos dio a todos un adiós; hasta que nos encontremos con él en el "tribunal que hiere al malvado con terrible espanto y miedo. Amén" (v. 13).

## Sherem el Anticristo

Sherem fue el primero de varios anticristos en el Libro de Mormón. Él fue un agnóstico declarado. Como todos los anticristos en el Libro de Mormón, él era un hombre instruido, y un maestro en los trucos de retórica y del discurso persuasivo. Él tenía "conocimiento perfecto de la lengua del pueblo" y la usó "según el poder del diablo" (Jacob 7:4) Éste se acercó a Jacob con la piedad de un santurrón y con agobio fingido. En estas cosas, él era y es un modelo del humanismo secular. Los argumentos y acusaciones que hace, son los mismos que los anticristos han ofrecido en todas las dispensaciones.

"JACOB Y SHEREM" © JOSEPH BRICKEY. USADO CON PERMISO.

*Sherem arrogantemente disputó con Jacob*

- **Jacob 7:1–7 Las falsas enseñanzas de Sherem.** Cuando Sherem se acercó a Jacob, él regañó al profeta, diciendo que aquellas cosas que el "Hermano Jacob" enseñaba, eran chocantes para la sensibilidad religiosa; y eran una perversión de la manera correcta de Dios. Criticó a Jacob por afirmar conocer el futuro y por profetizar de la venida de Cristo. Esto, insistió Sherem, no tenía sentido; porque nadie podía saber tales cosas. Afirmó que sólo podemos creer en las cosas de las cuales tenemos evidencia—el hombre clásico—centrado en el estándar de la prueba que dice: "A menos que lo haya visto, no existe."

- **Jacob 7:8–12 El poderoso testimonio personal de Jacob.** Jacob estaba lleno del Espíritu y procedió a confundir las falsas afirmaciones de Sherem haciéndole una serie de preguntas:

  — "Niegas tú al Cristo que ha de venir?"

  > "Y él dijo (Sherem): Si hubiera un Cristo, no lo negaría; mas sé que no hay Cristo, ni lo ha habido, ni jamás lo habrá" (v. 9).

— "¿Tú Crees en las Escrituras?"

"Y dijo él (Sherem): Sí" (v. 10). "Entonces no las entiendes" dijo Jacob, "porque en verdad testifican de Cristo. He aquí, te digo que ninguno de los profetas ha escrito ni profetizado sin que haya hablado concerniente a este Cristo" (v. 11).

Por último, Jacob ofreció su propio testimonio irrefutable:

— "Y esto no es todo—Se me ha manifestado, porque he oído y visto; y también me lo ha manifestado el poder del Espíritu Santo" (v. 12). Jacob era un testigo de la gloria del Hijo de Dios, y él sabía que "si no hubiese una expiación, toda la humanidad se perdería" (v. 12).

- **Jacob 7:13 La respuesta de Sherem es demandar una señal.** Siendo incapaz de refutar el testimonio seguro de Jacob, Sherem replicó desdeñosamente: "Muéstrame una señal de este poder del Espíritu Santo, del cual sabes tanto."

El élder Bruce R. McConkie dijo: "Porque las señales—los milagros, dones del Espíritu —siempre siguen la creencia en el verdadero evangelio, es inevitable que los no creyentes que están en una rebelión abierta en contra de la verdad (sujetos como ellos están a las ... incitaciones de Satanás) tengan que intentar desaprobar la obra del Señor; al burlarse de Sus ministros con el desafío: Muéstranos una señal... En realidad, los buscadores de señales son.. Una evidencia suprema y grosera de iniquidad de su parte. 'Una malévola y adúltera generación que busca señales.'... Aun entre los Santos ocasionalmente se encuentran aquellas personas espiritualmente débiles que buscan señales."[7]

El élder McConkie también comentó: "[Las señales podrían] tener el efecto de fortalecer la fe de aquellos que ya están espiritualmente inclinados; pero su propósito principal no es convertir a la gente a la verdad, sino recompensar y bendecir a aquellos ya convertidos."[8] Y el profeta José Smith dijo: "[este principio] es eterno, sin desviaciones, y firme como los pilares del cielo, porque cada vez que ve a un hombre en demanda de una señal, es posible concluir que él es un hombre adúltero."[9]

¿Por qué esto es así? ¿Cómo el buscar señales se relaciona con el buscar placeres carnales? Se relacionan porque aquellos que dependen de lo sensual para su satisfacción, buscan pruebas físicas y sensuales de las cosas espirituales. Después de haber perdido la capacidad de sentir impresiones espirituales, por su dependencia de los sentidos, no pueden detectar los susurros silenciosos y discretos del Espíritu. Este fue el caso de Sherem, y es el caso de todos los buscadores de señales.

- **Jacob 7:14–22 La respuesta de Jacob y la desaparición de Sherem.** Jacob le preguntó a Sherem "¿Quién soy yo para que tiente a Dios para que te muestre una señal de esto que tú sabes que es verdad?" Jacob había percibido que Sherem era un mentiroso y de hecho sabía la verdad. Jacob dijo: "Sin embargo tú la negarás, porque eres del diablo" (v. 14). Él dejó en manos Dios el darle a Sherem una señal que lo golpeara violentamente (v. 14). Tan pronto como Jacob terminó de hablar, Dios hirió a Sherem tirándolo por tierra; dejándolo indefenso por varios días (v. 15).

Al cabo de esos días, Sherem sabía que moriría, y pidió que la gente se reuniera alrededor de él al día siguiente. Cuando llegaron "les habló claramente y negó las cosas que les había enseñado, y confesó al Cristo el poder del Espíritu Santo y el ministerio de los ángeles. ... y que había sido engañado por el poder del diablo. Y habló del infierno, y de la eternidad, y del castigo eterno" (versículos 17–18). Temía ser condenado por lo que había dicho y hecho; mas dejó su destino en las manos de Dios y luego murió (versículos 19–20). En cuanto a la multitud ellos se "asombraron en extremo" cayeron a tierra, sobrecogidos por el poder de Dios (v. 21).

- **Jacob 7:27 "Adiós, hermanos."** Jacob sabía que pronto moriría y le dio las planchas menores a su hijo Enós, dándole el mismo encargo que su hermano Nefi le había dado a él. Y concluyó su parte de los escritos en estas planchas al decir: "Y me despido del lector, esperando que muchos de mis hermanos lean mis palabras. Adiós, hermanos."

Daniel H. Ludlow dijo:

> Algunos anti-Santos de Los Últimos Días que critican el Libro de Mormón, han hecho la pregunta de cómo Jacob pudo haber usado una palabra como "adieu" (como está escrita en la versión en inglés de Libro de Mormón) que proviene claramente de la lengua francesa, la cual no fue desarrollada hasta cientos de años después de la época de Jacob. Tales críticos evidentemente pasaron por alto el hecho que el Libro de Mormón es traducción de literatura; y José Smith era libre en su traducción de usar cualquier palabra o palabras que eran familiares para él y cualquier palabra familiar para él y para sus lectores que mejor transmitiera el significado del autor original. Es interesante notar que hay una palabra hebrea "Lehitra'ot "; la que tiene esencialmente el mismo significado en hebreo que la palabra "adieu" en francés. Estas dos palabras son mucho más que una simple despedida; incluyen la idea de una bendición. ¿Sería inaceptable recordarles a estos críticos, que ninguna de las palabras contenidas en la traducción al inglés del libro de Jacob, fueron usadas por Jacob mismo? Todas esas palabras vienen del idioma inglés, ¡Las cuales no existieron hasta mucho después del tiempo de Jacob![10]

**Notas** (Todas las referencias son de las versiones en idioma inglés de los textos que se citan.)

1. *Un Nuevo Testigo para los Artículos de Fe*, 1985, pág. 558.
2. George Reynolds, citado en Joseph Fielding Smith, *Respuestas a Preguntas del Evangelio*, compilado por Joseph Fielding Smith Jr., 1957–66, 4:139.
3. George Reynolds, citado en Joseph Fielding Smith, *Respuestas a Preguntas del Evangelio*, compilado por Joseph Fielding Smith Jr., 1957–66, 4:141.
4. *Comentario doctrinal del Libro de Mormón*, 1987–92, 2:49.
5. *Enseñanzas de Spencer W. Kimball*, editado por Edward L. Kimball, 1982, págs. 439–40.
6. *Respuestas para preguntas del evangelio*, 4:142.
7. *Doctrina mormona*, 2.ª edición, 1966, págs. 714–15.

8. *Doctrina mormona*, pág. 713.

9. *Enseñanzas del Profeta José Smith*, escogidas y arregladas por Joseph Fielding Smith, 1976, págs. 157, 278.

10. *Un compañero para su estudio del Libro de Mormón*, 1976, pág. 163.

Capítulo 14

# La oración personal y el conocimiento anticipado de Dios

(Enós, Jarom, Omni, Palabras de Mormón)

---

Después la muerte de Jacob; aproximadamente 500 años D. C., su posteridad mantuvo los grabados en las planchas menores por más de cuatro siglos. Vale la pena notar que estas importantes planchas de Nefi, no fueron pasadas a través de los propios descendientes de Nefi, sino que se mantuvieron para la descendencia de su hermano menor.[1]

Los libros de Enós, Jarom y Omni resumen 350 años de historia nefita, pero el resultado son sólo cuatro libros pequeños; cada uno de un sólo capítulo. De los veinticuatro hombres cuyos escritos están en el Libro de Mormón, un tercio—ochos individuos—están en estos cuatro libros. Es más sólo totalizan siete páginas (noventa versículos) de texto impreso. Victor Ludlow notó: "Si toda la historia de 1000 años de la posteridad de Lehi fuera escrita tan concisamente, el Libro de Mormón sería un boletín de veinte páginas; en lugar de un libro de 531 páginas."[2]

Pese a su brevedad, estos cuatro pequeños libros contienen enseñanzas importantes concernientes a la oración, lo fiable de las promesas de Dios, la fe, el papel de los profetas antiguos, la humildad, y la comunicación a través del Espíritu. Estos libros ocupan la última parte de las planchas menores de Nefi, y las palabras de Mormón nos llevan al compendio de las planchas mayores de Nefi.

*Mormón encontró y preservó las planchas menores*

### EL LIBRO DE ENÓS

### La influencia de padres justos

Enós era el hijo de Jacob. Él poseía una fe similar a la de su padre, a la de su tío (Nefi), y a la de su abuelo (Lehi). Enós le dio crédito a su padre por enseñarle "disciplina y amonestación del Señor" (Enós 1:1), y cuando estuvo listo para arrepentirse, éste recordó las enseñanzas de su padre.

Las enseñanzas y el ejemplo de padres justos son muy poderosas en las vidas de sus hijos. Habida cuenta de este hecho, el Presidente Gordon B. Hinckley aconsejó: trate a su hijos como hijos e hijas de Dios. Sea bondadoso, ámelos. Respételos. Aconséjelos. Enséñeles. Ore por ellos. Guíelos y Dios los bendecirá a ellos y a usteditado por"[3]

*Enós fue enseñado por su padre*

El presidente N. Eldon Tanner dijo: "Los niños a quienes se les enseña la obediencia, a honrar y obedecer la ley, a tener fe en Dios, y a guardar sus mandamientos, al crecer honrarán a su padres y y se lo agradecerán; y ellos serán capaces de enfrentarse a sus problemas y resolverlos. Encontrarán gran éxito y gozo en la vida, y contribuirán grandemente a las soluciones de los problemas que ahora le están causando al mundo gran preocupación. Depende de los padres preocuparse de que sus hijos estén preparados por medio de la obediencia a la ley; para las posiciones de liderazgo que ellos ocuparán en el futuro; donde su responsabilidad será traer paz y rectitud al mundo."[4]

Igualmente importante es que los niños aprendan a honrar y a obedecer a sus padres justos. "Los niños vienen a la mortalidad con la exigencia innata, plantada en sus almas por ese mismo Ser quien les dio nacimiento como espíritus, honrar a sus padres y obedecer su consejo en la rectitud," dijo el élder Bruce R. McConkie.[5] Claramente, Enós honró a su padre y deseó obedecer su consejo justo.

- **Enós 1:1 Enós le dice a su padre que lo "instruya en su lengua."** Probablemente esto significa el idioma de las planchas, para que él pudiera continuar el grabado. Nótese de que Nefi dijo que él estaba haciendo el grabado en el "idioma de su padre", en "el lenguaje de mi [su] padre, que se compone de la ciencia de los judíos y el idioma de los egipcios" (1 Nefi 1:2). El Rey Benjamín también le enseñó a sus hijos el "idioma de sus padres" (Mosíah 1:2).

### Ofreciendo Plegarias Efectivas

- **Enós 1:2-4 Enós dice que sus oraciones eran "una lucha" antes Dios y una "poderosa oración"** (versículos 2-4). Enós realmente no luchó con Dios. Él luchó a solas con él mismo; en un esfuerzo por comunicarse con Dios por medio del Espíritu Santo. A veces el esfuerzo más grande en la oración es esta clase de contención con nosotros mismos antes, y mientras oramos. Esto requiere un pensamiento profundo, meditación, y concentración—ir más allá de repeticiones clichés y verdaderamente derramando nuestras almas en las palabras que le ofrecemos a Dios. La elección de palabras de Enós (profundamente, hambre, clamó, potente oración, y súplica, mi voz en alto . . . llegó a los cielos) efectivamente demuestran sus esfuerzos en comunicarse verdaderamente con el Señor.

*Enós luchó en poderosa oración*

El Presidente Ezra Taft Benson dijo: "Nuestras oraciones deben ser sinceras y pertinentes. [No debemos] usar las mismas frases en cada oración. Cada uno de nosotros se preocuparía si un amigo nos dijera las mismas pocas palabras cada día, y trata la conversación como una tarea, y no pudiese esperar a que terminara para encender el televisor y olvidarse de nosotros."[6]

El élder Spencer W. Kimball dijo: "Aquí no hay oración ocasional, aquí no hay palabras triviales, palabras desgastadas; aquí no caben recursos momentáneos. Todo el día, con segundos volviéndose minutos, con minutos volviéndose horas y con horas volviéndose un 'día entero'. Pero cuando el sol se ha puesto, el alivio todavía no ha llegado, porque el arrepentimiento no es un acto singular o el perdón un regalo no ganado. Para él era tan preciosa la comunicación y la aprobación de Su Redentor, que su alma determinada presionaba sin cesar. 'Sí, y cuando anochecía, aún elevaba mi voz en alto hasta llegar a los cielos.'"[7]

- **Alma 8:10 Alma define "luchar con Dios" como "trabajar en el Espíritu."** El Presidente Howard W. Hunter dijo: Desarrollarse espiritualmente y sintonizarnos con las más altas influencias de la divinidad no es fácil. Toma tiempo; y frecuentemente conlleva una lucha. No ocurrirá por casualidad, sino que se logra sólo por medio de un esfuerzo deliberado, llamando a Dios y guardando Sus mandamientos . . . parte de nuestra dificultad al tratar de adquirir espiritualidad, es el sentimiento de que hay mucho que hacer, y que estamos muy lejos. La perfección es algo que está aún muy por delante de cada uno de nosotros; pero podemos aprovechar nuestro puntos fuertes. Comenzar donde estamos, y buscar la felicidad que se encuentra en seguir las cosas de Dios. Debemos recordar el consejo del Señor [en D&C 64:33–34]."[8]

  El Presidente Ezra Taft Benson dijo: "Debemos prepararnos para la oración. Si no tenemos ganas de orar, entonces debemos orar hasta que tengamos ganas de hacerlo. Debemos ser humildes (D&C 112:10). Debemos orar por perdón y misericordia (Alma 34:17–18). Debemos perdonar a cualquiera hacia el cual tengamos malos sentimientos (Marco 11:25). Sin embargo, las escrituras advierten, nuestras oraciones serán en vano si nosotros le damos la espalda al indigente al desnudo, y no visitamos al enfermo y afligido, y si no damos de vuestros bienes' ( Alma 34:28)."[9]

- **Enós 1:3 Enós está solo al contemplar estas cosas**—él está libre de distracciones y es capaz de meditar y orar sin interrupción. El Presidente Ezra Taft Benson dijo: "Se nos advierte que esta [oración] debe ser en 'vuestros aposentos, en vuestros sitios secretos y en vuestros yermos (Alma 34:26). Esto significa que deben ser libres de distracciones, en 'secreto' (3 Nefi 13:5- 6)."[10]

El Obispo H. Burke Peterson dijo:

> Vaya donde pueda estar solo, vaya donde usted pueda pensar, vaya donde usted pueda arrodillarse, vaya donde usted pueda hablarle a Dios en voz alta. La habitación, el baño, o el armario servirán. Ahora imagíneselo con el ojo de su mente. Piense a quien le está hablando, controle sus pensamientos—no los deje vagar, diríjase a Él como su Padre y amigo. Ahora dígale cosas que usted realmente siente, y quiere decirle—no frases gastadas que tienen poca significancia, pero tenga una sincera y franca conversación con Él. Hágale confidencias, pídale perdón, ruéguele, disfrútelo agradézcale, exprese su amor por Él, y luego escuche Sus respuestas. Escuchar es una parte esencial de la oración. Las respuestas del Señor vienen apaciblemente—siempre silenciosas. De Hecho, pocos escuchan Sus respuestas audiblemente con sus oídos. Debemos estar escuchando muy cuidadosamente, o nunca las reconoceremos. La mayoría de las respuestas del Señor son sentidas en nuestro corazón; como una tibia y cómoda expresión, o podrían venir como pensamientos a nuestra mente. Éstas vienen a aquellos que están preparados y que son pacientes.[11]

Nótese, por favor, que el Obispo Peterson dijo que debemos "Hablarle en voz alta a Él." Este es un buen consejo, y muchos otros líderes de la Iglesia han dicho la misma cosa. Considere el siguiente consejo del Presidente Spencer W. Kimball:

> Ahora, sobre ciertas cosas, es mejor orar por ellas en privado, en donde el tiempo y la confidencialidad no sean un obstáculo. La oración en soledad es rica y prolífica. Orar a solas nos ayuda a soltar la vergüenza o la pretensión, y cualquier engaño persistente. Nos ayuda a abrir nuestros corazones y a ser totalmente honestos y honorables al expresar todas nuestras esperanzas y actitudes.
>
> Me impresiona la necesidad de privacidad en nuestras oraciones personales. A veces El señor encuentra necesario alejarse a las montañas o al desierto para orar. Similarmente, el apóstol Pablo se fue al desierto y a la soledad después de su gran llamamiento. Enós se encontraba en lugares solitarios para comunicarse con Dios. José Smith encontró su privacidad en la arboleda; con sólo aves, árboles y Dios para escuchar su oración. Observe algunas claves en su historia:
>
> "Por consiguiente, de acuerdo con esta resolución mía de recurrir a Dios, me retiré al bosque para hacer la prueba.... Era la primera vez en mi vida que hacía tal intento, porque en medio de toda mi ansiedad, hasta ahora no había procurado orar vocalmente. (Historia de José Smith 1:14).
>
> Nosotros también debemos orar donde sea posible: un cuarto, una esquina, un armario, un lugar donde podamos "retirarnos" para "orar vocalmente" en secreto. Recordamos las muchas veces que el Señor nos instruye a orar vocalmente: "Y además, te mando que ores vocalmente así como en tu corazón; sí, ante el mundo como también en secreto; así en público como en privado" (D&C 19:28.) Entonces, esto es tan central para nuestras oraciones y para nuestra vida religiosa personal, que el Señor le instruyó a los hermanos del sacerdocio "visitar la casa de cada uno de los miembros, exhortándolos a orar vocalmente, así como en secreto, y a cumplir con todos los deberes familiares." (D&C 20:51).[12]

Neill Marriott observó: "Yo . . . oro en voz alta. Me doy cuenta de que cuando oro en silencio, me comunico claramente por un rato y luego paso a decirle al Padre Celestial cosas tales como el precio de la lechuga. Cuando oro en voz alta, me mantengo enfocado. Mis oraciones empiezan con lo que yo supongo usted podría llamar una reunión de testimonio privado; en la cual comparto con mi Padre Celestial, todo lo que sé y amo acerca de Él. Al hacer esto, mi debilidad se vuelve muy clara. Estoy agudamente al tanto de mi necesidad de un Redentor. Le doy gracias por escuchar y simplemente derramo los sentimientos de mi corazón, los temores, las dudas, las esperanzas, las necesidades, los sentimientos, y la gratitud."[13]

Hay, por supuesto, muchas maneras de orar; y no todas son vocales. Se nos dice que oremos siempre (2 Nefi 32:9; D&C 88:126). Esto significa que nuestros corazones deben estar llenos, y allegados a la oración y a nuestro Padre celestial continuamente (Alma 34:27). Pero nuestras oraciones privadas y personales deben ser diferentes de nuestras oraciones silenciosas. El Presidente Ezra Taft Benson dijo: "Debemos orar frecuentemente. Debemos estar solos con nuestro Padre Celestial por lo menos dos o tres veces cada día: 'en la mañana, al medio día, y a la tarde' como lo indican las escrituras (Alma 43:21)."[14]

- **Enós 1:4 Enós ora todo el día y toda la noche.** A veces nuestras peticiones no son concedidas después de una breve oración, sino sólo después que le hemos suplicado al Todopoderoso por muchas horas—todo el día, y hasta la noche. El alma de Enós estaba hambrienta. Él hizo un esfuerzo supremo para ser escuchado (versículos 3–4). Esto no significa que él ofreció una oración sin interrupción. Pablo no nos enseñó que nunca nos levantemos de nuestras rodillas, sino que retengamos el espíritu de oración (tener una oración en nuestro corazones) a toda hora. (1 Tesalonicenses 5:17).

  El élder Bruce R. McConkie dijo: "Nunca, en ningún momento [nuestros profetas y apóstoles] enseñaron o respaldaron la ordenanza [y] el celo desmedido que anima oraciones sin fin, y a veces de un día entero."[15] Enós habría pasado su día intercalando la oración formal con la meditación del alma, el lamento, buscando el perdón, anlizando las palabras de su padre, y las promesas contenidas en las escrituras.

  El élder Jeffrey R. Holland dijo: "Muchos se habrán preguntado cómo se puede orar sin cesar de una manera que no 'multiplique las palabras.' La clave es que si nuestro deseo de comunicarnos es lo suficientemente grande, se nos será dado lo que debemos decir. Además, el Espíritu Santo intercederá por nosotros, ayudándonos en la comunicación de nuestros corazones; aún si las palabras parecen fallarnos 'el Espíritu nos ayuda en nuestra debilidad', enseñó Pablo 'porque no sabemos lo que hemos de pedir como es debido, pero el Espíritu mismo intercede por nosotros con gemidos indecibles' (Romanos 8:26). La urgencia y el deseo junto con las incitaciones divinas, descartan en la oración cualquier multiplicación superficial de palabras."[16]

- **Enós 1:5–8 la fe de Enós fue recompensada con una respuesta a su oración y con perdón.** La voz del Señor le dijo a Enós: "tus pecados te son perdonados, y serás bendecido" (v. 5). Enós con gratitud preguntó: ¿cómo se lleva a efecto esto? (v. 7), y el Señor respondió: "Por tu fe en Cristo" (v. 8). El Presidente Harold B. Lee dijo: "Si llega el momento en que usted ha hecho todo lo que puede para arrepentirse de sus pecados... y ha hecho enmiendas y restitución lo mejor que puede... entonces usted querrá esa respuesta confirmadora de si el Señor lo ha aceptado. En su meditación del alma, si usted busca y encuentra esa paz de conciencia; por esa señal, usted podrá reconocer que el Señor ha aceptado su arrepentimiento."[17]

- **Enós 1:5, 10 La voz del Señor vino a él "[a su] mente."** Esto es consistente con otros ejemplos donde la gente ha oído la voz de Dios. Elías escuchó "una voz apacible" en lugar de relámpagos poderosos (1 Reyes 19:11-13). La voz del Señor a los nefitas fue "suave" y "penetrante" (3 Nefi 11:3-5). Y cuando la voz del Señor le habló a aquellos que habían encarcelado al profeta—los discípulos de Nefi y de Lehi, fue una voz de "perfecta suavidad" pero también fue "penetrante" (Helamán 5:29-33).

- **D&C 8:2-3 Cómo el Señor nos da revelación.** Él dice "hablaré a tu mente y a tu corazón por medio del Espíritu Santo que vendrá sobre ti y morará en tu corazón." Hay, entonces, dos lugares involucrados cuando se recibe revelación: nuestras mentes y nuestros corazones. Las respuestas vienen a nuestras mentes; primero como inteligencia o ideas. Luego, un conocimiento de que el mensaje es de Dios (y no de nosotros) viene a nuestros corazones por medio de la confirmación del testimonio del Espíritu Santo—el ardor en nuestro pecho.

  El profeta José Smith dijo: "Una persona se puede beneficiar al notar la primera insinuación del espíritu de revelación.... Cuando usted siente que le fluye inteligencia pura, le podría dar impactos repentinos de ideas, entonces al notarlos, usted podría verlas cumplirse el mismo día o muy pronto... Estas cosas que fueron presentadas a su mente por el Espíritu de Dios, sucederán; y por ende, al aprender del Espíritu de Dios y entendiéndolo usted pudiera crecer en el principio de revelación, hasta que usted se vuelva perfecto en Jescristo."[18]

- **Enós 1:6, 10, 27 Enós tuvo esta experiencia cuando oraba.** Nótese cómo la respuesta viene a su mente (v. 10), y la paz de Dios vino a su corazón (v. 6). Un testimonio de Cristo fue el resultado final (v. 27).

## La Preocupación de Enós por los demás

- **Enós 1:9-11 Después de que Enós se entera de que sus pecados son perdonados, él ora en beneficio de sus semejantes; tanto los nefitas, como los lamanitas.** Cuando estamos llenos del amor de Cristo, nuestra preocupación por los demás se expande. Cuando nos sentimos verdaderamente perdonados, queremos que otros encuentren esta misma bendición. El ejemplo de Enós ilustra la preocupación creciente de una persona justa, primero por él mismo, luego por su propia gente, y finalmente por sus enemigos. Como respuesta a esta preocupación, el Señor le dijo a Enós que Él bendeciría a los nefitas si ellos guardan Sus mandamientos (versículos 9–10).

- **Enós 1: 12–18 Enós también está preocupado por nuestra salvación.** Él oró para que los grabados fueran preservados; para bendecir las vidas de la gente en nuestros días, especialmente los lamanitas. El Señor le dice a Enós: "Por tu fe, te concederé conforme a tus deseos" (v. 12).
- **Enós 1:19–23 Enós va entre su gente, profetizando de las cosas que él había visto**, llamando a la gente al arrepentimiento, e influenciándolos para el bien. Él describió a los nefitas de su tiempo como una "gente obstinada" que se conmovían sólo por una"extrema dureza, " y "mucha claridad en el discurso"
- **Enós 1:24–27 el testimonio de Enós y la recompensa prometida por su fidelidad.** Como resultado de la respuesta a su oración, Enós sabía que cuando él muriera su Redentor lo aceptaría en el reino de Dios (v. 27). La recompensa de Enós por una vida fiel a Dios le fue dada a conocer por medio de "La palabra profética más segura"; lo que significa saber que somos "sellados para la vida eterna" (D&C 131:5).

## EL LIBRO DE JAROM

Jarom era el hijo de Enós y el nieto de Jacob. Él hizo sus escritos alrededor del año 399 A. C., doscientos años después que los lehitas se fueran de Jerusalén (v. 5). Escribió sólo aproximadamente la mitad; tanto como su padre, pero él reconoció la importancia de las planchas y la necesidad de escribir algunas cosas para beneficio de los lamanitas.[19]

### La importancia de las planchas

- **Jarom 1:1 Su padre, Enós, le manda a guardar esta genealogía.**

  El élder Bruce R. McConkie dijo en cuanto al guardar tales genealogías:

  > Adán guardó un relato escrito de sus fieles descendientes en los cuales él relató su fe, sus obras, su rectitud y devoción, sus revelaciones, sus visiones y su adhesión al plan de salvación revelado. Para significar la importancia de honrar a nuestros dignos ancestros y escuchar las grandes verdades a ellos reveladas, Adán llamó a su registro, un libro de recuerdos. Fue preparado "de acuerdo con el modelo dado por el dedo de Dios" (Moisés 6:4–6, 46). Registros similares han sido guardados por los santos en todas las épocas (Malaquías 3:16–17; 3 Nefi 24:15–17). Muchas de nuestras escrituras del presente, nos han llegado porque fueron primero escritas por profetas que estaban siguiendo el patrón de Adán de guardar un libro de recuerdos. Hoy día la Iglesia guarda archivos similares (D&C 85); y le urge a sus miembros a llevar sus propios libros familiares y personales de recuerdo.[20]

ADAPTADO DE CES, CIRCULARES YA NO SE IMPRIMEN.

*Jarom era el hijo de Enós*

- **Jarom 1:2 Las razones de Jarom de no añadir mucho a los registros.** Jarom era aparentemente un hombre justo y un profeta pero él dijo: "no escribiré lo de mis profecías ni de mis revelaciones. Pues, ¿qué más podría yo escribir de lo que mis padres han escrito? ¿Acaso no han revelado ellos el plan de salvación? Os digo que sí; y esto me basta." Él añadió que las planchas eran pequeñas y que en ellas ya no había mucho más espacio. Sin embargo, en beneficio de los lamanitas, él sabía que debía escribir unas cuantas cosas; y lo hizo.

**La Importancia de la Obediencia**

- **Jarom 1:3 Jarom identifica cuatros pecados prevalecientes entre los nefitas de su época:** (1) un corazón duro—una falta de deseo de creer, (2) oídos sordos—una falta de deseo a escuchar, (3) una mente ciega—una falta de deseo de entender, y (4) una dura cerviz—el orgullo y la auto-suficiencia. Como resultado, él decide "conviene que se haga mucho entre este pueblo" para traerlos al arrepentimiento. Él observa que Dios está siendo paciente con ellos; y todavía no los ha arrasado de la faz de la tierra, pese a su creciente iniquidad.

- **Jarom 1:4 Jarom identifica dos cualidades en aquellos que recibirán revelación;** (1) No son orgullosos y (2) tienen fe, lo que les permite "gozar de la comunión con el Santo Espíritu."

- **Jarom 1:5-6 Los lamanitas son más numerosos y bárbaros que los nefitas.** Los nefitas "se esforzaban por guardar la ley de Moisés y santificar el día de reposo ante el Señor. Y no profanaban ni tampoco blasfemaban; y las leyes del país eran sumamente estrictas" (v. 5). Tanto los nefitas como los lamanitas, fueron "dispersados sobre gran parte de la superficie de la tierra", siendo los lamanitas "mucho más numerosos que los nefitas" (v. 6). Ellos también "se deleitaban en el asesinato y bebían la sangre de animales" (v. 6).

- **Jarom 1:7-9 Los nefitas son más prósperos y avanzados por su obediencia a los mandamientos.** Los lamanitas frecuentemente atacaban a los nefitas; pero eran repelidos porque sus "reyes y dirigentes eran grandes hombres en la fe del Señor" y también porque los nefitas habían empezado a fortificar sus ciudades (v. 7). Los nefitas eran muy prósperos e industriosos, construían bellos edificios y máquinas. Eran expertos en el uso del hierro, el cobre, el bronce, y el acero; haciendo excelentes herramientas para la agricultura y también, armas de guerra (v. 8). Jarom vio todo esto como el cumplimiento de la promesa del Señor: "Según guardéis mis mandamientos, prosperaréis en la tierra" (v. 9).

- **Jarom 1:10-12 Las interesantes técnicas de enseñanza de los profetas nefitas.** Sólo la constante predicación evitaba que los nefitas fueran destruidos por los lamanitas. Sus profetas "amenazaban al pueblo" (v. 10) con la destrucción si eran desobedientes. Ellos también enseñaban acerca del Mesías "como si ya hubiese sido" (v. 11); lo cual hizo que sus enseñanzas parecieran más personales y relevantes para la gente. Jarom registró que por ambos de estos medios, sus profetas "penetraron en sus corazones con la palabra" (v. 12).

- **Jarom 1: 13–15 el resumen final de Jarom de las condiciones de su día.** Al Jarom terminar su contribución a las planchas, él anotó que habían pasado 238 años desde que la familia de Lehi había salido de Jerusalén; datando aproximadamente al año 361 A. C. Habiendo pasado gran prte del tiempo llamando a la gente al arrepentimiento, él había logrado escribir sólo quince versículos en treinta y ocho años. Él anotó que durante gran parte del tiempo, su pueblo había sido azotado con "guerras y contiendas y disensiones," (v. 13). No había incluido ningún relato de aquellas guerras en las planchas menores, pero nos dijo: "He aquí, hermanos míos, podéis recurrir a las otras planchas de Nefi, pues he aquí, sobre ellas está grabada la historia de nuestras guerras, según los escritos de los reyes, o lo que ellos hicieron escribir". (v. 14). Y con eso, Jarom le pasó las planchas a su hijo Omni "para que se llevasen según los mandamientos de mis [sus] padres" (v. 15).

## EL LIBRO DE OMNI

El libro pequeño de Omni contiene sólo treinta versículos, sin embargo, contiene los grabados de cinco escribas y abarca aproximadamente doscientos años de historia. Podría más exactamente ser llamado el libro de Amalekí, ya que él escribió casi dos tercios de los treinta versículos.

Aunque estos cinco contribuidores escribieron muy poco, ellos por lo menos obedecieron el mandamiento de guardar y preservar las planchas.[21]

ADAPTADO DE CES, CIRCULARES YA NO SE IMPRIMEN.

*Amalekí escribió la mayoría de Omni*

### Cuatro Escribas que Escribieron muy Poco

Victor L. Ludlow provee la siguiente información acerca de los cinco escribas en el libro de Omni, cuatro de los cuales escribieron muy poco:[22]

- **Omni 1:1–3 Omni admite que él es "un hombre inicuo"** que no había guardado los mandamientos "como debía haberlo hecho."

- **Omni 1:4–8 Amorón abarca aproximadamente cuarenta y cinco años en sólo cinco versículos**, todos de los cuales él escribió al final de su vida (v. 9). Él explicó la diminución de las fortunas de los nefitas deciendor que habían fallado en guardar los mandamientos del Señor, y entonces el Señor no les permitiría "prosperar en la tierra" y por su maldad, la parte más inicua de los nefitas fue destruida.

- **Omni 1:9 Quemis (el hermano de Amorón) sigue el mismo patrón, pero él escribe aún menos.** Su versículo único lo hace el escritor del Libro de Mormón que hizo la contribución más pequeña al libro entero.

- **Omni 1:10–11 Abinadom (el hijo de Quemis) duplica la contribución de su padre por un total de dos versículos.** Él justifica sus limitados escritos al decir que un registro de su tiempo estaba en las planchas guardadas por sus reyes (las planchas mayores de Nefi). También, durante su época, la revelación aparentemente había cesado entre los nefitas.

- **Omni 1:12 Amalekí escribió la mayoría del material del libro de Omni.** Amalekí nació en los días del Rey Mosíah I, abuelo de Mosíah II, el libro de Mosíah fue llamado así por su nombre. Su registro proporciona información valiosa sobre las colonias principales del Libro de Mormón y su pueblo:

  — Los nefitas bajo el mando del Rey Mosíah I (Versículos 12–19).
  — Los Mulekitas en Zarahemla (versículos 19–20).
  — Los jareditas , una civilización antigua descubierta por los Mulekitas (vv. 20–22).

### La Importancia de las Planchas de Bronce

- **Omni 1:12–14 el pueblo de Zarahemla (los Mulekitas).** Mosíah y un grupo de nefitas justos, incluyendo a Amalekí, se fueron de la tierra de Nefi y anduvieron hacia el norte a través del desierto. Entonces descubrieron al pueblo de Zarahemla. Por varios siglos, ésta sería la tierra original de la nación nefita.

- **Omni 1:14–17 el pueblo de Zarahemla "se regocijó en extremo" porque las planchas de bronce** que el pueblo de Mosíah trajo con ellos, "contenían los anales de los judíos" (v. 14). Estas eran su legado, porque ellos eran judíos de Jerusalén, habiendo escapado sólo antes de su destrucción. Después fueron llamados Mulek, único hijo sobreviviente de Sedequías, Rey de Judá; quien los acompaño al Nuevo Mundo (Helamán 6:10; 8;21). Ésta es la razón por la cual hoy día, los llamamos mulekitas. El nombre Mulek es interesante; ya que la palabra hebrea "melek" significa "rey" y la vocal "u" implica "el último en la línea"; ninguno de los cuales han sido conocidos por José Smith al momento en que tradujo este registro.[23]

David Rolph Seely dijo: "Sólo antes de que Jerusalén cayera, el Rey Sedequías y sus "hombres de guerra" escaparon de la ciudad y huyeron al desierto hacia el este. Los babilonios lo tomaron y se lo enviaron a Nabucodonosor, quien aparentemente había quedado en los bases de Ripla en Siria. Allí los hijos de Sedequías fueron matados ante sus ojos—todos excepto Mulek, el cual fue llevado a América por la mano del Señor

(Omni 1:15–16; Helamán. 6:10; 8:21). Entonces Nabucodonosor le sacó los ojos a Sedequías y lo envió a Babilonia donde murió (Jeremías. 39:4–7; 52:7–11); el último de los reyes mortales de Judá en sentarse en el trono de David."[24]

Las planchas de bronce fueron una fuente de instrucción espiritual. Éstas también proveyeron un estándar para preservar su lenguaje. Los mulekitas: "se habían vuelto extremadamente numerosos" sin embargo, ellos habían experimentado muchas guerras y contiendas, su lenguaje se había degenerado, y habían perdido el conocimiento de su Redentor—todo porque no habían escrito una historia cuando vinieron a las Américas. Esto demuestra claramente la importancia de las planchas de bronce para los descendientes de Nefi, tal como lo predijo Nefi (1 Nefi 3:19–20). También dio prueba a los nefitas que el Señor había destruido Jerusalén, así como lo habían dicho Lehi y Nefi (Helamán 8:21). El Rey Benjamín más tarde reitero la importancia de la planchas de bronce a los nefitas y a sus hijos (Mosíah 1:3–5).

- **Omni 1:18 Mosíah le enseña a los mulekitas el idioma de los nefitas.** Después que se les enseñó el idioma de Mosíah, Zarahemla (el Rey de los mulekitas) proporcionó una genealogía de sus padres, de acuerdo a su memoria. Esto fue escrito; pero no en las planchas menores de Nefi, porque falta de espacio

- **Omni 1:19 Mosíah se convierte en rey de ambos grupos en la tierra de Zarahemla.** El surgimiento de estos dos grupos, dio lugar a una nueva raza mixta de nefitas. Aunque Mulek era el único heredero del trono de Judá, se puede decir con exactitud que los futuros nefitas serían descendientes de esa línea de sangre real. Y aunque Nefi era descendiente de José, se puede decir que los nefitas descendían de José y de Judá. Todo esto refuerza la decisión de Jacob de llamar a aquellos que adoraban al verdadero Dios , Nefitas, y aquellos quien no lo hacían, lamanitas (Jacob 1:9–14) Ser un nefita o lamanita era una distinción espiritual y no racial.

### Un Pueblo aún más Antiguo

- **Omni 1:20–22 Los jareditas.** Al interpretar una piedra con grabados en poder de los mulekitas, Mosíah se enteró de otra civilización (los jareditas); que habían existido en la tierra. Ellos vinieron al hemisferio occidental en el tiempo de la torre de Babel. Un hombre llamado Coriántum fue el último rey y sobreviviente de los jareditas (Éter 12–15). Antes de su muerte, Coriántum había merodeado por el asentamiento de los mulekitas. Estos registros (traducidos de la piedra) fueron más tarde re-traducidos por Moroni y constituyen el libro de Éter en nuestro Libro de Mormón.

"CABEZA OLMECA" © J. BRICKEY. USADO CON PERMISO

*Los jareditas fueron los primeros habitantes de la tierra*

El Presidente Joseph Fielding Smith dijo:

> La gente de Limhi le trajo a Mosíah un registro "grabado sobre planchas de metal" (Mosíah 21:27) el cual Mosíah tradujo con la ayuda de "dos piedras que estaban colocadas en los dos aros de un arco" (Mosíah 28:13), y las cuales dieron un relato de los jareditas. Al traducir esta historia, Mosíah evitó que esa parte particular llegara a la gente; prohibida por el Señor de ser revelada hasta que Él fuera levantado en la cruz] (Éter 4:1). Estas revelaciones sagradas dadas al hermano de Jared, fueron ocultadas al pueblo nefita, así como muchas otras cosas hasta después de la resurrección de Cristo (Alma 63:12). Después de la aparición del Salvador a los nefitas, la visión del hermano de Jared le fue revelada a los nefitas.
>
> Cuando Moroni hizo su resumen del registro de Éter, él copió en su grabado la visión del hermano de Jared (Éter 4:2–7).Por orden del Señor, sin embargo, Moroni también selló las cosas más grandes de esta visión y también los "interpretes"—los cuales eran las mismas "dos piedras" guardadas por el hermano de Jared, para que esta visión no se conociera aún en nuestro día entre los gentiles, en el día de su iniquidad (2 Nefi 27:8); ". . . hasta el día en que se arrepientan de su iniquidad, y se vuelvan puros ante el Señor" (Éter 4:6). Entonces hoy no tenemos la plenitud del relato escrito y sellado por el hermano de Jared y nuevamente sellado por Moroni. En cuanto a esta parte del grabado, al profeta José Smith se le prohibió traducirla. Hemos recibido entonces,la parte menor (3 Nefi 26: 8–11) José Smith recibió las "corazas" y las planchas del Libro de Mormón, el Urim y Tumim; los cuales fueron escondidos por Moroni para salir en los últimos días como un medio por el cual el antiguo grabado podría ser traducido y el Urim y Tumim les fueron dados al hermano de Jared (D&C 17:1).[25]

Discutiremos el pueblo jaredita en más detalle más tarde, al estudiar el libro de Éter.

Puede que aprendamos algo acerca del idioma jaredita y nefita del libro de Omni. Como aprendimos en nuestra discusión de la tierra de Abundancia (capítulo 5), la palabra *"ántum"* significa "aguas" y la palabra *"Irreántum"* significa "muchas aguas" (1 Nefi 17:5). En el idioma jaredita, la palabra para "muchas aguas" es *"Ripliáncum"* (Éter 15:8); sugiriendo que su palabra para "aguas" es *"áncum."* Jerry L. Ainsworth explica que *"ántum"* no sólo significa "aguas"; sino que a menudo significa "donde comienzan las aguas" (la división continental). Él luego nos provee el siguiente cuadro, el cual aunque especulativo, podría explicar algunos nombres del Libro de Mormón.[26]

| | |
|---|---|
| *Irr* | Nefita para "muchos" |
| *Ántum* | Nefita para "aguas" o "donde comienzan las guas" (la división continental) |
| *Ripli* | Jaredita para "grande o lo que excede todo" |
| *Áncum* | Jaredita para "aguas" |
| *r* | significa "la persona que" |
| *Cori* | pudiera significar "este" |
| *Mori* | pudiera significar "oeste" |
| *Mori- áncum-r* | Jaredita para "la persona que nos guía al lado oeste del océano" (una descripción para Mahonri Moriancumr, el hermano de Jared). |

*Cori–ántum–r* Nefita para "la persona del este de la división continental" (una descripción para Coriántum, el único jaredita sobreviviente cuyo pueblo fue destruido y sus restos encontrados en el este de la tierra de Antum).

Jerry Ainsworth especula que la ciudad de Moriantum pudo haber estado localizada al oeste de la división continental y que otros lugares y nombres como Seántum, Teáncum, Coriantor, Coriantón, Gadiantón "podrían ciertamente darnos pistas del emplazamiento de los lugares y los eventos determinando los significados de estos nombres descriptivos."[27]

## Los dos Juegos de Planchas de Nefi Reunidos

- **Omni 1:23–25 Amalekí le da las planchas al Rey Benjamín.** Cuando Amalekí envejeció, se enfrentó a un dilema. No tenía hijos a quien les podría transferir las planchas menores de Nefi; en las cuales él había estado escribiendo. Su solución era darle las planchas al Rey Benjamín, quien había sucedido en el trono a su padre, Mosíah y era "un hombre justo ante el Señor."

  Recordemos que a Nefi se le ordenó hacer dos juegos separados de planchas: las planchas mayores de Nefi y un juego de grabados más religiosos, conocidos como las planchas menores de Nefi (1 Nefi 9:2, 4; 1:17). Después que murió Nefi, las planchas mayores quedaron con los reyes hasta el tiempo de Mormón. Las planchas menores fueron a Jacob y su posteridad hasta el tiempo de Amalekí. Cuando Amalekí le dio éstas al Rey Benjamín, los dos juegos de planchas estaban de nuevo en posesión de una persona.

## El Testimonio Final de Amalekí

- **Omni 1:25–26 Una invitación a venir a Cristo.** Amalekí exhortó "a todos los hombres a que vengan a Dios, el Santo de Israel, y crean en la profecía y en revelaciones y en la tutela de ángeles, en el don de hablar en lenguas, en el don de interpretación de lenguas, y en todas las cosas que son buenas" observando que "nada hay que sea bueno, que no venga del Señor; y lo que es malo viene del diablo" (v. 25). Amalekí nos invita a "venir a Cristo" y "participar de su salvación y del poder de su redención" ofreciendo "nuestras almas enteras como ofrenda." Sus palabras finales fueron una promesa que si "continuamos ayunando y orando, y perseveramos hasta el fin; así como vive el Señor, seréis salvados" (v. 26)

## Una Nota Final acerca de Zeniff y su Pueblo

- **Omni 1:27–30 Amalekí habla de un grupo de gente que retornaron a la tierra de Nefi.** Este grupo de gente quería retornar a la "tierra" de los nefitas, donde Nefi y su gente originalmente se establecieron en el desierto. Este área estaba ahora dentro del territorio lamanita, entonces retornar allí era una misión peligrosa y algo imprudente. Sin embargo había "muchos que deseaban poseer la tierra de su herencia" (v. 27). Su líder era fuerte, pero obstinado, lo cual llevó la discordia entre la compañía. y a una batalla subsiguiente entre ellos, en la cual, todos menos cincuenta fueron asesinados; y el resto, regresó a Zarahemla (v. 28). Nos enteramos más tarde que este líder se llamaba Zeniff (Mosíah 9:1). Resueltos, otro grupo grande se les unió en un segundo intento por encontrar la tierra de Nefi; incluyendo uno de los hermaños de Amalekí. Las palabras finales de Amalekí dicen: "Desde entonces nada he sabido de ellos" (vv 29–30).

## LAS PALABRAS DE MORMÓN

### Mormón Reune los dos Juegos de Planchas

*Mormón compendió el anal*

El Libro entero de Mormón hasta ahora, ha venido de las planchas menores de Nefi. Mormón ahora explica la conexión entre estas planchas y las planchas mayores guardadas por los reyes.

- **Palabas de Mormón 1:1–5 Mormón vivió cinco siglos después de Amalekí** (las fechas en la parte inferior de estas páginas en el Libro de Mormón).

  Victor L. Ludlow nota que Mormón: "recibió una vasta biblioteca de . . . planchas de [todas] las generaciones anteriores de nefitas"

  Él intentó compendiar esta historia en un juego de planchas—las planchas de Mormón. Él empezó con . . . Lehi y. . completó su compendio hasta el tiempo del Rey Benjamín . . . en busca de más registros de este período, él descubrió las planchas menores de Nefi, las cuales básicamente se superponen con el período entero de su compendio hasta ese punto . .. Las planchas menores de Nefi contenían un relato más espiritual de estas generaciones anteriores; junto con una historia más completa de profecías claves, relevaciones, y enseñanzas. Mormón decidió incluir esta historia entera [en] su propio juego de planchas . . . escribió una pocas palabras al final de las planchas menores [las Palabras de Mormón] para compendiar el [registro en las planchas menores con lo que él había escrito acerca del Rey Benjamín].[28]

- **Palabras de Mormón 1:6–8 "Con un propósito sabio."** Mormón incluyó las planchas menores bajo la influencia del Espíritu; aunque él no sabía por qué. El "propósito sabio" conocido por el Señor 2500 años por adelantado, era proporcionar un segundo registro para reemplazar las 116 páginas que serían perdidas por Martin Harris. El profeta José Smith dijo: "Lo que Dios requiera es correcto, no importa lo que sea, aunque nosotros puede que no veamos la razón de ello hasta mucho después que los eventos transcurran."[29] Pese a la pérdida de las 116 páginas, el Señor declaró que Su obra no se había frustrado (D&C 3;1) y Él le instruyó a José Smith que no re-tradujera los mismos grabados (D&C 10:8–14). Hoy día estos grabados no están en el Libro de Mormón. En cambio, el mismo período de es descrito a través del relato de las planchas menores.

- **Palabras de Mormón 1:9–11 Mormón testifica que los grabados serán preservados y que su gente será juzgada por ellos.** Mormón proporcionó más detalles acerca de cómo las planchas llegaron a su poder. Él anotó que "después que Amalekí hubo puesto estas planchas en manos del rey Benjamín, éste las tomó y las puso con las otras planchas que contenían registro que los reyes habían transmitido de generación en generación, hasta los días del rey Benjamín" (v. 10). Entonces todas fueron traspasadas de generación en generación; hasta que cayeron en las manos de Mormón (v. 11). Precisamente, cómo él las obtuvo es explicado en más detalle en Mormón 1:1–5. Mormón testifica que "serán preservadas, porque sobre ellas están escritas grandes cosas, por las cuales mi pueblo y sus hermanos serán juzgados en el grande y postrer día, según la palabra de Dios que está escrita" (v. 11)

- **Palabras de Mormón 1:2, 8 Mormón afirma el propósito del grabado sagrado que él estaba compendiando.** Debemos recordar dos cosas importantes acerca del profeta Mormón, que está escribiendo éstas "Palabras de Mormón" al final de las planchas menores de Nefi. Las primera es que son de "muchos siglos después de la venida de Cristo". Él está escribiendo esto (aproximadamente en el año 385 D. C.) Por lo tanto, Mormón no era un contemporáneo de Amalekí ni del Rey Benjamín. Fue este gran profeta—compendiador quien resumió la historia nefita y lamanita de múltiples planchas, la mayoría de las cuales constituyen s hoy el Libro de Mormón. Así es como el Libro toma este nombre. Estos escritos al final de las planchas menores, fueron puestos allí, en el espacio limitado que quedaba para explicarnos cómo las planchas menores se relacionan con las planchas mayores; y por qué él las incluyó.

  Mormón continua diciendo: "Pongo estos registros en manos de mi hijo; [Moroni] y supongo que él presenciará la destrucción completa de mi pueblo. Pero Dios conceda que él les sobreviva, a fin de que escriba algo concerniente a ellos, y un poco concerniente a Cristo, para que tal vez algún día pueda beneficiarlos." (v. 2) La oración de Mormón por su gente es "que ellos vuelvan una vez más al conocimiento de Dios, sí, la redención de Cristo, para que de nuevo sean un pueblo deleitable" (v. 8). Debemos leer el Libro de Mormón con el entendimiento de que él tenía este propósito en mente cuando lo compendió.

**Notas** (Todas las referencias son de las versiones en idioma inglés de los textos que se citan.)

1. Victor L. Ludlow, "Escribas y escrituras," en *Estudios de las escrituras, Volumen 7: 1 Nefi a Alma 29*, editado por Kent P. Jackson, 1987, págs. 196–97.

2. Victor L. Ludlow, "Escribas y escrituras," en *Estudios de las escrituras, Volumen 7: 1 Nefi a Alma 29*, editado por Kent P. Jackson, 1987, pág. 196.

3. *Noticias de la iglesia*, noviembre de 1, 1997, 2.

4. En Reporte de La Conferencia, abril de 1970, pág. 65.

5. *Comentario doctrinal del Nuevo Testamento*, 3 volúmenes, 1965–73, 2:521.

6. Revista *Ensign*, Mayo de1977, 33.

7. "La oración," *Discursos del año, Universidad Brigham Young*, 1961, pág. 9.

8. En Reporte de La Conferencia, abril de 1979, págs. 34, 35; o revista *Ensign*, mayo de 1979, pág. 25.

9. Revista *Ensign*, mayo de 1977, pág. 33.

10. Revista *Ensign*, mayo de 1977, pág. 33.

11. Revista *Ensign*, enero de 1974, pág. 19.

12. Revista *Ensign*, octubre de 1981, pág. 4.

13. "Regocijándose con los logros de otro," *Corazones entrelazados juntos: charlas de la conferencia de mujeres de 1995*, 1996, págs. 125–26.

14. Revista *Ensign*, mayo de 1977, pág. 33.

15. "Nuestra relación con el Señor," en *Discursos del año, Universidad Brigham Young*, 1982, pág. 103.

16. *Cristo y el nuevo convenio: el mensaje mesiánico del Libro de Mormón*, 1997, pág. 280.

17. *Permaneced en lugares Santos*, 1974, pág. 185.

18. *Enseñanzas del Profeta José Smith*, escogidas y arregladas por Joseph Fielding Smith, 1976, pág. 151.

19. "Escribas y escrituras," pág. 200.

20. *Doctrina mormona*, 2.ª edición, 1966, pág. 100.

21. "Escribas y escrituras," pág. 201.

22. "Escribas y escrituras," págs. 201–2.

23. Jerry L. Ainsworth, *Las vidas y viajes de Mormón y Moroni*, 2000, pág. 80.

24. "El misterio de Jeremías," en *Estudios de las escrituras, Volumen 4: 1 Reyes a Malaquías*, editado por Kent P. Jackson, 1993, pág. 203.

25. *Respuestas para preguntas del evangelio*, compilado por Joseph Fielding Smith Jr., 1957–66, 1:161–62.

26. *Las vidas y viajes de Mormón y Moroni*, págs. 61–62.

27. *Las vidas y viajes de Mormón y Moroni*, págs. 262.

28. "Escribas y escrituras," pág. 202.

29. *Enseñanzas del profeta José Smith*, pág. 256.

Capítulo 15

# El sermón final del Rey Benjamín

(Mosíah 1-3)

---

Este período de historia nefita está registrado en varios libros diferentes. Tenemos que consultarlos todos para obtener un contexto exacto del tiempo y el lugar del sermón del Rey Benjamín. El siguiente, es un resumen.

- **Omni 1:12-13 El Rey Mosíah (Mosíah I) guía a los nefitas de la tierra de Nefi a Zarahemla.** Mosíah "fue advertido por el Señor que huyera de la tierra de Nefi, y que cuantos quisieran escuchar la voz del Señor también deberían partir con él de la tierra de Nefi hacia el desierto" (v. 12) Mosíah y los otros obedecieron y "fueron conducidos por muchas predicaciones y profecías" (v. 13). Supuestamente por Mosíah, a través del desierto hasta que llegaron a la tierra de Zarahemla (v 13).

**Posibles localizaciones del Libro de Mormón**

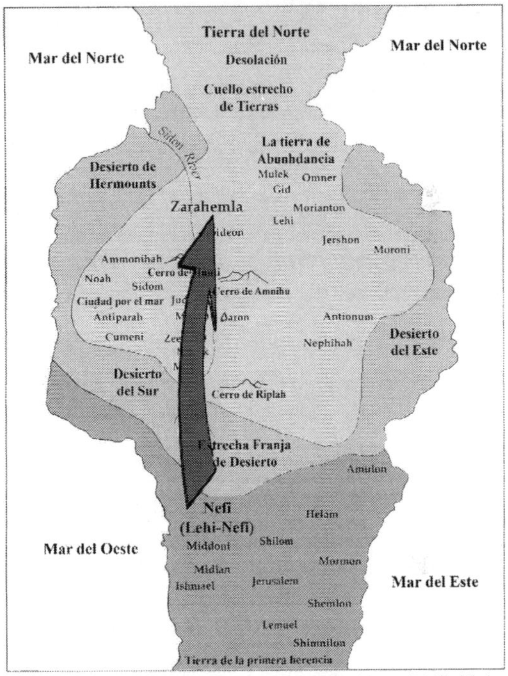


Posibles localizaciones de las tierras del Libro de Mormón y sus ciudades, basado en las descripciones encontradas dentro del texto de Libro de Mormón No se intenta ser comparado a localizaciones geográficas existentes, esto es provisto para conveniencia en visualizar las localizaciones relativas de eventos importantes. El mapa fue originalmente desarrollado por Daniel H. Ludlow, y es usado con su permiso.

*Mosíah I guió a su pueblo hacia el norte*

- **Omni 1: 23-25 Benjamín devino rey después de la muerte de Mosíah I.** Amalekí, el último hombre que escribe en el libro de Omni, nació en los días del Rey Mosíah; y yo viví para ver su muerte y la sucesión de su hijo Benjamín al trono (v. 23). Él escribió lo concerniente a las guerras entre los nefitas y los lamanitas, y cómo Benjamín echó a los lamanitas fuera de la tierra de Zarahemla (v. 24). Eventualmente, siendo viejo y sin un heredero, Amalekí puso las planchas menores de Nefi en manos del Rey Benjamín (v. 5).

- **Palabras de Mormón 1:12-18 El Rey Benjamín estableció la paz a través de la tierra.** Él defendió a su gente con gran fortaleza y son la espada de Labán (v. 13); y eventualmente tuvo éxito en echar a todos los lamanitas fuera de la tierra de Zarahemla (v. 14). Cuando los falsos Cristos y los falsos profetas emergían, eran castigados de acuerdo a la ley de los lamanitas (v. 16), pero el Rey Benjamín "hombre santo y reinaba sobre su pueblo con justicia" junto con muchos otros hombres santos en la tierra, enseñaba con "mucha severidad a causa de la obstinación del pueblo" (v. 17). De esta manera, ellos eventualmente establecieron la paz en la tierra (v. 18).

- **Mosíah 6:7 El impacto del liderazgo del Rey Benjamín.** El Rey Mosíah II hizo que su gente cultivara la tierra para su sustento. Como su rey, y siguiendo el ejemplo de su padre justo el Rey Benjamín, también cultivó la tierra para que él no se volviera una carga para ellos. El efecto de este liderazgo fue paz "y no hubo contiendas entre todo su pueblo por el espacio de tres años."

- **Mosíah 29:13 Su hijo Mosíah II paga tributo a la grandeza del Rey Benjamín.** Al momento de su muerte, su hijo Mosíah II (que fue llamado como su abuelo) pagó tributo al liderazgo de su padre. Él dijo: "Si fuese posible que tuvieseis por reyes a hombres justos que establecieran las leyes de Dios y juzgaran a este pueblo según sus mandamientos, sí, si tuvieseis por reyes a hombres que hicieran lo que mi padre Benjamín hizo por este pueblo, os digo que si tal fuese siempre el caso, entonces convendría que siempre tuvieseis reyes para que os gobernaran."

## EL ESTABLECIMIENTO DEL SERMÓN
(Mosíah 1)

### El Rey Benjamín encarga a sus Hijos

Al principio del libro de Mosíah, el Rey Benjamín está cerca del fin de su vida. Su sermón final, es uno de los más emotivos y significativos en el Libro de Mormón.

- **Mosíah 1: 1-8 El Rey Benjamín le enseña a sus hijos la importancia de las escrituras.** El Rey Benjamín tenía tres hijos—Mosíah, Helorum y Helamán—quienes fueron instruidos " en. . . el idioma de sus padres," para que ellos fueran capaces de leer y entender los grabados hechos por Nefi, Jacob y otros ( versículos 1-2). El Rey Benjamín también los instruyó sobre las planchas de bronce y su gran importancia diciendo: "Si no fuera por estas planchas, que contienen estos registros y estos mandamientos, habríamos padecido en la ignorancia . . . no conociendo los misterios de Dios" (vv 3-4). La palabra "misterios" en este caso se refiere a las verdades espirituales conocidas sólo por revelación.

  Estos versos enseñan que Lehi podía leer las planchas de bronce porque él había sido "instruido en el idioma de los egipcios" (v. 4), lo cual sugiere que estos fueron escritos en egipcio. Lehi le enseñó este idioma y el contenido de las planchas de bronce a sus hijos, y ellos a sus hijos, hasta el tiempo del Rey Benjamín. Si esto no se hubiera hecho, los nefitas hubiesen estado en una situación peor que los lamanitas "que nada saben de estas cosas, y ni siquiera las creen cuando se las enseñan, a causa de las tradiciones de sus padres, las cuales no son correctas" (v. 5). El Rey Benjamín exhortó a sus hijos a recordar que las escrituras en las planchas de bronce son verdaderas, como lo son los escritos de las planchas de Nefi; todas la cuales estaban en posesión de él (v. 60). Él le mandó a ellos a "estudiarlas diligentemente" y prometió que si lo hacían, y si guardaban los mandamientos contenidos en las planchas, "prosperán en la tierra, de acuerdo con las promesas que el Señor hizo a nuestros [sus] padres" (v. 7).

## Una Solemne Asamblea

- **Mosíah 1:9–10 El Rey Benjamín convoca una asamblea solemne con toda su gente reunida; para poder conferirle el reino a su hijo Mosíah II.** Benjamín ya está viejo y sintió la necesidad de conferirle el reino a unos de sus hijos (v. 9). Él hizo que trajeran a Mosíah ante él, y le dijo que llamaría una solemne asamblea del pueblo. Él le dijo a su hijo: "Mañana proclamaré a este mi pueblo por mi propia boca, que tú eres rey y gobernante de este pueblo que el Señor Dios nos ha dado" (v. 10).

*El Rey Benjamín convocó una solemne asamblea para dirigirse a su pueblo en el templo*

- **Mosíah 1:11–14 El Rey Benjamín también le dará a su pueblo un nombre para distinguirlos**—el nombre de Cristo (Mosíah 5). Esto los distinguiría de cualquier otro pueblo que Dios hubiera traído a esta tierra (v. 11). Ellos llevarían este nombre por siempre; a menos que fueran culpables de transgresión, la cual si lo hacían "y se conviertían en una gente perversa y adúltera, el Señor los abandonará, para que así lleguen a ser débiles como sus hermanos [los lamanitas]" (versículos 12–13). Sólo su rectitud había evitado que cayeran en las manos de los lamanitas (v. 14).

- **Mosíah 1:15–16 el Rey Benjamín hace cargo a Mosíah II de los registros.** El ser rey implicaba no sólo los "los asuntos del reino" (v. 15); sino también la responsabilidad de los registros sagrados de las planchas de bronce y las planchas de Nefi, además de los objetos sagrados de la historia nefita—la espada de Labán, la Liahona, y probablemente el Urim y Tumim. El Rey Benjamín le encargó a su hijo la protección y el cuidado de todas estas cosas (v. 16).

- **Mosíah 2:5–6 "Levantaron sus tiendas mirando hacia el templo."** La gente se reunió para esta asamblea solemne en el templo aproximadamente en el año 124 A. C. Rodney Turner dijo: No tenemos información de cuándo y por quién fue construido el templo de Zarahemla. Sin embargo, probablemente fue erecto en el siglo tercero A. C. por Mosíah I subsecuente a su llegada a Zarahemla y después de su nombramiento como rey sobre aquellos que vivian en esa tierra (Omni 1:12, 19). Fue en este segundo templo nefita que la gente se reunió para oír al Rey Benjamín."[1]

Ellos levantaron sus tiendas como familias "cada familia separada la una de la otra" (v. 5). Las puertas de su tiendas estaban orientadas hacia el templo para que las familias pudieran "quedaran [quedarse] en sus tiendas y oyeran las palabras que el rey Benjamín les iba a hablar" (v. 6). La dirección en la cual levantaban las tiendas, revelaba lo que la gente valoraba. Por ejemplo, contraste estas personas con Lot, que "plantó su tienda mirando hacia Sodoma" (Génesis 13:12). Al principio Lot sólo vivió cerca de la inicua ciudad de Sodoma; pero él plantó su tienda hacia la ciudad, y eventualmente su familia y él vivieron en la misma ciudad de Sodoma (Génesis 14:12).

- **Mosíah 2:7–8 el Rey Benjamín le habla a su gente desde una torre.** La multitud reunida era tan numerosa, que no cabían todos dentro de las paredes del complejo del templo. Entonces el Rey Benjamín erigió una torre de la cual él podía predicar y aumentar el radio dentro del cual su voz podía ser oída (v. 7).

*Una típica torre nefita*

Las torres eran una carecterística común entre los pueblos del nuevo mundo. Comenzaron aún antes con los jareditas y continuaron a través del período entero de la historia del Libro de Mormón. Estas torres en forma de pirámide, también funcionaron como templos, y muchas torres de piedra de pirámides pueden todavía se pueden ver hoy entre las ruinas de Norte, Centro, y Sudamérica.

Jerry L. Ainsworth dijo: En Centroamérica hoy en día, las ruinas de las pirámides son generalmente definidas como templos y santuarios sagrados para la adoración. La evidencia de sacrificios en ellas, hicieron tales sitios abundantes . . . algo parecido aparece en el Antiguo Testamento, primero, en los lugares altos de Israel; los cuales fueron usados para las ofrendas y sacrificios aceptables para Dios (1 Samuel 9:10–19; 1 Reyes 3:2–4). Más tarde, por la corrupción de la religión de la gente, los lugares altos se volvieron sitios para prácticas idólatras (1 Reyes 12:28–33). . . . los estudiosos de la cultura Maya Linda Schele y David Freidel consideran los templos de pirámides encontrados en las tierras bajas de Centroamérica son 'montañas sagradas simbólicas' que fueron usadas para la adoración.[2"3]

La torre del Rey Benjamín fue construida con rapidez, entonces, no pudo haber sido una de las torres perdurables de piedra descritas en el párrafo anterior. Pero que un sacerdote o rey las escale para dirigirse a su pueblo, probablemente era un hecho común. Aún con esta torre, sin embargo, la gente no podía oír las palabras del Rey Benjamín directamente, entonces, él hizo que sus palabras fueran escritas y enviadas entre la gente; para que las pudieran leer (v. 8). Prácticas como éstas son seguidas hoy en día para los sermones de la Conferencia General.

El Presidente Spencer W. Kimball dijo: "El Rey Benjamín, ese humilde, pero gran siervo del Señor, llamó a toda la gente de la tierra de Zarahemla, y la multitud era tan numerosa que el Rey Benjamín '. . . hizo construir una torre, para que por ese medio su pueblo oyera las palabras que él les iba a hablar'. . . (Mosíah 2:7). Nuestro Padre Celestial ahora nos ha provisto de grandes torres—torres de radio y televisión; con posibilidades más allá de la comprensión—para ayudar a cumplir las palabras del Señor; para que 'el sonido salga de este lugar, a todo el mundo.'"[4]

- **Mosíah 2:9 la reunión del Rey Benjamín fue una asamblea solemne.** Sus enseñanzas fueron importantes y sagradas, y la gente fue advertida de no "tomar con ligereza" lo que él tenía que decir. Su deber era "escuchar", que significa escuchar y tomar en serio lo que él tenía que decir. También tenían que abrir sus mentes "para que los misterios de Dios fueran desplegados ante su vista" Este es el mismo espíritu con el cual debemos ir a las conferencias generales de la iglesia hoy en día. El profeta José Smith dijo: "Las cosas de Dios son profundamente importantes, y sólo el tiempo, la experiencia, y los pensamientos cuidadosos, laboriosos, y solemnes pueden encontrarlos."[5]

El Presidente Spencer W Kimball dijo: Asambleas se han conocido entre los santos desde los días de Israel. Ellas han sido de diversa índole, pero en general se las ha asociado con la dedicación de un templo o una reunión especial designada para el sostenimiento de una nueva Primera Presidencia o de una reunión del sacerdocio para mantener una revelación, como la revelación del diezmo al presidente Lorenzo Nieves. . . José Smith y Brigham Young fueron primero sostenidos por una congregación, incluyendo un sacerdocio totalmente organizado. Brigham Young fue sostenido en marzo 27 de 1846 y fue 'electo en forma unánime presidente sobre todo el campo de Israel . . .' Por el consejo.[6] Más tarde él fue sostenido y el Hosanna le fue dado. Cada uno de los presidentes de la Iglesia han sido sostenidos por el sacerdocio de la Iglesia en asambleas solemnes; incluyendo el Presidente Harold B. Lee, quien fue sostenido en octubre 6, de 1972."[7]

La reunión en el templo del Rey Benjamín y su gente tenía un espíritu y propósito similar. Además, esta reunión del pueblo del Rey Benjamín, fue una continuación de varios rituales del Antiguo Testamento.

En "El rey Benjamín y el Banquete de Tabernáculos," John Tvedtnes John Tvedtnes ofrece un buen panorama de la Fiesta de los Tabernáculos (Sukkot) como se indica en el Antiguo Testament e intenta asociar numerosos pasajes espirituales; incluyendo

Mosíah 2–5, con este festival anual. En ese día santo, los israelitas se reúnen en el templo y viven temporalmente en puestos que servían para recordarles las humildes casas de sus antepasados en el desierto en la época de Moisés (véase la foto a la derecha).

*Una Fiesta de Tabernáculos stand*

Tvedtnes hace comparaciones entre la reunión en el templo nefita para escuchar al Rey Benjamín, y las historias de las coronaciones de David y Salomón; así como la elevación de otros varios al trono; y las ordenaciones al sacerdocio de Aarón y Josué. Luego discute la asamblea bajo la dirección del Rey Benjamín con el mismo espíritu y encuentra varios paralelismos temáticos, como el templo, el sacrificio, la sangre, los convenios, la ley, y detalles tales como un púlpito de madera . . . y cabinas (tiendas en el Libro de Mormón).

También se hacen paralelismos con la asamblea registrada por Ezra y Nehemías de los judíos después que ellos regresan del exilio. Él concluye haciendo notar que el intento de identificar la asamblea de Benjamín con el Banquete de los Tabernáculos (o sukkoth) no contradice, por el contrario, complementa otros intentos (específicamente, por Welch y por Nibley) para demostrar paralelismos con otras ceremonias israelitas y del cercano oriente.[8]

## LAS ENSEÑANZAS DEL REY BENJAMÍN SOBRE EL SERVICIO
(Mosíah 2)

### El Servicio a Nuestros Semejantes es Servicio a Dios

- Mosíah 2:10–18 la consciencia clara del rey Benjamín. El rey Benjamín no era un rey ordinario. Él no reinaba por medio del miedo o la intimidación (v. 10), y él le dijo a la gente "soy como vosotros, sujeto a toda clase de enfermedades de cuerpo y mente" (v. 11). Sin embargo, el entendía su mayordomía—que había sido "elegido por este pueblo, y ungido por su padre y la mano del Señor permitió que yo fuese gobernante y rey de este pueblo . . . para serviros [a ellos] con todo el poder, mente y fuerza que el Señor me ha concedido" (V. 11).

Por toda esta responsabilidad, él no buscaba ninguna remuneración de la gente (v. 12). Tampoco había reinado con ninguna clase de presión, sino con justicia, y también le enseñó a la gente a ser justa y a obedecer la ley (v.13).

THEBIBLEREVIVAL.COM, #16

*El Rey Benjamín trabajó para su propio sustento*

Quizás lo más impresionante de todo, fue que el se comprometió con el pueblo: "trabajaré con mis propias manos a fin de poder serviros, y que no fueseis abrumados con tributos" (v. 14). Ésta es una extraordinaria realeza—de un rey—siervo que reinó "ante Dios con la conciencia limpia" (v. 15).

El Rey Benjamín le recordó a su pueblo estas cosas diciendo: "No deseo yo jactarme, pues sólo he estado al servicio de Dios" (v. 16) y luego pronunció una de las citas más famosas de todas las escrituras de los últimos días: "Y he aquí, os digo estas cosas para que aprendáis sabiduría; para que sepáis que cuando os halláis al servicio de vuestros semejantes, sólo estáis al servicio de vuestro Dios" (v. 17). En todo esto, él había dado un ejemplo claro y consistente (v. 18).

El Presidente Ezra Taft Benson dijo: "Las oportunidades de dedicarse al bien de los demás se presentan a diario: la madre que sirve a las necesidades de sus hijos, el padre que da su tiempo para su instrucción, los padres que sacrifican el placer mundano por una vida hogareña de calidad, los jóvenes que cuidan a sus padres viejos, el servicio de maestros orientadores, y de maestras visitantes; el tiempo para el servicio compasivo; dándole confort a aquellos que necesiten fortaleza, sirviendo con diligencia en llamamientos de la Iglesia; del servicio público y a la comunidad en el interés de preservar nuestras libertades; donaciones financieras para el diezmo, ofrendas de ayuno, apoyo a los misioneros, en la construcción de templos. Verdaderamente, el día del sacrificio no ha pasado."[9]

### Nosotros somos servidores no-rentables de Dios

- **Mosíah 2:19–24 ¿Por qué somos "servidores gratis"?** El Rey Benjamín no esperaba ningún agradecimiento de su pueblo por su servicio, sino que a cambio les aconsejó "dar gracias a vuestro Rey Celestial" (v. 19); él les recordó. "Dios . . . os ha creado, y os ha guardado y preservado, y ha hecho que os regocijéis, y os ha concedido que viváis en paz unos con otros . . . y os está . . . dándoos aliento para que podáis vivir, moveros y obrar según vuestra propia voluntad, y aun sustentándoos momento tras momento" (versos 20–21). Por esto, el Rey Benjamín les recuerda a ellos (y a nosotros) "diereis todas las gracias y alabanza que vuestra alma entera es capaz de poseer . . Sirvieseis con toda vuestra alma" (versículos 20–21). Sin embargo, aún si le servimos a Dios con toda nuestra alma cada día, no le podríamos pagar por todo lo que Él ha hecho por nosotros. Somos y seremos "servidores no rentables" (v. 21).

El Presidente Joseph Fielding Smith dijo: "¿Piensa que sería posible, para cualquiera de nosotros, no importa cuán duro ltrabajemos . . . pagarle a nuestro Padre y a Jesús por las bendiciones que hemos recibido de ellos? El gran amor, con todas las bendiciones que lo acompañan se extiende a nosotros por medio de la crucifixión, el sufrimiento, y la resurrección de Jesucristo la cual va más allá de nuestra comprensión mortal. Nunca podríamos compensarlo."[10]

El Presidente e Brigham Young dijo: "No somos dueños de nosotros mismos, somos comprados con un precio. Somos del Señor; nuestro tiempo, nuestros talentos, nuestro oro y plata, nuestro trigo y harina fina, nuestro vino y nuestro aceite, nuestro ganado, y todo lo que hay en esta tierra que nosotros tenemos en nuestra posesión es del Señor .. No hay ningún hombre que haya hecho un sacrifico en esta tierra por el reino de los cielos, que yo conozca, excepto el Salvador. Él bebió la copa amarga hasta lo último, y probó por cada hombre y por cada mujer, y redimió a la tierra y todas la cosas que hay sobre ella."[11]

Todos lo que Dios requiere de nosotros en retorno, es que guardemos Sus mandamientos (v. 22). Y cuando hacemos esto, Él inmediatamente nos bendice por guardar Sus mandamientos. Entonces nunca podremos salir de la deuda con Él. Estamos en deuda con Él "por siempre" lo que quiere decir, eternamente (v. 24). El Rey Benjamín , después de recordarnos todas estas cosas, observa que no tenemos nada de lo cual jactarnos cuando nosotros guardamos Sus mandamientos (v. 24).

- **Mosíah 2:25–26 somos menos que el polvo de la tierra.** Las siguientes palabras del Rey fueron aleccionadoras: "No podéis decir que sois ni aun como el polvo de la tierra . . . fuisteis creados del polvo de la tierra; mas he aquí, éste pertenece a quien os creó" (v. 25) y aún él, el rey, no era mejor que ellos. Él dijo: "porque soy del polvo también" y luego dijo que pronto moriría y regresaría a ese polvo (v. 26). Entonces, ¿Qué hacemos con esta humilde proclamación? ¿No somos hijos de Dios, a quienes Él ama y desea salvar? El élder Bruce R. McConkie dijo: "La expresión del Libro de Mormón de que los hombres son 'menos que el polvo de la tierra' en el contexto, hace referencia al hecho de que el polvo es obediente a los mandamientos del Creador, mientras que el hombre se ha revelado en contra de Su voluntad."[12]

## LAS ENSEÑANZAS DEL REY BENJAMÍN SOBRE LA EXPIACIÓN
(Mosíah 2–3)

### La Salvación por Medio de la Expiación

- **Mosíah 2:27–28 El rey Benjamín cumplió su mayordomía, y su pueblo ahora es responsable por sí mismo.** El rey sabía que estaba a punto de morir y quería saber si él había hecho todo lo posible por enseñar y advertir a su pueblo. Esa fue una de sus principales motivaciones al reunirlos. Él dijo: "[mi motivación] a fin de que se me halle sin culpa, y vuestra sangre no deba caer sobre mí cuando comparezca para que Dios me juzgue por las cosas que me ha mandado concerniente a vosotros" (v. 27).

- **Mosíah 2:29–30 El Rey Benjamín proclama a su hijo Mosíah II para ser rey.** El rey declaró ante el pueblo que él ya no podía ser su maestro o rey (v. 29). Declaró que su hijo Mosíah II era ahora vuestro "rey y gobernante [de ellos]" (v. 30).

- **Mosíah 2:34–37 el pueblo ha sido instruido en esas verdades desde la niñez y no tienen excusa.** El rey Benjamín declaró que todos allí, excepto los niños pequeños, habían sido instruidos en la verdad y sabían lo concerniente a las escrituras en las planchas de bronce (v. 34). Y de las cosas que habían sido habladas por sus ancestros desde el tiempo de Lehi (v. 35). Si ahora se desvían de lo que les han instruido y del Espíritu del Señor, ellos estarían en una rebelión abierta en contra de Dios y se volverían un enemigo de la justicia y perderían el Espíritu del Señor (versículos 36–37).

PROVIDENCE LITHOGRAPHIC CO, 1901, #35

*Ellos fueron enseñados como niños*

- **Mosíah 2:38–40 Las consecuencias de negarse a obedecer; después de haber sido instruidos.** Cuando una persona se rebela de esta manera y no se arrepiente; permanece siendo un enemigo de Dios, y las demandas de la justicia caen sobre él y "despiertan [despertarán] en su alma inmortal un vivo sentimiento de culpa que lo hace retroceder de la presencia del Señor, y le llena el pecho de culpa, dolor y angustia, que es como un fuego inextinguible, cuya llama asciende para siempre jamás" (v. 38). El dolor eterno de lo que pudo haber sido es el "fuego inextinguible" del cual habla Benjamín (Mosíah 3:23–27). No hay un lago real de fuego y azufre en el cual la gente es arrojada. La misericordia no tiene efecto en la gente que no se arrepiente, y su "final es padecer un tormento sin fin" (v. 39).

- **D&C 19:6–12 Castigo sin fin es el castigo de Dios.** Cuando hablamos de "castigo sin fin" o "tormento sin fin" o "condenación eterna" no estamos hablando de un sufrimiento que nunca termina (versículos 6–7). En Doctrina y Convenios el Señor explica este "misterio." "Pues he aquí, el misterio de la divinidad, ¡cuán grande es! Porque, he aquí, yo soy sin fin, y el castigo que por mi mano se da es castigo sin fin, porque Sin Fin es mi nombre. De ahí que: Castigo eterno es castigo de Dios. Castigo sin fin es castigo de Dios" (versículos 8–12).

  Daniel H. Ludlow dice: "La principales iglesias cristianas que creen en un lugar llamado infierno se refieren a este lugar como una quemazón sin fin y un castigo. Los líderes de estas iglesias evidentemente toman esta creencia parcialmente de su interpretación de las escrituras como la de Lucas 16:28 (en la cual se refiere al infierno como 'un lugar de tormento) y de Mateo 13:42 (en donde se refiere al infierno como 'un horno de fuego' donde habrá 'llanto y crujir de dientes') sin embargo, la palabra escrita de que el infierno es un lugar "donde la gente estará continuamente quemándose pero nunca se consumen' no se encuentra en las escrituras. En su mayor parte, este concepto viene de una falsa interpretación de ellos . .. El Libro de Mormón indica que el infierno es un lugar, no un lugar de fuego eterno. Sin embargo, los sentimientos de culpa, pena, y angustia que el pecador siente son 'como un fuego inextinguible' (Mosíah 2:38), y sus tormentoE "como un lago de fuego y azufre'( Mosíah 3:27. "[13]

- **Mosíah 2:41 El "bendito y feliz estado" de aquellos que guardan los mandamientos.** Esto incluye bendiciones temporales y espirituales en esta vida y el morar con Dios después en un estado de "felicidad eterna" (v. 41).

  Rodney Turner contrasta el destino de los inicuos y de los justos diciendo:

  > En lo oncerniente a nuestro destino eterno, el Libro de Mormón parece hablar en términos extremos: el cielo más alto, o el infierno más bajo. La salvación con Dios o la condenación con El diablo. Como Nefi le dijo a sus hermanos errantes: "El estado final de las almas de los hombres es morar en el reino de Dios, o ser expulsados" (1 Nefi 15:35; y Mosíah 2:40–41).Un alma es salvada o perdida; no hay término medio. La doctrina modificadora de múltiples cielos o grados de salvación; como fue revelado a José Smith en 1832, no está en el Libro de Mormón [y] la doctrina de exaltación no es explícita en el Libro de Mormón. Sin embargo, parece estar implícita la doctrina de condenación absoluta—una está necesariamente en oposición a la otra. Consecuentemente, el término "salvado", como se lo encuentra aquí, es comúnmente interpretado como sinónimo de exaltado.
  >
  > En cualquier caso, desde que los profetas nefitas enseñaron la salvación en el contexto del bautismo y nacer de nuevo—ambos básicos para la gloria celestial—el ser "salvados" sería por lo menos equivalente a la salvación en la presencia de Dios el Padre ... Mientras que un grado de salvación sería estar en las "muchas mansiones" que componen el reino de Dios; el hecho es que no hay salvación fuera de ese reino. Y todos los que se salvan se arrepienten y aceptan al Salvador—toda rodilla se doblará y cada lengua confesará que Jesús es el Cristo (Filipenses 2:10–11; Mosíah 27:31). Aquellos que se nieguen a arrepentirse durante su período de prueba—el tiempo entre el nacimiento y la resurrección—son hijos de la perdición; ellos sufren la plenitud del infierno o la segunda muerte y como dijo el rey Benjamín estos al nunca arrepentirse—aún después de la muerte—quedan "aún sucios" (2 Nefi 9:16; D&C 88:35).[14]

- **Mosíah 3:1–4 El Rey Benjamín declara "las buenas nuevas de gran gozo" que él recibió de un ángel.** Él relató que "un ángel de Dios..... me dijo: Despierta; y Yo desperté y he aquí que él estaba ante mí." (v. 2). El mensaje del ángel era una de "las buenas nuevas de gran gozo" para el Rey Benjamín porque el Señor había oído sus oraciones, lo había juzgado y lo consideraba justo; y ahora lo estaba autorizando: "a declarara ante los de tu pueblo, que ellos también se podían llenarde gozo" (versos 3–4). Ésta fue la comisión que permitió al Rey Benjamín predicar a su pueblo como un siervo-profeta autorizado de Dios.

- **Mosíah 3:5–10 Las buenas noticias.** Todos los profetas verdaderos dan testimonio de Cristo, y el Rey Benjamín también lo hizo. Él declaró que Cristo vendría en la carne para enseñar, y para obrar grandes milagros como la sanación de los enfermos y los cojos, resucitar a los muertos, y echar fuera los demonios (vv 5–6). Y aún más importante, el Rey Benjamín profetizó: "Y he aquí, que él sufrirá tentaciones, y dolor en

el cuerpo, hambre, sed y fatiga, aún más de lo que el hombre puede sufrir sin morir; pues he aquí,
la sangre le brotará de cada poro, tan grande será su angustia por la iniquidad y abominaciones de su pueblo" (v. 7).

El élder James E. Talmage dijo "Para la mente finita, la agonía de Cristo en el jardín es insondable, tanto en lo que respecta a intensidad como a causa . . . luchó y gimió bajo el peso de una carga que ningún otro ser que ha vivido sobre la tierra puede siquiera concebir que se posible . . . ningún otro hombre, no importa cuán poderosa hubiera sido su capacidadde resistencia física o mental, podría haber padecido en tal forma, porque su organismo humano hubiera sucumbido, y un síncope le habría causado la pérdida del conocimiento y ocasionado la muerte anhelada."[15]

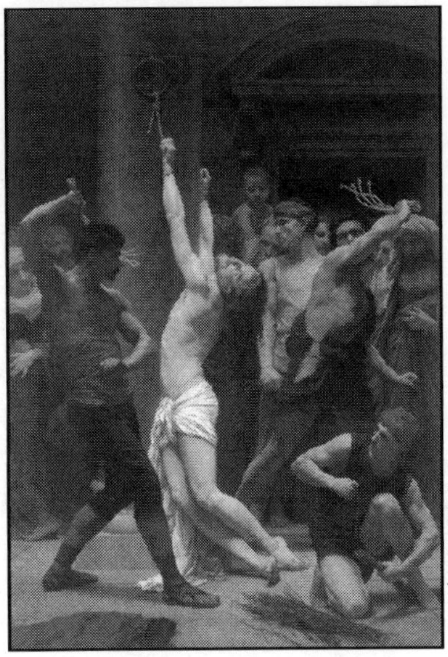

*Benjamin habló del sufrimiento de Cristo*

El Presidente Joseph Fielding Smith dijo: "Un hombre mortal no podría haber soportado—eso significa que un hombre como nosotros, no importa cuán fuerte sea, cuánto poder tenga, no hay ningún hombre que haya nacido en este mundo que hubiera soportado el peso bajo el cual estaba el Hijo de Dios, cuando Él estaba llevando mis pecados y los tuyos y haciendo posible que escapemos de estos pecados. Él llevó esa carga por nosotros . . . el castigo por nuestros pecados."[16]

El élder B. H. Roberts dijo: "Considerando la severidad de la expiación de Cristo por los pecados de los hombres; que den testimonio; porque se requiere por lo que Cristo diera en sufrimiento y agonía del espíritu y del cuerpo; para preparar el camino para el perdón del hombre y la reconciliación con Dios. La severidad de la expiación debe impresionar a los hombres por el hecho de lo que . . . las acciones humanas atraen con ellas consecuencias tremendas que no pudeden ser dejadas lado fácilmente si las acciones . .. son erróneas .El sufrimiento es la consecuencia o castigo de las violaciones de la ley moral divina, y el castigo debe ser pagado, ya sea por el que está pecando, o por otro quesufrirá indirectamente por él."[17]

El Rey Benjamín declaró: "Y se llamará Jesucristo, el Hijo de Dios, el Padre del cielo y de la tierra, el Creador de todas las cosas desde el principio; y su madre se llamará María." Esta profecía revela Su identidad como el Creador-Dios de esta tierra (v. 8). El Rey Benjamín explica que el propósito de Su venida fue para que "la salvación pudiera llegar a los hijos de los hombres, mediante la fe en su nombre" y aún, pese a todo esto, "lo considerarán como hombre, y dirán que está endemoniado, y lo azotarán, y lo crucificarán" (v. 9). Benjamín terminó este extraordinario prefacio con la certeza de que "al tercer día resucitará de entre los muertos; y he aquí, se presenta para juzgar al mundo . . . para que descienda un juicio justo sobre los hijos de los hombres" (v. 10).

- **Mosíah 3:10–21 El Rey Benjamín identifica a aquellos que recibirán salvación por medio de la expiación de Cristo:**

  — Aquellos "que han muerto sin saber la voluntad de Dios en lo concerniente a ellos, o que han pecado por ignorancia" (v. 11).

  — La gente que muere sin un conocimiento del evangelio, pero quienes hubieran recibido el evangelio con todos su corazón (D&C 137:7–9).

  — Aquellos con el conocimiento del evangelio que se arrepienten y ejercitan la fe en Jesucristo (vv 12–13)

  — Los niños pequeños que mueren en su infancia (vv 16, 18, 21).

- **D&C 137:10 Aunque "por naturaleza caen"** (Mosíah 3:16) **los niños pequeños están "sin culpa ante Dios"** (v. 21) **y "viven en Cristo** (Moroni 8:12) **por medio de la expiación.** Al profeta José Smith se le mostró con absoluta certeza que "todos los niños que mueren antes de llegar a la edad de responsabilidad se salvan en el reino de los cielos". Mormón declaró en una epístola a su hijo Moroni que "los niños pequeños viven en Cristo, aun desde la fundación del mundo; de no ser así, Dios sería un Dios parcial, y también un Dios variable que hace distinción entre las personas; porque ¡cuántos son los pequeñitos que han muerto sin el bautismo!" (8:12). Y el Señor reiteró en nuestro tiempo que "los niños pequeños son redimidos desde la fundación del mundo, mediante mi Unigénito" (D&C 29:46).

  El profeta José Smith dijo: "La doctrina del bautismo de los niños, el rosearlos con agua porque si no ellos se quedarían en el infierno, no es una doctrina verdadera, y no es apoyada por Su Santa Orden; no es consistente con el carácter de Dios. Todos los niños son redimidos por la sangre de Jesucristo, y en el momento en que los niños dejan este mundo, ellos son tomados en el seno de Abrahan."[18]

*Los niños no tienen necesidad de bautismo*

  Compare esto con la doctrina Cristiana moderna del pecado original:

  > Por culpa de su pecado, Adán y Eva perdieron la gracia santificadora, el derecho al paraíso, y sus dones especiales; ellos se volvieron sujetos a la muerte, al sufrimiento, y una fuerte inclinación al mal . . . Por culpa del pecado de Adán, nosotros, sus descendientes, venimos al mundo privados de la gracia santificadora y heredamos su castigo . . . Este pecado en nosotros es llamado el pecado original. Es el estado en el cual cada descendiente de Adán viene al mundo, totalmente privado de gracia por heredar el castigo; no el pecado personal de Adán, mas su pecado como cabeza de la raza humana . . . por el pecado original, el cielo fue cerrado para todos los hombres hasta la muerte de nuestro Señor Jesucristo. Nuestro Señor instituyó el sacramento del bautismo para restaurarnos el derecho al cielo que Adán

había perdido . . . Sólo el bautismo puede redimir del pecado original; nadie con alguna mancha puede entrar en el cielo.[19]

- **Mosíah 3:15 los actos y las ordenanzas estáL vacíos sin la Expiación.** Parte del problema para el antiguo Israel (y para la cristiandad moderna, la cual cree en tales doctrinas como el pecado original) fue que ellos pusieron mucho énfasis en los actos y en las ordenanzas. El Rey Benjamín dejó en claro que la "Ley de Moisés nada logra salvo que sea por la expiación de su sangre"; en otras palabras, un hombre podrá ofrecer sacrificios de sangre todo el día, pero estos no le harán ningún bien; a menos que él entienda el significado simbólico—que estos representaban la expiación de Cristo; la única cosa que de hecho remite pecados; no la acción de sacrificar corderos. Del mismo modo, el bautismo por sí mismo no nos salva. Es por medio de la expiación de Jesucristo que somos limpiados de nuestros pecados (lo que simboliza el bautismo) y a través del cual los niños ya son salvados si mueren antes de la edad de responsabilidad.

## El Hombre Natural

- **Mosíah 3:19 "Porque el hombre natural es enemigo de Dios, y lo ha sido desde la Caída de Adán**, y lo será por siempre jamás, a menos que se someta a l influjo del Santo Espíritu, y se despoje del hombre natural, y se haga santo por la expiación de Cristo el Señor, y se vuelva como un niño: sumiso, manso, humilde, paciente, lleno de amor y dispuesto a someterse a cuanto el Señor juzgue conveniente imponer sobre él, tal como un niño se somete a su padre."

  Lo que el rey nos está diciendo aquí es que un "hombre natural" es un enemigo de Dios hasta que él sea apto para la influencia limpiadora de la expiación al vivir los mandamientos de Dios. La idea del mundo de que algo es natural es diferente de la de Dios. El Rey Benjamín no estaba hablando acerca de las características naturales e innatas que nosotros tenemos las cuales no podemos cambiar. El hablaba de nuestra tendencia a gratificar impulsos pecaminosos y egoístas. Sin embargo, él no estaba sugiriendo que esto es normal, o inevitable. Todo lo contrario.

THEBIBLEREVIVAL.COM, #46

- **D&C 93:38–40 La caída de Adán.** Aunque nacemos inocentes, por la caída de Adán nacemos en un mundo caído y por ende, estamos separados de Dios (v. 38). Además, Satanás nos tienta a desobedecer a Dios. Lo cual quita la "luz y verdad" de nosotros (v. 39). Para contrarrestar esto, el Señor nos manda a "criar a nuestro hijos en la luz y la verdad" (v. 40).

- **Moisés 4:11, 5:11 La responsabilidad.** Sabemos la diferencia entre el bien y el mal, y entonces somos responsables de las elecciones que hacemos. No podemos culpar a algo incontrolable en nuestra naturaleza por nuestro comportamiento; como lo hacen los hombres. Debemos confesar nuestros pecados y arrepentirnos de ellos. Adán y Eva se volvieron "como dioses" cuando ellos cayeron; porque eran entonces capaces de hacerlo; porque eran entonces capaces de discernir el bien del mal y de ser redimidos por Cristo; pese a los errores que pudieran cometer mientras aprendían estas cosas. Esto es válido para todos nosotros "por cuanto todos pecaron y están destituidos de la gloria de Dios," (Romanos 3:23). Leemos en 1 de Juan 1:8–10: "Si decimos que no tenemos pecado, nos engañamos a nosotros mismos, y la verdad no está en nosotros" pero si confesamos nuestros pecados, Cristo "nos perdonará nuestros pecados, y . . . nos limpiará de toda maldad."

*Todos caemos así como lo hizo Adán*

- **Alma 42:9–12 nuestra caída personal.** Aunque no somos responsables por la caída de Adán, como resultado del pecado nosotros individualmente 'caemos" y experimentamos la muerte espiritual, haciendo imperativo que seamos redimidos; o seremos por siempre separados de Dios. Tales personas caídas se vuelven, en algún grado, "carnales, sensuales, y diabólica [s]" y se les da un período de la vida como "estado provisional" donde éstas se pueden arrepentir y prepararse para algo mejor (v. 10). Sin embargo "de no ser por el plan de redención . . . sus almas serían miserables en cuanto ellos murieran, por estar separadas de la presencia del Señor" ( v. 11). Por motivo de su propia desobediencia (v. 12).

- **Mosíah 27:23–28 Redención.** Cuando somos redimidos por medio de la expiación de Cristo, nos volvemos nuevas criaturas, naciendo de nuevo y volviéndonos espiritualmente dignos para morar de nuevo con Dios. Alma el Joven, describió este cambio como "nacer otra vez; sí, nacer de Dios, ser cambiados del estado carnal y caído, a un estado de rectitud, siendo redimidos por Dios, convirtiéndose en sus hijos e hijas; y así llegan a ser nuevas criaturas; y a menos que hagan esto, de ningún modo pueden heredar el reino de Dios" (vv 25–26). La gente que no se arrepiente, se queda sin el beneficio de la redención ofrecida por el Salvador y "deberán ser desterrados; y esto lo sé, porque yo estaba por ser desterradodo" dijo Alma (v. 27). "No obstante, después de pasar por muchas tribulaciones, arrepintiéndome casi hasta la muerte, el Señor en su misericordia ha tenido a bien arrebatarme de un fuego eterno, y he nacido de Dios" (v. 28).

  El élder Bruce R. McConkie dijo: "Desde la Caída, todos los hombres se han vuelto carnales, sensuales, y diabólicos por naturaleza" (Moisés 5:13; 6:49; Alma 42:10; Mosíah 16:1–4; D&C 20:20). En este estado caído están sujetos a la lujuria, a las pasiones, y los apetitos de la carne. Ellos están espiritualmente muertos, habiendo sido separados de la presencia del Señor; y por ende 'se encuentran sin Dios en el mundo, y han obrado en contra de la naturaleza de Dios.' Ellos están en un "estado carnal' (Alma 41:10–11); ellos son del mundo. Lo carnal connota lo mundano, la sensualidad, la inclinación a gratificar la carne . . . todas la personas responsables en la tierra heredan este estado caído, este estado probatorio, este estado en el cual, las cosas del mundo parecen deseables para la naturaleza carnal. AL estar en este estado 'el hombre natural es un enemigo de Dios' hasta que esté de acuerdo con el gran plan redención y nazca de nuevo en la rectitud (Mosíah 3:19). Así, toda la humanidad estaría perdida y caída por siempre sino fuera por la expiación de Nuestro Señor (Alama 42: 4–14)."[20]

- **Mosíah 3:19 ¿Cómo podemos "silenciar" al hombre natural?"** el Rey Benjamín da una lista de un número de cosas que debemos hacer para cesar de ser un enemigo de Dios:
  - — Ceder "al influjo" del Espíritu Santo" en lugar de a las incitaciones de la carne.
  - — Volverse "santo por la expiación de Cristo el Señor." La palabra santo implica santificación o santidad. En el Libro de Mormón, la palabra se utiliza para referirse a los miembros fieles de la Iglesia del Señor.
  - — Volverse "como un niño"—sumiso, manso, humilde, paciente, lleno de amor, deseoso de someterse a la sabiduría de Nuestro Padre Celestial y a Su voluntad.

**Notas** (Todas las referencias son de las versiones en idioma inglés de los textos que se citan.)


1. "La Gran Conversión," en Kent P. Jackson, editado por, *Estudios de las escrituras, Volumen 7: de 1 Nefi a Alma 29*, 1987, pág. 209.

2. *Um bosque de reyes: La historia no contada de los antiguos mayas*, David Freidel y Linda Schele, 1990, pág. 106.

3. *Las vidas y viajes de Mormón y Moroni*, 2000, págs. 51–57, 61.

4. Revista *Ensign*, octubre de 1974, pág. 10.

5. *Enseñanzas del Profeta José Smith*, escogidas y arregladas por Joseph Fielding Smith, 1976, pág. 137.

6. B. H. Roberts, *Una Historia Completa de la Iglesia,* 7 volúmenes, 1930, 3:52.

7. En Reporte de La Conferencia, abril de 1974, págs. 64–65; o revista *Ensign*, mayo de 1974, pág. 45.

8. Gregory Dundas, en una revisión de *Por Estudio y también por Fe*, editado por John M. Lundquist y Stephen Ricks, *Revisión de Libros (FARMS)*, vol. 4, 1992, pág. 134.

9. Revista *Ensign*, mayo de 1979, pág. 34.

10. En Reporte de La Conferencia, abril de 1966, 102.

11. *Discursos de Brigham Young,* compilado por John A. Widtsoe, 1954, pág. 176.

12. *Doctrina mormona*, 2.ª edición, 1966, pág. 210.

13. *Un compañero para su estudio del Libro de Mormón*, 1976, pág. 174–75.

14. "La Gran Conversión," pág. 213.

15. *Jesús el Cristo*, 1983, págs. 568–69.

16. *Doctrinas de Salvación*, compilado por Bruce R. McConkie, 3 volúmenes, 1954–56, 1:130 .

17. *El curso do los Setenta en teología*, 5 volúmenes. [1907–12], 4:127–28.

18. *La Historia de la Iglesia*, 4:554.

19. Louis LaVoire Morrow, *Mi fe católica*, 1954, págs. 48–49, 269.

20. *Doctrina mormona*, págs. 113, 268.

Capítulo 16

# La gran Conversión del Pueblo

(Mosíah 4–6)

---

En nuestra lección anterior estudiamos las palabras del Rey Benjamín y su sermón del templo a su pueblo. Estos fueron poderosos principios de fe, humildad, y servicio; llevados por un monarca quien practicaba lo que él predicaba, y era la antítesis completa del inicuo Rey Noé. Él enseñó a su pueblo que ellos deben entender su "nulidad" ante la majestad de Dios; y que ellos no tenían esperanza de salivación, excepto por medio de los méritos de Jesucristo.

En esta lección leemos acerca los resultados del sermón del Rey Benjamín—el efecto que tuvo en el pueblo, al darse cuenta de la importancia de lo que él estaba enseñando. Los adultos, por lo menos, nacieron de nuevo y perdieron todo deseo de cometer maldad. Algunos de los niños no entendieron las enseñanzas de Benjamín y no fueron afectados de forma similar(Mosíah 26:1). Sin embargo, aquellos que eran responsables, tuvieron una gran experiencia espiritual, hicieron convenios, se y volvieron miembros de la Iglesia de Cristo.

## LA CONVERSIÓN

THEBIBLEREVIVAL.COM, #4

- **Mosíah 4:1–2 Después de entender estos principios, el pueblo cayó a tierra.** La palabra traducida "miedo" realmente significaba "reverencia" o "respeto" (v. 1). Ellos fueron sobrecogidos por su sentido de gratitud, por una humilde dependencia del Salvador. Quizás por primera vez, "se habían visto a sí mismos en su propio estado carnal, aún menos que el polvo de la tierra. Y todos a una voz clamaron, diciendo: ¡Oh, ten misericordia, y aplica la sangre expiatoria de Cristo para que recibamos el perdón de nuestros pecados, y sean purificados nuestros corazones" (v. 2) Su fe era en Jesucristo, el Hijo de Dios, y su creador (v. 2).

- **Mosíah 4:3 Ellos están "llenos de gozo", sabiendo que han sido perdonados a causa de la "paz de conciencia" que recibieron.** Las palabras gozo y paz son las palabras que más a menudo se usan en las escrituras para describir la presencia del Espíritu. Ellos sintieron el Espíritu confirmándoles que sus pecados habían sido perdonados; así como Alma el joven se sintió cuando él se dio cuenta de que había sido redimido de sus pecados. Este fue un "bautismo de fuego."

Rodney Turner dijo:

> El bautismo abarca más que la ordenanza física. Tiene tres componentes: El bautismo en al agua, el bautismo del Espíritu Santo y el bautismo por fuego. "Los tres bautismos" dijo José Smith, "hacen uno"... [1]
>
> José Smith reconcilió los tres bautismos mencionados en Mateo 3:11 (agua, Espíritu, y fuego) con Efesios 4:4–5 ("hay... un bautismo") cuando afirmó "No hay más que un bautismo; sino que se requiere el bautismo del agua, del Espíritu Santo, y del fuego; para constituir un bautismo completo."[2] [José Smith además] explicó: El bautismo de agua, sin el bautismo de fuego y el del Espíritu Santo, no sirve; ellos son necesariamente inseparables y están contectados."[3] Los tres componentes del bautismo son esenciales si uno va a nacer de nuevo. "porque por el agua [bautismo] guardáis el mandamiento; por el Espíritu [bautismo] sois justificados; y por la sangre [bautismo por fuego] sois santificados" (Moisés 6:60). Fue el bautismo por fuego—administrado por el Espíritu Santo—el que recibió el pueblo del Rey Benjamín (Mosíah 4:3).[4]

El élder Marion G. Romney dijo: "alguien recientemente preguntó cómo una persona sabe cuándo se ha convertido. La respuesta es simple. Él puede estar seguro de ello cuando por el poder del Espíritu Santo, su alma es sanada. Cuando esto ocurre, él lo reconocerá por la manera en la cual se siente, porque él se sentirá como el pueblo de Benjamín se sintió cuando ellos recibieron una remisión de los pecados. El grabado dice que el '... Espíritu del Señor descendió sobre ellos, y fueron llenos de gozo, habiendo recibido la remisión de sus pecados, y teniendo paz de conciencia...' ( Mosiah 4:3)."[5]

El Presidente Harold B. Lee dijo: "Si llega el momento en que usted ha hecho todo lo que puede para arrepentirse de sus pecados... y ha hecho enmiendas y restitución lo mejor que puede... entonces usted querrá esa respuesta confirmadora de si el Señor lo ha aceptado. En su meditación del alma, si usted busca y encuentra esa paz de conciencia; por esa señal, usted podría reconocer que el Señor ha aceptado su arrepentimiento."[6]

## RECONOCER NUESTRA DEPENDENCIA DE CRISTO

- **Mosíah 4:5 El Rey Benjamín les recuerda su "nulidad" y "estado indigno" mientras están en un estado caído.** Esto no significa que ellos (o nosotros) somos insignificantes. Significa que somos completamente dependientes de Dios para nuestra salvación. En relación a la redención, nuestros esfuerzos no significan nada y son inservibles; a menos que tengamos un Salvador que ha pagado el precio por nuestros pecados y nos ha proporcionado un camino para que seamos limpiados de estos.

- **Moisés 1: 9–10 Moisés afirmó cuán pequeños somos en la vastedad del universo y exclamó "el hombre no es anda."** Es bueno recordar cuán grandioso es nuestro Dios y cuán vastas son Sus creaciones. Nos da una perspectiva de cuán indefensos somos y cuán Todopoderosos se han vuelto nuestro Padre y Su Hijo. Sin embargo, Dios corrigió a Moisés al llamarlo "mi hijo" y recordándole que la humanidad es la obra de Dios y Su gloria ( Moisés 1:39). En otra palabras, las innumerables galaxias, los sistemas solares, los soles, y las tierras tienen un sólo propósito—la salvación de los hijos de nuestro Padre. Somos más importantes que cualquier cosa que vemos en el vasto universo de Dios; y todo lo que Dios hace tiene como propósito "llevar a cabo la inmortalidad y la vida eterna del hombre" (Moisés 1:39).

## LA NECESIDAD DE ACCIÓN

- **Mosíah 4:6–10 "Si creéis todas estas cosas, mirad que las hagáis."** El pueblo del Rey Benjamín fue debidamente impresionado por sus palabras y fueron profundamente conmovidos por el Espíritu al sentir el poder redentor del Salvador en sus vidas. Pero saber y sentir no son suficientes. El Rey Benjamín les dijo: "si habéis llegado al conocimiento de la bondad de Dios, y de su incomparable poder, y de su sabiduría, y su longanimidad por los hijos del hombre, para que así la salvación llegue a aquel que pusiera su confianza en el Señor "" entonces tenían que poner su fe en acción para ser "diligentes en guardar sus mandamientos, y perseverar en la fe hasta el fin de sus vidas" (v. 6).

  Esto es requerido de cada persona que jamás haya vivido, quien ahora viva, y quien vivirá en esta tierra; y no hay otra salvación aparte de ésta de la cual se haya hablado; ni hay tampoco otras condiciones según las cuales el hombre pueda ser salvado; sino por las que "os he dicho" (vv 7–8). Él los exhortó a creer en Dios, a confiar en Su sabiduría, en su poder y conocimiento, a arrepentirse de sus pecados y a humillarse ante Dios con sinceridad, y luego, él concluyó con el principio de acción: "si creéis todas estas cosas, mirad que las hagáis." (vvs 9–10).

- **Mosíah 4:11 Recibir una remisión de nuestros pecados implica cuatro cosas que el pueblo ya había experimentado en esta asamblea solmene:** (1) venir al conocimiento de la gloria de Dios (2) conocer su bondad, (3) probar Su amor y (4) recibir gran gozo en sus almas. Esto es bueno y muy gozoso para cualquiera que lo haya experimentado. Pero si vamos a "retener" una remisión de nuestros pecados, hay más qué hacer.

- **Mosíah 4: 11–13 Retener una remisión de nuestros pecados implica cosas adicionales; las cuales el Rey Benjamín enumeró para beneficio de su pueblo:** (1) siempre recordar la grandeza de Dios (11); (2) ser humilde al recordar nuestra dependencia de Dios (v. 11); (3) proclamar el nombre del Señor a diario (v. 11); (4) permanecer firmes en la fe (.v. 11); (5) incrementar nuestro conocimiento de Dios y de Sus propósitos (v. 12) y (6) vivir en paz con otros sin desear hacerles daño (v. 13). Estos requisitos también hoy se aplican a nosotros.

- **Mosíah 4:14–15 Enséñele a sus hijos los mismos principios.** Los padres tienen una gran responsabilidad de criar sus hijos en justicia y de proveer sus necesidades temporales. La gente que desea retener su salvación "No permitirá que sus hijos tengan habre ni están desnudos, ni consentirán que quebranten las leyes de Dios, ni que peleen y riñan unos con otros y sirvan al diablo, que es el maestro del pecado" (v. 14). En cambio, el rey dijo: "les enseñaréis a andar por las vías de la verdad y la seriedad; les enseñaréis a amarse mutuamente y a servirse el uno al otro" (v. 15).

PROVIDENCE LITHOGRAPHIC CO, 1901, #35

*Ellos deben enseñarle a sus hijos*

Este consejo es particularmente interesante ya que algunos de los niños pequeños en esta conferencia, más tarde se rebelarían en contra del Señor y se negarán a "creer en la tradición de sus padres" (Mosíah 26:1). Como eran niños, ellos no entendieron las enseñanzas del Rey Benjamín, y tenían que depender de sus padres para que les enseñasen estos principios. Esto es precisamente lo que el rey les estaba ordenando que hicieran esos padres.

El élder Joseph B. Wirthlin dijo: "Cada casa es una casa de aprendizaje; para el bien o para el mal. Los miembros de la familia aprenden a ser obedientes, honestos, industriosos, auto-suficientes, y fieles; y al vivir los principios del evangelio, ellos pueden aprender algo más. El aprendizaje del evangelio en las casas de los miembros de la Iglesia debe centrase en las escrituras y en las palabras de los profetas de los últimos días . . . enséñele a sus hijos a orar, a depender del Señor para guía, y a expresar aprecio por sus bendiciones. Los niños aprenden de usted a distinguir entre el bien y el mal. Ellos aprendan que mentir, hacer trampa, robar, o envidiar las posesiones de otros es malo. Ayúdelos a aprender a guardar el día de reposo y a pagar su diezmo. Enséñeles a aprender y a obedecer los mandamientos de Dios. Enséñele a sus hijos jóvenes a trabajar y enséñeles que la labor honesta desarrolla la dignidad y el auto respeto. Ayúdelos a encontrar placer en el trabajo y a sentir la satisfacción que viene de un trabajo bien hecho."[7]

- **Mosíah 4: 16–27 Comparta con los pobres.** El servicio caritativo es una característica importante de los miembros de la Iglesia de Cristo. Hay, por supuesto, desafíos para proporcionar dich ayuda. El Rey Benjamín comentó sobre esto. Cuando se ayuda a alguien, el objetivo no debe ser su dignidad para recibir ayuda, sino su necesidad (vv 17, 22). Tanto en lo temporal como en lo espiritual, todos somos

W. C. T. DOBSON, 1908

*Ellos deben ayudar al pobre*

pordioseros—ni nuestras posesiones terrenales, ni nuestra salvación eterna está auto-hecha (vv 19–20), y tenemos "grandes motivos para arrepentirnos"; si así lo pensamos. (vv 18–23). Su consejo a los pobres que no dar de sus bienes fue que ellos desarrollaran un corazón generoso independientemente de su situación financiera (vv 24–25). Servir a los demás nos ayuda a retener una remisión de nuestros pecados (v. 26). Y cuando proveemos para el pobre, debemos hacer todas las cosas "con prudencia y orden" con los principios y la planificación adecuadas; no ir más allá de nuestros recursos para ayudar "no se exige que un hombre corra más aprisa de lo que sus fuerzas se lo permiten." (v. 27).

- **Mosíah 4:28–30 Debemos cuidar nuestros pensamientos, palabras y obras.** Seremos juzgados por estos tres. El Rey Benjamín predicó la honestidad en todos nuestros tratoss con los demás (v. 28),y luego cesó de tratar de listarenumerar todos los pecados que podamos cometer. Él dijo: "Hay varios modos y medios, tantos que no puedo enumerarlos. Pero esto puedo deciros, que si no os cuidáis a vosotros mismos, y vuestros pensamientos, y vuestras palabras y vuestras obras, y si no observáis los mandamientos de Dios ni perseveráis en la fe de lo que habéis oído concerniente a la venida de nuestro Señor, aun hasta el fin de vuestras vidas, debéis perecer. Y ahora bien, ¡oh hombre!, recuerda, y no perezcas" (vv 29–30).

PROVIDENCE LITHOGRAPHIC CO, 1901, #35

*Ellos deben cuidar sus palabras*

El Señor dijo que se nos será requerido rendir cuentas de cada palabra ociosa que hablemos (Mateo 12:36–37). El élder James E. Talmage dijo:"La responsabilidad del hombre por sus actos individuales, es tan completa como su albedrío para elegir por sí mismo. El resultado último de las buenas obras es la felicidad. La consecuencia del mal es la miseria. Éstas siguen la vida de cada hombre por leyes inviolables. Hay un plan de juicio (Mateo 10:15; Mateo 11:22; 2 Pedro 2:9; 2 Pedro 3:7; 1 Juan 4:17) divinamente pre-ordenado, por el cual cada hombre será llamado a responder por sus obras; y no por las solas obras, sino también por sus palabras y aún, por los pensamientos de su corazón. "Mas yo os digo que de toda palabra ociosa que hablen los hombres, de ella darán cuenta en el día del juicio" (Mateo 12:36). Estas son las palabras del Salvador mismo."[8]

¿Cómo es posible esto? ¿Está cada uno de nuestros pensamientos registrado, junto con nuestras palabras y obras? Sí, están registrados en nuestras propias mentes, y el día del juicio tendremos "un recuerdo vívido" de todo lo que jamás hayamos pensado, dicho, o hecho (Alma 11:43). El Presidente John Taylor dijo: "Si yo tuviera tiempo de entrar en este tema, les podría mostrar, basado en principios científicos, que el hombre mismo es una máquina auto-registradora, sus ojos, sus oídos, su nariz, el tacto, el gusto, y todos los varios sentidos del cuerpo son otros tantos medios por los cuales el hombre almacena para sí mismo una grabación con la cual, quizás, nadie más está familiarizado aparte de él mismo; y cuando llegue el tiempo, para que ese registro sea revelado todos os hombres que tengan ojos para ver, y oídos para oír, serán capaces de leer todas la cosas como Dios mismo las lee y las comprende, y todas la cosas, que nos dicen , están desnudas y abiertas ante Él con quien tenemos que ver."[9]

## ENTRANDO EN UN CONVENIO CON CRISTO

- **Mosíah 5:1–5 Experimentando "un poderoso cambio" de corazón.** La gente sabía que las palabras del Rey Benjamín eran verdaderas por el efecto del Espíritu sobre ellos—"un cambio poderoso" de corazón y el hecho de que ellos ya no tenían "más disposición a obrar mal" (v. 2). Ellos deseaban sólo hacer el bien y fueron colmados con el espíritu de profecía (v. 3). Y expresaron su deseo de entrar en un convenio con Dios para hacer Su voluntad por el resto de sus vidas (v. 5).

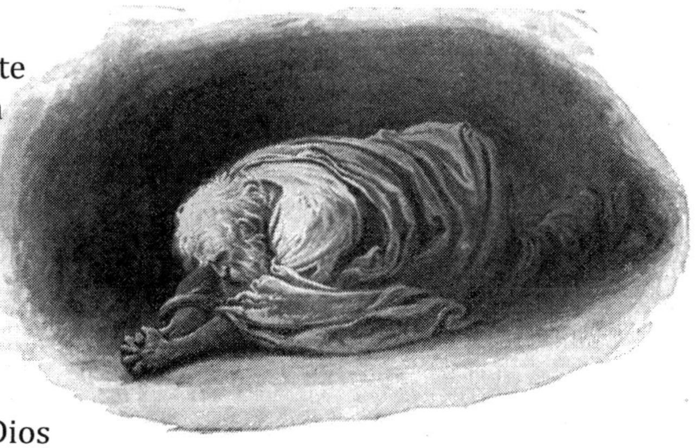

THEBIBLEREVIVAL.COM, #4

El Presidente Lorenzo Snow dijo: "¡Qué condición tan gloriosa! Una condición en la cual el Señor Dios Omnipotente, por el Poder de Su espíritu, ha causado un cambio poderoso en los corazones de ese pueblo, para que ellos entonces ya no tengan ningún deseo de hacer el mal, mas fueron llenos sólo de un deseo ferviente de hacer aquello que era bueno. Ese fue sin duda un gran cambio, y sin embargo, es precisamente ese el cambio que viene hoy a cada hijo e hija de Dios que se arrepiente de sus pecados, que se humilla delante del Señor, y que busca una remisión de los pecados por el bautismo por inmersión, por aquel que tiene autoridad moral para administrar la sagrada ordenanza del evangelio de Jesucristo."[10]

- **Mosíah 5:6–7 Convertirse en los "hijos de Cristo."** Este cambio en la gente fue exactamente lo que el Rey Benjamín esperaba; y él procedió a validar el convenio que estaban haciendo con su Dios al decirles "a causa del convenio que habéis hecho, seréis llamados progenie de Cristo, hijos e hijas de él, porque he aquí, hoy él os ha engendrado espiritualmente; pues decís que vuestros corazones han cambiado por medio de la fe en su nombre; por tanto, habéis nacido de él y habéis llegado a ser sus hijos y sus hijas" (v. 7).

El Presidente Joseph Fielding Smith dijo: "Es por medio de la expiación de Jesucristo que recibimos la vida eterna, por medio de la resurrección de los muertos y la obediencia a los principios del evangelio. El Salvador se vuelve nuestro Padre, en el sentido en que este término es usado en las escrituras porque Él nos ofrece vida, vida eterna, por medio de la Expiación que Él hizo por nosotros ... Nos convertimos en los hijos e hijas de Jesucristo, a través de nuestros convenios de obediencia a Dios. Debido a su autoridad divina y el sacrificio en la cruz, nos convertimos en hijos e hijas engendrados espiritualmente, y Él es nuestro Padre."[11]

El élder Bruce R. McConkie dijo:

> "Hablaré de la relación familiar especial de la cual disfrutan aquellos que así viven y se convierten en una gente peculiar. De ellos está escrito: "Vosotros sois hijos del Dios viviente" (Oseas 1:10). Esto significa, que aquellos que ganan el alto estatus de una gente peculiar son adoptados en la familia del Señor Jehová. Ellos se vuelven Sus hijos y Sus hijas y lo tienen a Él como su Padre. Nuestro mejor recitado de la doctrina involucrada aquí se encuentra en estas palabras del Rey Benjamín: "Ahora pues, a causa del convenio que habéis hecho, seréis llamados progenie de Cristo, sus hijos e hijas, porque he aquí, hoy él os ha engendrado espiritualmente; pues decís que vuestros corazones han cambiado por medio de la fe en su nombre; por tanto, habéis nacido de él y habéis llegado a ser sus hijos y sus hijas." (Mosíah 5:7). Se trata de una relación familiar especial reservada para los fieles. Es más, por encima, y además del hecho de que todos los hombres son hijos espirituales del Padre Eterno.[12]

- **Mosíah 5:8–10 Tomar el nombre de Cristo.** El rey Benjamín nos invitó a "Tomad sobre vosotros el nombre de Cristo, todos vosotros que habéis hecho convenio con Dios de ser obedientes hasta el fin de vuestras vidas" (v. 8). La gente que hace esto por voluntad propia será salvada (v. 9). La gente quien no hace esto, será condenada (v. 10).

  Hacemos un convenio similar cada vez que tomamos el sacramento. La oración del convenio asociada con esta ordenanza afirma claramente que somos deseosos de (1) tomar sobre nosotros el nombre de Cristo, (2) siempre recordarlo, y (3) guardar Sus mandamientos, que nos ha dado (D&C 20:77, 79).

  El élder Dallin H. Oaks dijo: "Nuestro deseo de tomar sobre nosotros el nombre de Jesucristo, afirma nuestro compromiso de hacer todo lo que podamos para ser contados entre aquellos que Él escogerá para estar de pie a Su derecha y ser llamados por Su nombre en el último día. En este sentido sagrado, nuestro testimonio de que estamos deseosos de tomar sobre nosotros el nombre de Jesucristo constituye nuestra declaración de ser candidatos para la exaltación en el reino celestial. Exaltación es la vida eterna 'el mayor de todos los dones de Dios' (D&C 14:7)."[13]

- **Mosíah 5:11–15 las bendiciones que llegan de observarar estos convenios.** El Rey Benjamín había prometido al principio de su sermón que él les daría un nuevo nombre el cual nunca sería borrado, excepto por transgresión (Mosíah 1:11–14). Ese nombre—al cual él se refería es el nombre de Cristo—y les advirtió que "tuvieran] cuidado de no transgredir, para que el nombre no sea borrado de vuestros corazones" (v. 11). Él los desafió a guardar el nombre de Cristo "escrito en sus corazones" lo que significa recordarlo, amarlo, obedecerlo y serle fiel "¿cómo conoce un hombre al amo a quien no ha servido, que es un extraño para él, y se halla lejos de los pensamientos y de las intenciones de su corazón?" (vv 13–14). Si ellos son "firmes e inmutables, abundando siempre en buenas obras" luego a ellos se les promete "Cristo, el Señor Dios

Omnipotente, pueda sellaros como suyos, a fin de que seáis llevados al cielo, y tengáis salvación sin fin, y vida eterna" (v. 15).

El profeta José Smith dijo: "La felicidad es el objeto y propósito de nuestra existencia; y será el fin de ella, si seguimos la senda que nos lleva a ésta; y esta senda es la virtud, la integridad, la fe, la santidad, la obediencia a todos los mandamientos de Dios . . . En la obediencia hay gozo, paz sin mancha, genuina; y como Dios ha diseñado nuestra felicidad . . . Él nunca . . . instituirá una ordenanza, o le dará un mandamiento a Su pueblo que no esté en su naturaleza para prometer la felicidad."[14]

THE HOLMAN BIBLE, #52, 1890

- **Mosíah 6:1–2 el Rey Benjamín registra los nombres de todos aquellos quienes hicieron este convenio.** Éste es un principio importante—llevar un registro escrito de las ordenanzas y convenios. Sabemos que lo que se escriba en la tierra concerniente a tales cosas también está escrito en el cielo (D&C 128:7), entonces, estamos haciendo un registro eterno, de convenios eternos. También proporciona un registro por el cual los siervos del Señor pueden saber la condición espiritual y temporal de sus rebaños. Aparentemente, al tomar sus nombres, el Rey Benjamín se enteró de que "no hubo ni un alma, salvo los niños pequeños, que no hubiese hecho convenio y tomado sobre sí el nombre de Cristo" (v. 2).

El élder Spencer W. Kimball dijo: "Las obras y los pensamientos de los hombres deben ser registrdos en el cielo, y los ángeles que llevan el registro no fallarán en hacer registros completos de nuestros pensamientos y acciones. Pagamos nuestros diezmos y el obispo lo registra en su libro y nos da un recibo. Pero aún si los datos fallan en llegar a los registros del barrio, tendremos crédito total por los diezmos que pagamos. No habrá omisiones en los archivos celestiales; y todos estarán disponibles en el día del juicio."[15]

El profeta José Smith dijo:

> "Es un hecho, si yo ahora tuviera en mi poder, cada decisión que ha sido hecha sobre elementos importantes de doctrina y deberes desde el inicio de esta obra, no me separaría de ellos por ninguna suma de dinero; pero hemos sido negligentes al no tomar actas de tales cosas; pensando quizás, que éstas nunca nos beneficiarían más tarde; lo cuales, si las tuviéramos ahora, decidiríamos casi cada punto de doctrina que podría ser agitada. Pero esto ha sido descuidado y ahora no podemos dar testimonio a la Iglesia y al mundo, de las grandes y gloriosas manifestaciones que han sido hechas para nosotros con ese grado de poder y autoridad que de otro modo podría, si ahora tuviéramos estas cosas para publicar en el extranjero . . . quizás , por ser negligentes en escribir estas cosas cuando Dios las reveló, no las estimamos lo suficiente y el Espíritu se pudiera ir y Dios pudiera estar

enojado; y hay, o hubo un vasto conocimiento, de infinita importancia, el cual ahora se perdió.[16]

- **Mosíah 6:3 el Rey Benjamín organiza la Iglesia y despide a la multitud.** Al final de su sermón del templo, el Rey Benjamín consagró a su hijo Mosíah para ser el nuevo rey de su pueblo. También designó a sacerdotes para enseñarle a la gente, y recordarles el juramento que habían hecho con Dios. Con esto, él despidió a la multitud; y ellos regresaron como familias a sus propias casas.

- **Mosíah 6:4–7 el Rey Mosíah II inicia su reinado a la edad de treinta años, aproximadamente 476 años desde la época en que Lehi salió de Jerusalén** (alrrededor del año 124 AC.) (v. 4). Tres años más tarde, el Rey Benjamín murió (v. 5). El Rey Mosíah era un hombre justo y "anduvo en la senda del Señor, y observó sus juicios y sus estatutos, y observó sus mandamientos en todas las cosas que el Señor le mandó" (v. 6). Siguiendo el ejemplo de su padre, el Rey Mosíah hizo que su pueblo cultivara la tierra para su sustento, y él mismo cultivó la tierra, en lugar de convertirse en una carga para su pueblo. Durante tres años no hubo contiendas en su tierra. (v. 7).

**Notas** (Todas las referencias son de las versiones en idioma inglés de los textos que se citan.)


1. *Las Palabras de José Smith*, editado por Andrew F. Ehat y Lyndon W. Cook, 1980, pág. 354.

2. *Ellos Conocían al Profeta*, editado por Hyrum L. Andrus y Helen Mae Andrus, 2004, pág. 50.

3. *Enseñanzas del Profeta José Smith*, escogidas y arregladas por Joseph Fielding Smith, 1976, págs. 360, 314.

4. "La Gran Conversión," en *Estudios de las escrituras, Volumen 7: de 1 Nefi a Alma 29*, editado por Kent P. Jackson, 1987, págs. 224–25.

5. En Reporte de La Conferencia, Octubre de 1963, pág. 25.

6. *Permaneced en Lugares Santos*, 1974, pág. 185.

7. Revista *Ensign*, mayo de 1993, pág. 70.

8. *Los artículos de fe*, 12,ª edición, 1924, pág. 55.

9. En *Diarios de Discursos*, 26:31.

10. En Reporte de La Conferencia, abril de 1898, págs. 65–66.

11. *Doctrinas de Salvación*, compilado por Bruce R. McConkie, 3 volúmenes, 1954–56, 1:28–29.

12. "Los diez mandamientos de una gente peculiar," en *Discursos del año*, Universidad Brigham Young, 1975, págs. 29–30.

13. En Reporte de La Conferencia, abril de 1985, pág. 105; o revista *Ensign*, mayo de 1985, pág. 83.

14. *Enseñanzas del profeta José Smith*, págs. 255–56.

15. *El milagro del perdón*, 1969, pág. 109.

16. *La Historia de la Iglesia*, 2:198–99.

Capítulo 17

# Zeniff y Noé en la tierra de Nefi

(Mosíah 7–11)

---

Los eventos descritos en el libro de Mosíah no están en orden cronológico. Los primeros ocho capítulos de Mosíah son de hecho los últimos eventos en suceder cronológicamente en Mosíah 1–9. Como resultado, puede ser confuso en ciertos momentos en cuanto a cuál grupo de personas estamos leyendo, cuando vivieron, y como se relacionan a los demás.

## LAS MUCHAS HISTORIAS EN MOSÍAH Y ALMA

Cuando él estaba compendiando y ensamblando los registros, Mormón puso el sermón del Rey Benjamín primero y después, la historia de la expedición de Ammón a la tierra de Nefi. Allí, él insertó el relato en primera persona de Zeniff; del pueblo que se había ido de Zarahemla setenta y nueve años antes y estaba viviendo en la tierra de Nefi (que Ammón estaba buscando). Él terminó contando todo lo que pasó después; hasta el tiempo en que todos fueron descubiertos por Ammón. El siguiente resumen da una lista de estos eventos en orden cronológico:

- **2 Nefi 5:5–8 El pueblo de Nefi se escapa a la Tierra de Lehi–Nefi (la Tierra de Nefi).** Para preparar el escenario de estas muchas historias, debemos recordar que después de la muerte de Lehi, el Señor le dijo a los seguidores de Nefi que se separaran de los seguidores de Lamán. Los nefitas se asentaron en la tierra de Nefi, más tarde conocida como "la tierra de Lehi–Nefi" (Mosíah 7:1). Nefi nos dijo adiós aproximadamente en el año 550 AC. (2 Nefi 33:13).

- **Omni 1:12–19 El pueblo de Mosíah se Escapa a la Tierra de Zarahemla (en el año 279 A C.)** Aproximadamente 271 años después de la muerte de Nefi, los nefitas fueron guiados por un rey llamado Mosíah. El señor le mandó a huir de la tierra de Nefi con "cuantos quisieran escuchar la voz del Señor" (vv 12–13). Cuando lo hicieron, su pueblo y él descubrieron al pueblo de Zarahemla. Los dos

**Posibles localizaciones del Libro de Mormón**

Posibles localizaciones de las tierras del Libro de Mormón y sus ciudades, basado en las descripciones encontradas dentro del texto de Libro de Mormón. No se intenta ser comparado a localizaciones geográficas existentes; esto es provisto para conveniencia en visualizar las localizaciones relativas de eventos importantes. El mapa fue originalmente desarrollado por Daniel H. Ludlow, y es usado con su permiso.

*Mosíah I guió a su pueblo hacia el norte*

grupos de gente se unieron y se llamaron a simismos nefitas. Mosíah fue entronizado como rey.

- **Mosíah 9–10 El Pueblo de Zeniff regresó a la tierra de Nefi (200 AC.).** Un grupo de nefitas se fue de Zarahemla bajo el liderazgo de Zeniff para regresar a la tierra de Nefi (véase también Omni 1:27). Estos dos capítulos son el relato de Zeniff en primera persona de lo que les pasó, el cual Mormón insertó en los registros. Allí obtuvieron tierra por medio de una tregua con los lamanitas, y Zeniff devino su rey (Mosíah 9:1–7). Los lamanitas intentaron varias veces, sin éxito, someterlos habiendo hecho la tregua sólo para engañarlos.

**Posibles localizaciones del Libro de Mormón**

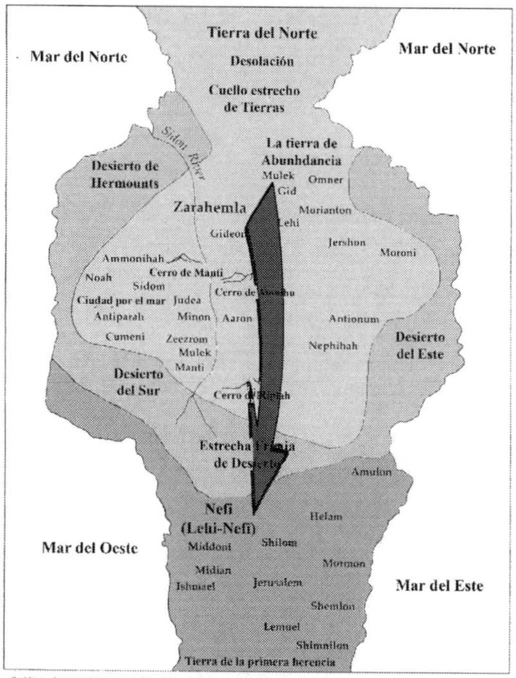


*Zeniff regresó a la tierra de Nefi*

- **Mosíah 11–17 Noé sucede a su padre, Zeniff, y reina en la iniquidad (año 160 AC.)** Noé reinó en la tierra de Nefi después de la muerte de su padre. Abinadí se unió a ellos y predicó el arrepentimiento; pero ellos rechazaron sus palabras y lo mataron.

- **Mosíah 17–18 Alma escapa del Rey Noé (año 148 AC.)** Él guió a un grupo de personas justas y creyentes hacia el desierto, donde permanecieron por un tiempo. Enseñó y bautizó en las Aguas de Mormón. Luego huyeron más lejos, hacia el desierto para escaparse de los intentos del Rey Noé de capturarlos y matarlos.

- **Mosíah 19–20 Limhi y su pueblo sufren bajo la opresión lamanita (145 AC.).** El Rey Noé y su comportamiento brutal, causaron que su propia gente lo matara con fuego (como lo predijo Abinadí ). Su hijo Limhi tomó su lugar, y fue más justo que su padre; pero su pueblo estaba sujeto a los lamanitas y sufrieron en gran manera (como también lo predijo Abinadí).

- **Mosíah 1–6 El Rey Benjamín da su sermón del templo en Zarahemla (año 124 AC).** Durante el tiempo que Zeniff y sus descendientes residieron en la tierra de Nefi, el Rey Mosíah I murió y lo sucedió su justo hijo Benjamín. El Rey Benjamín dio su gran sermón sólo tres años antes de su propia muerte. Él puso a su gente bajo convenio de tomar sobre ellos el nombre de Cristo, y nombró rey a su hijo Mosíah II.

- **Mosíah 7–8 La expedición de Ammón a la Tierra de Nefi en busca del pueblo de Zeniff (año 121 AC.).** El Rey Mosíah II "tuvo deseos de saber de la gente que fue a morar a la tierra de Lehi–Nefi" (Mosíah 7;1) aproximadamente setenta y nueve años antes (del pueblo de Zeniff). Él le permitió a Ammón (no el mismo Ammón, que el misionero posterior) y a unos cuantos más que guiara una expedición con este propósito. Ellos encontraron al Rey Limhi y a su pueblo en la tierra de Nefi. Ellos les enseñaron y también se enteraron de unos registros de un pueblo antiguo (los jareditas); que el pueblo de Limhi había encontrado cuando buscaban a Zarahemla. Ammón les dice que Mosíah es un vidente y que puede traducirlos.

- **Mosíah 21–22 el pueblo de Limhi escapa a Zarahemla (año 121 A.C.).** Estos capítulos continúan el registro histórico del pueblo de Limhi; quien había estado sometido por los lamanitas durante aproximadamente veinte años. Ellos también reiteran algunos de los hechos contados desde la perspectiva de Ammón en Mosíah 7–8 acerca el pueblo de Limhi, descubierto y convertido por Ammón así como acerca de veinticuatro planchas jareditas. Con la ayuda de Ammón, el pueblo de Limhi hizo planes para escapar de la esclavitud lamanita embriagando a los lamanitas. Ellos tuvieron éxito y Ammón los guió de vuelta a la tierra de Zarahemla.

**Posibles localizaciones del Libro de Mormón**

*Justo nefitas regresó a Zarahemla*

- **Mosíah 23–24 Alma y su pueblo se escapan a Zarahemla (año 120 AC.).** Estos capítulos retoman el registro histórico de la gente de Alma durante los veinte años que siguieron a su huída del Rey Noé al desierto (Mosíah 17–18). Ellos construyeron una ciudad llamada Helam. Como el pueblo de Limhi, estos seguidores de Alma eran ciudadanos al tiempo del rechazo de Abinadí y de su muerte; y estaban bajo la misma maldición de esclavitud de su hermanos. Ellos estaban sometidos por los lamanitas y sufrieron en gran manera bajo Amulón, un ex-sacerdote del Rey Noé, quien los lamanitas colocaron sobre ellos. Pero el Señor eventualmente los bendijo y los liberó de la esclavitud, y ellos encontraron su camino de regreso a Zarahemla.

La inmensa complejidad de estas historias conectadas da testimonio de la autenticidad del Libro de Mormón. Sabemos de los eventos entre cuatro grupos diferentes de personas—la gente de Zarahemla. La gente de Zeniff y de Noé, la gente que siguió a Alma al desierto, y Ammón y sus hermanos, quienes dejaron Zarahemla en busca del pueblo de Zeniff. Hay hechos conectados acera de estos varios grupos en Omni y en las Palabras de Mormón; así como en Mosíah. Es una historia con muchas tramas secundarias importantes, y van mucho más allá de las aptitudes académicas de un joven granjero sin educación formal como José Smith. El registro es simplemente verdadero.

| **NEFITAS EN DOS TIERRAS**<br>cuadro cronológico de eventos | | | | | |
|---|---|---|---|---|---|
| **Referencia de escritura** | **Tierra de Nefi** | | **Fecha** | **Tierra de Zarahemla** | |
| | **Re** | **Eventos** | | **Eventos** | **Re** |
| Omni 12–19 | Mosíah I | Los justos Nefitas huyen de la tierra de Nefi | 279 AC | Ellos encuentran los Mulekitas en Zarahemla | Mosíah I |
| Mosíah 9–10 | Zeniff | Se forma una pequeña colonia en la tierra de Nefi | 200 AC | Zeniff retorna a la tierra de Nefi | Benjamín |
| Mosíah 11 | Noé | El hijo de Zeniff reina inicuamente en la tierra de Nefi | 160 AC | — | — |
| Mosíah 11–17 | — | Aparece Abinadí y predica el arrepentimiento al pueblo de Noé | 150 AC | — | — |
| Mosíah 17–18 | — | Matan a Abinadí quemándolo; Alma cree y se escapa | 148 AC | — | — |
| Mosíah 19–20 | Limhi | Matan al Rey Noé ; Limhi deviene rey; los nefitas están en esclavitud | 145 AC | — | — |
| Mosíah 1–6 | — | — | 124 AC | El sermón del Rey Benjamín; es un nuevo rey | Mosíah II |
| Mosíah 7–8 | — | Ammón encuentra nefitas en la esclavitud en la tierra de Nefi | 121 AC | Ammón va en busca del grupo de Zeniff | — |
| Mosíah 21–22 | — | El pueblo de Limhi escapa nuevamente a Zarahemla | 120 AC | El pueblo de Limhi se reúne a los nefitas en Zarahemla | — |
| Mosíah 23–24 | — | Alma y su pueblo escapan nuevamente a Zarahemla | 120 AC | Alma y su pueblo se reúnen a los nefitas en Zarahemla | — |

## AMMÓN ENCUENTRA EL PUEBLO DE LIMHI
(Mosíah 7–8)

- **Mosíah 7:1–7 La expedición de Ammón de vuelta a la tierra de Nefi.** Tres años después de subir al trono (año 121 AC.), Mosíah II "tuvo deseos de saber de la gente que fue a morar a la tierra de Lehi–Nefi,... porque su pueblo nada había sabido de ellos desde que salieron de la tierra de Zarahemla" (v. 1). Habían pasado setenta y nueve años desde que se fueron. Envió dieciséis hombres en una expedición para encontrarlo. (v. 20) Su líder era un hombre muy fuerte llamado Ammón, un descendiente de

Zarahemla (v. 3). Ellos vagaron por el desierto durante cuarenta días (v. 5), probablemente una selva montañosa salvaje e inhabitada. Pero eventualmente llegaron a una colina al norte de Shilom (v. 5), una de las áreas habitadas por los descendientes de Zeniff, ahora bajo el liderazgo de su nieto Limhi. Cuando Ammón y otros tres intentaron bajar hasta la tierra de Nefi, fueron capturados por los guardias del rey y mandados a prisión. (v. 7).

- **Mosíah 7: 8–16 Limhi se regocijó cuando se enteró de que Ammón era de Zarahemla.** Dos días más tarde, fueron traídos ante el Rey Limhi, quien les mandó a responder sus preguntas (v. 8). Él se identificó como Limhi, el hijo de Noé y nieto de Zeniff, que había venido de la tierra de Zarahemla para habitar esta tierra (v. 9). No los había matado porque tenía curiosidad de saber quiénes eran (vv 10–11). Humildemente agradeciéndole a Limhi por perdonarles la vida y por permitirles que hablasen (v. 12), Ammón dijo: "soy Ammón, descendiente de Zarahemla, y he subido desde la tierra de Zarahemla para saber de nuestros hermanos, que Zeniff trajo de aquella tierra." Estas fueron grandes noticias para Limhi y para su pueblo (vv 14–15), los que una vez habían enviado a un grupo de gente para tratar de encontrar a Zarahemla (Mosíah 8: 7–11). Limhi explicó que ellos estaban "bajo el yugo de los lamanitas, y se nos ha impuesto un tributo gravoso de soportar." Él expresó su deseo de que la gente de Ammón los ayudaran a escapar (v. 15). Luego liberó a Ammón y a los otros de sus cuerdas y les dio la bienvenida en la ciudad (v. 16).

- **Mosíah 7:17–20 Limhi comparte estas buenas noticias con su gente.** Limhi llamó a su pueblo para darle las buenas noticias y expresó su creencia de que pronto iban a ser liberados de su esclavitud (vv 17–18). Les dijo que confiaran en Dios, quien muchas veces había preservado a su pueblo, incluyendo al pueblo de Moisés y al pueblo de Lehi y de Nefi (vv 19–20). Y les recordó "es por causa de nuestras iniquidades y abominaciones que él nos ha llevado a la esclavitud.

- **Mosíah 7:25–32 Limhi confiesa la iniquidad de su pueblo, la cual ha causado su sufrimiento desde que mataron a Abinadí.** Ellos no obedecieron las palabras del Señor dadas a ellos por Abinadí, y ellos lo mataron y también "vertieron sangre entre ellos" entonces "¿quién se puede asombrar de que se hallen en cautiverio, y sean heridos con tan grandes aflicciones?" (vv 25–28)

  Como parte de esta recitación, Limhi identifica los resultados de la esclavitud (vv 29–32) la cual aparentemente sacó de las escrituras, ya que está citando al Señor.[1]

  — La gente no prosperará, y sus actividades serán escollos. (v. 29).
  — Cosecharán la paja (en lugar de trigo en sus campos) (v. 30).
  — Ellos segarán el viento solano (la sequía) y la destrucción (v. 31).
  — Serán heridos y afligidos (v. 32).

  El élder B. H. Roberts dijo en referencia a las consecuencias del pecado "que den testimonio de la severidad de la expiación de Cristo por los pecados de los hombres;

pues se requiere todo lo que Cristo dio en el sufrimiento y la agonía de espíritu y cuerpo, para sentar las bases para el perdón y la reconciliación del hombre con Dios. La severidad de la expiación debe impresionar a los hombres con el hecho que vivimos en un mundo de realidades severas; que las acciones humanas traen con ellas consecuencias tremendas; que pudieran no ser fácilmente puestas de lado, si las acciones de las cuales ellas se originan, son erróneas."[2]

El rechazo del profeta Abinadí por la gente de Limhi y su complicidad en su muerte por fuego, fueron pecados serios y con consecuencias. Aunque ahora sentían lo que habían hecho, no podían borrar las consecuencias de sus decisiones. Al igual que la pareja joven penitente que concibe un hijo fuera del matrimonio, su arrepentimiento les podrá permitir la ley de la misericordia, para borrar las consecuencias eternas de su error y hacerlos "limpios" de nuevo, pero no borra la realidad del hijo que han creado, del cual seguirán siendo responsables. No pueden simplemente desear las consecuencias de su elección. Tampoco pudo la gente de Limhi (o la gente de Alma) ser excusadas de las consecuencias de su decisión de sostener y seguir la iniquidad del Rey Noé. Esas consecuencias permanecerían por muchos años.

*Nuestros pecados tienen consecuencias que fueron sufridas por nuestro Salvador*

El élder Marion G. Romney dijo:

> Cada elección que uno hace, expande o contrae el área en la cual él puede hacer e implementar decisiones futuras. Cuando una persona hace una elección, irrevocablemente se compromete a aceptar las consecuencias de esa decisión. "Jesús en Su parábola del Hijo Pródigo, da una ilustración clásica de esta verdad. Usted recordará que en ésta, un hombre joven, ejercitando su derecho inherente de elegir, toma la decisión de apropiarse de una parte de la propiedad de su padre y de ir y ver el mundo. Él hace esto; pero la naturaleza sigue su curso uniforme. Cuando el sustento del hijo pródigo es derrochado, él toma otra decisión, regresar a casa; en donde se encuentra con el 'anillo, y la ropa, y el cordero gordo.' Su padre feliz le da la bienvenida. Pero las consecuencias de su decisión anterior 'lo siguen, porque la granja se ha ido. El padre mismo no puede deshacer el efecto de la inevitable elección'[3]."[4]

Además, no hay arrepentimiento sin dolor. El pecado mismo produce pena en nuestras vidas; y no podemos evitar todo el dolor asociado a nuestras elecciones pecaminosas. Por cierto, si no hubiera castigo, no habría arrepentimiento; quizás ni siquiera fuese posible. (Alma 42:16). El élder Spencer W. Kimball dijo: "El Señor perdona los verdaderamente arrepentidos. Pero antes de que el Señor puede perdonar al pecador, éste debe abrir su corazón a Él en completa contrición y humildad."[5] Demostramos esa clase de humildad al estar dispuestos a someternos al juicio y la justicia asociados con nuestro arrepentimiento. Este fue ciertamente el caso de los antiguos habitantes del reino del Noé. El Señor requirió de veinte años de humilde sometimiento antes de que Él finalmente los liberara de las consecuenticas de sus elecciones.

Ed J. Pinegar dijo:

> El arrepentimiento es un don divino facultado por la expiación de Jesucristo—pero debe ser hecho a la manera del Señor, y entonces siempre debe incluir pena divina y el dolor de una transformación contrita y una renovación. Al igual que David, todos los que han pecado, lo que significa en efecto, todos los mortales responsables— deben pasar por el proceso de arrepentimiento de sus pecados; si van a volverse puros ante Dios y dignos de Sus bendiciones más selectas . . . dolor de David, que fue agudo ante la consciencia de sus pecado y sus consecuencias. Él es el prototipo del hombre caído, el arquetipo del pecador atormentado. Su poesía de contrición captura por siempre el horroroso estado de una persona que no puede recuperar la inocencia perdida, quienes no pueden deshacer la obra funesta. Cuando mucho, él puede presentar su trágica historia de pena como un mensaje de advertencia para los demás sobre algo que no debió haber sucedido.[6]

- **Mosíah 7:33 Limhi da una lista de los pasos necesarios para ser liberados del yugo.** El mensaje de Limhi no fue enteramente negativo. Después de terminar sus lista de los castigos por la iniquidad, él dice: "Si os tornáis al Señor con íntegro propósito de corazón, y ponéis vuestra confianza en él, y le servís con toda la diligencia del alma . . . él, de acuerdo con su propia voluntad y deseo, os librará del cautiverio" (v. 33).

- **Mosíah 8:1–5 Ammón le dice al pueblo de Limhi todo lo que ha sucedido en Zarahemla desde que se fue su gente.** Cuando el Rey Limhi había terminado su discurso—del cual, Mormón sólo incluyó una porción en el registro (v. 1)—él permitió que Ammón les hablara. Ammón les dijo todo lo que había pasado en Zarahemla desde el tiempo que Zeniff se fue (v. 2); incluyendo las últimas palabras que el Rey Benjamín les había enseñado (v. 3).

El rey "despidió a la multitud" (v. 4) y luego hizo que las planchas que contenían su historia desde que dejaran Zarahemla fueran "traídas ante Ammón, para que las leyera" (v. 5). Supuestamente, estas planchas son la fuente de Mosíah 9–10; las cuales contienen el relato en primera persona de Zeniff relativo a su pueblo. Saber esto nos ayuda a entender por qué Mormón pondría este relato, el cual había ocurrido muchos años antes, en el Libro de Mormón inmediatamente después de contarnos estos eventos.

## LA IMPORTANCIA DE UN VIDENTE

- **Mosíah 8: 6–12 Limhi envió una vez cuarenta y tres personas a buscar a Zarahemla.** En este punto, Limhi preguntó a Ammón si él podía interpretar idiomas, y Ammón le dijo que no podía (v. 60). El rey explicó más acerca de la excursión para encontrar la tierra de Zarahemla y obtener ayuda para liberarlos del yugo (v. 7). Ellos no tuvieron éxito en sus esfuerzos, pero descubrieron "una tierra entre muchas aguas, . . . cubierta de huesos de hombres y bestias, y . . . con ruinas de edificios de todo tipo."

Aparentemente, la tierra había sido ocupada por "un pueblo tan numeroso como las huestes de Israel." (v. 8). Hoy sabemos que estos fueron algunos de los jareditas; quienes habían ocupado esa tierra por siglos, antes que llegaran os nefitas (Éter 1: 1–2).

Entre estas ruinas encontraron veinticuatro planchas que estaban "llenas de grabados . . . de oro puro" (v. 9) Ellos también encontraron grandes corazas hechas de bronce y cobre que estaban "perfectamente conservadas" y espadas cuyos mangos habían perecido y cuyas cuchillas estaban oxidadas (v. 11). No teniendo entre ellos a nadie que pudiera interpretar las veinticuatro planchas, Limhi tenía la esperanza de que Ammón pudiera hacerlo; para que ellos pudieran saber quiénes fueron estas personas y cómo habían sido destruidos (v. 12). La traducción posterior de Mosíah de estas veinticuatro planchas de oro, es la misma usada en Mormón para darnos el Libro de Éter.

- **Mosíah 8: 13–14 Ammón dice que Mosíah II es un vidente y puede traducir las planchas.** Ammón le explica al Rey Limhi que el Rey Mosíah II en Zarahemla tiene "algo con lo que puede mirar y traducir todos los registros que son de fecha antigua; y es un don de Dios" (v. 13). Él estaba hablando del Urim y el Tumim que poseía Mosíah II. Él dijo que "las cosas se llaman intérpretes"; y nadie puede usarlas a menos que él fuese mandado a hacerlo, "a quien se le manda mirar en ellos, a ése se lo llama vidente" (v. 13). Mosíah II era tal vidente "el que tiene ese alto don de Dios" (v. 14).

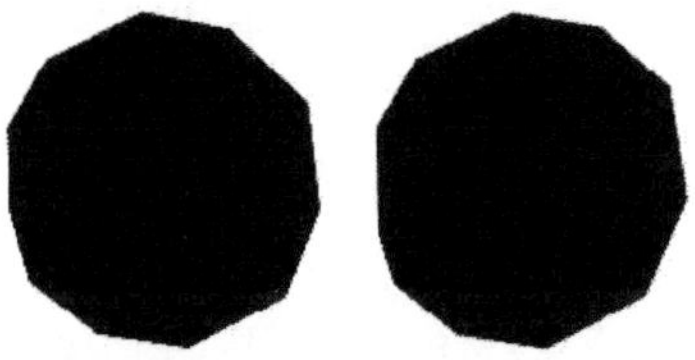

*El símbolo tribal de Levi era el Urim y Tumim*

Joseph Fielding McConkie y Robert L. Millet escribieron:

> Aquí se hace referencia [en el versículo 13] a lo que normalmente se llama el Urim y Tumim. El Urim y Tumim consiste de piedras especiales, o como Ammón se refiere a éstas: "interpretes". Las palabas hebreas Urim y Tumim (ambas en plural) pudieran estar asociadas con las palabras luces y perfecciones . . . estos dispositivos "videntes" se utilizan para recibir revelaciones y en la traducción de antiguos registros bíblicos que han sido escritos en lenguas desconocidas para los traductores. Así, el contenido de tales registros puede manifestarse sólo de cuerdo a la voluntad del Señor, y sólo por medio de su profeta y vidente designado. Aunque Ammón sugiere que los indignos pueden usar estos instrumentos sagrados para su propia condenación, es dudoso que tales hombres puedan obtener alguna información de ellos. Cabe recordar que Saúl en su desobediencia, fue incapaz de obtener alguna información por medio del Urim y Tumim (1 Samuel 28:6). No hay alguna razón para suponer que estos divinos intérpretes puedan operar independientemente del "don y poder de Dios" (D&C 20:8; Prefacio del Libro de Mormón; Omni 1:20–21). Parece que el Urim y Tumim en posesión del Rey Mosíah, se remonta a su abuelo Mosíah, y hasta cuando los registros jareditas en piedra fueron traídos para que fuesen traducidos (Omni 1: 20–21). El Urim y Tumim entregado a José Smith para usar en la traducción del Libro de Mormón, sin embargo, era el mismo que tenía el hermano de Jared (Éter 3:22–28; D&C 17:1).[7]

- **Mosíah 8: 15–19 Ammón explica el papel y los beneficios de un vidente.** Ammón explica que: "Un vidente es más grande que un profeta" porque "un vidente es también revelador y profeta; y no hay mayor don que un hombre pueda tener" (vv 15–16). Un vidente puede ver "cosas que han pasado y también cosas futuras" convirtiéndose así en un "gran beneficio para sus semejantes" (vv 17–18). Ésta fue una noticia maravillosa para Limhi, quien dijo: "Sin duda estas planchas encierran un gran misterio, y estos intérpretes fueron indudablemente preparados con objeto de desplegar todos sus misterios a los hijos de los hombres" (v. 19).

PROVIDENCE LITHOGRAPHIC CO., 1904

*Los videntes pueden ver el futuro y el pasado*

El élder John A. Widtsoe dijo: "Un vidente es aquel que ve con ojos espirituales. Él percibe el significado que aquello que parece obscuro para los demás; entonces, él es un intérprete y clarificador de la verdad eterna. El prevé el futuro desde el pasado y también ve el presente. Esto lo hace por el poder del Señor operando por medio de él directamente o indirectamente; con la ayuda de instrumentos divinos tales como el Urim y Tumim. En resumen, él es uno que ve, que camina a la luz del Señor con ojos abiertos."[8]

El élder Bruce R. McConkie dijo: "Un vidente es un profeta selecto y designado para poseer y usar estos intérpretes sagrados [el Urim y Tumim]. . . . el presidente de la Iglesia sostiene el oficio de vidente (D&C 107:92; 124:94, 125). Por cierto, el oficio apostólico mismo es el un de vidente, y los miembros del Consejo de los Doce, junto con la Presidencia y el Patriarca de la Iglesia, son escogidos y apoyados como profetas, videntes y reveladores de la Iglesia. Si hay videntes entre un pueblo, ese pueblo es del Señor. Donde no hay videntes, prevalece la apostasía (Isaías 29:10; 2 Nefi 27:5)."[9]

El élder Boyd K. Packer dijo:

> Las escrituras hablan de los profetas como "centinelas en la torre" que ven "al enemigo cuando todavía estaba lejos" (D&C 101:45, 53–54; 2 Reyes 9:17) que también han "contemplado cosas que no eran visibles al ojo natural.. . . El Señor ha levantado un vidente a su pueblo" (Moisés 6:36; Mosíah 8:15–17).
>
> [Hace muchos años] los hermanos nos advirtieron de la desintegración de la familia y nos dijeron que nos preparásemos . . . las noches semanales de hogar fueron introducidas por la primera presidencia . . . los padres son provistos de excelentes materiales para enseñarles a sus hijos, con la promesa de que los fieles serán bendecidos.
>
> Mientras que las doctrinas y la organización revelada permanecen inmutables, todas las agencias de la Iglesia han sido reestructuradas en su relación de la una con la otra y el hogar . . . el currículo entero de la Iglesia fue revisado—basado en las escrituras . . . y se invirtieron años preparando nuevas ediciones de la Biblia, el Libro de Mormón, la Doctrina y Convenios, y la Perla de Gran precio. . . .

> Sólo podemos imaginarnos dónde estaríamos, si sólo ahora estuviéramos reaccionando a la terrible redefinición de la familia. Pero ese no es el caso. No estamos actuando frenéticamente acerca de tratar de decidir qué hacer. Sabemos qué hacer y qué enseñar . . el curso que seguimos no es inventado por nosotros. El plan de salvación, el gran plan de felicidad, se nos fue revelado, y los profetas y apóstoles continúan recibiendo relevaciones y la Iglesia y sus miembros, necesitan más de éstas.[10]

- **Mosíah 8: 29–21 Un ejemplo de poesía del Cercano Oriente.** Limhi entonces pronuncia un bello salmo relativo a la sabiduría y el poder de Dios; el cual tiene todas las características de la poesía del Cercano Oriente (vv 20–21) Por ejemplo, nótese en el versículo 20, que se le refiere a esa sabiduría como "ella". En hebreo, y en otros idiomas del antiguo Cercano Oriente, "sabiduría" es un sustantivo femenino.

## EL REGISTRO DE ZENIFF Y SU PUEBLO
(Mosíah 9–10)

Los capítulos 9–10 de Mosíah están relatados en primera persona, escritos por Zeniff mismo, de lo que le pasó a él y a su pueblo cuando intentaron volver a la tierra de Nefi; la tierra ancestral de los nefitas. Mormón los insertó en los registros en este punto; aunque antecede al último sermón del Rey Benjamín (Mosíah 1–6) en setenta y seis años; y sucedieron durante el reinado del padre de Benjamín, Mosíah I. También antecede en setenta y nueve años a la autorización de Mosíah II a Ammón para que fuera en busca de la gente de Zeniff (Mosíah 7–8). Pero sirve al propósito de contarnos lo que pasó entre la gente de Zeniff en la tierra de Nefi durante el período de tiempo cuando Mosíah I, Benjamín, y Mosíah II reinaban en la tierra de Zarahemla.

- **Mosíah 9:1–4 Un espía torna excesivamente celoso.** Zeniff, un hombre que era instruido en "el idioma de los nefitas y . . . conocía la tierra de Nefi, o de la tierra de la primera herencia de nuestros padres " (v. 1) fue enviado por Mosíah I aproximadamente en el año 200 AC., como un espía entre los lamanitas. Pero viendo lo "bueno que había entre ellos", él cesó de verlos como enemigos, y no deseó su destrucción; y quería buscar un trato con ellos (vv 1–2). El comandante de esta misión de reconocimiento, estuvo violentamente en desacuerdo, y quiso matar a Zeniff, iniciando una batalla en la cual "la mayor parte de de su ejército fue destruida en el desierto" y el resto regresó tristemente a la tierra de Zarahemla (v. 2). Zeniff, quien se describe a sí mismo como "con un exceso de celo por heredar la tierra de nuestros [sus] padres, junté [ó] a cuantos deseaban ir para poseer la tierra, y de nuevo emprendieron nuevamente el viaje al desierto" Ellos fueron lentos en recordar su dependencia en Dios y sufrieron hambre y aflicciones en el camino, pero eventualmente llegaron de regreso al lugar donde tantos habían sido asesinados anteriormente (vv 2–3).

- **Mosíah 7: 21–22 Limhi, quien más tarde reinó sobre este grupo de gente, también describe a su abuelo Zeniff con un "exceso de celo" y dice que él guió a su pueblo hacia el cautiverio.** La conveniencia de este intento de re-habitar la tierra de

Lehi-Nefi es cuestionable, y no hay indicios en el texto de la escritura que el Señor aprobara esa misión. Sin embargo, después de su primer fracaso, Zeniff reclutó a otro grupo para intentarlo de nuevo. El segundo grupo sufrió hambre y aflicciones mientras fueron lentos en recordar a Dios. Sufrieron esclavitud, muerte, y dificultad hasta el tiempo de su arrepentimiento (véase también Omni 1: 27–30 para la evaluación de Amalekí de Zeniff y su pueblo).

- **Mosíah 9: 5–10 Los lamanitas están de acuerdo con dejar que se quede, intentando ponerlos bajo el yugo.** El rey lamanita le mandó a su propia gente a abandonar la tierra de Lehi-Nefi y la tierra de Shilom; para que el pueblo de Zeniff la pudiera habitar (v. 7). Pero las intenciones del rey lamanita todo el tiempo eran permitirles que prosperaran para esclavizarlos después.(v. 10). Ellos se mudaron al área y empezaron a construir edificios y a reparar las paredes de las ciudades (v. 8). También comenzaron a plantar cosechas de maíz, trigo, cebada, neas, sheum y varias clases de frutas (v. 9). No sabemos con certeza qué eran las "neas", ni tampoco lo que significa *"sheum."*

  John L. Sorenson, quien ha investigado los lenguajes de Centroamérica, sugiere:

  > [Sheum] recientemente se ha identificado como "una coincidencia perfecta para la palabra Akkadian s(h)e'um o 'cebada' del viejo asirio 'trigo'; el nombre del cereal más popular de la antigua Mesopotamia." El patrón de sonido de la palabra, indica que probablemente era un término jaredita. Esta buena palabra semítica del norte—era muy doméstica en todo el "Valle de Nimrod" en el norte de Mesopotamia; donde los jareditas se detuvieron y recogieron semillas antes de empezar su largo viaje a América (Éter 2: 1, 3). . . .
  >
  > "Neas" . . . en cuanto a nombres . . . podría ser tabaco (compárese con la palabra maya Mam ma's) pero si la planta fue mencionada por su importancia práctica en la dieta, posiblemente se refería al aguacate. ("Los aguacates probablemente fueron la fuente principal de grasa para los indígenas del México precolombino y Centroamérica, jugando el papel de la aceituna en el Viejo Mundo").[11]

- **Mosíah 9: 11–19 Los lamanitas intentan y logran derrotarlos.** Después que el pueblo de Zeniff había estado en la tierra por más o menos doce años (año 188 AC.), los lamanitas se sintieron incómodos con su creciente fortaleza; temiendo que no serían capaces de vencerlos (v. 11). Dentro del período de un año, ellos comenzaron a atacarlos en sus campos y a dispersar sus rebaños (v 14). Zeniff y su pueblo se armaron con arcos y flechas, espadas, cimitarras, mazas, ondas, y con cualquier otra arma que pudieron inventar y entraron en batalla con los lamanitas (v. 16). Nuevamente humillados por sus circunstancias y llamando al Señor para que lo ayuden, tuvieron éxito en matar a 3043 de los enemigos y echarlos fuera de sus tierras (vv 17–18). Pero ellos también perdieron a 279 de su propia gente, a los que enterraron con gran lamento (v. 19).

- **Mosíah 10: 10–18 Después de veintidós años, los lamanitas vuelven sobre ellos nuevamente.** Los lamanitas no eran industriosos. Zeniff dice que eran: "una gente perezosa e idólatra; por tanto, deseaban hacernos sus esclavos a fin de hartarse con el trabajo de nuestras manos; sí, para saciarse con los rebaños de nuestros campos" (Mosíah 9: 12). Ellos "nada sabían lo relativo al Señor ni la fortaleza del Señor; por tanto, dependían de su propia fuerza. Con todo, eran gente fuerte, (Mosíah 10:11), y también eran "salvajes, feroces y sanguinarios" y estaban ciegos por las falsas enseñanzas de sus padres, la cuales incluían:

1. Que Lamán y Lemuel fueron echados de la tierra de Jerusalén por "las iniquidades de sus padres" (v. 12).
2. Que Lamán y Lemuel fueron "ultrajados" por sus hermanos en el desierto, mientras cruzaban el mar, y "mientras se hallaban en la tierra de su primera herencia" (vv12-15).
3. Que Nefi había tomado erróneamente "el mando del pueblo" de las manos da Lamán y Lemuel (v. 15).
4. Que Nefi le robó a Lamán y a Lemuel al tomar los "registros que estaban grabados en las planchas de bronce" (v. 16).

Daniel H. Ludlow dijo: "Por las falsas tradiciones que los lamanitas le habían enseñado a sus hijos para que estos odiaran, robaran y asesinaran a los nefitas, los lamanitas tenían un "odio eterno contra los hijos de Nefi" (Mosíah 10:17)."[12] Esta era la lógica de la intriga del Rey Lamán para tomar ventaja de la gente de Zeniff para después destruirlos.

Hoy se podría discutir que mucha de la ceguera del mundo cristiano para con la restauración se basa en las tradiciones "ortodoxas" de sus padres, a los cuales ellos se apegan; para la exclusión de cualquier nueva revelación de Dios, que pudiera contradecir aquellas tradiciones apreciadas por ellos. Ésta fue también una gran falla de los fariseos, cuando el Señor vino entre ellos, enseñando cosas que ellos no deseaban escuchar debido a sus tradiciones falsas religiosos. Tales tradiciones se vuelven barreras para la salvación—lo cual, por definición, es condenación. El profeta José Smith dijo que [las falsas tradiciones son como] un yugo de hierro, una ligadura fuerte; son las esposas y cadenas, las ataduras y grilletes mismos del infierno (D&C 123:8).

El élder Bruce R. McConkie dijo: Dios ha plantado en nuestros corazones un deseo instintivo de adorar, de buscar la salvación, de amar y servir a un poder o ser más grande que nosotros mismos. La adoración está implícita en la existencia misma. El asunto no es si los hombres adoran, sino quién o cual es el objeto de sus devociones; y cómo ellos irán a brindarle sus devociones a sus escogido Altísimo . .. No hay salvación en adorar un dios falso. No importa en lo más mínimo cuán sincero es alguien que pudiera creer que Dios es un cordero de oro, o que Él es un poder inmaterial sin creación que está en todas las cosas. La adoración de tal ser o concepto no tiene poder salvador. Los hombres pueden creer con toda su alma que la imágenes, poderes, o leyes son Dios; pero ninguna cantidad de devoción a estos conceptos jamás les dará el poder que lleva a la inmortalidad y la vida eterna.[13]

- **Mosíah 10:19–21 Zeniff mantiene a su pueblo relativamente libre de la esclavitud lamanita animándolos a la justicia y a poner su confianza en Dios.** Zeniff y su fortaleza de carácter—alguna vez una debilidad que lo llevó a un celo extremo; y ahora una fortaleza por la cual él mantuvo a su gente enfocada en principios justos—continuó bendiciendo a su gente hasta el fin de su reino.

## EL INICUO REY NOÉ
(Mosíah 11)

Empezando con Mosíah 11, el relato retorna a la voz en tercera persona cuando Mormón empieza a compendiar los registros de Zeniff y su pueblo en lugar de usar los relatos en primera persona escritos por Zeniff y sus sucesores, Noé, y Limhi.

*Algunos reyes mayas fueron feroces*

- **Mosíah 11: 1–6 al fin de su vida, Zeniff le confirió el reino a su hijo Noé; quien reinó en iniquidad.** Desafortunadamente para los nefitas que vivían en la tierra de Nefi, Noé escogió no guardar los mandamientos; sino cometer pecados. Él tenía muchas esposas y concubinas e hizo que su pueblo cometiera abominaciones, fornicaciones, y "toda clase de iniquidades" (vv 1–2). Para sostener su estilo de vida glotón, recolectaba impuestos de su pueblo; un quinto de todo lo que tenían y producían (v. 3). El metal que Zeniff mencionó aquí ahora no se conoce. La palabra en hebreo se refiere a un brillo metálico. La misma palabra hebrea también se usa en Daniel 2:31 y en Daniel 4:36, donde es traducida como "brillo". El rey Noé también retiró a todos los sacerdotes que habían sido consagrados por su padre, y los remplazó con sacerdotes de su propia elección quienes se "envanecían con el orgullo de sus corazones" (v. 5). Este nuevo grupo de líderes religiosos y políticos era "mantenido en su pereza y en su idolatría y sus fornicaciones, con los tributos que el rey Noé había impuesto sobre los de su pueblo" causando asi que el pueblo "trabajara mucho para sostener la iniquidad" (v. 6).

- **Mosíah 11:7–15 el Rey Noé, como los gobernantes indignos de todas la épocas, sostenía el poder apelando a la vanidad de su pueblo** con opulentos palacios y ejércitos grandiosos. Especialmente cuando la gente está oprimida o viviendo en el temor, ellos le responden favorablemente a un líder que les promete mayor gloria, poder, y riquezas. Tales déspotas han emergido en cada época. Se vio en los tiempos antiguos desde Nabucodonosor, Alejandro el Grande, y hasta los emperadores de Roma.

Y en nuestros días lo han sido desde Hitler hasta Stalin y hasta los déspotas de Kosovo, Iraq, y Corea del Norte.

Por este mismo proceso, la gente del Rey Noé fue "engañada por las vanas y lisonjeras palabras del rey y de los sacerdotes" y por los "muchos edificios elegantes y espaciosos" que él "adornó con obras finas de madera, y con toda clase de cosas preciosas, de oro y de plata, de hierro, de bronce, de ziff y de cobre" y por grandes mejoras a su su palacio y al templo (vv 7–10).

Rodney Turner dijo: "Zeniff sin duda alguna restauró el templo originalmente construido por Nefi en el siglo seis A C. (2 Nefi 5:16). El Rey Noé parece haber remodelado este mismo templo a gran escala, haciéndolo mucho más adornado y costoso que antes (Mosíah 11–10); como Herodes el grande, quien remodeló el segundo templo (aquel de Zorobabel; véase Esdras 3), el proyecto de Noé era sin duda, alguna más un asunto de vanidad personal que una genuina piedad."[14]

El Rey Noé y su sacerdotes tenían sillas dentro de su palacio que "se reservaban para los sumos sacerdotes, que eran más altas que todos los demás asientos" las cuales el adornó con oro puro, y que tenían delante un antepecho en los cuales podían "sostener sus cuerpos y sus brazos mientras hablaban falsas y vanas palabras a su pueblo" (v . 11).

En cada dispensación y en entre muchos grupos diferentes de gente, el Señor ha advertido de las consecuencias de tener reyes. El pueblo de Israel quería un rey. El profeta Samuel estaba entristecido por la petición de su gente. Pero el Señor reveló el verdadero problema cuando Él le dijo a Samuel, "no te han desechado a ti, sino a mí me han desechado, para que no reine sobre ellos." (1 Samuel 8:4–9). El Señor le dijo a Samuel que les concediera su petición después de advertirles de las consecuencias de sus deseos. Sabemos el resultado—una serie de reyes mayormente inicuos y caídos que eventualmente guiaron al pueblo de Israel al cautiverio.

Cuando los jareditas querían un rey, el hermano de Jared les advirtió: "Esto ciertamente conduce al cautiverio" (Éter 6:23). Y justo antes de establecer un sistema de jueces electos, el Rey Mosíah II también enumeró los peligros potenciales de los reyes: "Ahora bien, os digo que por motivo de que no todos los hombres son justos, no conviene que tengáis un rey o reyes para que os gobiernen. Pues he aquí, ¡cuánta iniquidad un rey malo hace cometer; sí, y cuán grande destrucción! Sí, acordaos del rey Noé, su iniquidad y sus abominaciones, y también la iniquidad y las abominaciones de su pueblo. Considerad la gran destrucción que cayó sobre ellos; y también a causa de sus iniquidades fueron reducidos a la servidumbre" (Mosíah 29: 16–18).

El rey Noé construyó una torre cerca del templo. Desde la cima de la torre, él podía ver la región entera; incluyendo la ciudad Shilom, y también las áreas controladas por los lamanitas. Él también construyó una torre alta en una colina con vista a la cuidad de Shilom ( Mosíah 11:12–13) Estas torres pudieron haber sido similares a las muchas "pirámides-torres" de piedra de las cuales hoy tenemos evidencia entre las ruinas

arqueológicas a través de las Américas. Para más detalle sobre éstas, vea la discusión de la torre construida por el Rey Benjamín cerca del templo en Zarahemla (Mosíah 2:7–8, en el capítulo 15 del volumen 1).
El rey Noé amaba sus muchas riquezas y "pasaba el tiempo en vivir desenfrenadamente con sus esposas y sus concubinas" y también lo hacían sus sacerdotes, quienes pasaban su tiempo "con rameras" (v. 14). El construyó muchas viñas y fábricas de vino para producir "vino en abundancia; por tanto, se convirtió en bebedor de vino" y también su gente (v.15). Un bebedor de vino es aquel que se entrega a una excesiva bebida de vino. Hoy usaríamos la palabra *"ebrio"* (v. 15).

- **Mosíah 11:16–19 aunque son azotados por los lamanitas, la gente no se arrepiente**, sino que "se envanecieron con el orgullo de sus corazones" y "se jactaron de su propia fuerza" (v. 19). Los lamanitas estaban teniendo éxito creciente en matar a sus guardias y en vencer a sus ejércitos; pero esto no parecía preocuparlos (vv 16–18). Ellos se jactaban en que "cincuenta de ellos podían contra miles de los lamanitas" y ellos "se deleitaban en la sangre y en verter la sangre de sus hermanos [los lamanitas] ; y esto a causa de la iniquidad de su rey y sacerdotes" (v. 19) Entonces, podemos ver que el mismo espíritu de ociosidad y derramamiento de sangre que prevaleció entre los lamanitas, también prevalecía entre este grupo de nefitas—una señal segura de que el Espíritu del Señor se había retirado de ellos y estaban maduros para la destrucción.

En cuanto a circunstancias similares en nuestra época, el Presidente Spencer W. Kimbell dijo:

> El Señor nos ha bendecido como pueblo con una posteridad inigualable en el pasado. Los recursos que han sido puestos en nuestro poder, son buenos y necesarios para nuestra obra aquí en la tierra. Pero temo que muchos de nosotros hemos sido excesivos con los rebaños y el ganado y las hectáreas y los establos y las riquezas y hemos comenzado a adorarlos como dioses falsos; ya que estos tienen poder sobre nosotros. ¿Tenemos más de estas buenas cosas que lo que nuestra fe puede soportar?
>
> Muchas personas pasan la mayoría de su tiempo trabajando al servicio de la autoimagen que incluye dinero suficiente, acciones, bonos, portafolios de inversiones, propiedades, tarjetas de crédito, muebles, automóviles, y cosas parecidas para garantizar la seguridad carnal a través, se espera, de una vida larga y feliz . . . Como el Señor mismo dijo en nuestro tiempo" "No buscan al Señor para establecer su justicia, sino que cada hombre anda por su propio camino, y en pos de la imagen de su propio dios, cuya imagen es a semejanza del mundo y cuya substancia es la de un ídolo que se envejece y perecerá en Babilonia, sí, Babilonia la grande que caerá" (D&C 1:16). . . . Pese al deleite en definirnos como modernos, y a nuestra tendencia a pensar que poseemos una sofisticación que ninguna gente en el pasado tuvo—pese a estas cosas, somos en general un pueblo idólatra—una condición muy repugnante para el Señor.
>
> Somos una gente belicosa, fácil de distraer de nuestras designios de prepararnos para la venida del Señor. Cuando los enemigos crecen, usamos vastos recursos para la fabricación de dioses de piedra y de acero—barcos, aviones, misiles, y fortificaciones; y dependemos de ellos para la protección y para la libertad. Cuando somos amenazados, nos volvemos anti-enemigos en lugar de pro-reino de Dios, entrenamos a los hombres en el arte de la guerra y

los llamamos patriotas, entonces, a la manera de Satanás, contrarrestamos el verdadero patriotismo, pervirtiendo las enseñanzas del Salvador: "Amad a vuestros enemigos, bendecid a los que os maldicen, haced bien a los que os aborrecen, y orad por los que os ultrajan y os persiguen; para que seáis hijos de vuestro Padre que está en los cielos" (Mateo. 5:44–45). . . .

¿A qué le tememos cuando el Señor está con nosotros? ¿No podemos tomar al Señor en Su palabra y ejercitar un poco de fe en Él? Nuestra asignación es afirmativa: renunciar a las cosas del mundo como fines en si mismos, dejar la idolatría y seguir adelante en la fe; para llevar el evangelio a nuestros enemigos, para que ellos ya no sean nuestros enemigos.[15]

## LA PRIMERA MISIÓN DE ABINADÍ
(Mosíah 11)

- Mosíah 11: 20–25 Abinadí aparece entre los sujetos de Noé, llamándolos al arrepentimiento. No sabemos de dónde vino, sólo que él fue llamado por Dios aproximada-mente en el año 150 AC. para llamar al pueblo del Rey Noé al arrepentimiento, diciendo: "He visto sus abominaciones, y sus iniquidades, y sus fornicaciones, y a menos que se arrepientan, los visitaré con mi ira . . . y serán reducidos al cautiverio, y serán afligidos a mano de sus enemigos . . . y nadie los liberará, salvo el Señor, el Dios Todopoderoso." (vv 20–23) Sabiendo que cuando ellos estén oprimidos orarán para ser liberados, el Señor advierte, "cuando ellos clamen a mí, seré lento en oír sus lamentos; sí, y permitiré que sus enemigos los aflijan" (v. 24) una advertencia que fue cumplida más tarde (Mosíah 21:15).

*Abinadí le dijo al pueblo de Noé que se arrepintieran*

  En cuando a la misión de Abinadí, Rodney Turner dijo:

> Abinadí es el Juan Bautista del Libro de Mormón. Como Juan, él era un profeta solitario que predicó brevemente a un pueblo comprometido con la ley de Moisés, que sabía poco del Mesías que vendría y nada de Su divinidad. Como Juan, Abinadí predicó el arrepentimiento, advirtió sobre los inminentes juicios de Dios, y testificó del Mesías que vendría. A ambos profetas se les opusieron los líderes religiosos de su época; ambos fueron víctimas de las supercherías sacerdotales—la máxima hipocresía. Ambos denunciaban la conducta inmoral de sus rerspectivos reyes y murieron en forma violenta bajo sus manos. Tanto Abinadí como Juan, sirvieron como profetas transicionales conectando el viejo y nuevo convenio—la ley de Moisés y la ley de Cristo. Al hacer esto, funcionaron como "Elías", preparando el camino para la primera venida del Mesías.[16]

- **Mosíah 11: 26–29 En lugar de arrepentirse, Noé reaccionacon ira y trata de matar a Abinadí.** El Señor salvó a Abinadí de sus manos (v. 26), y el orgulloso rey Noé demando saber "¿Quién es Abinadí, para que yo y mi pueblo seamos juzgados por él?, o ¿quién es el Señor para que traiga sobre mi pueblo tan grande aflicción?" (v. 27); una pregunta común formulada por aquellos que están practicando la iniquidad y no desean ser criticados por hacer esto. Noé afirmó "[Abinadí] ha dicho estas cosas para incitar a los de mi pueblo a la ira de los unos con los otros, y para suscitar contiendas entre los de mi pueblo" y entonces Noé prometió matar a Abinadí (v. 28). El pueblo le creyó al rey y "endurecieron sus corazones contra las palabras de Abinadí, y trataron de apresarlo desde ese momento en adelante" y ni el rey o el pueblo se arrepentirían (v. 29).

- **D&C 1:38 El Señor sostiene las palabras de Sus profetas, y debemos prestarle atención.** En nuestros días, el Señor declaró "Lo que yo, el Señor, he dicho, yo lo he dicho, y no me disculpo; y aunque pasaren los cielos y la tierra, mi palabra no pasará, sino que toda será cumplida, sea por mi propia voz o por la voz de mis siervos, es lo mismo. Debemos considerar estas palabras con seriedad, sobre todo cuando tenemos la tentación de criticar el consejo de nuestros apóstoles y profetas porque nos ofenden.

  El Presidente Harold B. Lee dijo:

  > Ahora la única seguridad como miembro de esta Iglesia es hacer exactamente lo que el Señor le dijo a la Iglesia en ese día cuando la Iglesia fue organizada. Debemos aprender a prestar atención a las palabras y a los mandamientos que el Señor dará a través de Su profeta "según los reciba, andando con toda santidad delante de mí. . . con toda la e y paciencia como si viniera de mi propia boca." (D&C 21:4–5).
  >
  > Habrán algunas cosas que requieran paciencia y fe. A usted no le podrá gustar lo que viene de la autoridad de la Iglesia. Podrá contradecir sus puntos de vistas políticos. Podrá contradecir sus puntos de vista sociales. Podrá interferir con su vida social. Pero si escucha estas cosas, como si vinieran de la boca del Señor mismo, con paciencia y fe, la promesa es que "las puertas del infierno no prevalecerán contra vosotros; sí, y Dios el Señor dispersará los poderes de las tinieblas delante de vosotros, y hará sacudir los cielos para vuestro bien y para la gloria de su nombre" (D&C 21:6).[17]

Una de las más recientes advertencias para el mundo entero está en la Proclamación para las familias—una afirmación oportuna acerca de las consecuencias de la destrucción de las familias tradicionales, la cual fue sólo el comienzo; pero que ahora se ha vuelto una epidemia. Ya que el Señor tiende a enviar tales advertencias antes de (esperando evitar) la destrucción de la gente que ofende, debemos tomar esta advertencia con mucha seriedad.

La Proclamación para la Familia dice:

> ADVERTIMOS que las personas que violan los convenios de castidad, que maltratan o abusan de su cónyuge o de sus hijos, o que no cumplen con sus responsabilidades familiares, un día deberán responder ante Dios. Aún más, advertimos que la desintegración de la familia traerá sobre las personas, las comunidades y las naciones las calamidades predichas por los profetas antiguos y modernos.
>
> HACEMOS UN LLAMADO a los ciudadanos responsables y a los funcionarios de gobierno de todas partes para que fomenten aquellas medidas destinadas a fortalecer la familia y a mantenerla como la unidad fundamental de la sociedad.[18]

**Notas** (Todas las referencias son de las versiones en idioma inglés de los textos que se citan.)

1. Monte S. Nyman, "Bondage y Liberación," en *Estudios de las escrituras, Volumen 7: de 1 Nefi a Alma 29*, editado por Kent P. Jackson, 1987, pág. 264.
2. *Curso del Setenta en Teología,* 5 volúmenes, 1907–12, 4:127–28.
3. Collins, *Tal es vida*, 85–88.
4. En Reporte de La Conferencia, octubre de 1968, pág. 65.
5. *El milagro del perdón*, 1969, pág. 325.
6. *Enseñanzas y comentarios sobre el Antiguo Testamento*, Ed J. Pinegar y Richard J. Allen, 2005, pág. 473.
7. *Comentario doctrinal del Libro de Mormón*, 4 volúmenes, 1987–92, 2:190–92.
8. *Evidencias y Reconciliaciones*, organizado por G. Homer Durham, 1960, pág. 258.
9. *Doctrina mormona*, 2.ª edición, 1966, pág. 700–1.
10. En Reporte de La Conferencia, abril de 1994, 24–25; o revista *Ensign*, mayo de 1994, 20.
11. *Un Entorno Americano Antiguo para el Libro de Mormón*, 1985, pág. 86.
12. *Un compañero para su estudio del Libro de Mormón*, 1976, pág. 182.
13. En Reporte de La Conferencia, octubre de 1971, pág. 167; o revista *Ensign*, diciembre de 1971, pág. 129.
14. "Dos Profetas: Abinadí y Alma," en *Estudios de las escrituras, Volumen 7: de 1 Nefi a Alma 29*, editado por Kent P. Jackson, 1987, pág. 257.
15. "Los dioses falsos Adoramos," revista *Ensign*, junio de 1976, págs. 4–6.
16. "Dos Profetas: Abinadí y Alma," págs. 240–41.
17. En Reporte de La Conferencia, octubre de 1970, pág. 152.
18. Alocución a la Junta General de la Sociedad de Socorro, Salt Lake City, 23 de septiembre de 1995; en revista *Liahona*, enero de 1995, págs. 101, 102.

Capítulo 18

# El mensaje de Abinadí y su Muerte

(Mosíah 12–17)

---

Abinadí fue, se puede decir, uno de los más grandes profetas en el Libro e Mormón. Parece haber salido de la nada, para llamar al arrepentimiento a los inicuos nefitas que vivían bajo el reino del Rey Noé. Él enseñó con sencillez lo relativo a los escritos de Isaías, la ley de Moisés, la misión venidera y la expiación de Jesucristo, la resurrección, y el juicio. Él condenó directamente al rey y a sus sacerdotes por sus fornicaciones y adulterio, y aún en el umbral de la muerte por fuego, se negó a retractarse de lo que el Señor le había mandado decir.

FRANK BARNARD, 1890, EL PROGRESO DEL PEREGRINO # 44, PÁG. 99

*Quemaron Abinadí viva con fuego*

Aún mientras moría en las llamas, Abinadí continuó profetizando. Predijo que el Rey Noé sufriría un destino parecido, y que su pueblo sufriría bajo la opresión por muchos años. Todas estas palabras se cumplieron al pie de la letra. El Rey Noé y su comportamiento brutal, hizo que su propia gente lo matara con fuego. Su hijo Limhi lo reemplazó (año 145 AC.) y reinó con mucha más justicia, pero él y su gente todavía sufrieron bajo la opresión lamanita, como lo había predicho Abinadí para todos los habitantes de la tierra de Nefi. Incluso el pueblo de Alma, posiblemente más justo que los otros,, sufrió esta misma maldición al momento en que los lamanitas los descubrieron en el desierto y los sometieron a esclavitud. Ambos grupos sufrieron la opresión por casi veinte años antes que escaparan a la tierra de Zarahemla.

### LA REDENCIÓN POR MEDIO DE JESUCRISTO

( Mosíah 12–16)

#### La Segunda Misión De Abinadí

- **Mosíah 12:1–8 Abinadí retorna dos años después de su primera aparición para predicar el arrepentimiento una vez más.** Aproximadamente en al año 148 AC., Abinadí regresó disfrazado para de nuevo llamar a la gente al arrepentimiento (v. 1). Esta vez la advertencia fue aún más grave: "A causa de sus iniquidades podrán ser reducidos a la servidumbre, y serán heridos en la mejilla, sí, y serán conducidos por los hombres, y serán llevados a la muerte, y los buitres del aire, y los perros, y aun las bestias salvajes devorarán su carne "" (v. 2) y la vida del Rey Noé no será más valiosa que "vestido en un horno ardiente; porque sabrá que yo soy el Señor" (v. 3). Abinadí profetizó que la gente sería visitada con "aflicciones; sí, con hambre y con pestilencia." Él dijo: "[el Señor] hará que aúllen todo el día. Sí, y hará que les aten cargas sobre sus espaldas; y serán arreados como mudos asnos" (vv 4–5). Además, serán visitados con granizo, y con "el viento del este" (falta de lluvia), con insectos que devorarán su grano, y con pestilencia; a menos que se arrepientan (vv 6–7). El Señor amenazó que si ellos todavía no se arrepentían, Él "los destruiría totalmente de sobre la faz de la tierra" (v. 8). Éstas son palabras duras y una advertencia terrible, pero todavía no era demasiado tarde para que ellos se arrepientan y sean salvados de toda esta miseria.

- **Mosíah 12: 9, 13–16 el pueblo todavía se niega a escuchar, y entregan a Abinadí al rey.** En lugar de escarmentar con las palabras de Abinadí, la gente se enfurece, lo amarran, y se lo llevan al rey diciendo: "He aquí, hemos traído ante ti a un hombre que ha profetizado el mal concerniente a tu pueblo, y dice que Dios lo destruirá. . . Y ahora bien, oh rey, ¿qué gran mal has hecho, o qué grandes pecados ha cometido tu pueblo para que Dios nos condene, o este hombre nos juzgue?" (vv. 9, 13). En otras palabras, "¿Quién se cree este hombre para criticarnos? Ellos le dijeron al rey: "Nos hallamos sin culpa, y tú, oh rey, no has pecado" (v. 14). No creyeron sus profecías porque creían que eran fuertes, declarando: "No caeremos en la esclavitud ni seremos llevados cautivos por nuestros enemigos".Ellos creían que su prosperidad continuaría pese a lo que Abinadí había dicho. (v. 15). Por este rechazo, y por su complicidad en la subsecuente muerte de Abinadí, la gente pagó caro. Ambos; los que eventualmente siguieron a Alma y aquellos que vivían bajo el rey justo Limhi, pasarían años en cautiverio, cumpliendo cada palabra de profecía que Abinadí pronunció aquí.

- **Mosíah 12:17–19 Para encontrar justificación en matar a Abinadí, los sacerdotes intentaron "confundirlo" en sus palabras.** En una escena muy reminiscente del juicio de Nuestro Señor en Jerusalén (Lucas 22: 66–71), el rey hizo que Abinadí fuera puesto en prisión, mientras que se reunían en el consejo para decidir qué hacer con él. (vv 17–18). Luego lo trajeron ante ellos "y empezaron a interrogarlo con el fin de confundirlo, para así tener de qué acusarlo; pero él les respondió intrépidamente e hizo frente a todas sus preguntas, sí, los llenó de asombro; pues los resistió en todas sus preguntas y los confundió en todas sus palabras" (v. 19).

- **Mosíah 12:20–24 Uno de los sacerdotes de Noé le pidió a Abinadí que interpretara Isaías 52:7–10.** Una pregunta específica está registrada por Mormón en este relato: "Y sucedió que uno de ellos le dijo: ¿Qué significan las palabras que están escritas, y que nuestros padres nos han enseñado?"

- **Mosíah 12:25–27 Abinadí reprende a los sacerdotes por su falta de entendimiento.** Esos sacerdotes orgullosos están probablemente muy seguros de que ellos entendían las escrituras. Su pregunta no era una honesta, sino un intento de confundir a Abinadí y demostrar que él no sabía lo que decía. Abinadí los reprendió por hacer la pregunta al decir: "¿Sois vosotros sacerdotes, y decís que enseñáis a este pueblo, y que entendéis el espíritu de profecía, y sin embargo, queréis saber de mí lo que estas cosas significan?" (v. 25). Él les regresó la pregunta sobre sus cabezas al decir: ¡Ay de vosotros por pervertir los caminos del Señor! Porque si entendéis estas cosas, no las habéis enseñado . . . No habéis aplicado vuestros corazones para entender; por tanto, . . . ¿Qué, enseñáis a este pueblo? " (vv 26–27).

- **Mosíah 12:28–37 Abinadí reprende a los sacerdotes por su hipocresía con la ley de Moisés.** En otra escena reminiscente de la oposición a Nuestro Señor en Jerusalén (Juan 9:28), los sacerdotes orgullosamente proclamaron "enseñamos la ley de Moisés" (Mosíah 12:28). La respuesta de Abinadí fue inmediata y punzante: "Si enseñáis la ley de Moisés, ¿cómo es que no la cumplís?" (v. 29). Estos hombres estaban violando muchas partes de la ley de Moisés. Ellos tenían sus corazones en las riquezas y estaban cometiendo fornicaciones y pasando el tiempo con rameras. Él sabía que ellos sabían que estas cosas que él estaba diciendo eran verdad. Les dijo: "Sí, sabéis que hablo la verdad, y deberíais temblar ante Dios" (v. 30).

*Abinadí desafió al rey y a los sacerdotes*

Abinadí entonces se volvió el interrogador en vez del interrogado. Intrépidamente preguntó: "Y ¿qué sabéis de lo concerniente a la ley de Moisés? ¿Viene la salvación por la ley de Moisés? ¿Qué decís vosotros?" ellos respondieron que sí (v. 31). Abinadí luego enumeró los principales mandamientos de la ley de Moisés y preguntó: "¿Habéis hecho todo esto? Yo os digo: No; no lo habéis hecho. ¿Y habéis enseñado a este pueblo que debe observar todas estas cosas? Os digo que no; no lo habéis hecho" (vv 32–37).

- **Mosíah 13:1–5 El Señor hizo posible que Abinadí llevara este mensaje,** y ellos no podían apresar a Abinadí hasta que hubiese terminado. Trataron, pero Abinadí les advirtió: "No me toquéis, porque Dios os herirá si me echáis mano, porque no he comunicado el mensaje que el Señor me mandó que diera; ni tampoco os he dicho lo que pedisteis que dijera; por tanto, Dios no permitirá que yo sea destruido en este momento" (vv 1–3). Esto es similar a lo que pasó cuando los hermanos de Nefi trataron de ponerle las manos encima, mientras que él los estaba llamando al arrepentimiento (1 Nefi 17: 48–54).

Los sacerdotes de Noé no se atrevieron a tocar a Abinadí porque "el Espíritu del Señor estaba sobre él, y su rostro resplandecía con un brillo extraordinario, como el de Moisés en el monte de Sinaí, mientras hablaba con el Señor (v. 5). Lo mismo sucedió cuando José Smith recibió la revelación, como lo atestiguaron numerosas personas que fueron testigos del proceso. Mary Elizabeth Rollins Lightner quien fue bautizada en el otoño de

1830 por los primeros misioneros en Kirtland, fue una de ellas. Ella fue testigo del profeta José Smith recibiendo una visión del señor Jesucristo:

> "Al él comenzar a hablar muy solemne y muy serio, al mismo tiempo, su semblante cambió y se quedó mudo. Aquellos que lo miraban aquel día dijeron que hubo una luz dentro de él, sobre cada parte de su cuerpo. Nunca vi nada parecido en la tierra. No podía quitar mis ojos de él. Él estaba tan blanco, que cualquiera quien lo vio hubiera pensado que era transparente. Recuerdo que pensé que podía ver los huesos a través de la carne. He pasado por muchos cambios desde entonces, pero esto está fotografiado en mi cerebro. Lo recordaré con los ojos de mi mente mientras que permanezca en la tierra. Se puso de pie por unos minutos. Miró a la congragación como si atravesara cada corazón. Él dijo: '¿Ustedes saben quién ha estado en medio de ustedes?' Uno de los Smith dijo: 'Un ángel del Señor', Martin Harris dijo: 'Fue Nuestro Señor y Salvador Jesucristo' José puso su mano sobre Martin y dijo: 'Dios te reveló eso'. Hermanos y hermanas, el Espíritu de Dios ha estado en medio de ustedes. El Salvador ha estado aquí esta noche y quiere decirles que lo recuerden. Hay un velo sobre sus ojos y ustedes no podrían soportar mirarlo."[1]

- **D&C 122:9 la promesa directa del Señor al profeta José Smith en 1839.** El principio de que un profeta no puede ser matado hasta que haya completado su obra, está verificado por la vida de José Smith. Esta promesa en Doctrina y Convenios dice: "Por tanto, persevera en tu camino, y el sacerdocio quedará contigo; porque los límites de ellos están señalados, y no los pueden traspasar. Tus días son conocidos y tus años no serán acortados; no temas, pues, lo que pueda hacer el hombre, porque Dios estará contigo por siempre jamás."

  Más tarde, en Nauvoo, con la amenaza de destrucción alrededor de él, el profeta José Smith recibió una bendición patriarcal de su padre moribundo, José Smith padre. La bendición dice: "José mi hijo, eres llamado a un llamamiento alto y sagrado. Eres llamado a hacer la obra del Señor. Mantente fiel y serás bendecido y tu hijo también. Aún vivirás para terminar tu obra." Ante esto, José Smith gritó, llorando "Oh, padre ¿lo haré?", "Sí" dijo el padre, "vivirás para preparar el plan de toda la obra que Dios te ha dado para realizar. Esta es mi bendición sobre tu cabeza antes de morir en el nombre de Jesús y se cumplirá."[2]

  El presidente Joseph Fielding Smith dijo: "ningún hombre justo jamás es tomado antes de su tiempo."[3] Podemos descansar con la certeza de que este el caso de Abinadí, el del profeta José Smith, y así con todos los profetas que lo han seguido. El Señor protege la vida hasta que ha llegado su hora señalada.

- **Mosíah 13: 6–10 Abinadí profetiza de nuevamente lo relativo a lo que pasará a Noé y sus sacerdotes** (Mosíah 12: 2–7). Abinadí le dijo a la gente "mi mensaje . . . os hiere hasta el corazón, porque os digo la verdad acerca de vuestras iniquidades. Sí, y mis palabras os llenan de maravilla, de asombro y de cólera" (vv 7–8). Él con valentía concluyó "doy fin a mi mensaje; y entonces no importa a dónde vaya, con tal de que yo sea salvado. Mas esto os digo: Lo que hagáis conmigo después de esto, será como símbolo y sombra de las cosas venideras" en otras palabras "lo que me hagan a mí, también les pasará a ustedes."

- **Mosíah 13:11-24 Abinadí lee los Diez Mandamientos a Noé y sus sacerdotes.** Abinadí proclama: "no están escritos en vuestros corazones... habéis estudiado y enseñado la iniquidad la mayor parte de vuestras vidas" (v. 11).

- **Mosíah 13: 25-28 Sólo la obediencia a los mandamientos nos provee salvación.** Abinadí preguntó: "¿Habéis enseñado a este pueblo que debe procurar obsrvar todas estas cosas... ? Os digo que no; porque si lo hubieseis hecho, el Señor no habría hecho que yo viniera y profetizara el mal sobre este pueblo." (vv 25-26). Luego retornó a la pregunta de si la salvación viene por medio de la ley de Moisés. Él dice que en la actualidad, es conveniente para ellos que guarden la ley de Moisés, pero vendrá el tiempo cuando no sea conveniente (v. 27). Y además, "la salvación no viene sólo por la ley; y si por la expiación que Dios mismo efectuará por los pecados e iniquidades de los de su pueblo, éstos inevitablemente perecerán, a pesar de la ley de Moisés" (v. 28).

  El élder Bruce R. McConkie dijo:

  > Abinadí [dijo]: "la salvación no viene sólo por la ley; y si no fuera por la expiación que Dios mismo efectuará por los pecados e iniquidades de los de su pueblo, éstos inevitablemente perecerían, a pesar de la ley de Moisés". La salvación no se halla en las obras—ni aún en aquellas reveladas por Dios—sino en Cristo y Su expiación. Ahora supongamos un caso de los días modernos. Supongamos que tenemos las escrituras, el evangelio, el sacerdocio, la Iglesia, las ordenanzas, la organización, y aún las llaves del reino—todo lo que está ahora aquí abajo; hasta el último detalle—y sin embargo no hay expiación de Cristo. Entonces, ¿Qué pasaría? ¿Podemos ser salvados? ¿Todas nuestras buenas obras nos salvarán? ¿Seremos recompensados por nuestra justicia? Lo más seguro es que no lo seremos. No somos salvados por las obras solas, no importa cuán buenas sean, somos salvados porque Dios envió a Su hijo a derramar su sangre en Getsemaní y en el calvario para que todos, por medio de Él, pudieran ser rescatados. Somos salvados por la sangre de Cristo. Parafraseando a Abinadí: "La salvación no viene por la Iglesia sola: y si no fuera por la expiación dada por la gracia de Dios como un don gratis, todos los hombres deben inevitablemente perecer, y esto pese a la Iglesia y todos lo que le pertenece a élla."[4]

- **Mosíah 13: 32-35 la ley de Moisés y el sacrificio de animales fueron ambos un simbolismo de algo que puede salvarnos a todos—la Expiación de Jesucristo.** Como todas las ordenanzas del sacerdocio, las acciones sin entenderlas no son suficientes. Abinadí preguntó: Y bien, ¿entendieron la ley? [los hijos de Israel] Os digo que no; no todos entendieron la ley; y esto a causa de la dureza de sus corazones; pues no entendían que ningún hombre podía ser salvado sino por medio de la redención de Dios. (v. 32). Las ordenanzas mismas que estaban realizando, incluyendo los sacrificios, eran para enseñarles algo acera acerca de Jesucristo y para encaminar sus mentes hacia Su gran y último sacrificio en el meridiano de los tiempos.

Abinadí verificó lo que Moisés profetizó: " relativo a la venida del Mesías, y que Dios redimiría a su pueblo? Sí, e incluso todos los profetas que han profetizado desde el principio del mundo, ¿no han hablado ellos más o menos acerca de estas cosas? . . . que Dios mismo bajará entre los hijos de los hombres, y tomaría sobre sí la forma de hombre, e iría con gran poder sobre la faz de la tierra? Sí, y ¿no han dicho también que llevaría a efecto la resurrección de los muertos, y que él mismo sería oprimido y afligido?" (vv 33–35). Éste es el corazón de la ley de Moisés y también el corazón del evangelio.

El profeta José Smith dijo: "Los principios fundamentales de nuestra religión son el testimonio de los apóstoles y profetas, concerniente a Jesucristo, que Él murió, fue entregado, y se levantó de nuevo al tercer día, y ascendió al cielo, y las otras cosas que pertenecen a nuestra religión, son sólo apéndice de ello."[5]

El élder Bruce R. McConkie dijo: "Nada en todo el plan de salvación de ninguna manera se compara en importancia al . . . sacrificio expiatorio de nuestro Señor . . . es el cimiento de roca sobre el cual el evangelio, y las demás cosas se apoyan. . . es la fundación sobre la cual descansa toda la verdad, y todas las cosas crecen de ella y vienen por ella. Verdaderamente, la expiación es el evangelio.[6]

## LAS ENSEÑANZAS ACERCA DEL SALVADOR

(Mosíah 14; Isaías 53)

### El testimonio de Isaías de Cristo

Uno de los propósitos más importantes de Isaías fue dar testimonio de Cristo. En todos sus escritos no hay testimonio más poderoso que en Isaías 53, el cual es comúnmente llamado "el siervo sufriente" por los estudiosos de la Biblia. Algunos minimalistas Bíblicos, tratan de desacreditar la conexión entre estas profecías y el ministerio de Jesucristo. Pero para el oído creyente, ésta es una inequívoca prueba de que Isaías vio el día del ministerio mortal de nuestro Salvador. Él lo describe aquí con inequívoca claridad.

J. S. V. CAROLSFELD

*Isaías vio los eventos del ministerio de Jesús*

Nefi dijo que una de las razones por la cual él citó a Isaías tan extensamente fue para convencerlos más plenamente de que creyeran en el Señor su Redentor" (1 Nefi 19:23). Nefi amó al Señor en una manera muy personal y por tanto, su "alma de deleitaba" de las palabras de Isaías "él [Isaías] verdaderamente vio a mi Redentor, tal como yo lo he visto" (2 Nefi 11:2).

Abinadí dijo que todos los profetas han testificado de Cristo: "Pues he aquí, ¿no les profetizó Moisés lo relativo a la venida del Mesías, y que Dios redimiría a su pueblo? Sí, e incluso todos los profetas que han profetizado desde el principio del mundo, ¿no han hablado ellos más o menos acerca de estas cosas? ¿No han dicho que Dios mismo bajaría entre los hijos de los hombres, y tomaría sobre sí la forma de hombre, e iría con gran poder sobre la faz de la tierra? Sí, y ¿no han dicho también que llevaría a cabo la resurrección de los muertos, y que él mismo sería oprimido y afligido? (Mosíah 13:33–35). Abinadí entonces citó a Isaías 53.

**La Misión y Expiación de Cristo**

- **Mosíah 14:2** (Isaías 53:2) **"Una planta tierna."** Isaías profetizo que Salvador "crecerá delante [del mundo] como una planta tierna, y como raíz de tierra seca; no hay en él ni hermosura; y cuando lo veamos, será sin atractivo para que no lo deseemos" En otras palabras, al igual que nosotros, el nacería como un pequeño niño indefenso y crecería hasta la madurez sin llamar la atención particular del mundo

  El Presidente Joseph Fielding Smith dijo: "¿No creció Cristo como una planta tierna? No había nada acerca de Él que causara que la gente lo distinguiera de los demás. En apariencia, Él era como los hombres, y por lo que expresa aquí el profeta, Él no tenía forma ni hermosura, no era distinto de los demás como para que la gente lo reconociera como el Hijo de Dios. Él apareció como un hombre mortal."[7]

W. A. BOUGEUREAU, 1893

- **Mosíah 14:3 (Isaías 53:3) "varón de dolores y experimentado en quebranto."** Isaías predijo que el Salvador sería "despreciado y desechado entre los hombres, varón de dolores y experimentado en quebranto." Él también predijo que los hombres "escondimos [esconderían] de él el rostro" y lo considerarían "menospreciado" y "no lo estimamos." Todas estas predicciones se cumplieron literalmente.

  — Juan 1:11 Su pueblo—los judíos—lo rechazaron como el Mesías.
  — Juan 7:5 Los miembros de su propia familia lo rechazaron como el Mesías.
  — Lucas 4:16–30 La gente de su ciudad natal trató de matarlo.
  — Lucas 22:48,54–62 Un amigo lo traicionó; otro lo negó.
  — Mateo 26:56 Todos los discípulos lo abandonaron, y huyeron.
  — Mateo 27:22–23 Sus enemigos reclamaron su crucifixión .

El Presidente Joseph Fielding Smith dijo: ¿No fue Cristo un varón de dolores? ¿No fue Él rechazado por los hombres? ¿No estuvo Él familiarizado con el dolor? ¿No escondió la gente sus rostros de Él (figurativamente)? ¿No lo despreciaron? De cierto Él sabía nuestros dolores y nuestras penas, sin embargo Él iba a ser herido por Dios y abandonado por Él. ¿No decía esto la gente? ¿Cuán cierto son todas estas cosas?"[8]

- **Mosíah 14:4–7** (Isaías 53:4–7) **"Herido por nuestras transgresiones."** Hablando como si ya hubiese pasado, Isaías declaró "Ciertamente él llevó nuestras enfermedades y sufrió nuestros dolores" aunque el mundo lo consideraría un vagamundo: "herido y afligido por Dios."(v 4). No obstante, aunque ellos no tenían ni idea de lo que estaba haciendo (Lucas 23:34) cuando lo torturaban y los crucificaban "él fue herido por nuestras transgresiones, lacerado por nuestras iniquidades; el castigo de nuestra paz fue sobre él, y por sus heridas nosotros fuimos sanados" (v. 5).

Nótese que Él sufrió por nuestras "enfermedades" y "dolores" (v. 4); y también por nuestras iniquidades (vv 5–6). Cada uno de nosotros ha pecado y está necesitado de una redención (1 Juan 1: 8–10), "y "como ovejas [que] se han extraviado, nos apartamos cada cual por su propio camino" (v. 6), por lo que, para salvarnos y proporcionarnos una oportunidad para la redención ", el [Padre] cargó en él el pecado de todos nosotros "(v. 6). No podemos comprender la inmensidad de esta carga.

El élder James E. Talmage dijo:

> "La agonía de Cristo en el jardín es insondable para la mente finita, tanto en cuanto a la intensidad como a la causa. El pensamiento de que Él sufrió por temor a la muerte es insostenible. La muerte para Él precedía a la resurrección y regreso triunfal al Padre del cual había venido, y en estado de gloria, incluso más allá de la que antes había poseído; y por otra parte, estaba dentro de su poder entregar voluntariamente su vida.
>
> Él luchó y gimió bajo el peso de una carga que ningún otro ser que haya vivido sobre la tierra puede siquiera concebir que fuera posible. No fue solamente el dolor físico o la angustia mental, lo que lo hizo padecer tan intenso tormento que produjo emanación de sangre de cada poro, sino una agonía espiritual del alma que sólo Dios era capaz de conocer.
>
> Ningún otro hombre, no importa cuán poderosa hubiera sido su resistencia física o mental, podría haber padecido en tal forma, porque su organismo humano hubiera sucumbido, y un síncope le habría causado la pérdida del conocimiento y ocasionado la muerte anhelada." En esa hora de angustia Cristo resistió y venció todos los horrores que Satanás, "el príncipe de este mundo" pudo infligirle. El incidente de Su terrible lucha frente a las tentaciones inmediatamente después del bautismo del Señor fue superado y eclipsado por este concurso supremo con los poderes del mal.
>
> De una forma efectiva y terriblemente real, aunque incomprensible para el hombre, el Salvador tomó sobre sí la carga de los pecados de todo el género humano, desde Adán hasta el fin del mundo.[9]

Isaías también predijo que aunque Él sería oprimido, , y afligido, no abriría su boca"—Él permanecería en silencio ante sus acusadores (Mateo 27: 12–14.) No hubo injuria o retribución por parte del Señor, solo redención.

- **Mosíah 14:7** (Isaías 53:7) **Un Cordero Sacrificial de Dios.** Haciendo la metáfora del sacrificio clara como el agua, predijo que nuestro Señor sería traido "como cordero al matadero." Para la mente hebrea, esta imagen era bien conocida—un indefenso y puro cordero traído al altar y matado por los pecados de la gente. El "siervo sufriente" de Isaías es aquí claramente descrito como un cordero, matado por los pecados del mundo. La imagen es inequívoca, y sabemos por qué Juan el Bautista se refirió a Él al comienzo de Su ministerio como "el cordero de Dios" (Juan 1:29)

GUSTAVE DORÉ, 1896

- **Mosíah 14:8–9** (Isaías 53:8–9) **muerte y sepultura de Cristo.** Aunque "nunca él hizo maldad, ni hubo engaño en su boca" (v. 9), sin embargo fue quitado "de la cárcel y del juicio... [y] arrancado de la tierra de los vivos" (v. 8). Y aunque Él mismo no era culpable de ningún crimen, "dispuso su sepultura con los inicuos". Esto fue logrado cuando el Salvador fue puesto entre dos ladrones mientras era crucificado (Lucas 23:33). No obstante, Él estaría "con los ricos en su muerte" (v. 9)—cumplido cuando su cuerpo sin vida fue puesto en la tumba de José de Arimatea (Mateo 27:60).

- **Mosíah 14:10–11** (Isaías 53:10–11) **"Satisfizo" al Padre "quebrantar" a Su Hijo porque salvó al resto de nosotros** (v. 10). El Padre le permitió a Él ser "sometido a padecimiento", poniendo "su vida como expiación por el pecado" (v. 10). El Padre "verá la aflicción de su alma y [la justicia] quedará satisfecha" (v. 11). De cierto, "por su conocimiento mi justo siervo justificará a muchos, y él llevará las iniquidades de ellos" (v. 11).

  El élder Melvin J. Ballard dijo:

> En esa hora pienso que puedo ver a nuestro querido Padre detrás del velo mirando estas luchas moribundas hasta que Él no pudo soportar por más tiempo; y como la madre que se despide de su hijo moribundo, tiene que ser sacada del cuarto, para no verlas últimas luchas, entonces Él bajó Su cabeza, y se escondió en alguna parte de Su universo, Su gran corazón casi rompiéndose por el amor que Él tenía por Su Hijo.
>
> Oh, en ese momento cuando Él podía haber salvado a Su Hijo, le agradezco y lo alabo porque Él no nos falló, porque Él tenía en su mente no sólo el amor por Su hijo, sino también el amor por nosotros. Me regocijo de que Él no interfirió, y que Su amor por nosotros hizo posible para Él soportar y mirar los sufrimiento de Su hijo y darlo finalmente para nosotros, nuestro Salvador y Redentor. Sin Él, Sin su sacrificio, nos hubiéramos

quedado, y nunca hubiéramos venido glorificados ante Su presencia. Y esto es lo que cuenta, en parte, para Nuestro Padre Celestial; dar el regalo de Su Hijo a los hombres.[10]

- **Mosíah 14:10** (Isaías 53:10) **Aquellos a quienes Cristo redime se vuelven su "semilla."** El élder Bruce R. McConkie dijo: "La semilla de Cristo son aquellos que son adoptados en Su familia, quienes por fe se han vuelto Sus hijos y Sus hijas. (Mosíah 5:7). Ellos son hijos de Cristo en el sentido de que son Sus seguidores y discípulos y observan Sus mandamientos. (4 Nefi. 17; Mormón 9:26; Moroni. 7:19)."[11]

- **Mosíah 14:10** (Isaías 53:10) **Aunque Él morirá, vivirá.** Hablando de los eventos después de Su muerte, Isaías predice que Él "verá su linaje, prolongará sus días, y la voluntad del Señor prosperará en su mano." ¿Cómo puede ser posible esto para un hombre muerto? No puede ser. La implicancia de que vivirá de nuevo es bastante clara para la mente espiritual.

HEINRICH HOFFMANN, 1890

- **Mosíah 14:12** (Isaías 53:12) **La parte de Jesús "con los grandes."** Él de voluntad "derramó su vida hasta la muerte" después de ser "contado con los transgresores," (vivir entre ellos en la tierra). Y al hacer esto, Él ha "llevado el pecado de muchos e intercedido por los transgresores." Y por Su sacrificio voluntario por todos nosotros, el Padre "le [dará] parte con los grandes, y con los poderosos repartirá el botín" Él heredará todo lo que tiene el Padre para dar (Juan 16:15) y reinará con Él por toda la eternidad.

- **Mosíah 14:12** (Isaías 53:12) **Él "repartirá el botín con los poderosos."** Utilizando una metáfora militar "repartir el botín" después que ha sido conseguida una victoria, Isaías dijo que el Salvador dividirá Sus bendiciones eternas "con los poderosos." Esto implica que todos aquellos que lo siguen fielmente serán coherederos con Él; de las bendiciones que el Padre le dará a Él.

  — **Romanos 8:17** el Apóstol Pablo verificó esta promesa cuando él dijo que los poderosos (los justos) se volverán "coherederos" con Cristo. Y "sí hijos, también herederos; herederos de Dios, y coherederos con Cristo, si es que padecemos juntamente con él, para que juntamente con él seamos glorificados."

## El "Primer Testamento" de Cristo

El capítulo 53 de Isaías, citado en Mosíah 14, es uno de los testimonios más profundos encontrados en las escrituras concernientes al ministerio de Jesucristo. No es de sorprender que Nefi apreciara tanto las palabras de Isaías; y no es de sorprender que el Salvador mismo les leyera y explicara este capítulo a los nefitas cuando Él los visitó.

El Antiguo Testamento es exactamente eso—un testamento, y es el primer testamento concerniente a Cristo. El Salvador dijo: "Buscad en las Escrituras, porque a mi parece que en ellas tenéis la vida eterna; y ellas son las que dan testimonio de mí." (Juan 5:39). Claramente, cuando Él dijo: "Las escrituras", quiso decir el Antiguo Testamento, ya que este era el único volumen de escritura disponible para ellos. Y Él con sencillez dijo que el Antiguo Testamento testificó de Él—el Salvador. Entonces, El Antiguo Testamento podría ser considerado más apropiadamente como "el primer testamento de Jesucristo." Por sólo esa razón, vale la pena un estudio serio.

El élder Mark E. Peterson dijo: "Jesús nunca hubiera dicho que las escrituras disponibles para la gente de ese tiempo no testificaron de Él. Él les urgió a leer las escrituras porque en estas podrían ver cómo los profetas a quienes adoraban, pero que ahora llevan mucho tiempo muertos, de hecho predijeron sobre Su venida. Testificaron de Él . . . el Señor citó . . . a Moisés y los demás profetas . . . 'en todas las escrituras las cosas concernientes a Él mismo.'"[12]

Una y otra vez, a través del Antiguo Testamento, la venida del Mesías es predicha por medio de símbolos profundos, historias significativas, y profecías asombrosamente exactas. El propósito principal de todos los testamentos, viejo o nuevo, es dar testimonio de Cristo. Como resultado, para el ojo y el oído espiritual (el Antiguo Testamento) más exactamente el "Primer testamento", es como una gigantesca mano apuntando hacia la venida de Jesucristo. Si somos guiados por el Espíritu Santo, veremos la inequívoca marca del Mesías en cada libro que leemos en estas escrituras.

El Presidente Brigham Young dijo: "el Antiguo y Nuevo Testamento, el Libro de Mormón, y la Doctrina y Convenios . . . son como un faro en el océano, o un dedo que apunta al camino al cual viajaremos. ¿Hacia dónde apuntan? Hacia la fuente de luz . . . ése es el propósito de estos libros. Ellos son de Dios; son valiosos y necesarios: mediante ellos podemos establecer la doctrina de Cristo."[13]

## CRISTO COMO PADRE E HIJO

- **Mosíah 15:1–5 Abinadí enseña lo concerniente a los muchos roles de Jesucristo.** Estos son los versículos más difíciles en el Libro de Mormón; a menos que tengamos una idea clara de la Divinidad. Abinadí dijo: "Dios mismo descenderá entre los hijos de los hombres, y redimirá a su pueblo." (v. 1). A continuación se refirió a Él como el "Hijo de Dios" pero también como "El Padre y el Hijo" (v. 2). Él explicó lo que esto significa (v. 3) y luego dijo: "Ellos son un Dios, sí, el verdadero Padre Eterno del cielo y de la tierra"." Para los Santos de los Últimos Días que entienden la divinidad, consiste de tres persona distintas, ésta puede ser una escritura muy confusa. Pero Abinadí está tratando de explicarlo, y tenemos que examinar cuidadosamente lo que él dijo.

- **A Jesús se lo conoce como "el Padre":**

  — **Mosíah 3:8 Él es "el Padre del cielo y de la tierra, el Creador** de todas las cosas desde el principio." Esto incluye los elementos mismos de los cuales nuestros cuerpos están hechos. En ese caso, Él es el Padre de la tierra y de todo sobre todo lo que está sobre ella.

  — **Mosíah 5:7 Él es el Padre de los que aceptan Su evangelio y lo siguen.**

  — **Mosíah 15:10–13** A menudo nos referimos a Él como el Maestro, lo cual implica que Él es la máxima fuente del entendimiento del evangelio y es nuestro ejemplo supremo. En ese sentido, Él es el Padre de los principios que creemos y seguimos.

  — **D&C 93:3–4, 17 Jesús tiene la autoridad de hablar y actuar en nombre del Padre Celestial**—esto se llama investidura divina de autoridad. Porque el Padre y el Hijo y el Espíritu Santo son todos "una mente" y tienen un propósito, ellos pueden hablar el uno en el nombre del otro. El Espíritu Santo susurra las palabras de nuestro Padre a nuestros espíritus, entonces nos habla como si Él fuera el Padre. Y Jesucristo también tiene plena autoridad para hablar y actuar en nombre del Padre en todas las cosas. A veces les habla al hombre como si Él fuera Él padre, como lo hizo con Moisés y Abraham cuando se refirió a ellos como "mi hijo" (Moisés 1:4–7, 40; Abraham 1:17; 3:12).

El élder Bruce R. McConkie dijo: "¿Cómo es que Nuestro Señor es el Padre? Es por la expiación, porque Él recibió poder de Su padre para hacer aquello que es infinito y eterno. Esta es una cuestión de Su padre Eterno invistiéndolo a Él con poder de lo alto para que Él se vuelva el Padre; porque Él ejerce el poder de ese Ser Eterno."[14]

El presidente Joseph Fielding Smith dijo: "Toda la revelación desde la Caída ha venido por medio de Jesucristo, que es Jehová del Antiguo Testamento. En todas las escrituras, donde es mencionado Dios y donde Él ha aparecido, era Jehová ... El padre nunca ha tratado con el hombre directamente y personalmente desde la Caída y Él nunca ha aparecido excepto para introducir y dar testimonio del Hijo."[15]

- **A Jesús también se lo nobra como "el Hijo":**

  — **Mosíah 15:2–4 "Él morará en la carne" y "fue concebido por el poder de Dios"** (D&C 93:3–4) . Así, Dios el Padre era el padre de Jesús en el cuerpo de la misma manera que todos los padres terrenales tienen descendencia física. Eso lo haría a Él el hijo del Padre en esta tierra de una manera literal, así como es Su hijo espiritual en la existencia premortal. Fue, por tanto, dos seres en uno—el hombre terrenal nacido de María, y el poderoso y eterno Espíritu de de la creación—ambos juntos "en un solo Dios" (v. 4).

  — **Mosíah 15:5–7 "la voluntad del Hijo es absorbida en la por la voluntad del Padre"** (3 Nefi 1:14). Su cuerpo terrenal experimentó la misma fatiga, trauma, pena, y deseos que cualquier otro cuerpo físico, sin embargo, Él siempre hizo que esos impulsos estuvieran "sujetadoos al Espíritu, o al Hijo al Padre. Él: "sufre tentaciones, pero no cede a ellas, pero sufre al ser burlado, y azotado, y echado fuera, y repudiado por su pueblo"" e hizo todo lo demás en Su ministerio; para que Él pudiera hacer la voluntad del Padre en el Cielo (vv 5–7). Esto lo hace el Hijo del Padre en términos de lo que Él hace, por qué lo hace, y a quién Él adora.

## LA SEMILLA DE CRISTO

- **Mosíah 15: 8–9, 19 Cristo expió los pecados del mundo y se convirtió en nuestro abogado ante el Padre** (D&C 45:3–5). Jesús pagó el precio de la salvación para todos nosotros, y y si queremos lograr la exaltación del todo, será por medio de Él. El padre le dio a Él poder de "romper las ligaduras de la muerte, después de haber logrado la victoria sobre la muerte" y también para "interceder por los hijos de los hombres" (v. 8). Así Jesús está entre nosotros, y las demandas de la justicia porque Él ha "tomado sobre sí la iniquidad y las transgresiones de ellos, habiéndolos redimido y satisfecho las exigencias de la justicia" (v. 9). Y si esto no fuera así, entonces "toda la humanidad habría perecido" (v. 19).

- **Mosíah 15:10–14 Abinadí habla de la semiente—los hijos e hijas—de Jesucristo** (Mosíah 14:10). Abinadí continuó el tema de Cristo como nuestro padre al explicar lo que Isaías quiso decir cuando él dijo: "Cuando su alma haya sido tornada en ofrenda por el pecado, él verá a su posteridad" (Mosíah 15:10; Isaías 53:10) y cuando él le preguntó a los sacerdotes del Rey Noé "¿qué decís vosotros? ¿Quién será su posteridad?" él explicó: "quien ha oído las palabras de los profetas, sí, todos los santos profetas que han profetizado lo concerniente a la venida del Señor . . . y han esperado anhelosamente ese día para la remisión de sus pecados . . . éstos son su posteridad, o sea, son los herederos del reino de Dios" (v. 11). Todos aquellos redimidos de sus transgresiones son su posteridad, así como lo son "los santos profetas desde el principio del mundo" Luego él citó a Isaías 52:7 en lo relativo a la misión de estos profetas "que han publicado la paz, que han traído gratas nuevas del bien, que han publicado la salvación y dicen a Sión: ¡Tu Dios reina!" (v. 14).

  Una idea importante pero sutil está implícita en el versículo 13, en el cual Abinadí dijo que los profetas también necesitan redención. Los profetas son hombres mortales. No son infalibles, y ellos necesitan la expiación para ser salvados tanto como el resto de nosotros. El élder Bruce R. McConkie dijo "Con toda su inspiración y grandeza, los profetas son aún hombres mortales con imperfecciones comunes al género humano en general. Ellos tienen sus opiniones y prejuicios y tienen que resolver sus propios problemas, en muchos casos, sin inspiración."[16]

## LA RESURRECCIÓN

- **Mosíah 15:20–25 Aquellos que se levantarán en la primera resurrección.** Porque Cristo rompió las ligaduras de la muerte y tiene poder sobre la muerte, Él sostiene las llaves para la resurrección de todas las personas (v. 20). Pero hay más de una resurrección, o la gente será resucitada en más de una ocasión. La primera resurrección es "de aquellos que han existido, que existen y que existirán hasta la resurrección de Cristo, pues así será llamado él" (v. 21). Incluidos en este grupo estarán:

— "Los muertos justos que vivieron desde los días de Adán hasta el momento en que Cristo rompió las ligaduras de la muerte [y](D&C 133:54–55)."[17] (vv. 22–23). "estuvieron con Cristo en su resurrección"

— Muchos de los murieron ignorantes del evangelio antes de la venida de Cristo (v. 24). Tendrán el evangelio predicado en el mundo de los espíritus (D&C 137:7).

— Los niños pequeños, todos los cuales tienen vida eterna (v. 25; Moroni 8; D&C 137:10).

B. PICART, 1728

El élder Bruce R. McConkie dijo: Aquellos que vivieron antes de la resurrección de Cristo, el día de Su venida de los muertos fue conocido como la primera resurrección... Para aquellos que han vivido desde ese día, la primera resurrección todavía está en el futuro y tendrá lugar en el momento de la Segunda Venida."[18]

El élder Bruce R. McConkie también dijo:

> "Entre todos las gloriosas verdades del evangelio dadas de Dios para Su gente, escasamente hay una doctrina que sea tan dulce, tan satisfactoria para el alma, y santificadora del alma, que aquella verdad que proclama que los niños pequeños serán salvados. Ellos están vivos en Cristo y tendrán vida eterna. Para ellos la unidad familiar continuará, y la plenitud de la exaltación les pertenecerá. Ninguna bendición les será negada. Se levantarán en gloria inmortal, crecerán hasta la madurez, y vivirán para siempre en el cielo más alto del reino celestial—todo por los méritos y la misericordia y la gracia del Santo Mesías, todo por el sacrifico expiatorio de Él, que murió para que nosotros vivamos .. ésta es una de las grandes evidencias de la misión divina del profeta José Smith. En sus días, los ardorosos evangelistas de la cristiandad estaban bramando desde sus púlpitos que el camino al infierno está pavimentado con los cráneos de infantes; porque en sus cortas vidas los padres decuidados habían olvidado bautizar a sus hijos. Las enseñanzas de José Smith llegaron como una briza refrescante de la verdad pura: Los niños pequeños serán salvados. ¡Gracias a Dios por las revelaciones . .. en lo que se refiere a estas almas inocentes y puras!"[19]

- **Mosíah 15:26–27 Aquellos que no tendrán participación de la primera resurrección.** Aquellos que no se levantarán en la primera resurrección incluye: "los que se rebelan contra él, y mueren en sus pecados; ... desde el principio del mundo, que por su propia voluntad se han rebelado contra Dios, que han sabido los mandamientos de Dios, y no quisieron observarlos" (v. 26).

- **Mosíah 15:28–31** (Isaías 52:8–10) **Abinadí cita una profecía de Isaías relativa a la re-unión de los últimos días y el establecimiento de Sion.** Abinadí profetizó que el evangelio "será declarado a toda nación, tribu, lengua y pueblo" (v. 28). Luego cita a Isaías 52:8–10 en relación a los centinelas de Sión elevando sus voces, los lugares desolados de Jerusalén siendo reconstruidos; y el Señor "desnudando su santo brazo [mostrando Su milagroso poder] ante los ojos de todas las naciones, y todos los confines de la tierra verán la salvación de nuestro Dios."

## EL JUICIO

*Cristo juzgará a toda la humanidad*

- **Mosíah 16:1–5 Para los inicuos, es como si no hubiera habido una redención.** Abinadí estiró su mano hacia Noé y hacia sus sacerdotes y dijo: "Los malvados serán echados fuera, y tendrán motivo para aullar y llorar, lamentarse y hacer crujir los dientes; y esto porque no quisieron escuchar la voz del Señor; por tanto, el Señor no los redime" (vv 1–2). Él los llamó (a todos los inicuos) "carnales y diabólicos" (v. 3). Y dijo: "Que el que persiste en su propia naturaleza carnal, y sigue las sendas del pecado y la rebelión contra Dios, permanece en su estado caído, y el diablo tiene todo poder sobre él" (v. 5). Para tales persona es como si "no se hubiera habido ninguna redención" (v. 5). Cristo ha sufrido por los pecados de toda la humanidad y no hay beneficio para el hombre que no se arrepiente. En efecto, Cristo ha sufrido en vano por ese hombre. Y cuando un hombre sabe esto y se rehúsa a arrepentirse, él está en efecto diciendo que no le importa que Cristo sufriera por él. En tales casos, el apóstol Pablo dijo: "crucifican de nuevo para sí mismos al Hijo de Dios y lo exponen a vituperio" (Hebreos 6:6), lo que significa que ellos son partícipes deseosos de Su sufrimiento y muerte.

- **Mosíah 16: 8–15 El testimonio final de Abinadí de Cristo para el Rey Noé y sus sacerdotes.** Abinadí testifica que Cristo es "la luz y la vida del mundo; sí, una luz que es infinita, que nunca se puede extinguir; sí, y también una vida que es infinita, para que no haya más muerte" (v. 9). Todos los hombres mortales se "vestirán de inmortalidad" —sus cuerpos corruptos se volverán incorruptibles—"serán llevados a comparecer ante el tribunal de Dios, para ser juzgados por él según sus obras, ya fueren buenas o malas" (v. 10).

  Aquellos que han hecho buenas obras experimentarán la "resurrección a una vida eterna y feliz" y aquellos que han hecho el mal "experimentarán la resurrección auna condenación eterna, serán entregados al diablo que los ha sujetado, lo cual es condenación" Esta doctrina de que nos levantaremos en la resurrección en el mismo estado que logramos en esta vida, es sólo un principio y será más ampliamente discutido en Alma 41.

  Los inicuos recibirán esta poco-feliz recompensa por "su propia voluntad y deseos carnales; ya que nunca han invocado al Señor mientras los brazos de la misericordia se extendían hacia ellos . . . habiendo sido advertidos de sus iniquidades, y sin embargo, no las abandonaron; y se les mandó arrepentirse, y con todo, no quisieron arrepentirse" (v. 12). Esto es una descripción precisa del Rey Noé y de sus sacerdotes; así como de todos los voluntariamente inicuos, y Abinadí los invita una vez más a "arrepentirse de [sus] pecados, y les recuerda que sólo en, y a través de Cristo podéis ser salvados "(v. 13)."

El élder Bruce R. McConkie dijo: "en Su amor y Su misericordia, un Dios con gracia busca la salvación de todos Sus hijos. Pero Él no puede salvar a los justos sin condenar a los inicuos; Él no puede recompensar a los obedientes sin condenar a los rebeldes; Él no puede llenar con bendiciones los corazones de los justos sin medida sin derramar su ira sobre los inicuos. Por cierto, ¿Cómo podría un justo y Santo Ser, que no puede mirar el pecado con el menor grado de tolerancia hacer otra cosa que enviar ira y venganza sobre aquellos que adoran a Satanás y se rebelan contra Él?[20]

Abinadí les mandó a los sacerdotes de Noé, como maestros del pueblo, "si enseñáis la ley de Moisés, enseñad también que es un símbolo de aquellas cosas que están por venir; enseñadles que la redención viene por medio de Cristo el Señor, que es el verdadero Padre Eterno. Amén" (vv 14–15).

## LOS FRUTOS DE LA MISIÓN DE ABINADÍ
(Mosíah 17)

### Alma se convierte por las palabras de Abinadí

- **Mosíah 17:1–4 Alma escribe "todas las palabras que Abinadí había hablado."** El rey Noé le mandó a sus sacerdotes que tomaran a Abinadí y lo mataran (v. 1). Sin embargo, uno de ellos—un hombre llamado Alma que era un descendiente de Nefi—creyó en las palabras de Abinadí; y apeló al rey para que lo dejaran irse en paz (v. 2). Todo lo que logró fue que lo echaran del consejo y los sirvientes del rey lo mandaron a matar (v. 3). Alma se escapó y pasó muchos días escribiendo las palabras que habló Abinadí (v. 4).

Pudiera ser que Abinadí no supiera el impacto de sus palabras en Alma. Pudiera él haber pensado que ninguno de esos inicuos sacerdotes se arrepentiría alguna vez y que sus palabras hacia ellos, en el umbral de la muerte, estaban cayendo en oídos sordos. Sin embargo, un hombre que conocía bien las iniquidades de la gente a la cual Abinadí le había hablado, fue profundamente conmovido. Cuando un profeta de Dios habla con poder, los puros de corazón son conmovidos por sus palabras y están deseosos de recordar cada palabra que él hable. Este fue sin duda, el caso del profeta José Smith.

El Presidente Wilford Woodruff dijo: "Cuando yo escuchaba a José Smith predicar, enseñar o profetizar, siempre sentí que era mi deber escribirlo, me sentía incómodo y no podía comer, beber, o dormir hasta que escribiera; y mi mente se ha ejercitado tanto en esto que cuando escuchaba a José Smith enseñar y no tenía papel y lápiz, iba a casa y me sentaba y escribía el sermón completo; casi palabra por palabra y oración por oración, tal como fue llevado a cabo; y cuando lo que escribía era tomado de mí, no lo recordaba más. Esto fue un don que Dios me dió."[21]

## Abinadí Sufre la Muerte por Fuego

- **Mosíah 17:7–13 El Rey Noé y los jueces mataron a Abinadí con fuego.** El rey sentenció a Abinadí por decir "Dios mismo bajará entre los hijos de los hombres"; y a menos que él se retractara de esta afirmación, y de todas sus palabras de condenación para el rey y su gente, el rey le prometió que sería condenado a muerte (v. 8). Abinadí respondió "no me retractaré de las palabras que te he hablado concernientes a este pueblo, porque son verdaderas" (v. 9). Continuó "padeceré aún hasta la muerte, y no me retractaré de mis palabras, y permanecerán como testimonio en contra de ti. Y si me matas, derramarás sangre inocente, y esto también quedará como testimonio en contra de ti en el postrer día" (v. 10).

  Esta advertencia llenó de temor el corazón del Rey Noé porque él sabía muy bien que eran culpables de todos los pecados que Abinadí había enumerado. Temiendo el juicio de Dios, estuvo por soltar a Abinadí; pero los sacerdotes se negaron firmemente y demandaron que Abinadí fuera matado (vv 11–20). Y así fue. Abinadí fue aprendido y amarrado y luego quemado hasta la muerte con "brasas" (carbones calientes) que fueron apilados contra su piel.

FRANK BARNARD, 1890, EL PROGRESO DEL PEREGRINO # 44, PÁG. 99

- **Mosíah 17:14–20 Abinadí pronuncia una profecía final de su destrucción antes de morir.** Cuando su cuerpo se prendió en llamas con los carbones, Abinadí pronunció antes de morir una profecía más condenatoria: "He aquí, así como habéis obrado conmigo, así acontecerá a vuestros descendientes quienes harán que muchos padezcan los dolores que yo padezco, sí, los dolores de la muerte por fuego" (v. 15). Él también profetizó: "Y ocurrirá que vosotros seréis afligidos con toda clase de enfermedades, a causa de vuestras iniquidades . . . heridos por todos lados . . . seréis echados y dispersados de un lado al otro, así como una manada de ganado silvestre es acosada por salvajes y feroces bestias. Y en aquel día os cazarán, y caeréis en manos de vuestros enemigos; y entonces padeceréis, así como yo padezco, los dolores de la muerte por fuego." (vv 16–18). Y habiendo pronunciado estas profecías, el gran profeta Abinadí clamo "¡Oh Dios, recibe mi alma!" y murió (v. 19). Era aproximadamente el año 148 A C. Él fue un mártir por la causa de Cristo. No negaría su testimonio, y el selló su testimonio con su muerte (v. 20).

- **Alma 60:13 ¿Por qué permite el Señor que los justos sean asesinados?** Abinadí era un hombre justo que, por cierto, no merecía morir de tal feroz manera. Esto plantea la pregunta frecuente, ¿Por qué le pasan cosas malas a la gente buena? El Capitán Moroni, mientras comentaba las muerte de tantos soldados justos que eran defensores de la verdad dijo: "el Señor permite que los justos sean muertos para que su justicia y juicios sobrevengan a los malos. Por tanto, no debéis suponer que se pierden los justos porque los matan; mas he aquí, entran en el reposo del Señor su Dios."

  El élder Bruce R. McConkie dijo: "En el sentido evangélico, el martirio es la aceptación voluntaria de la muerte a manos de los hombres inicuos; en lugar de abandonar a Cristo y a Su Santo evangelio. Es el supremo sacrificio terrenal en el cual un hombre certifica su fe absoluta, y los deseos de justicia y la vida eterna de áquellos que están en su corazón".[22]

**Notas** (Todas las referencias son de las versiones en idioma inglés de los textos que se citan.)


1. Citado en Karl Ricks Anderson, *Kirtland de José Smith: Relatos de Testigos*, 1996, págs. 112–13.
2. Lucy Mack Smith, *Historia de José Smith escrita por su madre, Lucy Mack Smith*, editado por Preston Nibley, 1958, págs. 309–10.
3. Discurso en el servicio funeral de Richard L. Evans, 5 Noviembre de 1971; en revista *Ensign*, Diciembre de 1971, pág. 10.
4. "¿Qué pensáis de la salvación por gracia?" *Discursos de charla fogonera y devocional*, Universidad Brigham Young, 1983-84, pág. 48.
5. *Enseñanzas del Profeta José Smith*, escogidas y arregladas por Joseph Fielding Smith, 1976, pág. 121.
6. *Doctrina mormona*, 2.ª edición, 1966, pág. 60.
7. *Doctrinas de Salvación*, compilado por Bruce R. McConkie, 3 vols., 1954–56, 1:23.
8. *Doctrinas de Salvación*, 1:24.
9. *Jesús el Cristo*, 1983, págs. 568–569.
10. *Sermones y servicio misionero de Melvin Joseph Ballard*, editado por Bryant S. Hinckley, 1949, págs. 154–155.
11. *Doctrina mormona*, pág. 700.
12. *Moisés: un hombre de Milagros*, 1977, págs. 148–149.
13. En *Diarios de Discursos*, 8:129.
14. *El Mesías prometido: La primera venida de Cristo*, 1978, pág. 371.
15. *Doctrinas de Salvación*, 1:27.

16. *Doctrina mormona*, pág. 608.

17. *Doctrina mormona*, pág. 639.

18. *Doctrina mormona*, pág. 639.

19. "La salvación de los niños pequeños," en revista *Ensign*, Abril de 1977, págs. 3, 7.

20. *El Mesías Milenario: La Segunda Venida del Hijo del Hombre*, 1982, pág. 499.

21. Matthias F. Cowley, *El Presidente Wilford Woodruff: Historia de su vida y labores*, 1964, págs. 476–77.

22. *Doctrina mormona*, pág. 469.

Capítulo 19

# La esclavitud nefita y su liberación

(Mosíah 18–24)

---

Después de la muerte de Abinadí, Alma se escapó al desierto con un grupo de creyentes justos; donde permanecieron por un tiempo. El enseñó y bautizó en las Aguas de Mormón. Luego huyeron aún más lejos hacia el desierto para escaparse del Rey Noé y de sus intentos de capturarlos y matarlos, pero fueron eventualmente encontrados y oprimidos por los lamanitas. Finalmente encontraron su camino hacia la tierra de Zarahemla.

## ALMA Y SUS SEGUIDORES SE ESCAPAN AL DESIERTO

(Mosíah 18)

### Alma bautiza en la Aguas de Mormón

- **Mosíah 18:1–7, 30 Alma enseña en privado en las Aguas de Mormón.** Estamos ahora aproximadamente en el año 147 AC. y Alma, el converso de Abinadí entre los sacerdotes de Noé, se arrepintió de sus pecados y se fue a los alrededores, enseñándole al pueblo en privado las palabras de Abinadí (vv 1, 3). Estas incluían las profecías de Abinadí y sus enseñanzas "sobre la resurrección de los muertos, y la redención del pueblo, que iba a ser llevado acabo por el poder, y los sufrimientos y la muerte de Cristo y su resurrección y ascensión al cielo" (v. 2).

**Posibles localizaciones del Libro de Mormón**

Posibles localizaciones de las tierras del Libro de Mormón y sus ciudades, basado en las descripciones encontradas dentro del texto de Libro de Mormón No se intenta ser comparado a localizaciones geográficas existentes; esto es provisto para conveniencia en visualizar las localizaciones relativas de eventos importantes. El mapa fue originalmente desarrollado por Daniel H. Ludlow, y es usado con su permiso.

Aquellos que creyeron estas enseñanzas se fueron a zona de las fronteras cercanas (las montañas), a las que el rey había llamado Mormón, en la cual había una fuente de agua pura y donde Alma estaba escondiéndose en un matorral de árboles pequeños (vv 4–6). Allí escucharon más de las enseñanzas de Alma relativas al arrepentimiento y la redención (v. 7). Este bello lugar fue más tarde descrito como "el bosque inmediato a las aguas de Mormón" el cual era bello no sólo a los ojos; sino porque fue allí que"llegaron al conocimiento de su Redentor" (v. 30).

- **Mosíah 18:8-11 Él invita a sus conversos a ser bautizados, y ellos aceptan con gusto.** Como un sacerdote, Alma tenía la autoridad de bautizar, y él invitó a sus conversos a aceptar esta ordenanza sagrada y los convenios asociados a ella (vv 8-11). Él les preguntó si estaban dispuestos a ser bautizados en el nombre del Señor; como un testimonio de que habían entrado en un convenio con el Señor (v. 10),y les explicó la naturaleza del convenio que estaban por hacer.

*Alma bautizó en las Aguas de Mormón*

El Presidente Joseph Fielding Smith dijo: "Un convenio es un contrato y un acuerdo entre por loal menos dos partes. En el caso de los convenios del evangelio, los participantes son el Señor en el cielo y los hombres en la tierra. Los hombres están de acuerdo en guardar los mandamientos, y el Señor promete recompensarlos en conformidad."[1] Este fue por cierto el caso del convenio que Alma ahora invitaba a sus oyentes a que hicieran con el Señor.

Alma dio una lista de las cosas que prometerían hacer bajo este convenio:

— Entrar en el redil de Dios (v. 8).
— Ser llamados su pueblo (v. 8).
— Llevar las cargas los unos de los otros (v. 8).
— Llorar con los que lloran (v. 9).
— Consolar a los que necesitan de consuelo (v. 9).
— Ser testigos de Dios en todo tiempo, en todas las cosas y en todo lugar (v. 9).
— Servir al Señor y guardar Sus mandamientos (v. 10).

Alma también enumeró las promesas que el Señor estaba haciendo a cambio:

— Ellos serán "redimidos por Dios"
— Serán "incluidos entre los de la primera resurrección" (v. 9).
— Tendrán vida eterna (v. 9).
— Tendrán Su espíritu más abundantemente sobre ellos (v. 10).

El Presidente Marion G. Romney dijo en relación a las palabras de Alma acerca del bautismo: "No conozco una mejor explicación del convenio del bautismo."[2] Cuando el pueblo de Alma escuchó la naturaleza de este convenio, "batieron sus manos de gozo y exclamaron: Ése es el deseo de nuestros corazones" (v. 11).

- **Mosíah 18:12-16 Alma bautiza a 204 personas, incluyéndose a sí mismo.** Alma llamó a un hombre llamado Helam al agua y ofreció una oración para que el Señor derramara Su Espíritu sobre él; para que pudiera realizar esta ordenanza "con santidad de corazón" (v. 12). Cuando él sintió el Espíritu descender sobre él, ofreció la siguiente oración: "Helam, teniendo autoridad del Dios Todopoderoso, te bautizo como testimonio de que has hecho convenio de servirle hasta que mueras en cuanto al cuerpo mortal; y sea derramado sobre ti el Espíritu del Señor, y te conceda él vida eterna mediante la redención de Cristo, a quien él ha preparado desde la fundación del mundo" (v. 13).

En este punto, Alma y Helam fueron "sepultados en el agua" y "se levantaron y salieron del agua regocijándose, pues fueron llenos con el Espíritu." Algo similar sucedió en nuestra dispensación cuando José Smith y Oliver Cowdery se bautizaron el uno al otro en el Río Susquehanna después de haber recibido el sacerdocio aarónico.

El Profeta José Smith dijo: "Hemos experimentado grandes y gloriosas bendiciones de nuestro Padre Celestial. No bien hube bautizado a Oliver Cowdery, cuando el Espíritu Santo descendió sobre él, y se puso de pie y profetizó muchas cosas que habían de acontecer en breve. Igualmente, en cuanto él me hubo bautizado, recibí también el espíritu de profecía y, poniéndome de pie, profeticé acerca de la aparición de esta Iglesia, y muchas otras cosas que se relacionaban con ella y con esta generación de los hijos de los hombres. Estábamos llenos del Espíritu Santo, y nos regocijamos en el Dios de nuestra salvación" (JS–History 1:73).

Como un sacerdote en apoyo del sacerdocio (v. 13), Alma ya había sido bautizado anteriormente, entonces este no fue un re-bautismo; de sí mismo a los efectos de hacer el pacto bautismal.. El Presidente Joseph Fielding Smith dijo: "Cuando Alma se bautizó a sí mismo con Helam, no fue el caso de Alma bautizándose a sí mismo, sino como un símbolo para el Señor de su humildad y completo arrepentimiento."[3] Y continuó, "Alma fue bautizado y tenía el sacerdocio antes de la venida de Abinadí, pero se involucró con otros sacerdotes bajo el reinado del inicuo Rey Noé, y cuando el bautizó a Helam, sintió que necesitaba un limpieza para sí mismo por lo que se sumergió en el agua como una señal de completo arrepentimiento."[4]

Alma entonces procedió a bautizar a los demás de la misma manera, excepto que él no estaba inmerso con ellos nuevamente (vv 15–16). En total, 204 personas fueron bautizadas.

- **Alma 18:17–18 Alma organiza una iglesia y ordena sacerdotes oficiantes.** Uno de los convenios que hicieron los conversos de Alma al ser bautizados fue que ellos "entren en el redil de Dios" y sean llamados el pueblo de Dios (v. 8). Por tanto, Alma procedió a organizar la "Iglesia de Cristo" y "quienquiera que era bautizado por el poder y autoridad de Dios, era agregado a su iglesia" (v. 17). Alma también ordenó a sacerdotes—uno para cada cincuenta personas—para enseñarles (v. 18).

- **Mosíah 18:19–20, 23, 25, 27–29 Alma le enseña al pueblo cómo deben vivir sus vidas como miembros de la Iglesia.** Alma instruyó a sus nuevos sacerdotes ordenados quésólo iban a enseñar a estos nuevos conversos—aquellas cosas que Alma había enseñado y los escritos de los profetas; especialmente lo relativo al arrepentimiento y a la fe (vv 19–20). Él mandó guardar el día de reposo y que estubieran agradecidos a Dios

(v. 23). Se reunían un día a la semana—se presume que en el día de reposo—"para enseñar al pueblo y para adorar al Señor su Dios" y también en otros días "cuantas veces les fuera posible" (v. 25).

Ellos iban a vivir juntos; como una sociedad de Sión, con todo en común, cuidando al pobre, como una fe y religión sin contenciones "teniendo entrelazados sus corazones con unidad y amor el uno para con el otro" De ellos se esperaba que "diera [n] de sus bienes, cada uno de conformidad con lo que tuviera; si tenía en más abundancia, debía dar más abundantemente; y del que tenía poco, poco se le debía requerir; y al que no tuviera, se le debía dejar de lado" (v. 27). Todo esto había de ser hecho "de su propia y libre voluntad y buenos deseos para con Dios", no por compulsión (v. 28).

Como miembros de la iglesia de Cristo, ellos de voluntad "anduvieron rectamente ante Dios, ayudándose el uno al otro temporal y espiritualmente, según sus necesidades y carencias" (v. 29). Así habían pactado hacer por el bautismo, y así Dios esperaba que ellos ahora vivieran. Hoy no debería ser menor para los miembros bautizados de la Iglesia.

- **Mosíah 18:31–35 la iglesia de Alma crece hasta alcanzar 450 personas.** Todas estas cosas fueron hechas en las fronteras (montañas) de la tierra para que el rey no supiera acerca de ellos, pero, sin embargo, fueron eventualmente descubiertos (vv 31–23). Se acusó a Alma de " incitar al pueblo a que se revelara contra él", el rey, y éste "envió a su ejército para que los destruyera" (v. 33). Pero habiendo sido advertido de la venida del rey y su ejército, Alma y sus seguidores "tomaron sus tiendas y sus familias, y partieron para el desierto" (vv 34–35).

**Posibles localizaciones del Libro de Mormón**

Posibles localizaciones de las tierras del Libro de Mormón y sus ciudades, basado en las descripciones encontradas dentro del texto de Libro de Mormón No se intenta ser comparado a localizaciones geográficas existentes, esto es provisto para conveniencia en visualizar las localizaciones relativas de eventos importantes. El mapa fue originalmente desarrollado por Daniel H. Ludlow, y es usado con su permiso.

- **Mosíah 23:1–5, 19–20 la colonia de Alma establece la ciudad de Helam en el desierto.** El Señor fortalece al pueblo de Alma lo suficiente para que fueran capaces de evitar ser tomados por el Rey Noé y sus soldados y "por el espacio de ocho días huyeron" al desierto (vv 2–3).Se asentaron en "una tierra muy hermosa y placentera, una tierra de aguas puras" y al trabajar industriosamente, levantaron edificios y campos de cosechas (vv 4–5). Allí prosperaron y llamaron al lugar y a la ciudad "Helam"; quizás por el hombre a quien Alma bautizó primero en las Aguas de Mormón, aunque no tenemos la certeza de que sea cierto (vv 19–20).

## EL PUEBLO DE LIMHI SUFRE EN CAUTIVERIO Y LUEGO ESCAPA
(Mosíah 19–21)

### El Rey Noé sufre la muerte por fuego

- **Mosíah 19:1–8 Alguna de la gente del Rey Noé, se vuelve en su contra.** El rey Noé había gastado los recursos del reino y a los hombres en busca de sus enemigos, por ello ahora sus fuerzas son pequeñas . En estas condiciones, empezó una división entre la gente, y una minoría de ellos comenzó a amenazar al rey (vv 1–3). Uno de ellos, un hombre fuerte llamado Gideón "sacó su espada y juró en su ira que mataría al rey" (v. 4). Casi tuvo éxito, pero el rey huyó a la torre cerca del templo y mientras estaba en ésta, podía ver a distancia que "el ejército de los lamanitas estaba ya dentro de las fronteras del país" (vv 5–6). Él le pidió a Gideón que le perdonara la vida por el bien de la gente, y Gideón lo hizo, aunque el rey "no estaba tan interesado en su pueblo, como en su propia vida" (vv 7–8).

- **Mosíah 19:9–21 el Rey Noé es matado con fuego por su propio pueblo.** El rey y su pueblo huyeron al desierto con sus esposas y sus niños, pero los lamanitas los tomaron y comezaron a matarlos (vv. 9–10). El rey mandó a los hombres que abandonaran a sus esposas y niños y que huyeran. Algunos de ellos no estaban dispuestos a hacer esto; pero otros lo hicieron (vv 11–12). Los que se quedaron con sus familias enviaron a sus "bellas hijas" para pedirle misericordia a los lamanitas, y los lamanitas "se compadecieron de ellos, porque los cautivó la hermosura de sus mujeres" (vv 13–14).

FRANK BARNARD, 1890, EL PROGRESO DEL PEREGRINO # 44, PÁG. 99

*El Rey Noé sufrió el destino de Abinadí*

Los lamanitas concedieron que ese grupo de nefitas pudieran regresar a la tierra de Nefi a condición de que cedieran la mitad de todas sus propiedades; y que continuaran haciéndolo cada año en tributo al rey de los lamanitas (v. 15). Entre este grupo estaba Limhi, el hijo del Rey Noé. Limhi era un hombre justo (vv. 16–17).

También entre este grupo estaba Gideón, quien había tratado de matar al Rey Noé antes de que los lamanitas los atacaran. Gideón "envió secretamente hombres al desierto para buscar al rey y a los que estaban con él"; pero en su lugar, encontraron a un grupo de nefitas regresando a donde ellos habían abandonado a sus familias—todos excepto el rey y sus sacerdotes (v. 18). Este grupo de hombres había deseado regresar a la tierra de Nefi y habían jurado que si sus esposas e hijos habían sido asesinados "procurarían vengarse y perecerían también con ellos" (v. 19). Cuando el Rey Noé (sin duda alguna por su propia seguridad personal) les ordenó no regresar, "se enojaron con el rey, e hicieron que padeciera aun hasta la muerte por fuego. Y estaban a punto de prender a los sacerdotes también, y quitarles la vida, y éstos huyeron de ellos" (vv 20–21). Y entonces la profecía de Abinadí se cumplió "Y acontecerá que la vida del rey Noé se estimará igual que un vestido en un horno ardiente" (Mosíah 12:3).

## El pueblo de Limhi es Castigado

- **Mosíah 19:25–26 Limhi se convierte en rey, y el pueblo disfruta paz por dos años.** Limhi, siendo el hijo del rey y por ende su heredero, tenía el reino conferido sobre él por el pueblo. Él entonces entró en un convenido con el rey de los lamanitas por el cual su gente les pagaría como tributo una mitad de todo lo que poseían a cambio de la promesa de que los lamanitas no los mataran. Esta tregua resultó en dos años de paz.

- **Mosíah 20:1–7 Los sacerdotes de Noé secuestran mujeres lamanitas, causando que los lamanitas buscaran destuir el pueblo de Limhi.** Cerca de la tierra de Nefi, había un lugar llamado Shemlon; donde las hijas de los lamanitas se reunían para "cantar, para bailar y para divertirse" (v 1). Un día en particular, un grupo de ellas estaban allí, y los sacerdotes del Rey Noé, que todavía estaban escondiéndose en el desierto, las descubrieron. Los sacerdotes "se ocultaron y las acecharon" y cuando se presentó la oportunidad, raptaron a veinticuatro de las mujeres y se las llevaron al desierto. (vv 2–5). Pensando que la gente de Limhi había hecho esto, el rey de los lamanitas envió a un ejército para destruirlos (vv 6–7).

**Posibles localizaciones del Libro de Mormón**

Posibles localizaciones de las tierras del Libro de Mormón y sus ciudades, basado en las descripciones encontradas dentro del texto de Libro de Mormón No se intenta ser comparado a localizaciones geográficas existentes; esto es provisto para conveniencia en visualizar las localizaciones relativas de eventos importantes. El mapa fue originalmente desarrollado por Daniel H. Ludlow, y es usado con su permiso.

- **Mosíah 20:11–18 Limhi descubre la razón por la cual los lamanitas están atacando.** Se produjo una gran batalla en la que los nefitas se vieron muy superados en número, pero pelearon con valentía por el bien de sus vidas y las de sus familias (v. 11). Entre los muertos y los moribundos de los lamanitas descubrieron al rey de los lamanitas, quien no había muerto. Ellos curaron sus heridas y lo llevaron ante el Rey Limhi (vv 13–13). Limhi demandó saber porqué él los había atacado en violación del juramento, y a Limhi se le dijo que fue porque habían tomado las hijas de los lamanitas en Shemlon (vv 14–15). Gideón, que se había convertido en capitán del rey nefita, le recordó a Limhi que los sacerdotes de Noé estaban todavía escondidos en el desierto; y le dijo que tenían que haber sido ellos quienes habían hecho esto (vv 16–18).

- **Mosíah 20:19–26 Cuando los lamanitas se enteran de que habían juzgado mal al pueblo de Limhi, regresan en paz a su propia tierra.** Limhi y Gideón resolvieron ponerle un fin a las peleas con los laminitas y se re-sometieron a su yugo para salvar vidas (vv 19–22). Limhi le dijo al rey de los lamanitas: "todas las cosas concernientes a su padre y a los sacerdotes que habían huido al desierto, a quienes atribuyó el rapto de sus hijas" lo cual pacificó al rey con ellos (vv 23–24). Ellos fueron sin armas al ejército lamanita, donde su rey pidió por el pueblo de Limhi. Los soldados lamanitas también fueron pacificados y "volvieron con su rey en paz a su propia tierra" (vv 25–26).

- **Mosíah 21:1–5 Los lamanitas comenzaron nuevamente a perseguir a la gente de Limhi.** No se nos dice la razón de esta nueva contienda, sólo que "los lamanitas empezaron otra vez a ser sacudidos por la ira contra los nefitas" (v. 2). Ellos no mataron a los nefitas por el juramento que habían hecho, "pero los golpeaban en las mejillas e imponían su autoridad sobre ellos; y empezaron a poner pesadas cargas sobre sus hombros, y a arrearlos como lo harían con un mudo asno" (v. 3). Desafortunadamente no había nada que la gente de Limhi pudiera hacer con este yugo y la persecución porque "los lamanitas . . . los habían cercado por todos lados" (v. 5).

  "Todo esto se hizo para que se cumpliera la palabra del Señor [hablada por Abinadí]" (v. 4). Abinadí había profetizado que ""[Ellos] serán reducidos a la servidumbre, y serán heridos en la mejilla, sí, y serán conducidos por los hombres, y serán llevados a la muerte, y los buitres del cielo, y los perros, y aun las bestias salvajes devorarán su carne " (Mosíah 12:2). El Señor prometió "heriré a este pueblo mío con penosas aflicciones; sí, con hambre y con pestilencia; y haré que aúllen todo el día. Sí, y haré que les aten cargas sobre sus espaldas; y serán arreados como mudos asnos" (Mosíah 12:4–5).

- **Mosíah 21:13–16 el pueblo de Limhi ora por su liberación; pero el Señor es lento en responder a sus gritos.** Limhi sabía que sus sufrimientos se debían a su desobediencia a las advertencias de Abinadí (Mosíah 7:25–33). Entonces "se humillaron aun hasta el polvo, sujetándose al yugo de la esclavitud, sometiéndose a ser heridos, y a ser arreados de un lado a otro y a llevar cargas, según la voluntad de sus enemigos" (v. 13). En este estado de las profundidades de la humildad "clamaron fuertemente a Dios; sí, todo el día clamaban ellos a su Dios para que los librara de sus aflicciones" pero "el Señor fue lento en oír su clamor a causa de sus iniquidades" (vv 14–15).

  Esto fue también en cumplimento de las advertencias del Señor a ellos en los días del Rey Noé. Abinadí había profetizado que a menos que se arrepientiesen, el Señor "los entregará]en manos de sus enemigos; sí, y serán reducidos al cautiverio, y serán afligidos por mano de sus enemigos . . . y nadie lo librará, salvo el Señor, el Dios Todopoderoso" (Mosíah 11:21–23). El Señor dijo: "Sí, y acontecerá que cuando ellos clamen a mí, seré lento en oír sus lamentos . . . no oiré sus ruegos ni los libraré de sus aflicciones" (Mosíah 11:24–25).

  Aunque el Señor no los liberó inmediatamente, Él permitió que ellos "prosperaran gradualmente" (D&C 101:1–9). Él "empezó a ablandar el corazón de los lamanitas, de modo que empezaron a aligerar sus cargas" (Mosíah 21:15). El pueblo de Limhi "comenzó a prosperar gradualmente en la tierra, y comenzaron a producir grano con más abundancia, y rebaños y ganados; de modo que no padecieron hambre" (v. 16). Sin embargo, el Señor no vio conveniente librarlos del yugo.

- **Mosíah 21:18–23 el rey y sus guardias descubren a Ammón fuera de las paredes de la ciudad y lo arrestan.** Estando rodeado por los lamanitas, Limhi y su gente "se conservaban unidos en un cuerpo hasta donde les era posible; y aseguraron sus granos y sus rebaños; y el rey mismo no arriesgaba su persona fuera de los muros de la ciudad sin llevar a sus guardias consigo, temiendo caer de una u otra manera en manos de los lamanitas" (vv 18–19). En esta situación de asedio, Limhi y su pueblo tenían cuidado de observar el territorio cercano por temor a alguna incursión de enemigos. Estaban particularmente ansiosos de apresar a los sacerdotes de Noé, que habían traído tales sufrimientos sobre ellos al robarse las hijas de los lamanitas (v. 20). Estos sacerdotes también "habían entrado de noche en la tierra de Nefi, y se habían llevado su grano y muchas de sus cosas preciosas; por tanto, los estaban acechando" (v. 21).

  Fue en estas circunstancias que Ammón y sus hermanos llegaron de Zarahemla. Y el pueblo de Limhi, suponiendo que esos nefitas eran algunos de los sacerdotes de Noé, los tomaron los amarraron, y los pusieron en prisión y "si hubieran sido los sacerdotes de Noé, [Limhi] los habría mandado matar" (v. 23). La historia de Ammón está descrita en Mosíah 7–8, la cual discutimos previamente en el capítulo 17.

## El pueblo de Limhi se Escapa a Zarahemla

- **Mosíah 21:30–35 El pueblo de Limhi se humilla, se arrepiente de sus pecados, y desean ser bautizados, pero tienen que esperar.** El pueblo de Limhi tenía grandes razones para lamentarse. Ellos se lamentaron porque "Noé y sus sacerdotes habían provocado al pueblo a cometer tantos pecados y maldades contra Dios; y también lamentaron la muerte de Abinadí, así como la partida de Alma y de la gente que salió con él . . . porque no sabían a dónde habían huido." (vv 30–31). Tanto el rey como su pueblo habían "concertado un convenio con Dios, de servirle y guardar sus mandamientos" (v. 31); y ahora que Ammón había venido, ellos "deseaban ser bautizados; mas no había en la tierra quien tuviera la autoridad de Dios. Y Ammón se negó a hacerlo por considerarse un siervo indigno" (v. 33). Por ende, tenían que esperar un tiempo antes de recibir esta ordenanza purificadora y ser organizados en la Iglesia (vv 34–35).

- **Mosíah 22:1–8 Ammón y el Rey Limhi estudian diligentemente para encontrar un medio de escapar de los lamanitas.** El pueblo de Limhi deseaba librarse de la opresión lamanita; pero sabían que ellos no podían conseguir esto por medio de guerras, sólo podían obtener libertad esccapándose al desierto (vv 1–2). Gideón dio un paso adelante con un plan (vv 3–5). Una de las salidas hacia el desierto estaba entre: "el pasaje que queda hacia atrás, que atraviesa el muro posterior, a espaldas de la ciudad" y los guardias lamanitas allí "se emborrachan de noche" (v. 6). Gedeón propuso que la gente "junte sus rebaños y ganados, para arrearlos al desierto durante la noche" (v. 6). Gedeón dijo que él iría a los guardias y les pagaría un último tributo de vino para asegurarse de que estuvieran ebrios, permitiéndole a los nefitas "saldremos por el pasaje secreto, a la izquierda de su campo, cuando se hallen borrachos y dormidos" (v. 7). Los nefitas decidieron "partiremos con nuestras mujeres y nuestros hijos, nuestros rebaños y nuestros ganados para el desierto; y viajaremos bordeando la tierra de Shilom" (v. 8).

**Posibles localizaciones del Libro de Mormón**

*El pueblo de Limhi escapó a Zarahemla y fueron recibidos con gran gozo*

- **Mosíah 22:9–14 El plan funciona, y se escapan a la tierra de Zarahemla.** Limhi dio su permiso y la gente reunió a sus rebaños, en anticipación a su partida, mientras que Gedeón llevó el tributo de vino a los guardias lamanitas (vv 9–10). Esa noche, ellos pasaron entre los guardias borrachos y dormidos y se escaparon al desierto. Rodearon la tierra de Shilom y "se dirigieron hacia la tierra de Zarahemla, conducidos por Ammón y sus hermanos" (v. 11).

Tenían con ellos su oro, su plata, cosas preciosas, y las provisiones que pudieron cargar (v. 12).

"Y después de estar en el desierto muchos días, llegaron a la tierra de Zarahemla, y se unieron al pueblo de Mosíah y fueron sus súbditos . . . Mosíah los recibió con gozo; y también recibió sus registros, así como los registros [de los jareditas] que habían sido encontrados por el pueblo de Limhi. (vv. 13–14).

## EL PUEBLO DE ALMA SUFRE EL CAUTIVERIO Y LUEGO ESCAPAN
(Mosíah 23–24)

### El pueblo de Alma en Helam

- **Mosíah 23:1–5, 19–20 la colonia de Alma funda la ciudad de Helam en el desierto.** Como discutimos anteriormente, al final de Mosíah 18 (lo relativo a Alma y su pueblo en las Aguas de Mormón), ellos habían huido al desierto para escaparse de los soldados del Rey Noé, quienes querían matarlos. Ellos "huyen en un viaje de ocho días por el desierto" (vv 2–3), se asentaron en una "tierra muy hermosa y placentera, una tierra de aguas puras", y al trabajar industriosamente, establecieron campos de cosechas y edificios (vv 4–5). Prosperaron allí y llamaron el lugar y la ciudad "Helam" (vv 19–20).

- **Mosíah 23:6–9, 13 Los reyes deben ser evitados porque los reyes indignos causan la esclavitud y mucho lamento.** En la seguridad relativa de Helam, el pueblo de Alma "deseaba que Alma fuera su rey, porque su pueblo lo amaba" (v. 6). Pero él se negó, diciendo "no es prudente que tengamos rey; porque así dice el Señor: No estimaréis a una carne más que a otra, ni un hombre se considerará mejor que otro" (v. 7). Alma concluyó: "si fuera posible que siempre tuvieseis hombres justos por reyes, bien os sería tener rey. Mas recordad la iniquidad del rey Noé y sus sacerdotes; y yo mismo caí en la trampa e hice muchas cosas abominables a la vista del Señor, lo que me ocasionó angustioso arrepentimiento" (vv. 8–9). Los insta a recordar que Dios los ha liberado recientemente de los lazos de un rey impío, y les dice, "manteneos firmes en esa libertad con que habéis sido libertados y ... no confiéis en ningún hombre para que sea rey sobre vosotros. (v. 13).

- **Mosíah 23:14–19 Alma organiza la Iglesia entre ellos, y prosperan.** Alma también aconsejó "ni confiéis en nadie para que sea vuestro amaestro ni vuestro ministro, a menos que sea un hombre de Dios, que camine en sus vías y observe sus mandamientos" (v. 14). Esto también estaba conectado, sin duda, a sus experiencias con los sacerdotes inicuos (incluso él mismo) entre la gente del Rey Noé. Como un hijo de Dios, Alma le enseñó a su gente que "cada uno amara a su prójimo como a sí mismo, para que no hubiese contiendas entre ellos" (v. 15). Alma era un sumo sacerdote y el fundador de su iglesia (de ellos) (v. 16), entonces aquellos que enseñaban a la agente tenían que recibir su autoridad de Dios; por medio de Alma, por una apropiada "consagración" (ordenación) (v. 17). Los líderes del sacerdocio "velaban por su pueblo, y lo sustentaban con cosas pertenecientes a la rectitud" y el pueblo "empezó a prosperar grandemente en la tierra" (vv 18–19).

### El pueblo de Alma es descubierto por Los lamanitas

- **Mosíah 23:30–35 el ejército de los lamanitas descubren a los sacerdotes de Noé.** En el proceso de buscar al pueblo de Limhi, los lamanitas se perdieron; pero descubrieron a los sacerdotes de Noé y a su líder, Amulón en lugar llamdo Amulón (vv 30–31). Estos hombres, que una vez habían abandonado a sus esposas nefitas a merced de los lamanitas, ahora envían a sus esposas lamanitas (las mujeres que ellos habían capturado en Shemlon) para rogarle misericordia a estos guerreros lamanitas, las cuales salvaron sus vidas (vv 33–34). Ellos se unieron al ejército lamanita y todos fueron en busca de la tierra de Nefi. En el proceso, descubrieron a Alma y su pueblo.

- **Mosíah 23:25–29 Los Lamanitas descubren a Alma y a su pueblo.** Por algún tiempo, Alma y su gente habían disfrutado de seguridad en Helam, pero esa seguridad llegó a su fin cuando descubrieron a los "lamanita [s] . . . en las fronteras de la tierra. (v, 25). Huyendo de sus campos, el pueblo aterrorizado de Alma se reunió en la ciudad de Helam (v. 26). Alma calmó sus miedos al urgirles que recordaran al "Señor su Dios, y él los liberaría" (v. 27) y ellos "empezaron a implorar al Señor que ablandara el corazón de los lamanitas, a fin de que les perdonaran la vida, y la de sus esposas y de sus hijos" (v. 28). Alma y sus hermanos entonces "avanzaron y se entregaron en manos de ellos; y los lamanitas se apoderaron de la tierra de Helam" (v. 29).

**Posibles localizaciones del Libro de Mormón**

Posibles localizaciones de las tierras del Libro de Mormòn y sus ciudades, basado en las descripciones encontradas dentro del texto de Libro de Mormòn No se intenta ser comparado a localizaciones geográficas existentes; esto es provisto para conveniencia en visualizar las localizaciones relativas de eventos importantes. El mapa fue originalmente desarrollado por Daniel H. Ludlow, y es usado con su permiso.

*Los lamanitas encontraron al pueblo de Alma en Helam*

Parecería sorprendente que la gente de Alma, que eran los más justos de aquellos que vivían en la tierra de Nefi y que habían respondido al predicamento de Alma y habían sido bautizados, ahora se encontraban en la misma clase de esclavitud que el pueblo de Limhi, el cual no había respondido al predicamento de Alma. Sin embargo, debemos recordar que todas estas personas fueron cómplices de la captura de Abinadí, su tortura, y muerte y por consiguiente, estaban sujetos al "ay de aquel" que él pronunció sobre todos ellos en ese momento. Por cierto, ellos se habían arrepentido y habían sido perdonados en un sentido espiritual; pero las consecuencias naturales de sus elecciones todavía permanecían. Su inicua ciudad y su pueblo habían sido disueltos y ellos estaban ahora bajo la misericordia de los lamanitas, cuya intención era someterlos.

El élder Marvin J. Ashton dijo: Nuestra libertad de escoger y nuestra línea de conducta, no proporciona libertad personal sobre las consecuencias de nuestros actos. El amor de

Dios por nosotros es constante y no va a disminuir, pero no nos puede rescatar de los resultados dolorosos que son causados por decisiones equivocadas."[5]

Cabe recordar que Abinadí había profetizado que la gente en la tierra de Nefi "serían llevados a la servidumbre, y serían heridos en la mejilla; sí, y será conducido por los hombres, y será matados; y los buitres del aire y los perros, sí, y los animales salvajes devorarán su carne" es importante tener en cuenta que el Señor prometió "heriré a este pueblo mío con penosas aflicciones... con hambre y con pestilencia y haré que aúllen todo el día. Sí, y haré que tengan cargas atadas a sus espaldas; y serán arreados como mudos asnos" (Mosíah 12:2, 4–5). Ahora es el turno del pueblo de Alma.

- **Mosíah 23:36–39 Los lamanitas someten a Alma y a su pueblo y ponen a Amulón al mando de ellos.** Los lamanitas le prometieron a Alma a y su pueblo que les perdonarían la vida y les concederían su libertad si les mostraban el camino de regreso a la tierra de Nefi (v. 36). Pero una vez que Alma le huo mostrado el camino, los lamanitas no guardaron su promesa de libertad y "pusieron guardias alrededor de la tierra de Helam, sobre Alma y sus hermanos" (v. 37). Amulón—un ex sacerdote de Noé —estaba ansioso por gobernar sobre su ex compañero sacerdote y ahora enemigo, Alma y su pueblo. El rey lamanita concedió a su petición, con sujeción únicamente a la condición de que "no tendría poder para hacer cosa alguna que fuese contraria a la voluntad del rey de los lamanitas. (v. 39).

- **Mosíah 24:1–7 Amulón le enseña el lenguaje de los nefitas a los lamanitas.** Habiendo ganado favor ante los ojos del rey lamanita, Amulón y sus compañeros sacerdotes se convirtieron en maestros de los lamanitas (vv 1–4). Siendo los lamanitas analfabetos, y los sacerdotes de Noé instruidos (aunque inicuos), este arreglo funcionó para beneficio de ambas partes, y se sintieron "amigables los unos con los otros" (v. 5), y "el idioma de Nefi comenzó a ser enseñado entre todo el pueblo lamanita" (v. 4). Sin embargo, esto fue estrictamente un ejercicio intelectual porque los lamanitas "no conocían a Dios; ni les enseñaron los hermanos de Amulón cosa alguna concerniente al Señor su Dios, ni la ley de Moisés, ni les enseñaron las palabras de Abinadí; pero sí les enseñaron que debían llevar sus registros, y que se escribiesen unos a otros" (vv 5–6).

  Esta alfabetización recién descubierta hizo que los lamanitas "aumentaran sus riquezas, y comenzaron a negociar unos con otros y a fortalecerse; y comenzaron a ser gente astuta y sabia, según la sabiduría del mundo... se deleitaban en todo género de iniquidades y pillaje, menos entre sus propios hermanos." Pero Dios tenía otro propósito. Este conocimiento del idioma de los nefitas más tarde sería de gran valor cuando los hijos de Mosíah trajeran el evangelio a los lamanitas.

## El pueblo de Alma es Liberado por el Señor

- **Mosíah 24:8–11 Amulón amenaza matar al pueblo de Alma si oraban.** En su nueva posición de poder, "empezó a imponer su autoridad sobre Alma y sus hermanos; y comenzó a perseguirlos y a hacer que sus hijos persiguieran a los hijos de ellos" (v. 8).

Amulón conocía a Alma desde sus días juntos como sacerdotes de Noé, y lo odiaba. Le "impuso tareas y les fijó capataces" haciendo sus aflicciones tan grandes que "empezaron a clamar fervorosamente a Dios" (vv 9–10). Mostrando la verdadera naturaleza que él y sus compañeros sacerdotes de Noé poseían, Amulón ordenó al pueblo de Alma a cesar de orar, "y les puso guardias para vigilarlos, a fin de que al que descubriesen invocando a Dios fuese muerto" (v. 11). Hasta aquí la pretendida piedad de los sacerdotes, que Abinadí vio en su maldad al condenarlos.

- **Mosíah 24:12–16 el Señor responde a sus oraciones silenciosas.** Para preservar sus vidas, el pueblo de Alma "no alzó su voz al Señor su Dios, pero sí derramaron sus corazones; y él entendió los pensamientos de sus corazones" (v. 12). El Señor escuchó sus oraciones silenciosas y les envió Su "voz" (se presume por medio de Alma) durante este tiempo de gran aflicción con una promesa: "Haré convenio con mi pueblo y lo liberaré del cautiverio. Y también aliviaré las cargas que pongan sobre vuestros hombros, de manera que no podréis sentirlas sobre vuestras espaldas, mientras estéis en servidumbre; y esto haré yo para que me seáis testigos en lo futuro, y para que sepáis de seguro que yo, el Señor Dios, visito a mi pueblo en sus aflicciones" (vv 13–14). De acuerdo con esta promesa, sus cargas fueron aligeradas porque "el Señor los fortaleció de modo que pudieron soportar sus cargas con facilidad, y se sometieron alegre y pacientemente a toda la voluntad del Señor" (v. 15).

- **Mosíah 23:21–24 Mormón dice que el castigo desarrolla paciencia y fe.** Comentando sobre este período de la historia de los nefitas,mientras él compendiaba el registro, el profeta Mormón dice: "El Señor considera conveniente castigar a su pueblo; sí, él prueba su paciencia y su fe" (v. 21). Para apreciar plenamente lo que él está diciendo, debemos saber que en 1828, cuando José Smith estaba traduciendo el Libro de Mormón, la palabra *"castigo"* significaba "purificar", o "preparar para algo más grande" entonces, para purificarnos y hacernos mejores, el Señor ejercita y prueba nuestra fe y "quien pone su confianza en él será enaltecido en el último día. Sí, y así fue con este pueblo" (v. 22) Ésta es precisamente la razón por la cual el Señor permitió ser enviados al cautiverio—para que pudieran aprender a confiar en Dios; para su liberación y para que, en el proceso, aprendieran a ser pacientes (vv 23–24).

  Concerniente a la paciencia, El élder Neal A. Maxwell dijo:

  > La necesidad de que tengamos este curioso atributo es citada varias en las escrituras, incluyendo al Rey Benjamín, quien agrupó los atributos de un santo y la paciencia, está como uno de los atributos (Mosíah 3:19; Alma 7:23).
  >
  > La paciencia no es indiferencia. De hecho, es importante someterse tanto al Señor, como a lo que las escrituras llaman "proceso del tiempo."
  >
  > La paciencia está ligada estrechamente a la fe en nuestro Padre Celestial. De hecho, cuando somos excesivamente impacientes, estamos sugiriendo que sabemos lo que es mejor—mejor que lo que sabe Dios. O por lo menos, estamos sugiriendo, que nuestro límite de tiempo es mejor al de Él. De cualquier manera estamos cuestionando la realidad de la

omnisciencia de Dios, como si, algunos parecieran creer que Dios estaba en un tipo de post-doctorado. . . .

Leemos en Mosíah acerca de cómo el Señor prueba la paciencia de Su pueblo al mismo tiempo que pone a prueba su fe (Mosíah 23:21). No sólo se trata de soportar—sino de soportar bien y con gracia las cosas que el Señor "juzgue conveniente imponer sobre nosotros" (Mosíah 3:19); así como lo hicieron un grupo de antiguos santos americanos que cargaban pesos inusuales y que se sometieron "alegre y pacientemente a toda la voluntad del Señor" (Mosíah 24:15). . . .

El Señor ha dicho dos veces: "Y buscad siempre el rostro del Señor, para que con paciencia retengáis vuestras almas, y tendréis vida eterna" (D&C 101:38; Lucas 21:19). ¿Pudiera ser que sólo cuando nuestro auto control se ha vuelto total, llegamos a una verdadera posesión de nuestras propias almas?[6]

**Posibles localizaciones del Libro de Mormón**

Posibles localizaciones de las tierras del Libro de Mormón y sus ciudades, basado en las descripciones encontradas dentro del texto de Libro de Mormón No se intenta ser comparado a localizaciones geográficas existentes, esto es provisto para conveniencia en visualizar las localizaciones relativas de eventos importantes. El mapa fue originalmente desarrollado por Daniel H. Ludlow, y es usado con su permiso

*El pueblo de Alma se escapa de regreso a Zarahemla después de pausar para dar gracias por ser liberados*

- **D&C 136:31 "Mi pueblo debeser probado en todas las cosas".** En nuestra propia época, el Señor le ha dicho a los Santos "mi pueblo debe ser probado en todas las cosas, a fin de que estén preparados para recibir la gloria que tengo para ellos, sí, la gloria de Sión; y el que no soporte el castigo, no es digno de mi reino." El profeta José Smith dijo: "tendrán que pasar por toda clase de pruebas. Y es muy necesario para ustedes ser probados [así] como . . . Abraham y otros hombres de Dios, y . . . Dios estará con ustedes, Él los sostendrá . . . y torcerá las cuerdas de su corazón, y si ustedes no pueden soportarlo, no serán aptos para una herencia en el reino Celestial de Dios."[7]

El Señor quedó suficientemente impresionado con la paciencia y fe del pueblo de Alma mientras que estuvieron en cautiverio ya que "la voz del Señor vino a ellos otra vez, diciendo: Consolaos, porque mañana os liberaré de la esclavitud" (Mosíah 24:16).

- **Mosíah 24:17-25 Ellos hicieron un viaje apresurado por el desierto hasta Zarahemla.** Con absoluta fe en la palabra de Dios, Alma y su pueblo pasaron toda la noche juntando sus rebaños y su grano (v. 18). La siguiente mañana, el Señor causó un sueño profundo en los guardias de los lamanitas y los capataces, y el pueblo de Alma pasó por entre ellos hacia el desierto, con Alma guiando el camino (vv 19-20).

Después de viajar todo un día, se detuvieron en un valle que llamaron Alma y le dieron gracias a Dios por su liberación (vv21-22). Entonces, El Señor le dijo a Alma "Date prisa, y sal tú y este pueblo de esta tierra, porque los lamanitas han despertado y te persiguen; por tanto, sal de esta tierra, y yo detendré a los lamanitas en este valle para que no persigan más a este pueblo" (v. 23). Ellos partieron del valle y viajaron otros doce días por el desierto, guiados por Dios; a través de Alma, hasta que llegaron a la tierra de Zarahemla y fueron recibidos con gozo por el Rey Mosíah y su pueblo (vv 24-25). Aproximadamente era el año 120 AC.

**Notas** (Todas las referencias son de las versiones en idioma inglés de los textos que se citan.)

1. En Reporte de La Conferencia, octubre de 1970, pág. 91.
2. En Reporte de La Conferencia, octubre de 1975, pág. 109; o revista *Ensign*, noviembre de 1975, pág. 73.
3. *Respuestas para preguntas del evangelio*, compilado por Joseph Fielding Smith Jr., 5 volúmenes, 1957-66, 3:203.
4. *Doctrinas de Salvación*, compilado por Bruce R. McConkie, 3 volúmenese, 1954-56, 2:336-37.
5. En Reporte de La Conferencia, octubre de 1990, pág. 24; o revista *Ensign*, noviembre de 1990, pág. 20.
6. "Paciencia," en revista *Ensign*, octubre de 1980, pág. 28.
7. En *Diarios de Discursos*, 24:197.

# Acerca del autor

Randal S. de Chase pasó sus años de infancia en Nefi, Utah, donde su padre era un agricultor de trigo de secano y un hombre de negocios. En 1959 su familia se mudó a Salt Lake City y se instaló en la zona de Holladay. Sirvió en una misión de tiempo completo en la Misión del Centro Británico (Inglaterra central) desde 1968 a 1970 Regresó a su casa y en 1971 se casó con Deborah Johnsen. Ellos son padres de seis hijos, dos hijas y cuatro hijos- y abuelos de un número cada vez mayor de nietos.

Fue llamado a servir como obispo de Estaca a la edad de veintisiete años en el área Sandy Crescent South, en el Valle de Salt Lake. Como tal se desempeñó durante seis años como alto consejero, secretario ejecutivo de diócesis y clérigo, y en muchas otras posiciones de estaca y de barrio. Independientemente de otras funciones desempeñadas a través de los años, una ha sido casi constante: Ha impartido clases de Doctrina del Evangelio en todos aquellos barrios en los cuales vivió desde adulto durante un total de treinta y cinco años.

El Dr. Chase fue una personalidad muy conocida de los medios en las estaciones de radio de la ciudad de Salt Lake, en la década de 1970. Dejó de salir al aire en 1978 para dedicarse a desarrollar y comercializar un sistema de gestión computarizado de ventas, y programación de musical para emisoras de radio y televisión en los Estados Unidos, Canadá, América del Sur y Australia. Después que se vendiera el negocio en 1984, mantuvo a su familia como consultor de negocios y medios de comunicación en el área de Salt Lake City.

Debido a su gran deseo de enseñar a los jóvenes en edad universitaria, a fines de 1980 decidió dedicarse a su doctorado, recibiendo en 1997, el Ph.D. en Comunicación de la Universidad de Utah. Durante 21 años ha impartido cursos de comunicación en esa institución, así como en el Community College de Salt Lake y en el College Estatal Dixie de Utah. Actualmente es profesor titular de tiempo completo y miembro de la facultad, y fue Jefe del Departamento de Comunicación del College Estatal Dixie en St. George, Utah.

Paralelamente a su carrera académica, el Dr. Chase ha servido como voluntario en el Instituto LDS (Santos de los Últimos Días) y como instructor de educación de adultos en el Sistema Educativo de la Iglesia (CES por sus siglas en inglés) a partir de 1994, tanto en la ciudad de Salt Lake como en St. George, donde actualmente enseña una vez a la semana en las clases de Educación de Adultos en tres estacas en el área de Washington. También ha realizado múltiples giras y ha impartido seminarios de Historia de la Iglesia. Durante estos años de la enseñanza del Evangelio, ha desarrollado una amplia biblioteca de planes de lecciones y folletos que son los predecesores de estas guías de estudio.

El Dr. Chase publicó anteriormente una serie de trece volúmenes de guías de estudio sobre el Libro de Mormón, Historia de la Iglesia, el Antiguo Testamento y el Nuevo Testamento. La serie, titulada Haciendo Simples las Cosas Preciosas, junto con cuatro guías de estudio más cortas sobre Isaías, Jeremías, historia de la Natividad, y la última semana del sacrificio expiatorio de nuestro Señor, están diseñadas para ayudar a los maestros y estudiantes del Evangelio, así como para aquellos que simplemente quieran estudiar por su cuenta. Varios de estos libros también están disponibles en idioma español.

43437547R00186

Made in the USA
Charleston, SC
24 June 2015